语文教师职业技能训练教程

主编：韩世姣
编委：（按姓氏拼音排序）
　　　纪荣富　毛轶轸　毛奇芳　欧阳晖
　　　史　闽　孙玉桃　徐陟鹏　张　晖
　　　邹钱华

北京大学出版社
PEKING UNIVERSITY PRESS

图书在版编目（CIP）数据

语文教师职业技能训练教程/韩世姣主编. —北京：北京大学出版社，2022.11

21世纪教师教育系列教材·语文教育系列

ISBN 978-7-301-33577-2

Ⅰ.①语… Ⅱ.①韩… Ⅲ.①语文课－教学研究－中小学－师资培训－教材 Ⅳ.①G633.302

中国版本图书馆CIP数据核字（2022）第211259号

书　　名	语文教师职业技能训练教程 YUWEN JIAOSHI ZHIYE JINENG XUNLIAN JIAOCHENG
著作责任者	韩世姣　主编
责 任 编 辑	刘清愔
标 准 书 号	ISBN 978-7-301-33577-2
出 版 发 行	北京大学出版社
地　　址	北京市海淀区成府路205号　100871
网　　址	http://www.pup.cn　新浪微博：@北京大学出版社
微信公众号	通识书苑（微信号：sartspku）
电 子 信 箱	zyl@pup.pku.edu.cn
电　　话	邮购部 010-62752015　发行部 010-62750672　编辑部 010-62750539
印 刷 者	河北文福旺印刷有限公司
经 销 者	新华书店
	787毫米×1092毫米　16开本　21印张　456千字 2022年11月第1版　2022年11月第1次印刷
定　　价	65.00元

未经许可，不得以任何方式复制或抄袭本书之部分或全部内容。
版权所有，侵权必究
举报电话：010-62752024　电子信箱：fd@pup.pku.edu.cn
图书如有印装质量问题，请与出版部联系，电话：010-62756370

前　言

师范生教学技能是师范生大学学习的最终成果，也是其立足于社会的基础。从2016年开始，教师资格证再也不是师范教育的附赠物，而是教师行业的准入证，需要通过考试获得。但是，当前师范生技能训练课程缺乏系统规范的教材，这样不仅科学性、规范性不够，而且不利于学生课后自我训练，复习巩固。

本教材立足于师范生的未来职业要求，结合在校学生的特点，将"教、学、做"很好地结合起来，既是一本适合教师使用的"教材"，也是方便学生自我学习的"学案"，对提升师范生就业竞争力有很好的促进作用，也是他们走上职业道路之后的必备工具书。

本教材具有以下特色。第一，使用周期长。立足于中文专业师范生的未来岗位要求，目光长远。第二，针对性强。专注于语文学科，关注点集中。第三，实用性强。每个专题都会有相应的训练项目及习题，把"教、学、做"紧密联系起来。第四，适用面广。既可作为师范类院校对师范生进行专业技能训练的参考用书，也可作为中小学教师培训管理部门进行教师专业技能培训的参考用书，还可作为新入职的中小学教师及非师范类院校毕业生或社会人员报考教师资格、教师编制的参考用书，更可作为教师进行专业技能自我提升的参考用书。

本教材分为语文教师职业技能概述、语文教学设计技能、语文讲授技能、语文说课技能、语文评课技能、语文多媒体课件制作技能、语文课外活动策划技能、班级文化建设技能、语文试卷编制技能、语文教学反思技能、语文教学论文写作技能，共十一章。

中国高等教育学会语文教育专业委员会副会长，湖南师范大学教授、博士生导师张良田这样评价本教材：《语文教师职业技能训练教程》是一本专门为师范院校汉语言文学专业的语文教师教育课程编写的应用型教材，旨在为师范生提供语文教师职前训练的理论传授体系与实践训练体系。跟以往的同类教材相比，本教材具有非常鲜明的针对性与可操作性；内容体系体现了时代特征，足以跟教师资格考试相对接，也足以跟语文教学的实际相衔接；理论阐述的稳妥性与教学案例的示范性，足以让师范生从理论与实践相结合的层面获得相应的专门知识和必备的操作能力。从大学课程的开设与教学操作角度看，也具有明显的便利性。

本教材的编委既有师范院校的教学法老师，又有中小学语文教学教材研究室的老师，也有中小学一线的语文老师，大家站在各自岗位对语文职业素养进行了解读，对语文教师岗位从业人员提出了要求。内容丰富，信息量大。

因为语文教师职业技能所涉及的内容非常广泛，本教材的任何一个章节都可以扩充成一本独立的教材，本教材篇幅有限，只能点到为止。由于水平有限，肯定存在很多问题，敬请谅解！加之新冠疫情的影响，编撰过程中遇到了很多困难，在编辑部唐知涵老师的帮助下一一予以了解决，在此表示诚挚谢意！文中引用的前辈、同行的科研成果已经注释，也难免有一些疏漏，在此一并表示诚挚的谢意！

编委名单：

韩世姣（主编）：上饶师范学院语文课程论副教授

孙玉桃、毛奇芳、欧阳晖、邹钱华：上饶师范学院语文课程论教师、语文学科教学硕士

史　闽：上饶师范学院现代技术教育教师

徐陟鹏：江西省上饶市教研室语文教研员、中小学高级教师

纪荣富：江西省上饶市中小学正高级教师

张　晖：江西省上饶市中小学高级教师

毛轶轸：江西省上饶市实验中小学高级教师

编者

2022 年 7 月 28 日

目 录

导论　语文教师职业技能概述 1
　第一节　语文教师职业技能概说 1
　第二节　语文教师职业技能的训练 4
　第三节　语文教师职业技能测评要素 7
　第四节　语文教师岗位考试面试考情分析 17

第一章　语文教学设计技能 29
　第一节　语文教学设计概述 29
　第二节　语文教学设计的类型与内容 35
　第三节　语文教学设计技能指导 45
　第四节　语文教学设计的误区及案例分析 56

第二章　语文讲授技能 61
　第一节　语文讲授概述 61
　第二节　语文讲授技能的类型与过程 64
　第三节　语文讲授技能举例 71
　第四节　语文讲授的误区及案例分析 80

第三章　语文说课技能 84
　第一节　语文说课概述 84
　第二节　语文说课的类型与内容 88
　第三节　语文说课技能指导 90
　第五节　语文说课的误区及案例分析 100
　第六节　语文说课评析技能 102

第四章　语文评课技能 108
第一节　语文评课概述 108
第二节　语文评课的类型与内容 113
第三节　语文评课技能指导 116
第四节　语文评课技能举例 122
第五节　语文评课的误区及案例分析 126

第五章　语文多媒体课件制作技能 134
第一节　语文多媒体课件制作概述 134
第二节　语文多媒体课件制作技能的类型与内容 139
第三节　语文多媒体课件制作技能指导 147
第四节　语文多媒体课件制作的误区和常见问题分析 182

第六章　语文课外活动策划技能 189
第一节　语文课外活动概述 189
第二节　语文课外活动技能的类型与内容 193
第三节　语文课外活动策划技能指导 199
第四节　语文课外活动策划举例 204
第五节　语文课外活动策划的误区及案例分析 207

第七章　班级文化建设技能 216
第一节　班级文化建设概述 216
第二节　班级文化建设技能的类型与内容 220
第三节　班级文化建设技能指导 226
第四节　班级文化建设举例 229
第五节　班级文化建设的误区及实例分析 231

第八章　语文试卷编制技能 236
第一节　语文试卷编制概述 236
第二节　语文试卷编制流程及命制技巧 238
第三节　语文试卷编制技能指导 250
第四节　语文试卷编制举例 254
第五节　语文试卷编制的误区及案例分析 259

第九章　语文教学反思技能 ... 270
第一节　语文教学反思概述 ... 270
第二节　语文教学反思的类型和内容 ... 271
第三节　语文教学反思技能指导 ... 276
第四节　语文教学反思技能提升策略 ... 282
第五节　语文教学反思的误区及案例分析 ... 286

第十章　语文教学论文写作技能 ... 297
第一节　语文教学论文写作概述 ... 297
第二节　语文教学论文写作技能的类型与内容 ... 301
第三节　语文教学论文写作技能指导 ... 304
第四节　语文教学论文写作技能举例 ... 312
第五节　语文教学论文写作的误区及案例分析 ... 315

参考文献 ... 323

导论　语文教师职业技能概述

本章学习目标

1. 了解语文教师职业技能的内涵。
2. 掌握语文教师职业技能测评要素。
3. 语文教师岗位考试考情分析。
4. 学会分析语文教师岗位考试案例，借鉴有益经验。

本章要点提示

有人说，语文老师最好当，谁不认识字啊；也有人说，语文老师最难当，因为他必须是个"杂家"；有人认为具备较高的教师职业技能是专业人士的标志，技术含量很高；也有人认为教师的工作机械，缺乏创造性，是一般专业技术人员而已。人们之所以对语文教师的职业有这么多说法，原因就是对这个职业缺乏足够的了解，只凭粗浅的认识下判断。

但是作为一个将要从事语文教学工作的人，我们自己对语文教师职业技能要有充分的认识，并且努力掌握。语文教师的职业技能指的是语文教师在其所从事的语文教育工作中，为了适应和满足工作需要，通过反复练习而逐渐巩固乃至自动化了的动作的或智力的行为活动方式；是语文教师在语文讲授的过程中，运用相关的专业知识和经验让学生产生兴趣，从而愉快地、自觉地学习，进而实现预定教学目标的专业手段。

第一节　语文教师职业技能概说

教师首先是一个职业，只有当其职业的知识和技能达到其他行业的人员不经过艰苦的学习难以达到时，它才具备了专业性。教师如果缺乏基本的职业技能，连入职资格都不具备，教师专业发展根本无从谈起。因此，具备一定的教师职业技能是教师专业发展的基础，是教师之为教师的前提条件。如果忽视了教师职业技能的培养，教师的专业发展就成了无源之水、无本之木。

一、语文教师职业技能的基本观念

（一）技能的内涵

按照教育心理学的观点，"技能"是指通过练习而巩固下来的迅速、准确、流畅、熟练地完成某种任务的活动能力。技能按其本身的性质和特点，可分为动作技能和智力技能两种。所谓动作技能，就是写字、演示、演奏等教学活动中的种种动作。这些动作主要是肌肉、骨骼运动和与之相应的神经系统部分的活动。在完成一项任务所涉及的一系列实际动作，以完善、合理的方式组织起来并顺利地进行时就成为动作技能，例如书写、表演技能。所谓智力技能，是借助于内部言语在头脑中进行的认识活动。它包括感知、记忆、想象和思维，但以抽象思维为主要成分。在认识特定事物、解决具体课题时，这些心理活动按一定的合理的、完善的方式进行就是智力技能，例如语文学习中的阅读与构思技能。

（二）语文教师职业技能的内涵

职业技能是一个社会人求职谋生、安身立命的必要凭借。不同的职业对于职业技能有不同的要求，一种职业技能往往只适用或主要适用于本职业。职业技能在不同的社会形态中具有历史的继承性，有时甚至表现为一种世代相袭的职业传统，形成人们相对稳定的职业习惯。社会职业门类众多，职业技能也就千差万别，不同的职业有不同的具体的职业技能。依据教育心理学关于"技能"的有关研究，考察教师劳动的特点，我们认为，教师职业技能是指教师在教育教学实践过程中，通过练习和训练形成并巩固下来的迅速、准确、流畅、熟练地完成教育教学任务的一系列行为及智力活动方式的总称。

语文教师的职业技能，指的是语文教师在其所从事的语文教育工作中，为了适应和满足工作需要，通过反复练习而逐渐巩固乃至自动化了的动作的或智力的行为活动方式；是语文教师在语文讲授的过程中，运用相关的专业知识和经验让学生产生兴趣，从而愉快地、自觉地学习，进而实现预定教学目标的专业手段。它是语文教师完成教学实践活动的基本保证，充分展现了语文教师本人在教学上的独特创造力。

二、语文教师职业技能的基本特点

语文教师职业技能是一般职业技能在语文教师职业生活中的具体体现和特殊要求，带有语文教师职业活动的鲜明特征。语文教师职业技能的独特之处有：

（一）智能性

普通心理学认为，技能按其本身的性质和特点可以分为动作技能和智力技能两大类。语文教师职业技能虽然也包含了动作技能和智力技能这两类技能，但是，由于语文教师所从事的职业活动不是普通的体力劳动，而是高智能的脑力劳动，因此，语文教师职业技能主要指的是智力技能，是那些借助内部言语在头脑中进行认知活动的心智技能。这种职业技能也就具有高强度脑神经活动的智能性。

（二）内隐性

人们赞扬那些能工巧匠时，常常说他们"心灵手巧"，也就是说他们有高超的职业技能。这种技能，一般总是看得见、摸得着、听得到的；运用这种技能操作得来的成果也大都呈现某种物质形态。而语文教师职业技能则并非如此。虽然它同能工巧匠们的职业技能有某些相同之处，比如能写一笔漂亮的字，能说一口流利的普通话，能写一手文质兼美的好文章，但是，这些只是冰山一角，语文教师职业技能更多的是不易外显的内隐心智活动。比如语文教学的设计、语文课堂的驾驭、语文能力的训练等技能是无影无形、潜滋暗长的；运用这些技能得来的种种成果呈现出来的也大多是精神形态的东西。

（三）人文性

语文教师职业既有不同于一般职业之处，也有不同于一般教师职业之处。语文教师所从事的是语文教育。由于语文学科本身不仅具有工具性，而且具有思想性、文学性和社会性，所以，语文教育便是一种人文教育。从事语文教育的教师，不仅要训练学生的语文能力，而且要通过语文教材，对学生进行思想教育和审美教育。语文教师所需要具备的职业技能，不仅是教书的技能，而且是育人的技能；不仅是一般的教书育人的技能，而且是富于职业特色、蕴含人文精神的教书育人的技能。

（四）稳定性

所谓稳定性是指有些语文教学技能不随时代对教育理论与实践要求的变化而变化。它反映了教师这个职业和其他职业在技能要求上的不同。例如，组织教学的技能、口头语言的表达技能、书写技能就属于具有稳定性的教师职业技能。

（五）时代性

语文教师的职业技能是一个历史的范畴，有些技能要求不是一成不变的，而是随着时代、社会对教育理论和实践要求的变化而变化的，例如将信息技术与语文教学资源相整合的技能就随时代科技的变化而变化。随着"互联网＋教育"技术的不断发展，慕课、移动学习也应运而生。应该说正是这些变化，体现了时代、社会、教育理论、教育实践对语文教师职业技能的新要求。

三、语文教师职业技能的基本结构

（一）教师职业技能的结构

1992年国家教委师范司印发的《高等师范院校学生的教师职业技能训练基本要求（试行）》把讲普通话和口语表达技能、书写规范汉字和书面表达技能、教学工作技能、班主任工作技能等教师必备技能列为高师生的培养目标和必修学业。教学工作技能包括进行教学设计的技能、使用教学媒体和编制教学软件的技能、课堂教学的技能、设计和批改作业的技能、组织和指导学科课外活动的技能，以及教学研究的技能。班主任工作技能包括集体教育的技能、个体教育的技能、与任课教师和学生家长沟通的技能。

2012年2月，教育部以通知的形式向社会颁布了《中学教师专业标准（试行）》。该标准从教学设计、教学实施、班级管理与教育活动、教育教学评价、沟通与合作、反思与发展等6个领域，提出了25项有关中学教师专业能力的基本要求。

（二）语文教师职业技能的结构

师范专业语文教育课程不同于综合大学中文专业的课程，师范专业语文教育既有综合性中文大学学术性的要求，又有师范院校特有的职业技能的要求。学术性的特点要求语文教师应有较渊博的知识和较强的、包括教学研究在内的科研能力，这是合格师范生的必备条件；职业技能的特质更突显实践的重要性，这是中学语文教师能力的必然要求。

语文教育专业的学生在大学接受了系统的知识教育，有汉语知识、文学知识、文章知识、政治理论知识、教育心理知识、语文教育理论知识等，积累了一定的语文专业理论知识，具有较高的人文修养和审美情趣、较强的鉴赏文学作品的能力、较好的听说读写能力和获取知识的能力，熟悉教育教学法规，等等。但如果没有必要的技能，即使学富五车也未必能够教好学生，未必能激发学生的语文学习兴趣。

语文教师的职业技能不只是简单的转化技能，它是教师综合运用各种知识与技能，在语文教学实践中，根据教学目标，从学生的年龄特征和知识基础出发，遵循文本特点，以恰当的教学方式来完成教学的整个过程。

目前对语文教师的职业技能要求包括以下四大类型：

一是语文教师基础技能，包括口语技能、书写技能和读写技能三个方面。其中口语技能包括普通话听说技能、朗读吟诵技能、讲演交谈论辩技能、教育教学口语技能；书写技能包括规范汉字书写技能、三笔字书写技能、美术字书写和简笔画绘画技能；读写技能包括阅读技能和写作技能。

二是语文教学实施基本技能，包括教学设计技能、教学实施技能和教学评价技能三个方面。其中教学设计技能包括教学目标和教学计划设计技能、文本分析技能、教学过程设计技能、课型设计技能、指导学生设计学习计划技能；教学实施技能包括导学技能、教学导入和收束技能、课堂提问技能、教学对话技能、情境教学技能、教学应变技能、教学过程调控技能、多媒体课件制作与使用技能；教学评价技能包括评价学生发展技能、引导学生自我评价技能、教师自我评价技能。

三是教育管理基本技能，主要包括集体教育技能、个体教育技能、活动设计与管理技能、沟通与合作技能。

四是自我发展基本技能，主要包括教学研究技能、说课听课评课技能、教学反思技能。

第二节 语文教师职业技能的训练

一、语文教师职业技能训练的原则

教师职业技能训练是一个复杂的系统工程。要使受训者通过训练达到预先设计的技能标准，就必须按照一定的训练原则去进行。

（一）自觉性训练原则

受训教师应该具有强烈的参与意识，积极主动地接受训练，明确受训的技能目标，自觉独立地掌握和巩固技能，并创造性地运用于实践。由于技能形成周期长、训练的内容复杂等诸多因素，要使受训教师始终保持高度自觉状态，首先，应加强专业思想教育，通过组织观摩、经验介绍等活动使受训教师认识到成为一名好教师不是件容易的事，只有经过自觉的学习和锻炼，才能获得真本领。其次，每次训练前让受训教师明确训练目标，并通过初试了解自身技能与标准的差距，增强其求知欲望。再次，通过开展比赛、讨论等多种活动，提高受训教师的学习兴趣。最后，还要教给受训教师学习技能的方法，给他们提供自我练习的设备场所等条件。

（二）系统性训练原则

教师职业技能是由许多具体的技能构成的，这些技能互相制约、相互联系，发挥着整体功能。教师职业技能的形成是一个循序渐进的过程，是由低到高逐步发展的过程。在职业技能训练的课程内容设计上，应注意遵循整体和有序原理，以职业技能形成发展的规律和训练内容的内在逻辑结构为基础，突出各因素之间的关系，保证职业技能训练的科学性、系统性。如，先安排认知技能的训练、情意技能的训练，接着进行教育教学基本技能的训练，再进行教学技能、管理技能的训练，最后进行活动技能的训练。

（三）理论联系实际训练原则

在对受训教师进行职业技能训练时，一方面要重视对受训教师职业技能技术知识的传授，另一方面要加强实际操作的练习。贯彻这一原则首先应教给受训教师以系统的职业技能的理论知识。例如，在朗读技能训练时，应给受训教师讲授停连、重音、语气、节奏，以及不同文体的朗读技术技巧，使受训教师在接受知识的同时发展认识能力和朗读技巧。理论知识应是最基本、最有用的规律性技术和方法，做到少讲精讲。其次是以实际练习为主，根据每项技能的特点，科学设定理论授课和练习课的比例。"实际练习"是教学方法的一种，包括练习法、实验法、实习作业法、实践活动法。实际练习就是学以致用，将知识转化为能力的操作过程。

（四）差异性训练原则

由于不同教师的知识经验、智力水平、个性品质等自身素质有很大差异，在整体的训练过程中会出现形成速度和达标质量的差异，因而应采取灵活的方法因材施教。贯彻这一原则主要是进行个别训练。首先，进行分组练习。通过初试，将受训教师按能力水平分成若干练习小组，由于小组内成员能力水平比较接近，有利于训练内容和速度的统一，并且提供了更好地互相学习的机会和环境。其次，采取不同的方法和途径进行训练。对于不同的学习小组，同一内容采取不同的训练方法。允许学习困难的小组增加训练时间和练习次数，并采取不同的训练方法予以个别指导。再次，对受训教师的训练结果进行评价，以明确达到目标的程度。对个别进步较慢者进行个别矫正训练。最后，对高层次的小组分配更高的学习内容和任务，以使其在技能水平上向更高的层次发展。

（五）反馈控制训练原则

技能训练中及时而积极的反馈，可以使受训教师明确自己的技能和行为是否符合标准，便于重点学习尚未掌握的职业技能，以提高技能形成的效率和质量。

反馈控制训练原则应贯穿技能训练过程的始终。首先，反馈经常化，使受训教师获得每次训练的反馈信息。其次，反馈及时化。反馈力求及时准确，有时在练习过程中中断进程进行反馈调节，有时在练习结束时马上进行反馈。再次，反馈方法多样化。可以通过师生讲评、教师分析指导、学习互评等方式，也可采用录音、录像等现代化手段进行反馈。

二、语文教师职业技能训练的基本方法

（一）要点精讲法

教师采取适当的方式将有关职业技能的基本知识、组成要素和操作程序等要点精讲给学生，使学生掌握知识和训练的要点，把握各种技能的要领。比如语文教案的编写技能训练，教师要让受训者先了解语文教案的一般格式、要素、类型等基本知识。

（二）范例演示法

演示范例，能帮助学生更好地理解和掌握技能要领，增强训练效果。比如语文教案编写技能的训练，教师可以先展示一些中小学教材里相关课文的优秀教案，让受训者从对范例的学习中获得技能。

（三）情境体验法

或组织教学见习活动，或联系深入挂钩学校，或创设特定模拟情境，让受训者身临其境，经历并体验有关教学教育过程。比如语文课程教学的实施技能，就适合采用情境体验法。

（四）实地操作法

创造各种条件，真刀真枪地训练语文教师职业技能。比如，借用中学生作文作业本以训练作文作业批改技能；担任校外辅导员以训练活动辅导技能；组织班级朗诵会、演讲会和辩论会以训练朗读吟诵讲演论辩技能；举行班级书法比赛以训练粉笔字、钢笔字和毛笔字书写技能等。

（五）自学自练法

凡是能够个人单独进行的训练项目，都应当坚持自学自练，这样灵活机动，简便易行，且可增强针对性，增加训练频率。

（六）小组活动法

或以寝室为单位，或以教学班组为单位，或自愿组合，三五成群，形成若干职业技能训练小组，定期或不定期地开展活动，互帮互教，协同配合，进行需要他人合作特别是需要创设特定情境的有关项目的训练。

（七）达标考核法

逐步建立各项职业技能的训练标准，并尽可能形成可供检测的量化指标。针对具体的训练项目，在不同的教学阶段，采用不同的方式，对受训者进行达标考核，以此督促其自觉地进行职业技能训练，并定期检测训练的效果，随时反馈调控，以确保训练取得实效。

第三节 语文教师职业技能测评要素

所谓语文教师职业技能测评，是指依据相应的指标或标准对教师专业技能进行判断评价，是一项基于职业技能水平的考核活动。科学的语文教师职业技能测量工具是语文教师教学能力定量和定性描述的重要依据。但国内尚没有以实证研究为基础的语文教师职业技能测量工具。当下的语文教师技能评价体系有着缺乏理论依据、评价目的不清晰、缺乏专业针对性、评价标准适用性不强等问题。

张钧编制了一份"中学语文教师职业技能量表题目"[①]，将中学语文教师职业技能分成专业技能、基本技能、教研技能三个层级，并细化为67个微格技能，列举部分如下：

（1）具有对语言的敏感；
（2）能够准确理解说话人的真实意图；
（3）能准确深入解读文本；
（4）掌握正确的阅读方法；
（5）具有良好的阅读习惯；
（6）口齿清楚，能说流利的普通话；
（7）有感情地朗读；
（8）具有较好的口才，话语具有感染力；
（9）准确传达教学信息；
（10）掌握与学生沟通的语言技巧；
……

这份"中学语文教师职业技能量表题目"，分类详尽，但是对每一项技能缺乏具体可操作的测评标准。

本章整合当前对语文教师职业技能测评的研究成果，依据教学实践，从教学准备、教学设计、教学实施、教学研究（说课听课评课）四个维度构建语文教师职业技能测评体系，编制一份适合实践需要的，具有良好信度和效度的语文教师职业技能测评量表。

---

① 张钧．中学语文教师职业技能量表的编制[J]．内蒙古师范大学学报（教育科学版），2014（6）．

一、语文教师课程教学的准备技能测评

语文教师教学的准备技能，包括教科书研究技能、教学文本研究技能、教学相关资源研究技能、学情研究技能。

（一）教科书研究技能测评

语文教科书是语文课程的基本资源，是教师教、学生学的主要依据，明确了学什么和怎么学。语文教科书研究技能是指教师依据语文教学的需要，对语文教科书单元编排及其内部课文的编排、教学文本助学系统等进行研究，进而生成适合学生学习的语文教学内容的能力。研究教科书是教师的日常工作，语文教科书研究技能是语文教师必备的技能，是教师职业技能中最为重要的技能之一；也是一项个性化较强的心智技能，最能显示教师专业功底。对这一技能进行测评，包含以下要素：

（1）了解教科书的编辑体例；

（2）能整体分析一个单元的助学系统，准确概括编写者意图；

（3）能够根据教学实际对教科书单元选文进行重组；

（4）对教科书中缺失的内容能够恰当补充；

（5）能全面研究一篇课文的助学系统，并根据教学实际初步生成教学内容。

（二）教学文本研究技能测评

教学文本，是指选入中小学语文教科书中的课文。教学文本既具有文本的一般特征，又不同于一般的文本。首先，文本被选入语文教科书后，处于教科书中的某一个单元之中，是教科书整体结构中的一分子。它既是一个独立的文本，又与本单元中的其他文本发生联系，共同体现着教科书编写者的编写意图。其次，文本进入语文教科书后，必然会受到学校教育目标、语文教学目标的制约而产生教育教学功能，这是一般文本所不具备的。

我国现行的中小学语文教科书主要是文选型，教学文本在教科书中占据着主要地位，教师进行语文教学的主要依据就是文本，学生语文课的学习也主要凭借文本。

语文教学和中小学其他课程的教学有着较大的差别。如数理化、政史地，主要教学生学习理解教科书本身的内容；而语文课则不仅仅是理解教学文本的内容，更多的时候是把教学文本作为学习语文知识、发展语文能力的例子。因而，透彻地理解文本、解读文本，就具有十分重要的意义。

语文教师解读教学文本与一般读者阅读文本有很大差别。首先，教师解读教学文本是语文教学行为，"它是一个有教育目的、标准、要求的教育活动"[1]，是教学的起点。而一般读者阅读文本，往往漫无目的，不受约束。其次，语文教师解读教学文本，受教学目标的制约，要确定教学内容，教学生知识，培养其能力，发展其思维，一般读者则无需考虑这些。最后，教师对教学文本的选择性弱，而一般读者则选择性强。

---

[1] 钱理群. 经典阅读与语文教学 [M]. 桂林：漓江出版社，2012.

根据上述分析，对语文教师教学文本研究技能的测评，包含以下要素：

（1）能辨识文体并说清该文体的特点；

（2）能整体把握教学文本，并能简要概括内容；

（3）能理清文本结构；

（4）能找出表达作者思想情感的关键语句，并准确品析；

（5）能够"知人论世"理解文本；

（6）能从语用角度研究文本。

（三）教学相关资源研究技能测评

语文教学相关资源的研究指的是教师基于完成语文教学任务，在研究语文教科书的同时，有目的和有针对性地阅读、选择、利用其他人的研究成果。主要包括语文课程标准、学术界的相关研究、中小学一线教师的研究等。

对语文教学相关资源研究技能的测评，包含以下要素：

（1）所选择相关教学资源是否服务于教学目标和内容；

（2）是否着眼于学生的言语实践开发利用相关教学资源；

（3）是否优先选用语文教材；

（4）相关教学资源是否适合学生学习；

（5）相关教学资源是否呈现方式适宜。

（四）学情研究技能测评

新课程改革以来，以学生为本的教学理念已为广大教师所接受。从教学层面来看，学生是主体。这不仅仅表现在语文课堂教学中学生是否参与了活动、回答了几个问题，更重要的是教师在确定教学目标、教学内容时真正把学生置于主体地位，从学生的"学"来确定教学目标、选择语文相关教学资源，以学论教，教服务于学。从课程资源角度来看，学生又是重要的人力资源。教师要拓展自己的认知领域，不仅要关注教学内容，而且要关注学生的前在状态、潜在状态、生活经验和发展需要，这是教师能否实现对教材文本个性化和创造性占有的关键一步，也是教师能否实现从"教"教材到"用"教材转换的关键一步。

语文教学的目的是提高学生的语文综合素养，正确理解和运用祖国的语言文字，语文的教学效果要从学生身上体现。所以，研究学情在语文教学的过程中是非常重要的。需要强调的是，学生应该是某班级"具体的""有个性的"学生，而不是头脑中"抽象的""普遍性的"学生。

学情研究技能的测评包含以下要素：

（1）能够了解学生学习的前在状态；

（2）能够综合分析学生学习中存在的问题并提出对策；

（3）能够为学生预设学习空间；
（4）注重开发学生的学习智慧，生成新资源；
（5）能依据学情选择、利用恰当的教学资源。

二、语文教师课程教学的设计技能测评

语文教师教学设计技能测评包括语文教学目标设计技能、语文教学内容的选择与整合技能、语文教学过程及教学方法设计技能、语文教案编写技能等四方面的测评。

（一）语文教学目标设计技能测评

语文教学目标设计，是对语文教学活动结束后要达到的行为结果进行的预设，是对学生在认知、技能、情意、行为等方面应该发生的变化的明确而具体的规定。语文教学目标的设计应以语文课程标准中规定的语文课程的总目标和各学段目标为依据，以语文教科书为基础，以学生的学习需求为起点和归宿。

教学目标是一节课的灵魂，决定着这节课的教学走向。对一节课或一篇课文的语文教学目标的设计技能进行评价，应该包含以下要素：

（1）教学目标设计依据课标，综合考虑"知识与技能""过程与方法""情感态度与价值观"三个维度。
（2）教学目标设计依据教科书特点；
（3）教学目标设计依据学生的实际情况；
（4）行为主体是学生；
（5）行为动词可以测量、可以评价；
（6）教学目标的表述具体、明确，无歧义。

（二）语文教学内容的选择与整合技能测评

语文教学内容，主要指教师为达到教学目标而在教学实践中呈现的种种材料。它既包括在教学中对现成教材内容的沿用，也包括在教学中对现成教材的"重构"——处理、加工、改编，乃至增删、更换；既包括对课程内容的执行，也包括在课程实施中教师对课程内容的创生。

对教科书及相关教学资源进行研究与整合，确定语文教学内容是语文教学设计的基础与前提，是完成教学任务、达成教学目标的重要保证。对教学内容进行选择与整合，首先要研究语文课程标准，它是语文课程的纲领性文件，也是语文教学内容确定的指导性文件。教师要认真阅读语文课程标准的总目标、阶段目标，以及相应的教学建议、评价建议，领悟其精神实质，帮助确定教学内容。其次，研究教科书，与教科书的编辑者对话，做到读懂、吃透、活用教科书；依据课程标准的相关要求，结合学生实际，大体确定教学内容。再次，在此基础上搜集、阅读、研究相关的教学资源，对教学内容进行必要的增删与调整。教学内容的设计要依据教学目标来确定，要为达成教学目标而服务。

可以这么说，语文教学内容决定着教学效果，教学内容的取舍取决于教学目标，适宜学生学习是语文教学内容选择与整合的关键。综合以上论述，对语文教学内容选择与整合技能进行测评应该包含以下要素：

（1）教学内容的选择与整合是否符合课程标准的要求；

（2）是否围绕教学目标选择、整合教学内容；

（3）教学内容之间是否有较强的逻辑性，且都指向教学目标；

（4）教学内容是否紧扣教学文本，且具体简明，操作性强；

（5）教学内容是否符合学生的实际情况。

（三）语文教学过程及教学方法设计技能测评

在教学设计方案中，学习内容各组成部分的排列顺序称为教学步骤、教学过程或者教学流程。不同类型的学习有不同的教学顺序，即使属于同一类型的学习，也因为学生情况的不同而有差别。

教学顺序可以有很多种。教学模式的重要部分就是教学过程，不少教学模式以教学步骤命名，如凯洛夫的五环节教学模式、魏书生的六步教学法、洪镇涛的四步语感教学法等。这些模式对于创造它们的教师来讲，其教学过程是有效的，甚至是高效的。但是，需要指出的是，由于教学对象、教师自身、教学环境等因素的变化，这些教学模式对于其他教师可能就不一定是高效的。所以，在安排教学顺序时，语文名师的教学模式可以借鉴，但不可完全照搬。那么，怎样构建合理、高效的语文教学顺序呢？首先，要明了达成特定学习结果所必要的先决条件，明了特定的知识能力之间的关系；其次，要在此基础上，按照学生学习的认知规律，有层次、合逻辑地构建教学顺序。此外，没有特定的顺序可言。

教学方法，是在教学过程中，教师和学生为实现教学目标、完成教学任务而采取的教与学相互作用的活动方式的总称。教学方法是达成教学目标的主要手段。

依据师生交流互动的方式以及学生获得信息的途径，常用的教学方法包括三类：一是以教师为主的方法，主要有讲述法、讲解法、串讲法、评点法、朗读示范法、演示法等；二是以学生实践为主的方法，主要有朗读法、背诵法、练习法、活动法等；三是师生互动交流的方法，主要有问答法、讨论法、发现法等。

教学方法的选择与运用要综合考虑教学目标、教学内容、学生实际、教师特点、教学条件等因素。在语文课堂教学过程中常常是多种教学方法综合运用，各种方法互相渗透，师生之间、生生之间的交流贯穿始终，教师的引导、讲解、诵读、评点与学生的读背、质疑、讨论、练习、课堂活动有机融合，师生是从各个方面相互作用的。所谓"教学有法，教无定法；一法为主，多法互助"。

对语文教学过程及教学方法设计技能的测评包含下列因素：

（1）教学过程开放，师生互动；

（2）能够预设教师的活动和学生可能的学习结果；

（3）教学顺序合理；

（4）综合运用多种教学方法；

（5）教学方法服务于教学目标与内容。

（四）语文教案编写技能的测评

教学设计方案习惯称之为"教案"，是为课堂教学准备的书面计划，一般包括课题计划与课时计划。编写语文教案是教学准备的实物呈现，也是教学实施的主要依据。教案一般包括教学目标、教学重难点、教学方法、课型、课时安排、教学步骤及内容、板书设计、作业布置等内容。

对教案编写技能的测评包含以下因素：

（1）教案的诸要素是否完整；

（2）教学内容是否围绕教学目标展开，教学重点突出；

（3）是否预设了学生可能的学习结果及教师行为；

（4）教学过程是否清晰；

（5）是否综合运用各种教学方法且运用得当。

三、语文教师课程教学的实施技能测评

教学目标只有通过教学实施才能达成，教学内容只有通过教学实施才能体现出来，教学方法只有在教学实施过程中才能运用。

教学实施是依据教学设计，运用一定的教学方法呈现教学内容以达成教学目标的过程。要完成一个完整的语文课堂教学实施过程应具有以下基本技能：导入技能、讲授技能、提问技能、收束技能、朗读技能、多媒体课件制作与运用技能等。

（一）语文课堂导入技能测评

所谓导入技能是指教师在组织学生开始学习新的知识之前，有计划、有目的地采用一定的教学策略引导学生进入学习的教学行为方式。导入技能包含以下几层含义：

首先，导入语是语文课堂教学的有机组成部分。虽然导入语处于引导学生学习新的知识之前，但是，从教学形式上来讲，导入语是一节课的起点，与这节课的其他教学行为共同构成一个完整的教学过程；从教学内容上来讲，导入语要与教学内容高度相关，服务于教学目标。其次，导入语预设性强。导入语是导入技能的言语呈现方式，教师在进行教学内容的整体设计时，根据教学目标、学生的学习及心理情况以及教学内容等预设导入语。导入语的设计既体现着教师的教学主观意图，又体现着每一位教师的教学智慧。最后，导入语的设计遵循一定的策略。教师可根据教学目标、教学内容的不同，采用多种方法设计千变万化的导入语。

有效导入能达到激发学习兴趣，形成学习动机，集中注意力，进行自主学习和有意义

学习的教学效果。因而对导入技能的评价也应该紧紧把握以下这几点：

（1）导语是否新颖，能激发学习兴趣，集中注意力；

（2）导入语是否目标明确，学生清楚学习任务，形成学习期待；

（3）新旧知识之间联系是否紧密，过渡衔接是否自然；

（4）导入语是否能引发学生积极思考，促进探究；

（5）导入语是否精练、生动，条理清晰；

（6）时间控制是否合理，紧凑不拖沓。

（二）语文课堂讲授技能测评

讲授一直是语文课堂教学的一种重要形式。讲授就是教师在消化了教材以后，根据教学目标和学生的实际，通过语言和其他辅助教学手段对系统的学科内容进行讲述的教学活动。讲授是语文教师最基本的、也是最重要的专业技能。可依据以下要素进行测评：

（1）讲授是否紧扣教学内容，重点突出，不蔓不枝；

（2）讲授是否结构合理、清晰，具有启发性；

（3）讲授策略选择是否恰当，符合教材、学生特点；

（4）讲授语言表达是否准确、生动；

（5）讲授时机、时间是否把握恰当；

（6）是否注意收集学生的反馈信息并据此作出调控。

（三）语文课堂提问技能测评

语文课堂教学中的提问技能是指教师依据一定的教学目标，针对教学内容设置问题，引导学生积极思考、参与学习活动，帮助学生获得知识，发展语文能力的一种教学行为。

提问技能在师生互动的、开放式的语文课堂教学的实施过程中，占据着非常重要的地位。提问技能的高下，在某种程度上显示着语文教师的教学素养。对语文教师的提问技能进行评价，包含以下因素：

（1）提问的目的是否明确，与教学内容、学生实际高度关联；

（2）问题的难易是否适度，符合学生的认知水平；

（3）问题之间是否有层次，有逻辑，有利于发展学生思维；

（4）提问时机是否适当，密度适宜，能综合运用多种提问策略。

（四）语文课堂收束技能测评

语文课堂收束技能，又称之为结课、结尾、结束等，是指一节课即将结束时，教师通过总结本节课教学内容、引导学生延伸拓展、提升学生认识的方式，帮助学生把所学内容纳入自我已有的知识体系中的教学行为。

好的收束环节对提高课堂教学的有效性有较大的作用。语文课堂教学收束方法多种多样，常用的有以下几种：

1. 封闭型收束

封闭型收束是指在语文课堂教学结束时,教师将学生的注意力与思维引向固定的、明确的结论的收束。主要目的是通过总结内容、强调重点等方式,使教学内容更加条理化、清晰化,帮助学生巩固所学知识,学生的学习随着课堂教学的结束而结束。

2. 开放型收束

开放型收束是指在语文课堂教学结束之时,教师通过对教学内容进行延伸拓展,给学生留下思考和探究空间的收束。主要目的是激发学生在课后对所学内容以及相关内容进行深入思考与探究,并在这一过程中提高语文素养,发展语文能力。

3. 任务型收束

任务型收束是指在语文课堂教学结束之时,教师通过给学生布置具体、可操作的学习任务来结束课堂教学的收束。学习任务可以由学生单独完成,也可以由学生之间合作完成,还可以由师生共同完成。主要目的是巩固知识,获得反馈信息。

语文教学收束技能的测评,包含以下要素:

(1)是否注重学生思维力的培养,结束语条理清楚,简明扼要;

(2)是否围绕教学目标,重点突出;

(3)结束语设计是否新颖,与各教学环节相呼应,形成整体;

(4)是否延伸拓展,激发学生的探究兴趣;

(5)作业布置与教学内容是否相辅相成,数量、难度适中;

(6)是否灵活运用收束策略。

(五)语文朗读技能测评

朗读教学,是通过有声语言再创造书面语言,鲜明、准确、生动地传达出文本的思想底蕴、情感意境,从而使学生获得信息、掌握知识、达到美的享受的教学过程。朗读有助于体会文本中作者要表达的思想情感,领悟语言运用的妙处,加深对文本内容的理解。朗读在语文教学中有着举足轻重的作用,是语文教师必须熟练掌握的基本教学技能。每一个语文老师,都应该是一个合格的朗读者。

对语文教师的朗读技能进行评价,包含以下要素:

(1)语音面貌:普通话是否发音标准,吐字清晰,不添字、漏字,不回读,不破读,准确完整地朗读指定的内容;

(2)流畅程度:是否朗读熟练,节奏正确,语速恰当,停顿合理,自然流畅;

(3)表情达意:是否感情真挚、充沛,语气语调处理恰当,能正确把握作品内涵,准确读出作品感情基调;

(4)仪态表情:是否表情自然,教态大方,精神饱满,着装得体。

(六)语文教学多媒体课件制作与运用技能测评

多媒体课件制作与运用技能是指在语文教学实施过程中,教师根据教学目标和学生的特点，通过教学设计合理选择和运用现代教学媒体和教学软件并与传统教学手段有机组合，共同参与语文教学全过程，以多种媒体信息作用于学生，形成合理的教学过程结构，以达到语文教学效果最优化的一种教学技能。我们通常所说的语文多媒体教学技能，特指运用计算机并借助预先制作的多媒体教学软件来开展语文教学活动过程的教学技能。

多媒体技术是现代教育技术中最具活力的、最有前景的教育技术，是教育信息化的重要手段，是现代教育技术的重要组成部分。应用多媒体技术已经成为广大教育工作者改进教学手段、改革教学方法、提高教学质量的重要途径。

语文教学媒体的运用，能激发学生的学习兴趣，大大提高语文教育教学的质量，并推动语文教育改革的发展。可以说，了解多媒体知识、掌握多媒体课件的制作技能、具备良好的计算机辅助教学素养，是语文教师应该具备的基本素质。

语文多媒体教学技能测评包含以下要素：

（1）媒体选择与教学目标、教学内容的匹配性；

（2）多媒体软件设计的科学性、技术性、实用性；

（3）多媒体运用中教学方法、教学结构的最优化程度；

（4）多媒体操作的熟练性；

（5）多媒体运用中多种方法的结合度；

（6）多媒体运用的教学效率与教学质量的最优化。

四、语文教师课程教学的研究技能测评

语文教师的课堂教学研究技能，包括说课、听课、评课，是语文教师必须掌握的重要技能。

（一）语文教师说课技能测评

所谓说课，是教师以教育理论为指导，在精心备课的基础上，面对同行、领导或教学研究人员，利用口头语言和有关的辅助手段阐述某一学科课程或某一具体课题的教学设计或教学得失，并就课程目标的达成、教学流程的安排、重点难点的把握及教学效果与质量的评价等方面与听课人员相互交流、共同研讨，进一步改进和优化教学设计的教学研究过程。

一般情况下，说课教师要在规定的时间内（10~15分钟）把自己将要上的或已上过的一节课的教学设计及理论依据用简明、准确、形象的语言表述出来，有时说者还要对听者的质疑进行解释和答辩，接受听者的评价或建议。完整的说课一般包括说教材、说学情、说教法、说学法、说过程和说板书设计，此外，还包括对教师基本功的检测。因此，对语文教师说课技能的测评应针对以上内容进行，主要包括下列因素：

1. 说教材（25%）

（1）对语文课标相关理念的理解；

（2）对教材内容的地位、作用的把握；

（3）对教材内容的分析与把握。

2．说学情（10%）

（1）阐述《语文教学大纲》对教学内容的要求；

（2）根据学生年龄、心理特点，对其学习的优劣势分析；

（3）应对措施。

3．说教法（10%）

（1）阐述教法设计的理论依据和对激发学生兴趣、建构知识、培养能力、提高素质等方面的积极意义；

（2）教学手段在突出教学重点、突破难点方面的作用和优势；

（3）说明教学反馈、控制与调节的措施及教法设计思想。

4．说学法（10%）

（1）能恰当分析学生的基础、能力、特点；

（2）说明指导学生自我建构知识的措施、方法及成因。

5．说教学过程（35%）

（1）教学目标制定的准确性；

（2）教学重、难点的把握与突破；

（3）教学过程中的关键环节对启发思维、建构知识、培养能力、提高素质等方面的作用。

6．说板书设计（5%）

（1）板书设计与教学目的、重点的匹配；

（2）布局合理、简洁；

（3）解说清晰，评价合理。

7．教师基本功（5%）

（1）普通话标准、流利，表达准确；

（2）教态自然大方，演示操作熟练；

（3）字体工整，板书清晰。

（二）语文教师听课技能测评

教师不仅是执教者，也是教学活动的研究者。听课是教学活动的一个必要组成部分。听课技能是教师反思能力与研究素质的体现。掌握听课的技能，既有助于提高教师的教学水平，提升教师课堂教学反思的能力，又有利于教师之间切磋交流，不断提高专业化水平。

一般来说，对听课者应从听课前的准备、听课中的观察与记录、听课后的分析与反思三方面进行考评。测评要素如下：

1. 听课前的准备（35%）

（1）对语文课标相关理念的理解；

（2）对授课教材内容的分析、把握；

（3）对听课班级学生情况的了解；

（4）正确控制心态。

2. 听课中的观察与记录（45%）

（1）课前是否主动和学生交流；

（2）课中的观察与记录是否准确到位；

（3）课后是否观察学生的反应并能主动了解学生的知识掌握情况等。

3. 听课后的分析与反思（20%）

（1）课后分析是否客观、准确、深刻；

（2）课后反思是否能对自己的教学有所启示。

（三）语文教师评课技能测评

评课是听课的继续，是对课堂教学的成败得失及其原因进行切实中肯的分析和评价，并且能够从教育理论的高度对一些现象做出正确解释的一种教研活动。评课是一种重要的教学活动方式和研究形式，也是促进课堂教学改革、提高教师综合素质的重要途径。评课，不仅仅是评课者对授课者的教学思想、教学能力、教学技能、教学效果等进行评价，同时，也是在展示评课者自己的教学思想、教学行为、教学模式、教学水平。通过评课，可以促进优秀的教学理念、主张及教学模式和方法的推广，可以从整体上提高师资队伍的质量。理性的评课对提高课堂教学质量，提升教师的教学能力，进一步加强和深化新一轮课程改革有很强的现实意义。因此，语文教师有必要了解评课，学会评课，掌握评课技能。

准确把握听课重点、合理做出评价是一个教师具有较高评课能力的体现，同时评价也能促进评课教师自身的发展。对评课技能的评价，应该包含以下要素：

（1）能够准确地理解被评课的教学思路及教学意图；

（2）能够对被评课的教材分析、处理，以及所使用的教学方法、教学手段、教学程序、教师基本功和教学效果做出比较准确的评价；

（3）能够针对被评课存在的不足提出切实可行的改进建议。

第四节　语文教师岗位考试面试考情分析

无论是在教师资格考试还是在教师招聘考试中，面试是一定会出现的考试类型。与立足于扎实掌握书本知识的笔试考试不同，面试的考查形式灵活多样，给很多考生造成了不小的困扰。本节拟对教师岗位考试中语文学科面试做一个详细的介绍。

一、语文教师岗位考试面试概述

面试是中小学教师岗位招聘考试的重要组成部分，是一种经过组织者精心设计，在特定场景下，以考官对考生的面对面交谈和观察为主要手段，由表及里测评考生的知识、能力、经验等有关学科素质的一种考试活动。

（一）语文教师岗位考试面试的形式

与一张试卷考到底不同，教师岗位考试面试主要会采用试讲、说课、答辩、"结构化"和"无领导"这几种考查形式的组合。所谓组合，也就是说面试可能不仅仅只采用其中一种形式。比如，在全国教师资格考试统考面试中，就采用了"结构化+试讲+答辩"的组合形式。

近年来，教师面试中，最普遍的考查形式是试讲和说课，但是从大多数情况来说，这二者不会同时考查。试讲也被称为无生授课、模拟课堂教学、微型课，一般要求考生在规定时间内撰写教案（基本结构包括教学目标、教学重难点、教学过程），完成备课，并在考官面前进行模拟授课。说课则要求考生在准备说课稿（包括说教材、说学情、说教学目标、说教学重难点、说教学方法、说教学过程、说板书设计）的基础上口述授课思路以及理论依据，简单来说，就是结合学情说清楚打算怎样教，为什么这么教。说课是我国独创的一种教研活动。我们一定要弄清试讲与说课的区别：试讲强调模拟性，需要考生把课堂教学的情景"演"出来，除了授课内容的科学性，外在的表现力十分重要，对于考生综合能力的要求较高；说课则不需要"演"出，如师生问答等课堂场景，不强调对话感、交流感，只需把授课思路以同行间交流的形式讲述出来，并辅以相关理论依据。从近年各地教师招聘考试面试的情况来看，试讲的考查趋于主流。

答辩作为一个考试形式组合的可选项，根据各地教师招聘考试办法的不同，常常跟随在试讲与说课结束之后进行。一般由考官提出1~2个问题，考生在短时间内作答。答辩的题型一般分为个人信息、专业知识、教学设计、教学实施、教学反思等几类。一般来说，针对刚刚试讲或说课内容的提问占较大比重，因此答辩的难度不会太大，但也给岗位应试者一个提示——教学设计不可马虎。针对考官可能进行提问的教学目标、教学重难点、环节设计等方面，考生一定要在教案上有所体现，有备而来，才能对答如流。此外还需要注意一些答题的技巧：在沟通技巧上，尊重考官，认真倾听，及时沟通；在语言逻辑上，紧扣中心，注意逻辑关系，避免口头禅；在做解释时，态度端正，有理有据，实事求是。

"结构化"和"无领导"两种形式源自于公务员考试，近年来在教师考试中也逐渐出现。其中"结构化"的考查相对多见，"无领导"考查形式仅在个别地区教师招聘考试中有所涉及。"结构化"又叫作"回答规定问题"，它的定义是：根据特定职位的胜任要求，遵循固定的程序，采用专门的题库、评价标准和评价方法，通过考官小组与应考者面对面的言语交流等方式,评价应考者是否符合招聘岗位要求的人才测评方法,初衷是为了使面试实施过程更为规范,面试结果更为客观、公平、有效。对于教师考试来说,"结构化"试题主要分为四类:职业认知、思维品质、心理调适、组织协调。设问方式上,主要以"怎么看""谈谈看法"等方式呈现;命题内容上,关注教育时事(教育事件、教育现象和政府或学校出台的教育政策、决策和规章制度)和教育哲理(名人名言、教育原理、有关教育的个人观点等)。考生可以按照"提出观点—分析论证—落实解决"这个思路作答,言之有理即可,结构化的问题不存在标准答案。

"无领导"全称"无领导小组面试",是一种采用情景模拟的方式对考生进行集体面试的面试考查方式,考官可以通过考生在给定情景下的应对危机、处理紧急事件,以及与他人合作的状况来判断该考生是否符合岗位需要。在教师考试中,无领导小组面试极少出现。

(二)语文教师岗位考试面试的评价标准

语文教师岗位考试面试的评价标准表

序号	测试项目	权重	分值	评分标准
一	职业道德	5	2	有较强的从教愿望,对教师职业有高度的认同,对教师工作的基本内容和职责清楚了解
			3	关爱学生,尊重学生,平等对待学生,关注每个学生的成长
二	心理素质	5	3	活泼、开朗,有自信心
			2	有较强的情绪调节能力
三	仪表仪态	5	2	衣着整洁,仪表得体,符合教师职业特点
			3	行为举止稳重端庄大方,教态自然,肢体语言表达得当
四	言语表达	15	8	语言清晰,表达准确,语速适宜
			7	善于倾听、交流,有亲和力
五	思维品质	15	3	思维缜密,富有条理
			4	迅速地抓住核心要素,准确地理解和分析问题
			4	看待问题全面,思维灵活
			4	解决问题的思路和方法具有创新性
六	教学设计	10	4	了解课程的目标与要求,准确把握教学内容
			3	能根据学科的特点,确定具体的教学目标、教学重点和难点
			3	教学设计体现学生的主体性
七	教学实施	35	6	情境创设合理,关注学习动机的激发
			10	教学内容表述和呈现清楚、准确
			4	有与学生交流的意识,提出的问题具有启发性
			8	板书设计突出主题,层次分明;板书工整、美观、适量
			7	教学环节安排合理,时间节奏控制恰当;教学方法和手段运用有效
八	教学评价	10	5	能对学生进行过程性评价
			5	能客观地评价教学效果

（三）语文教师岗位考试面试的注意事项

面试的时候，考官往往是全面考查考生的综合素养，一些不被考生注意的细节会给考官留下或好或坏的印象，并影响最后的考评成绩。因此，做好面试各个环节中的细节准备就尤为重要。

（1）考试前一天，要尽量放松自己的心态。如果过于紧张，可以通过自我暗示、情境模拟、注意转移等方式进行心理调适。饮食方面忌吃辛辣、油腻食物以免造成第二天考试时身体不适，避免吃蒜、芥末等口味过重的食物，以免有特殊口气。若吃了，建议准备一点口香糖咀嚼片去除异味。

（2）按照要求合理安排时间。考生到达考试地点的时间最好比规定的时间早半个小时，切忌时间掌控不好，匆匆忙忙而影响考试状态。试讲开始后自己也要控制好时间，不要超时。

（3）注意自己的仪表，妆容以淡妆为宜，女士把长发整理好，男士的头发要修剪适宜。着装整洁、得体、端庄，服饰要符合学科、学段特点。见到面试官要表现得落落大方，不可太拘谨，切忌扭捏作态。试讲、说课或答辩时，站姿或坐姿要大方、挺拔、稳健，不能松松垮垮给人一种萎靡不振的感觉。注意肢体语言，视线不要一直停留在讲稿上，要和台下评委眼神互动。

（4）在进入候考室、备课室时一切听从考务人员的安排，如果需要教具或是其他与考试相关的东西，一定要询问考务人员。

（5）当引导员引领你到达面试考场，无论门开着还是关着都要先敲门，等听到面试官回应之后方可进去；进门时要侧身将门轻轻带上，不要把整个后背留给考官。

（6）进门走到正对考官的位置站定后，要先问好，后鞠躬。

（7）试讲声音要宏亮，音调要抑扬顿挫、有节奏，不能有口头禅，如"嗯""啊""是吧""对不对"等。语速要适中，避免因为紧张而语速过快。

（8）回答问题要思路清晰，条理分明，如果被问到的问题确实不会回答，要敢于承认，不可胡编乱造欺骗考官。

（9）考试结束后，退场时记得鞠躬，说"谢谢"等礼貌用语。无论感觉自己考得好还是不好，都要以平常心走出考场，侧身轻轻关上门。

二、语文教师岗位考试面试示例

（一）语文教师岗位考试面试必备技巧

（1）关注常考内容，有效备考。在面试中，阅读课的考查最为常见，此外还有写作、口语交际、综合性学习等课型。对于阅读课，划分文体是第一步。按照文学体裁划分，文章可以分为小说、散文、戏剧、诗歌这几类；按照表达方式划分，又可分为记叙文、说明文、议论文。不过，在义务教育低学段，出于淡化文体的考虑，小说、散文等写人写事的文章被统称为记叙文，并可与戏剧剧本、现代诗歌一起归为文学类文本，总体特点是以情动人。说明文与议论文虽然都可归为实用类文本，但两者之间的区别还是很明显的，应考前要根据各自的文体特征做好充分准备。此外，古诗词作为一类，文言文作为一类，要针对这些文本分别备考。

（2）关注备课时间。考生在拿到要进行试讲或说课的篇目后，会被要求在备课室中进行规定时间的备课。备课时间从20分钟到90分钟不等，试讲或说课的时间一般是10~15分钟，但也有部分地区的教师岗位招聘考试出现过30分钟的试讲。针对不同考情，要合理地安排时间。对于备课时间短的面试考试，可以从以下方面合理安排时间。①教案以简案为宜，除非有明确要求制作详案。②熟悉语文课堂教学的几种常见思路，常见的有从课文开头设计教学思路，从课文中间关键段落、关键语句、过渡句入手设计教学思路，从文章末尾卒章显志处用以果溯因法设计教学思路。熟悉课堂教学的常见思路，可以帮助节约分析题目的时间。③拿到课题后必须将课文多读几遍，读通、读顺。读通、读顺之后不忙着写教案，先对课文划分层次结构，看一看文本的写作顺序或者写作手法、论据论证等内容，并明确标识出来。根据自己划分的结构整理出板书设计，板书设计可以帮助理清文章脉络，使考生写教案更加得心应手，具有针对性。

（3）科学选择试讲内容。试讲最忌讳面面俱到，文本中的每一个知识点都想涉及，这是最不可取的行为。在讲授过程中只选取一到两点就够了，其他的不讲或略讲。挑选文本中自己最熟悉的知识点作重点突破。一般试讲主要是考官想考查考生的语言表达能力以及课堂驾驭能力，当然也看看你有多少"储备"，备课时找准自己最熟悉、最感兴趣的那些内容，这样不容易紧张，也不容易掉链子，必要时还可以即兴发挥。

（4）试讲或说课的环节完整。虽然试讲和说课时间很短，但是"麻雀虽小，五脏俱全"。试讲环节要把教学流程完整地展现在考官面前。从导入（1—2分钟）到整体感知、内容分析讲授（7—8分钟），再到巩固拓展（1—2分钟）、小结和作业布置（1—2分钟），过程要完整。说课也是如此，说教材、说学情、说教法、说学法、说过程、说板书缺一不可。

（5）巧用范读。对于语文学科来说，试讲外最出彩的莫过于示范朗读的能力。语文课三分讲、七分读，在"初读课文，整体感知"部分可对文章精彩部分作一两处范读，在正确、流利、有感情的基础上做到情感充沛，展现朗读技巧，从而打动考官。所以在复习备考中一定要注意朗读能力的训练，多听名家作品，进行跟读训练，以便在考试中展现未来语文教师的风采。

（二）语文教师岗位考试面试试讲示例

各位评委好，我是×号考生，今天我试讲的课文是《藤野先生》。

一、新课导入

鲁迅是大家所熟悉的伟大的文学家、思想家。你知道他最难忘最感激的老师是谁吗？这节课我们学习他写的《藤野先生》这篇文章，来解开这个疑问。

二、字词教学

挟着　芋梗汤　诘责　寒颤颤　畸形　绯红

（注：以上生字都是课下注释中所没有的。）

三、整体感知

课文的主体故事发生在仙台，现在请大家根据地点的变换理清文章的结构。师生总结板书：

在东京（1—2）：写清国留学生（赏花、学跳舞）；

在仙台（3—35）：写与藤野先生的交往；

离开仙台之后（36—38）：写对藤野先生的怀念。

四、重点研读

提醒学生注意：为什么称为"清国留学生"？写清国留学生时，着重抓住了他们外貌的哪个特征来写？

"辫子"是封建专制的象征。为什么这么说？请大家讨论。留辫子是表示对清王朝的忠心，所以宣扬民主反对封建专制的革命者，如孙中山及后来的毛泽东等人，都剪掉自己的辫子以示和专制政权决裂，可是这些清国留学生对辫子的态度如何呢？（他们十分珍视这根辫子……）这里作者用了一个词"标致"。"标致"的本意是什么？（漂亮）鲁迅真的认为这样很漂亮吗？（讨论）那他实际的意思是什么？（丑陋）通过这里的讨论使学生理解什么是"反语"（就是说反话，字面的意思和实际要表达的意思正好相反）。事实上，反语在我们的日常生活中经常被使用，你能举出一些例子吗？（同学们可能会举出一些很有趣的例子。）

提问：第一段写清国留学生在干什么？（赏樱花）

接着指读第二段。他们又在干什么？（学跳舞）他们做这些事应不应该呢？为了更好地讨论这个问题，请同学们补充一些历史资料：鲁迅去日本留学是什么年代？当时中国是什么样的状况？（鲁迅于1902年去日本，1904年去仙台医学专门学校学医，当时正是中国积贫积弱受列强欺侮的时候，腐朽的清政府与列强签订了一系列不平等条约。）

通过补充资料和讨论，使同学们认识到鲁迅对这些只知游乐、置国家民族命运于不顾者的鄙视，所以鲁迅离开东京到了仙台。从鲁迅和那些"清国留学生"的不同表现，我们能感受到鲁迅强烈的爱国主义精神。

这正是本文叙事的一条暗线。请大家在下文的学习中注意这一点。

板书：鲁迅强烈的爱国主义精神（暗线）

五、拓展延伸

鲁迅为什么要到仙台去学医呢？课前已经让大家读了鲁迅的《呐喊》自序，谁能给解释一下？（请同学们补充资料）

从鲁迅小时候他父亲的病说起，说到鲁迅关于中医的过分的话（中医是有意或无意的骗子……），说到他学医的两个目的（救治像父亲那样被误的病人，战争时代便去当军医；同时又促进了国民对于维新的信仰……），从这里我们能再次感受到鲁迅忧国忧民的情怀。

那么鲁迅后来为什么又弃医从文了呢？下节课我们一起来解开这个疑问。

在上面这个面试试讲的教学设计中，我们可以重点学习如下几个方面：

（1）教学实施过程完整。虽是面试中的片段教学，但是考生向面试官展示了一个完整的施教过程。

（2）导入简洁。15—20分钟的试讲，导入部分如果太长，则会占用教学分析及品鉴的时间，影响后面教学重点的把握和难点的突破，而这一部分恰是考查的重心所在。

（3）教学重点突出。中学语文和小学语文相比，最大的区别就在于文章关键词句的分析更加细致，思想感情的表达更为隐晦，尤其是很多名家名作，比如鲁迅的作品，需要结合当时的创作背景，引导学生进行深入思考。本教学片段重点突出。

（4）任务型收束。试讲收束语布置任务，用问题引出下一节课的知识，设置悬念，引人入胜，非常巧妙。

（5）板书简明扼要地概括了文章的内容，逻辑清晰。不知道如何设计板书的考生，完全可以参考这个范例。

（三）语文教师岗位考试面试说课示例

各位评委好，我是×号，说课的课文是《藤野先生》。

一、教材分析

中学语文课标要求，阅读文学类作品时，要体验情感，领悟主题，得到启示，能够正确评价作品，并且会品味语言。人教版八年级下册第一单元学习叙述类文学作品，选用鲁迅的《藤野先生》，我认为选文比较恰当，但是难度较大。鲁迅在文中回顾了自己留学日本的经历，与藤野先生的交往，赞美了藤野先生的高贵品格，又把爱国情感融汇其中，很巧妙。

二、学情及学法分析

初二的学生学习本文，有一定的难度，一是阅历较浅，二是心理不够成熟。

鲁迅在写作时，一向把自己的思想藏得很深，他说的与他想的往往不同。

鉴于以上原因，课上要多用阅读品味思考的方法，在老师的讲授引导下，理解文中的鲁迅。安排两课时，第一课时归纳事件及人物性格，完成重点。第二课时归纳主题，解决句义，突破难点。实际操作时，重点和难点是交融的。

三、教学目标

根据三维目标的要求，依据以上的分析，制定目标如下：

1. 阅读中识字解词，归纳事件，整理思路。
2. 品味中辨析重点词句的运用，体会深远含义。
3. 喜欢本文，进而喜欢鲁迅、喜欢推敲咀嚼文学作品。
4. 教学重点是写人的具体化，难点是对含义深刻句子的理解、对文章主题的理解。

四、教学过程

1. 导入：板书文章标题后，提问："藤野先生是谁？"直接切入文章的主人公。

预习过的学生，就可以答出"鲁迅的老师"。

再提问："什么时候的老师？"

也可以答出："留学日本时的老师。"

第三次提问："鲁迅认为这个老师怎么样？"

这一问题是击中难点，初二学生不容易说清楚。于是引导学生阅读文本。

2. 一读文本：找出文中写的关于藤野先生的几件事。此环节要尽量多给学生自学的时间，教师和学生都要保持安静。学生利用以往的学习经验，完全可以归纳出来。教师不要代劳，不要养成学生课堂学习懒惰的习惯。

师生共同明确五件事：

（1）相识"生活朴素，教学严谨"；

（2）改讲义"严格要求，循循善诱"；

（3）问裹脚"实事求是"；

（4）漏题门"正义感"（此处会有学生质疑，藤野先生对此事并无表示。这时要引导学生细读这段文章，"我便将这事告知了藤野先生"；

（5）话别"师生情深"。

"有几个和我熟识的同学也很不平，一同去诘责干事托辞检查的无礼，并且要求他们将检查的结果，发表出来。"这后面的表态和行动，有没有藤野先生参与。

小结：可见藤野先生是鲁迅最感激、最爱戴、最敬仰的一位恩师。（板书重点词）

在这一环节中，应该不断突出重点。归纳出事件之后，要注意分析人物性格，引导学生注意写人的具体化。比如"话别"一段，"我"告知他将离开，写藤野先生的神态，"他的脸色仿佛有些悲哀，似乎想说话，但竟没有说"。这种描写写出了人物内心丰富的情感变化，伤心，想挽留，又无可挽留，想表示悲伤，坚韧的个性又使他掩藏悲伤。于是"我"急忙安慰藤野先生。师生二人，可谓心有灵犀，令人感动。

在"将走的前几天，他叫我到他家里去，交给我一张照相，后面写着两个字道：'惜别'，还说希望将我的也送他。但我这时适值没有照相了；他便叮嘱我将来照了寄给他，并且时时通信告诉他此后的状况。"一段，质朴的叙述，浅白的语言，却浸透了依依离别的深情。

大家齐读，品味，体验没有抒情胜于抒情的效果。

五、总结说课

说教学过程我选择的是第一课时，依据课标和教学理念，我主要运用了阅读品味法、朗读体验法。注重教师的启发引导，同时关注学生的阅读体验，鼓励学生的个性张扬。在具体操作时，还运用"不愤不启，不悱不发"的原则，把握学生的思维发展和情绪变化。

板书：

藤野先生

鲁迅

感激

爱戴　　　　　　　　　恩师

敬仰

在上面这个面试说课示例中，我们可以重点学习如下几个方面：

第一，说课环节完整，说课过程层次清晰。

第二，阐述教学设计能够提出教学理论依据，选择教法学法能依据学生实际。

第三，说课重点突出。说课必须要回答"四教"，即教什么、怎么教、为什么教、教得怎样；还要体现"五说"，即说教材、说学情、说教法、说学法、说程序。但是以上内容并不是平均使力的。这个面试说课示例很好地做到了这一点。

（四）语文教师岗位考试面试答辩示例

答辩是教师岗位面试中的一项常规且重要的测评项目。答辩强调应试者与考官的良性沟通，通过即时回答的方式展现应试者的品质、个性和能力。这些品质、个性和能力不仅是考官重点考查的内容，更是应试者一旦走上教师工作岗位，赖以教书育人、实现人生价值的最重要条件。

语文教师岗位面试，一般采用"试讲（说课）+答辩"的形式。试讲（说课）结束后进行答辩，答辩的问题分为预设题与即时题。预设题是面试小组提前准备好的问题，主要是针对教学管理类、职业理解类等内容设问。教学管理类，即对如何处理班级或学生中存在的不良现象提出疑问；职业理解类，即考查考生的职业认知或价值观选择等。即时题是面试官针对不同考生的试讲表现临时产生的问题，主要考查应聘者的专业素养，一般围绕教学设计、教学实施、教学评价等方面设问。教学设计类，即针对本堂课的教学目标、重难点、板书或活动设计等提出问题；教学实施类，即针对如何在教学活动中实现教学设计提出问题；教学评价类，即对如何评价本堂课或其他教学案例提出疑问。

面试答辩中常见的考题举例如下：

1. 针对考生试讲中的教学设计进行提问

> 这节课你的教学重点是什么？你觉得自己达到预期的教学目的了吗？（试讲篇章《醉花阴·薄雾浓云》，后简称《醉花阴》。）

解题思路

回答此类问题时，考生需思路清晰，逻辑严谨，态度谦虚诚恳地向考官表述自己的教学重点，也可对自己的设计意图或预期效果加以陈述，并对试讲过程中的不足之处主动进行反思。

参考答案

《醉花阴》是李清照前期作品，本文学习的重点是体会词人如何通过特定的意象表达孤独寂寞的情感，体会词作情景交融的特点。通过了解《醉花阴》的写作背景，学生提取本首词的意象，并品鉴"东篱""酒""黄昏""黄花""西风"等意象。学生基本能到达我预期的教学目标。

2. 针对考生试讲的学科专业知识进行提问

> 请简单介绍陶渊明和《桃花源记》的主要内容及作家情感。（试讲篇目《归园田居》。）

解题思路

陈述此类问题时，考生需组织好语言，清晰流畅地回答考官提出的问题；如果意识到在试讲中存在知识性错误或口误，考生还需态度诚恳地进行改正。

参考答案

陶渊明，字元亮，又名潜，私谥"靖节"，世称靖节先生，东晋末至南朝宋初期伟大的诗人、辞赋家，是中国古代著名的田园诗人，被称为"古今隐逸诗人之宗"，有《陶渊明集》。《饮酒》《归园田居》《桃花源记》是其代表之作。《桃花源记》以武陵渔人进出桃花源的行踪为线索，按时间先后顺序，把发现桃源、小住桃源、离开桃源、再寻桃源的曲折离奇的情节贯串起来，描绘了一个没有阶级，没有剥削，自食其力，自给自足，和平恬静，人人自得其乐的社会，与当时的黑暗社会形成鲜明对照，是作者及广大劳动人民所向往的一种理想社会，它体现了作家精神的追求与向往，也反映出作家对现实的不满与反抗。

3. 针对考生的职业认知进行提问

> 教师是一个非常辛苦且工资又低的工作，你为什么想要报考教师？

解题思路

考官在提问此类问题时，主要是希望通过了解考生的人生观、价值观等，判断其是否具备成为一名人民教师的师德师品、自信和决心。在回答此类问题时，考生应坚持虚实相济的原则，态度应诚恳，言辞不浮夸。首先，可表达自己对教师工作充满艰辛与挑战的认知与理解；其次，或结合自身实例、或移花接木谈谈自己选择教师这一职业的原因所在；最后，做出简明总结，阐述自己能苦中体乐，坚持选择教师这一职业的决心和信心。

4. 针对考生思维品质进行提问

> 俗话说"学高为师，身正为范"，请问你如何理解这句话？

解题思路

首先提出观点，对该俗语进行解释，得出其中蕴含的道理；其次论证观点，论述该道理体现的最新教育理念；最后落实观点，阐述最新教育理念在日常教学中的实践运用。

参考答案

"学高为师，身正为范"是对教师职业的基本要求，它包含着如下哲理。

首先，学高为师，要求教师具有过硬的专业知识素养。教师要读书，要有学习的愿望，要有对知识的渴求。教师只有多读书，才能提高自己的教育素养。只有具有宽广的知识视野，教师才能成为教育能手，成为学生不断前行的引路人。

其次，身正为范，要求教师真正做到为人师表。为人师表是教师职业的内在要求。教师工作的"示范性"与学生所特有的"向师性"，使得教师在学生的心目中占有非常重要的位置。教师要从小事做起、从自我做起，以高尚的人格感染学生，以整洁的仪表影响学生，以和蔼的态度对待学生，以丰富的学识引导学生，以博大的胸怀爱护学生。只有这样，才能取得教书育人的实效，学生才会"亲其师，信其道"，进而"乐其道"。

总之，"学高为师，身正为范"不仅是对老师的基本要求，而且是教师职业精神的体现。

精彩的答辩要求考生具备良好的心理素质、灵活的思维、清晰的思路、严谨的逻辑和流畅恰当的语言表达，因此考生需要经过一段时间的专业化、集中化训练。在备考阶段，考生要反复进行情景模拟，在刻苦训练中善于分析和总结，争取在最终考核中实现质的飞跃。

【附录】

> **语文教师岗位面试参考题目**
>
> 1. 你所学的专业是什么？什么学历？
> 2. 你在学校或者班级中担任过什么职务？请简单述职。
> 3. 你在校主持（或参加）过哪些社团活动？有何收获？（可从思想、能力、荣誉等方面简述。）
> 4. 你最喜欢古今中外哪一位教育家？你读过他的哪些教育论著？请说出他的基本

教育理念是什么。

5.你如何看待现行的中国教育？

6.你是一位爱读书的人吗？你喜欢当代哪一位作家？你读过他的哪本书？书的大致内容是什么？

7.你喜欢哪篇诗作（或散文）？请朗诵给我们听听。注意把握作品的内容、意境、情感、节奏、抑扬顿挫等。

8.请你把说课稿中设计的板书在黑板上写出来。

9.你有阅读教学教研杂志的习惯吗？能不能简单介绍一种全国中文核心期刊？

10.你最佩服的人是谁？佩服他哪些方面？

11.你参加过哪些社会实践活动？收获是什么？

12.谈谈你对网络的认识。

13.谈谈你对网络用语的看法。

14.请说出你在网上经常浏览的语文教学专业网站，介绍一下它们的功能和特点。

15.你在报刊上发表过作品吗？大致介绍一下。

16.你有何特长？可以展示一下吗？

17.说说你选择教师职业的原因。（主动选择、被动选择都行。）

本章小结

本章主要对语文教师职业技能作了简要介绍，对语文教师职业技能训练作了简要指导。结合语文教师岗位考试情况，介绍与分析了大量实例，使大家对语文教师岗位要求有一个较为全面的认知，为本书接下来分章讨论作了铺垫。

思考与练习

1.国内外很多研究将教师职业技能等同于教学技能，你认为二者可以等同吗？为什么？

2.查阅《高等师范院校学生的教师职业技能训练基本要求（试行稿）》《高等师范学校学生的教师职业技能训练大纲（试行）》，列出其中所要求的教师应具备的职业技能，分析目前教师职业技能结构应有什么变化。

3.你认为语文教师职业技能和一般教师职业技能有哪些相同与不同？

4.以小组为单位，选取初高中语文教科书中的课文，选择其中的一个教学内容进行模拟试讲。要求：写出规范、简洁的教案；时间控制在10—15分钟；对照评分标准作出成绩评定。

5.模拟答辩现场，当场提问，当场点评，进行答辩训练。

第一章 语文教学设计技能

本章学习目标

1. 了解语文教学设计的内涵。
2. 掌握语文教学设计的基本技能。
3. 学会分析语文教学设计案例，借鉴有益经验。
4. 能够完成语文教学设计。

本章要点提示

语文教学设计是语文教师最重要的基本功之一。它要求语文教师运用现代思想，从教育心理学、教学目标、教学设计理论阐述入手，结合语文教材，进行有个性、有创意、可操作的语文教学设计。目的在于提高语文教师运用语文教育理论进行教学设计的能力，促进语文教师把理论与实践结合起来，加深对语文教学的感性与理性认识，为将来成为研究型基础教育教师奠定扎实的基础。

第一节 语文教学设计概述

语文教学设计是指语文教师在授课之前，在深入钻研教材、了解学生的基础上，在教学目的的制约下，对教学内容、教学方式方法、教学步骤作出科学的、合理的安排，以保证在规定时间内达到教学目标的总体设想。2019年《义务教育语文课程标准》强调"语文课程的设计，注重引导学生多读书、多积累，重视语言文字运用的实践，在实践中领悟文化内涵和语文应用规律；注重将社会主义核心价值观有机地融入语文学习过程。""课程目标从知识与能力、过程与方法、情感态度与价值观三个方面设计。三者相互渗透，融为一体。目标设计着眼于语文素养的整体提高。各个学段相互联系，螺旋上升，最终全面达成总目标。"[①]

教学设计，从总体上说，是教师按照大纲的规定进行教学前的准备，使学生在规定的时间内语文水平达到大纲所规定的要求。但这个目标的实现是一个各种因素互相影响的复杂过程，它与教师的思想修养、能力水平、工作态度密切相关。

---

① 中华人民共和国教育部.普通高中语文课程标准（2017年版）[S].北京：人民教育出版社，2017.

一、语文教学设计的内容

（一）教学总体设计

1. 教材分析

教材分析部分的写作要求：分析课程标准的要求；分析每课教材内容在整个课程标准中和每个模块（每本教材）中的地位和作用；分析每课教材内容与低一阶段教材相关内容的区别和联系。

2. 学情分析

学情分析部分的写作要求：分析学生已有的认知水平和能力状况；分析学生存在的学习问题；分析学生的学习需要和学习行为。

3. 教学目标

教学目标部分的写作要求：确定知识目标；确定能力、方法培养目标及教学实施策略；确定引导学生情感、态度、价值观目标的教学选点及教学实施策略。四个基本要素：①**行为主体**，主体必须是学生而不是老师，正确的格式如"通过……学习，能说出……"，"通过……学习，能分析归纳……"，而不是采用"使学生掌握……""教会学生……"等表述方式；②**行为条件**，指影响学生产生学习结果的特定的限制或范围，如"通过收集资料""通过观看影片……""通过本课学习"；③**行为动词**，这里的动词必须是具体可测量、可评价的。如"知道""归纳""列举""感受""参加"等；④**表现程度**，指学生学习之后产生的行为变化的最低表现水平，用以评价学习表现或学习结果达到的程度，比如"通过……学习，能够写出（背诵）……了解（掌握）……"

叙述最好有不同层次，根据课程标准，结合学生的认知规律和差异性，按照教学内容，由低到高，由易到难，设计具有不同要求、不同层次的教学目标，使每个学生都能在自己原有的基础上有所发展。

4. 教学重点与难点

教学重点与难点部分的写作要求：确定本堂课的教学重点；确定本堂课的教学难点。

5. 教学方式

教学方式部分的写作要求：介绍进行课堂教学所要采取的方法与技巧。

6. 教学用具

教学用具部分的写作要求：教学环境的设计与准备；教学用具的设计与准备。

（二）教学过程设计

1. 课前探究部分

课前探究部分的写作要求：设计出引导学生进行课前准备和探究的方案。

2. 导入新课部分

导入新课部分的写作要求：设计出每节新课的教学引语，教学引语要起到"凝神、起兴、点题"三个作用。

3. 师生互动部分

师生互动部分的写作要求：设计出每节新课的教学结构（板书结构）；写出每步设计的设计目的（设计意图）。

此外，在教学结构设计中要注意体现下列6个要求：①突出学生的主体地位；②从学生的问题出发营造教学情境，设计教学问题并引导学生探究、解决问题；③设计出师生互动方式；④争取准备两三种针对不同群体学生的教学安排；⑤对教材内容作适当的处理，发掘出教材内容之间的内在逻辑联系，发挥教材内容的育人作用；⑥课堂教学要减少统一讲解，增加学生的自主探究，增加学生的分组活动。

4. 课堂总结部分

课堂总结部分的写作要求：设计出针对教材知识内容的系统的回忆巩固问题及巩固方案；设计出发散、扩展、升华学生思维的问题及复习巩固方案。

5. 课后作业部分

课后作业部分的写作要求：每节课设计恰当的作业，要求既有知识积累、知识运用的传统型作业，又有创新性的内容与题型。

（三）教学后记写作

教学后记部分的写作要求：评价每节课的教学设计的实施结果；对每节课的教学设计及时地进行修改、补充、完善；写出教学感想、心得、体会。

反思的主要内容有：①教学目标实现了没有？②教育理念、教学理念转化为具体的教学行为了吗？是通过什么方式转化的？③有没有创造性地挖掘和利用教学资源？④教学设计最突出的亮点是什么？存在的问题和症结在哪里？⑤针对存在的问题，提出改进的策略。

二、教学设计文本格式

语文教学设计

课题	
教材分析	
学情分析	
教学目标	
教学重点难点	
教学方法	

（续表）

教学用具	
课时	
板书设计	
教学过程	
教学反思	

三、语文教学设计的要求

（一）教学设计的基本要求

1. "吃透"教材

"吃透"教材，一要细研，二要深钻。钻研课文的具体内容有：

（1）理解教材的编排体系，掌握执教课文的内容、形式特点及其背景知识，明确它在教材中的地位。在语文教学大纲总的框架内，允许有多个版本的语文教材，这就是所谓的"一纲多本"。每个版本的教材都有自己的编排体例。即使是同一篇文章，出现在不同版本教材中，它的教学目标、教学重点都会有所不同。只有自己"吃透"了教材，才能引导学生深入地理解教材。否则，"以己昏昏"，断难"使人昭昭"。

（2）确定一个单元中各篇课文的教学目的。教学目的要根据语文课程标准中各年级的教学要求和教材的单元教学要求来确定。教学目的必须简而明，必须兼顾人文素质教育、语文知识教育和语文能力训练目的三方面。

（3）确定教学重点和难点。抓住重点才能突出重点，抓住难点才能突破难点。重点和难点是各课的主攻方向。重点要依据教材特点和教学目的而定，难点要根据学生的具体情况而定。

2. 关注学情

教师是学生和课本之间的桥梁。熟悉教材，是解决教师与教材之间的矛盾。了解学生，是解决教学中教师与学生、教材与学生之间的矛盾，使三者成为一个协调的系统。

了解学生的途径有多种，如通过日常学习、生活中的接触进行了解，通过观察学生在课堂教学活动中的表现、参加课外活动的情况进行了解，通过学生的作业情况、考试成绩、其他课任课教师的意见进行了解，以及通过座谈、个别谈心、家访等多种形式进行了解。

了解学生就是要摸准学生在哪些问题上"已知"，在哪些问题上"未知"；或哪些问题点到即可，哪些问题需要花费较大的力气。为了突破难点，学生有哪些知识储备，怎样帮助他们把储备的知识提取出来以供突破难点之用，等等。

3. 选择教学方法和教学媒体

完成教学任务如同过河，教学方法就是过河的"桥"或"船"，没有"桥"或"船"，就不能过河。"桥"或"船"的设计者是教师，架"桥"和造"船"的主力则应当是学生。过"桥"时教师要引导，划"船"时师生要一起用力。在这方面，教师备课时要舍得花功夫，贪图省力是不会有好效果的。

教法选择要：

（1）根据教学目的和教学内容；

（2）根据学生的学法；

（3）根据教师的特长；

（4）根据教学环境和条件。

教学媒体的选择要从教学目的出发，根据教学内容的需要、实际条件的允许，调动学生的学习积极性，促进学生的能力迁移。

"教学有法，但无定法"，语文教师在进行教学设计和施教时，要大胆创新而不生搬硬套，注重效果而不追求时髦，使学生的思想素质、知识、能力得到切实提高。

（二）教学设计的具体要求

1. 要有明确具体的教学目标

每节课都要使学生有具体明确的学习目标，教师发挥主导作用的最重要表现就在于坚持正确恰当的教学目的。明确在一节课内教师怎么教、教什么；学生应该学什么、怎么学。只有明确了学习目标，师生才能配合默契，教学才有效果，也能使学生获得愉快的体验，从而激发学习的信心。

2. 要有充实得当的教学内容

教学内容的确定要体现教学目的，突出教学重点，使学生学有方向、练有基础。

3. 要有便于操作的教学步骤

教学步骤要充分体现出科学性、逻辑性、渐进性，使学生的学习步步推进。先学什么、后学什么，怎样开始、怎样过渡、怎样训练、怎样巩固，都要有章可循。

4. 要有分配合理的教学课时

一个单元、一篇课文的学习往往不能在一个课时内完成，而要分若干个课时。课时的分配要考虑合理性。教学内容的安排要做到既前后相连又相对独立。整个教学工作要做到有张有弛、快慢适度、导中有练、讲练结合，不能出现前松后紧、讲练失衡的状况。

5. 要有科学灵活的教学方法

教学设计不能一味地重复教材或教参的内容，也不能写成评述式、欣赏式的文章。要着重标明各个步骤中用什么方法指导，用什么方法传授知识，用什么形式进行能力训练等，这样才能保证教学目的的实现。

6. 要有简洁明晰的板书设计

板书要能够帮助学生理解课文中的知识，把握课文的脉络、线索，启发学生思考课文中的问题。

四、教学设计的评价标准

教学设计是运用系统方法，将学习理论与教学理论的原理转换成教学过程和教学活动的具体计划的系统化过程。教学设计是一个开放动态的过程，是能够充分体现教师创造性教学的"文本"。评价时一般从目标设计、内容分析、学情分析、教学过程设计、延伸设计、文档规范、设计创新等方面进行，具体可参看《第三届全国师范院校师范生教学技能竞赛评分标准》。要求在90分钟时间内完成一个教学设计，"参赛者应结合我国新课程改革的理念，以及基础教育现实、教学要求、课程目标等发生的深刻变化，针对指定内容进行教学设计，解决教什么、怎样教的问题，使教学过程最优化"。教学设计满分为25分，评价标准如下表：

第三届全国师范院校师范生教学技能竞赛（教学设计）评分标准

评价内容	评价标准	分值
目标设计	教学目标清楚、具体，易于理解，便于实施，行为动词使用正确，阐述规范	1.5
	符合课标要求、学科特点和学生实际；体现对知识、能力与创新思维等方面的要求	1.5
内容分析	教学内容前后知识点关系、地位、作用描述准确，重点、难点分析清楚	2
学情分析	学生认知特点和水平表述恰当，学习习惯和能力分析合理	2
教学过程设计	教学主线描述清晰，教学内容处理符合课程标准要求，具有较强的系统性和逻辑性	2
	教学重点突出，点面结合，深浅适度；难点清楚，把握准确；化难为易，处理恰当	2
	教学方法恰当，适合教学对象，有利于教学内容完成、难点解决和重点突出	2
	教学辅助手段准备与使用无误，教具及现代化教学手段运用恰当	1
	内容充实精要，适合学生水平；结构合理，过渡自然，便于操作；理论联系实际，注重教学互动，启发学生思考及问题解决	3
	注重形成性评价及生成性问题解决和利用	1
延伸设计	课时分配科学、合理；辅导与答疑设置合理，练习、作业、讨论安排符合教学目标，有助于强化学生反思、理解和解决问题	2
文档规范	文字、符号、单位和公式用法合乎规范；语言简洁、明了，字体、图表运用适当；文档结构完整，布局合理，格式美观	2
设计创新	教学方案的整体设计富有创新性，较好体现课程改革的理念和要求；教学方法选择适当，教学过程设计有突出的特色	3
合计		25

第二节 语文教学设计的类型与内容

依据不同的标准，语文教学设计就有不同的分类。按照教学内容，可分为阅读教学设计、写作教学设计、口语交际教学设计；按照课型，可分为讲述课教学设计、自读课教学设计、练习课教学设计、讨论课教学设计、活动课教学设计等。不同的教学设计需要不同的教学技能，但是除了教学设计的文档格式有其共同之处，所需的技能也有共同之处。鉴于篇幅，本节选择阐述阅读教学设计、写作教学设计、口语交际教学设计三个类型的教学设计的要求与方法，教师在实践中可以举一反三。

一、阅读教学设计

阅读教学设计是指教师在授课之前，在深入钻研教材、了解学生的基础上，在教学目标的制约下，对教学内容、教学方式方法、教学步骤作出科学合理的安排，以保证在规定时间内达到教学目标的总体设想。教学创意体现了教师对文本的驾驭能力，也能反映出教师对文本理解的深刻性。好的教学创意可以让语文课堂充满激情。

（一）阅读教学具体要求

1. 确定教学目标，把握重点、难点、疑点

这里所说的教学目标，是指教读一篇课文或一个单元的课文所要达到的具体目标，它包括知识的建构、能力的培养、过程的安排、方法的指导、情感态度价值观的培养等多个方面。确定教学目标的主要依据是：

（1）语文学科的总目的；

（2）教读课文内容和形式的特点；

（3）学生的知识、能力水平和教育教养素质条件。

对于教学目标的多个方面，不是也不能一个个分开去把握，而应作为一个整体，进行综合的理解和认识，并根据具体情况设计落实教学目标的具体措施。

所谓教学重点，就是指实现教学目的所应掌握的最重要的、最基本的知识点。在课文中，重点的内容一般会在预习提示或练习设计中有所体现。但因学生情况有别，教师应根据具体情况确定教学重点。

至于教学难点和疑点，没有固定的界定标准，而要依据学生的实际情况来判定。重点、难点、疑点有时会聚合在一起，有时会分散在不同的点上。"三点"之中，重点是相对固定的，难点和疑点却因学生的水平不同而移动，三者的聚合或分散也在所难免。因此教师在进行教学设计时，既要认真钻研教材，又要细致了解学生，做到"吃透两头"。其意义就在于准确地把握重点、难点和疑点。

2. 理清教学思路

思路，指的是人们思维活动的逻辑顺序，也是思考问题的逻辑线索。"教学思路"包

括教师教的思路和学生学的思路。无论是教的思路还是学的思路，都包含了内容和形式两个方面的思考程序。例如教的思路，教师要考虑怎样导入新课、怎样指导预习；进入教读阶段后，要考虑先教什么、后教什么。这些步骤中都包含了内容与形式两个方面。学生学的思路在很大程度上是与教师教的思路相一致的。这是因为：其一，阅读文章总是有一定的规律的，这个规律就是"整体—局部—整体"；其二，学生的学是在教师的指导下进行的，学的思路一定会受教的思路的影响，且年级越低越是如此。但是有时情况很特殊，教的思路与学的思路会产生冲突。例如，教学生读一篇小说，小说的情节曲折动人，有一定的吸引力，当教师叫学生翻开课本后，学生便津津有味地看起来，但教师却想在开始时补充或介绍一些相关知识，以免中途打断学生的阅读思路。这种情况下教的思路与学的思路便有了冲突，两种思路的不协调，就会影响教学效果。学生到了高年级，已具备了一定的知识积累和阅读技能，他们在解读新课文时，也有自己的阅读习惯，个别学生甚至会形成一种阅读定式。在这种情况下，教师便要根据学生的具体情况认真考虑如何使教的思路适应学的思路，因此，在教学中教师教的思路和学生学的思路是互相影响的。

3. 找准教学的突破口

寻找教学的突破口，并不是任意的，往往要考虑三个要素：一是要考虑思维的习惯和思维的逻辑顺序，二是要考虑考虑课文内容和形式的特点，三是要兼顾学生的兴趣爱好和心理特点。举《孔乙己》一课的教学为例：

> **《孔乙己》的教学突破口（一）**
>
> 小说《孔乙己》的教学重点是认识孔乙己这一人物形象，分析批判封建科举制度的腐朽和病态社会的冷酷。为达到这一目的，教师抓住孔乙己"脸色"变化这个特殊的细节，来分析孔乙己这个典型形象。《孔乙己》中有好几次写到孔乙己的"脸色"，这些"脸色"的描写，对于刻画人物性格特征、推动故事情节的发展、突出小说的主题思想都起着重要的作用。

寻找教学的突破口也不是千篇一律的，也要根据教学内容，在关注学情的基础上灵活确定。

> **《孔乙己》的教学突破口（二）**
>
> 小说《孔乙己》的教学重点是认识孔乙己这一人物形象，分析批判封建科举制度的腐朽和病态社会的冷酷。为达到这一目的，教师抓住孔乙己的"手及其动作"来分析孔乙己这个典型形象。《孔乙己》中有好几次写到孔乙己的"手"，"摸""排""爬"等手部动作描写，对于刻画人物性格特征、推动故事情节的发展、突出小说的主题思想也起着重要的作用。
>
> 此外，还有老师注意到了文中多次写了"笑"，孔乙己一来，"店内外充满笑声"，小孩儿在"笑"声中跑了出去……，从"笑"切入也是可以的。

需要注意的是，寻找教学的突破口不是设计新课导入。它必须从课文中的某一点开始，目的在于使学生更有条理地解读课文。寻找教学突破口也没有固定的文字标志作参考，全靠教师深入钻研课文、了解学生才能找准。

（二）几种阅读教学设计模式

1. 钱梦龙"三主四式导读"模式

上海市特级教师钱梦龙从20世纪60年代开始进行语文教改实验，于80年代将自己的实验结果命名为"三主四式语文导读法"。"三主"即"以学生为主体，以教师为主导，以训练为主线"。"四式"实际上是在"三主"思想指导下开展的四种不同方式的训练，其操作模式为"自读式——教读式——练习式——复读式"，具体如下：

自读式，是以培养学生的独立阅读能力为目的的一种训练形式。自读，不是让学生随心所欲，放任自流地自由阅读，而是一个有目的、有计划的训练过程。自读的进行大致有三种情况：一是先教后读，即教师先教给学生阅读方法，然后由学生自读；二是先读后教，即学生按照老师的要求先自读，然后在老师的指导下加深理解，从而领悟阅读的方法；三是边教边读或边读边教，即老师边指导，学生边自读。

教读式，是学生在教师指导下进行的阅读训练，教读必须与自读同步进行。教师主要是在以下几方面发挥主导作用：一是激发学生的学习兴趣；二是教给学生阅读方法；三是帮助学生克服阅读中遇到的困难。

练习式，是为强化、巩固所学知识、促使知识转化为能力而完成一定数量的口头或书面作业。

复读式，是一种复习性的阅读训练形式。把若干已学过的课文按一个中心组成"复读单元"指导学生读、想、议、练。复读时对课文归类有三种类型：一是以复习基础知识为目的，二是以比较课文内容或形式异同为目的，三是以求得规律性知识为目的，课文归类与学习目的相呼应。

钱梦龙"三主四式导读"模式肯定了学生为主体、训练为主线的基本思想，解决了教与学、传授知识与发展能力之间的矛盾，有助于教师认清自己的地位和角色，有助于教师在制订教学方案时落实切实可行的能力训练措施。但是，对教师的能力要求较高，教师要具备较高的"导"的艺术和驾驭课堂的能力。

2. 魏书生"六步自学"模式

魏书生，全国特级劳动模范、辽宁省特级教师。他潜心实验，以培养学生自学能力为中心，创造出"六步自学"模式。具体环节是："定向——自学——讨论——答疑——自测——自结"。

定向：确定教学的主要目标、重点和难点，控制信息的接收范围，排除学习重点外的干扰性的多余信息。

自学：学生依据教学目标、重点和难点自学课文，独立思考。基础差的学生完成部分自学内容，基础好的学生向深度和广度开拓，一般学生能自己解决百分之六七十的问题，不同水平的学生各有所得。

讨论：前后左右每四人一组，把在自学过程中遇到的不懂的问题提出来，互相讨论；在讨论中仍不懂的问题，留待下一步解决。

答疑：立足于学生自己去解决疑难问题，由每个学习小组承担回答一部分，各小组之间交流、讨论，各组经过讨论仍未解决的或有分歧的问题，教师可稍加点拨或给予提示。

自测：根据定向中提出的重点和难点，以及学习后的自我理解情况，由学生拟出一般可在 10 分钟内完成的自测题（也可由教师出），学生相互检测，相互评分，自己检测学习效果。

自结：下课前几分钟，每个学生在自己座位上口头总结一下这节课的收获，再从各类学生中选一两名学生单独总结，使各类学生接收信息的质和量得到及时的反馈。

这种模式充分发挥了我国传统语文教学重视知、情、意、行相互作用的优点，唤起了学生的求知欲望，并让学生在了解自己的学习收获后得到欢乐和幸福，从而激发他们深入学习的意愿。在继承中有发展，正是"六步自学"模式的优点。如果说这个模式还有不足的话，就是在如何传授基础知识，进行听说读写能力的全面训练等方面，还有待教师辅以创造性的设计。

3. 余映潮的"板块式教学"模式

余映潮，湖北省特级教师，中小学语文课堂教学艺术研究专家，被誉为"中青年语文教师课堂教学艺术研究的领军人物"。

余映潮老师的"板块式教学"模式是将一节课或者一篇课文的内容，从不同角度安排成几个呈"块"状分布的教学内容或者教学活动。教师对教学模块的设置和课堂活动的安排更偏重对学生语文学习能力的训练。每个板块可以分别锻炼学生不同的能力，比如学生独立划分课文篇章结构的能力、处理课文内容信息的能力、鉴赏课文语言写作的能力等。余映潮设计的几个教学板块涵盖了阅读教学的不同方面，且几个板块之间相互独立又相互关联。

"板块式教学"模式简洁实用，教学的过程环环相扣，能够有效地避免由于在教学过程中教学思路不清晰而造成课堂混乱的局面，整个教学过程是层层递进的，几个板块循序渐进地落实语文教学的任务。"板块式教学"模式设置的几个教学板块之间不是孤立的，它们有紧密联系。①

---

① 薛婧妍. 余映潮语文教育思想研究 [D]. 扬州大学, 2019.

二、写作教学设计

写作是作者用自己的言语表达自己的认识,把内在的精神活动过程和认识结果加以外化的行为。中小学写作教学的实质是:学生在老师的指导下,学会用恰当的言语、恰当的形式表述自己的所见所闻所思,与此同时,养成良好的写作习惯,树立良好的写作态度。

(一)写作教学的要求

中小学写作教学的目标应该包括两个方面:培养运用语言表达的能力和思维能力,确切地说这是一种能力的两个方面。因为语言是思维的工具,语言离不开思维,思维也离不开语言。写作教学中,应该使运用语言和开展思维同步发展,互相协调,互相促进。语言和思维的双重目标是合在一起的,由以下一些具体技能组成:

(1)观察和感知客观事物的技能;
(2)搜集和整理题材的技能;
(3)选择和确定主题的技能;
(4)选择和运用文体的技能;
(5)构思和组织文章结构的技能;
(6)区别和选用表达方式的技能;
(7)遣词造句的技能;
(8)书写文字的技能;
(9)使用标点符号的技能;
(10)修改文章的技能;
(11)在规定时间内作文的技能。

(二)写作教学的过程

同阅读教学过程一样,写作教学过程包括教与学双方的活动过程,即教师的指导过程和学生的写作过程。如果说两者有不同的话,那就是阅读重在吸收,而写作重在表达。一篇文章的产生过程应该包括三个阶段:准备阶段 — 成文阶段 — 加工定稿阶段。准备阶段是观察生活、积累材料的阶段;成文阶段是整理材料、选择材料、构思表达的阶段;加工定稿阶段是推敲语句、修改润色的阶段。我们所说的写作教学过程,就是指经过上述三个阶段而完成一次作文的教学过程。这样看来,写作教学过程的定义应该是:学生在教师的指导下,逐步学会观察生活,收集材料,布局谋篇,修改定稿,最终形成一篇文章。

（三）几种写作教学的模式

1. 常用的模式

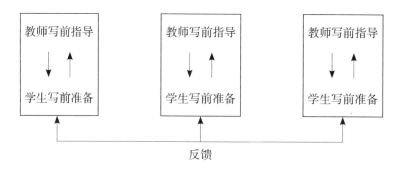

这个写作教学过程的长处在于它改变了从教师命题到教师讲评的单方面的注入式教学，从而使作文教学具有师生间的对应关系——教师指导和学生在教师指导下进行写作的关系，同时也体现了学生在写作中的主体地位。但不足的是，它所反映出的作文教学过程只是一种线性的发展过程，而未体现出各个阶段、各种因素的反复交错关系，多少把问题简单化了。

2. 从模仿到创造的体系

1982年，上海钱梦龙老师提出了模仿体系的过程结构，一般分为"仿写—改写—借鉴—博采—评析"五个层次，这是一个读写结合的训练体系。

（1）仿写：依照范文原样写作文。

（2）改写：对范文的内容或形式进行某种变动，写出与原文内容基本一致、而形式有所不同的作文，包括缩写、扩写、译写、续写、变形式、变角度等。

（3）借鉴：吸取范文的长处，为我所用，写出有新意的文章。

（4）博采：吸取多学科营养，经过消化，写出新作。

（5）评析：师生共同评析学生作文。

这个体系的优点是示范性和直观性，在刚刚起步时，学生容易入门、上手，促进读写结合，但它或多或少会带来一些刻板性、依赖性，对学生思维有一定束缚。

3. "观察—分析—表达"三级训练体系

"观察—分析—表达"三级训练体系是北京月坛中学刘朏朏老师首创的训练体系。

（1）观察训练：整个体系的基础，观察训练有不同的顺序。刘朏朏老师是按要求程度的不同由浅入深地训练。有的老师则是按照由静到动、由局部到整体、由点到面、由散到聚或"先物后人、先定点后动点"的顺序训练。

（2）分析训练：观察训练的深入。分析训练也有各种序列。刘朏朏老师分五个单元进行训练：分析的认识、分析的方法、分析的角度、分析的重点和分析的深入。还有的老师是把观察和分析放在一起进行训练的。

（3）表达训练：以培养学生表达能力为主。刘朏朏老师的做法是借鉴性表达训练和创造性表达训练交替进行。在进行观察训练、分析训练的时候，要结合训练表达能力。例如在观察训练中采用随感式的练笔方式，写观察日记、分析笔记、表达随笔等；不命题，不限定内容和形式。

这一体系着眼于学生智力的开发，注意培养学生的观察力、分析力、思维力，并注意他们习惯的养成。解决了写作材料的来源问题，使学生不至于凭空杜撰。但这个体系也有待完善，如基本功训练的落实问题、学生的差异性问题、训练的规格化问题、批改的科学化问题等有待进一步解决。

（四）几种依托课文的写作教学设计

1. 多项假设，角色代入

从多个角度、假设用不同的身份来让学生成为课文中的角色并进行写作，从而形成课堂写作的非常意趣。以《端午的鸭蛋》为例：

（1）假如你是推荐《端午的鸭蛋》的作者，请写一篇课文简介；
（2）假如你是课文中的小朋友，请以"家乡的咸鸭蛋"为题写几句话；
（3）假如你是高邮的厨师，请说说"咸鸭蛋吃法之一二三"；
（4）假如你是课文中的小朋友，请以"乐在端午"为题写一段回忆；
（5）假如你在高邮长大，请以"童年的端午节"为题写一段抒情的话；
（6）假如你是课文里的小朋友，请以"我的鸭蛋络子"为题写一段说明文；
（7）假如你是课文里的中学生，请以"请到我的家乡来"为题写导游词；
（8）假如你是《端午的鸭蛋》的高邮读者，请以"我为家乡而自豪"为题写一段话。

2. 填补空白，创编故事

利用故事中的空白来展开自己的想象，创编一个微型故事，要求既合情合理，又想象奇妙，体现童话的文体特点。以《七颗钻石》为例：

（1）描述小姑娘的一个好梦；
（2）轻轻地"对自己说"/"对同桌说"。

3. 变形创编，集体表演

进行表演艺术方面的设计，如写出诗歌朗读时的"领起词"，设计某个诗句的反复吟诵等。如果还有更高的要求，那就还需要考虑背景音乐的安排。以何其芳的《秋天》为例[①]：

> 女领：《秋天》是一首美诗。诗中那一个个生动鲜明的画面，构成一组绚丽多彩的乡村秋景图。让我们来轻声地朗读，沉浸到诗的意境中。这时，仿佛能听到诗人在深情絮语，仿佛能看到幽谷、农舍、渔舟、牧羊女……

[①] 余映潮.这样教语文：余映潮创新教学设计40篇[M].北京：教育科学出版社，2012.

男领：秋天

何其芳

女领：震落了清晨满披着的露珠，

伐木声丁丁（zhēng zhēng）地飘出幽谷。

男领：放下饱食过稻香的镰刀，

用背篓来装竹篱间肥硕的瓜果。

男女领：秋天栖息在农家里。

男合：向江面的冷雾撒下圆圆的网，

收起青鳊鱼似的乌桕叶的影子。

女合：芦蓬上满载着白霜，

轻轻摇着归泊的小桨。

众合：秋天游戏在渔船上。

女领：草野在蟋蟀声中更寥廓了。

女合：溪水因枯涸见石更清冽了。

男领：牛背上的笛声何处去了，

男合：那满流着夏夜的香与热的笛孔？

女合：（反复）秋天梦寐在牧羊女的眼里。

秋天梦寐在牧羊女的眼里。

秋天梦寐在牧羊女的眼里……

三、口语交际教学设计

口语交际是人们运用口头言语为主要工具达到某种目的的一项活动，它在人们的生活中使用广泛、方便、快捷。过去，人们往往误解"听"和"说"，认为它们是人类与生俱来的先天素质，把它们与生理功能意义上的听觉器官和发音器官等同起来。现在人们已经认识到，"听"和"说"都是后天教育的结果。如文盲也能进行有意义的听和说，那是由于他们受到了社会言语环境的影响，也是后天教育的结果。为了探索口语交际教学的规律，一些教育研究者开展了很多研究工作，也取得了很多成果。

（一）口语交际教学的方法

1. 说话训练的方法

说话训练的方式方法灵活多样，既可结合阅读教学进行训练，如朗读、背诵、复述、答问、讨论等；也可结合写作教学进行训练，如在写作之前要求进行口头作文等；又可以单独进行听说训练。现介绍几种说话训练的方式方法供参考：

①趣说：根据低年级学生好奇、好动的特点，把口语训练与游戏结合起来，采用打电话、猜谜语、讲故事、说绕口令等形式培养口语能力。

②接说：老师先说一段话（或一句话），要求学生承说一句或几句形式相同、内容相关的话。这个方法既可两人间进行，也可全班进行接龙式的说话，每人说一句，规定时间内接说，以此培养学生思维的敏捷性和逻辑性。

③评说：让学生对某一现象、某一事件、某一文章、某一活动先概括介绍，再进行评说，既培养口头说明能力，又培养思辨能力。

④解说：让学生介绍某事、某物，如解说某一生活用品的形状、特征、功用、性能等，培养口头说明能力。

⑤演讲：演讲的范围可大可小，人数可多可少，也可以让学生任选主题，但要求一定要有具体的材料、清晰的思路，言语要清楚、明白、流畅，能借助体态语。至于生动、形象方面的要求不必过分强调。

⑥辩论：设计一个论题，将学生分成正反两组，正反双方针锋相对地发表意见。学生在辩论中必然要迅速判断、归纳要点，快速组织语言，进行有针对性的辩说。在辩论中，集中注意力的能力、敏捷思维的能力、逻辑清晰地说话的能力、随机应变的能力都能得到发展。

⑦调查采访：要求学生就某一方面的问题向集体或个人进行调查或访问，通过深入的交谈获得有关材料。意在培养学生通过口语交际发现问题、分析问题、解决问题的能力。

⑧演剧：可以将课本中有故事情节的课文改写成课本剧，让学生分角色朗诵或扮演剧中人物进行表演。这种训练方式不但能使学生加深对课文的理解，而且能提高他们口头表达的生动性、形象性。

2. 听话训练的方法

听话训练的方式大致可分为接受型、评价型、创造型三类，每类的具体方式方法介绍如下：

（1）接受型

①听读：如听教师范读、听同学试读、听广播、听录音等。这种训练有利于培养学生耳脑并用、边听边想边记的习惯，促使学生及时捕捉语言重音、速度等方面的变化，明确句义，概括要点，把握中心。同时养成专心致志、静心听读的良好习惯。

②听讲：如听他人讲话、演讲、讲故事等。这种训练方式能增加学生知识积累，开阔学生视野，还能直接观察讲者的风采神态，学习言语表达的技能技巧，同时受到思想教育和情感熏陶。

③听记：一种将听到的话语用各种方式记录下来的训练方式，目的在于加深对话语的记忆效果，提高学习效率。听记的方式有脑记、笔记两大类。笔记又可分为慢记、速记、详记、摘记、追记等不同方式。听记训练有利于提高学生的注意力、理解力。

（2）评价型

①听辨：一种对听话内容进行思考、辨析，从而得出正确答案的训练方式。这种训练有助于提高学生的思维敏捷性、注意力、判断力和品评力。听辨包括：辨异同、辨正误、辨类别、辨美丑、辨特征等。

②听议：一种通过听讨论、议论、辩论、评论等提高评价能力的训练方式。它能训练学生排除干扰、集中注意、专一听话的能力，同时也能提高分析、判断能力。

③听评：一种对听过的话作评价的训练方式。教师选择一段完整的话语（一个故事、一件事情、一种观点、一段抒发某种感情的话语等），让学生听后从内容或形式方面作评价，以培养学生的分析、评价能力。

（3）创造型

①听缀：一种对听到的话语进行连缀、组合的训练方式。要求学生将一些杂乱无序的话语整理成线索清晰、重点突出的话，删除一些不必要的、多余的语言信息。这种训练可以培养学生对语言的辨别力、分析力和归纳力。

②听感：一种从听到的话语中引发个人感受的训练方式。要求学生一边听、一边记、一边分析思考，引出个人的感想，并能根据要求发表个人的见解。如听故事谈感想、听新闻谈认识、听报告谈体会等，这些都属于创造型的听感训练活动。

（二）口语交际教学的模式

1. 师生对话

课堂师生对话主要是指在课堂中贯彻启发式原则，师生围绕某个教学内容、某个教学话题进行平等的交流。它既推动了课堂教学的顺利进行，也是学生进行口语交际最好的方式。不但促进了学生的思维发展，而且引导学生得体表达，真是一举多得。课堂对话不同于教师的评点语，尽管对于教师而言有时候它带有一些评点的味道。教师要力求用自己的真情、自己的语言魅力激发学生心灵的火花，激发学生交流的欲望。

例如余映潮老师《假如生活欺骗了你》课堂实录片段[①]：

> （学生先自由背读）
>
> 师：现在请大家静静地、静静地思考，准备抒发感受。
>
> （学生静静地思考）
>
> 师：好吧，请用简洁的语言表达你的感受，哪位同学先来？
>
> 生：读到这首诗，我想到中国古时候的一首诗，它里面的两句话"山重水复疑无路，柳暗花明又一村"广为传颂。这首诗告诉我们，遇到挫折不要气馁，假如生活欺骗了你，要在黑暗中看到一线希望，而且要在希望中向前。

---

① 余映潮. 这样教语文：余映潮创新教学设计40篇[M]. 北京：教育科学出版社，2012.

> 师：经历了"山重水复疑无路"的痛苦，就会有"柳暗花明又一村"的快乐。谢谢你！

2. 课堂演读

演读，就是表演式朗读，就是分角色朗读。语文课堂上的演读，是让所有同学都可以参与的一项语文实践活动。既要读出轻重缓急，又要读出情致与韵味。演读能够提升学生的素质，培养学生的气质，提高学生的审美情趣，不失为一项很好的听说训练的形式。

如《安塞腰鼓》朗诵材料：

> 男领：看！——
> 女领：黄土高原上，爆出一场多么壮阔、多么豪放、多么火烈的舞蹈哇！
> 众合：好一个安塞腰鼓！
> 男女领：百十个斜背着响鼓的后生，如百十块被强震不断击起的石块，狂舞在你的面前。
> 男合：骤雨一样，是急促的鼓点；
> 女合：旋风一样，是飞扬的流苏；
> ……

3. 句段评点

评点，即选择课文中的佳句，或者自己喜欢的句子进行欣赏与点评。它是与语言品味有关的欣赏活动，是语言教学中内容高雅的学习活动，对培养学生的语感、提高学生的语言欣赏能力很有好处。

如《珍珠鸟》评点片段：

> 一会儿落在柜顶上，一会儿神气十足地站在书架上，啄着书背上那些大文豪的名字，一会儿把灯绳撞得来回摇动，跟着逃到画框上去了。
> ——三个"一会儿"，五个动词，一个"神气十足"，写出了小鸟的活泼好动、调皮可爱。

第三节　语文教学设计技能指导

在教学设计中，教学目标、教学内容和教学方法是三个极其重要的因素。教学目标解决"为什么教"，教学内容解决"教什么"，教学方法解决"怎么教"的问题。选择合宜的教学内容和教学方法是实现教学目标的有效途径。此外，教学过程、学情分析、板书设计等也是语文教学有效实施的重要因素，教学设计中必须全盘考虑。

余映潮老师认为,想要成为一名出色的语文教师,不仅要有语文阅读教学的创意,更要具备一些语文教师必备的基本技能。语文教师必备的教学设计技能包括以下八个方面:课型设计技能、能力训练技能、语言教学技能、活动组织技能、手法运用技能、朗读训练技能、学法指导技能、教学撰写技能。这八个技能是每位语文教师都必须具备的。[①]部分技能在其他章节里有所涉及,这里不再重复。下面就教学目标设计、教学内容设计、教学方法选择、学情分析、教学过程设计、板书设计六个方面所需要的技能进行介绍。

一、教学目标设计技能

教学目标的设计是教学设计的关键,标示着课堂教学的方向,是教师教学思想、教学价值观的具体反映,也是评价每一次教学是否有效的直接依据。它对课堂教学的发展起着调整和控制的作用,制约着教学设计的方向。

教学目标设定的要求是系统、科学。教学要有明确的目标,语文教学目标必须科学化。语文教学目标有其严格的体系,从纵向看有四个层次:新课标意识——总目标;年级要求——阶段目标;单元要求——单元目标;课文要求——达成目标。达成目标在教学目标中是必须落实的具体目标,要紧扣单元目标,体现阶段目标,关联总目标。在确定课堂教学目标时,必须双向往复,自上而下,全局在胸,由下而上,步步紧扣,这样就可以避免教学目标的盲目性、随意性。

从横向看,语文教学目标主要由认知、情感、行为三个领域组成。语文教材是由一篇篇文章组成的,文章由文(表现形式)、情(内在情感)、理(内容中心)三方面构成,要引导学生正确理解和运用祖国的语言文字,就是让学生在文、情、理方面进行理解和运用,实现"语言—意义"的双向转换。从别人的语言文字中理解其意义,是为了接收;把自己的意思变成语言文字表达出来,是为了发表。语文教学目标的横向范围,体现了语言、文字、思想的一致性,读书、作文、做人的一致性,知识、能力、习惯的一致性。教学目标为学生学习定向,有分寸、分层次;教师为学生掌握而教,运用反馈,不断调整学生学习现状与教学目标之间的差距,谋求教学目标的达成。

确定教学目标,必须依据语文教学目标体系的纵向层次和横向范围来精心考虑,在纵横的交叉点上提炼出科学的教学目标,明确、扎实、有效果,既有结合课文特点和学生实际的针对性,又有纵观全局、以点驭面的整体性;既有具体描述,便于检测评定的明确性,又有实施达成,在教学中兑现、落实的可行性。[②]

以《雨巷》一课教学目标的确定为例:

《雨巷》的教学目标

1. 知识与能力目标:掌握生字词,了解诗歌的象征意义及作者要表达的思想感情,

[①] 薛婧妍. 余映潮语文教育思想研究 [D]. 扬州大学,2019.
[②] 李海林. 教学设计与教学实施的区别与关联 [J]. 中学语文教学,2008(8).

初步学会鉴赏象征诗。

2. 过程与方法目标：在"感知—研究—拓展"的过程中，通过诵读培养学生对诗的感悟力和理解力，训练学生的朗诵能力。

3. 情感态度与价值观目标：引导学生体会作者关注社会、追求理想的感情，促使学生培养健康的审美情趣。

二、教学内容设计技能

教学内容是教学设计的重点。学习内容与教学内容、教材内容有密切的联系，但不是一回事。选入课本的文章都文质兼美，但"美在何处"却是见仁见智的。在语文课里，老师面对的是一篇篇课文，而课文又并不是老师教的内容，它们只是教学内容的载体，真正的教学内容是隐含在课文里的。在语文课里，老师和学生在正式开始上课之前明白的只是一件事，就是今天学哪一篇课文；但通过这篇课文，老师"做什么"，学生"学什么"，事实上都是未定的，老师在备课之前是不确定的，学生在学这篇课文之前也是不知道的。"所以，语文老师接到语文教材的第一步，就是'设计'每一单元、每一篇课文到底用它来'做什么'，让学生学会什么，我们具体教什么"，语文教学内容的未定性，更加凸显，"教学设计对语文课具有非常重要的意义"。[①]那么如何有效确定语文教学内容，即根据什么来设计"做什么"呢？

1. 根据文本的特征

一般来说，选入语文教材的作品和文章，都是具有典范性的作品或具有典型意义的文章。课文内容十分丰富，但作为教材，并不要求把每一个方面都教给学生；需要教给学生的是其具有典范性或典型意义的那一方面内容。例如《孔乙己》，有鲁镇的民俗，有带有年代感的生活场景，有短衣帮的粗俗和长衫主顾的清高，有小伙计及孩子们的善良，是一幅具有江南水乡特色的市井生活画卷。就课文内容来说，教师是要带学生来旅游观光，欣赏民俗风景吗？显然不是！《孔乙己》作为鲁迅代表作之一，其典范特征就是它入木三分的"人物描写"。因此，根据《孔乙己》的典范性特征，我们教这篇课文就是要教会学生鉴赏《孔乙己》的人物刻画，教的具体内容就是小说的"人物刻画"。

2. 根据学生的需要

一般来说，学生读一篇文学作品时，可能会遇到两种情况：一是"读不懂"；二是读得懂，但是"不喜欢"。从根本上说，文学作品教学就是做两件事：一是解决学生"读不懂"的问题，可称之为"解读"；二是解决学生"不喜欢"的问题，可称之为"鉴赏"。"解读教学"具体教"课文说了什么""说的这些意味着什么""作者为什么要说这些、为什么要这么说"；"鉴赏教学"具体教"你喜欢课文吗""你觉得课文什么地方好""这些地方为什么好"。例如，汪曾祺的《端午的鸭蛋》，学生是完全读得懂的，主题就是怀念

[①] 李海林. 教学设计与教学实施的区别与关联 [J]. 中学语文教学，2008（8）.

故乡，教师应该让学生喜欢这篇课文。鲁迅的《雪》，学生显然是读不懂的，教师应该解读。当然，让学生读懂这篇课文，也需要一个鉴赏的过程。这样去设计教学，课堂教学就是有效的。

3. 根据编者的意图

任何一篇课文，都有它的原生价值，又有它的教学价值。所谓原生价值，即它发表时为社会提供的信息价值；所谓教学价值，即编者把它选入教材时想用以实现的语文教学目标。教学设计时主要考虑的是"语文教学目标"。同样的课文，被不同的编者选在不同的教材里、安排在不同的地方，虽然原生价值可能是一样的，但教学价值可能完全不同。需要说明的是，由于受教材编写水平的制约，有些教材对课文教学价值的揭示和呈现可能不太清晰或准确，这就需要语文教师明辨并予以加工，以利于自己的教学。

语文课程不同于其他课程，因此教学设计的思路和程序也不尽相同。面对一篇课文，先要考虑的是文本有什么可教，而且还要考虑这"有什么"是不是文本的典范性所在。但并不是文本有什么可教就教什么，还要考虑学生需要学什么，只有既是文本所有的，又是学生需要的，才是"教什么"的最好选择。在这个过程中，当然要考虑教材编者想让我们教什么，如果根据前两项所确定的内容与教材编者的意图一致，那就最好不过；如果教材的意图与教师的思考不一致，优秀的教师往往对教材进行重新组合，以适应自己教学设计的需要。①

三、教学方法选择技能

教学方法总是因内容的不同、学生的特点、教师的特点和教学目标不同而有所变化。因此，语文教学方法选择的依据，也应从这几方面去考虑。

根据不同的课文内容，应采取不同的教学方法。如记叙文，是记叙人物活动或事件发展的。教学记叙文，就要指导学生厘清事情脉络，在此基础上理解、分析文章所体现的中心思想。而诗歌教学就要更多地注重情绪的感染，多朗读、多背诵，体味出诗歌的意境与情感。

教学对象不同，相应地，教学方法也不同。一般而言，若教学目标偏重知识传授、教学难度较大、学生年龄较小且基础水平较低，则应该选择以讲授法、谈话法、演示法为主的教学方法；若教学目标偏重于技能的训练、能力的培养，教材难度较大，学生年龄较大且基础水平较高，则偏重于选择讨论法、指导练习法、指导阅读法等。

每个老师都有不同的教学经历、知识结构、教学能力和性格特点。在选择教学方法时，就要选择那些能够发挥自己特长、施展自己才华的教学方法来进行教学。也就是说，教师本身的功力不同，就应该选择不同的教法。

不同的教学目标也要求选用不同的教法。例如，《故乡》一课的教学，如果以学会记

---

① 李海林. 教学设计与教学实施的区别与关联 [J]. 中学语文教学，2008（8）.

叙连贯动作作为教学目标，可以突出"雪地捕鸟"的内容，运用读写结合的方法；如果以学习描写人物外貌为教学目标，不妨以闰土少年和中年的外貌为范例，训练学生描写人物肖像；如果以掌握对比手法为教学目标，便可以抓住人物和景物的几组对比，进行讲解分析。

四、学情分析技能

所谓"学情"，是指学习者在某个单位时间内或某项学习活动中的学习状态。它包括学习兴趣、学习习惯、学习方式、学习思路、学习进程、学习效果等诸多要素。"准确地说，是了解这一班（至少针对'这一班'）学生乃至这一组、这一个学生的学情。所关注的应该是学生在现场的学习情况。"[①]学情分析是教学设计的起点，也是教学设计的焦点要素。它包括学习需要分析、学习内容分析和学习者特征分析等内容。学情是教学的立足点和出发点，教学设计必须把学习内容和学习者作为焦点，以帮助每一个学习者有效地进行学习。明了学情，是确定教学内容的重要依据。

案例

> 《师说》学情分析
>
> 高中阶段的学生，正值人生观、世界观和价值观的形成时期，对新鲜事物充满了好奇。他们通过必修一、二、三的学习和积累，已经掌握了一些文言知识，有一定的文言阅读能力，而且本单元前三篇课文均为论述性文章，学生对论述性文章的论证方法、结构方法有了一定的了解。因此，对于本文的学习主要是以引导为主，让学生利用已学习的知识自主学习，老师进行适当的点拨和总结。

五、教学过程设计技能

语文课堂教学过程具有开放性、灵活性的特点。因为教学过程是一个动态过程，涉及的环境、学习者、教师、信息、媒体等各个要素也都处于变化之中，所以，在使用教学设计模式时，要充分掌握教学过程的要素，根据不同的情况要求，决定设计从何着手、重点解决哪些环节的问题，创造性地开发自己的模式，因地制宜地开展教学设计工作。

语文教学过程设计，一般遵循感知—理解—巩固—运用几个阶段。做教学设计时，要制订合理的教学思路，充分调动学生的智力因素和非智力因素，通过师生双方和谐一致的协同活动，多层次、多渠道、多角度地进行教学信息的传递和反馈，充分调动学生学习的积极性和主动性，切实提高教学效果。

传统教学过分强调静态教案的预设而忽视动态思维的生成，因而不利于学生个性和创造力的发展。新课程在教学过程中强调课程的及时生成、动态生成。所以在编制教案时要贯彻"学生是学习的主体和发展的主体"的理念，突出"教师活动"和"学生活动"（前

[①] 王荣生，张孔义.语文教学方法与教学内容[J].语文学习，2004（4）.

者服从于后者）两条线索，以引发、探索、回答学生的问题为重要内容，准备一种或多种设计思路，为教学过程的动态生成创设条件，力求把课堂还给学生，把创造还给学生，建立以学生为中心的课堂教学过程。

设计教学过程时，先要确定教学过程所需要的课时数，再预设一个课时中每个教学步骤所需要的学习时间。时间安排既不过多过松，也不过少、过紧。

案例

《狼》教学过程设计

一、设置情景，导入新课

同学们，你们听过有关狼的故事吗？说一说你印象中狼是怎么样的（贪婪、狡诈、凶猛等）。每个人对狼的感受是不一样的，今天我们来学习第20课蒲松龄的《狼》，看一看书中写了怎样的狼。

二、初读课文，整体感知

认准字形，读准字音。

窘 jiǒng　　尻 kāo　　黠 xiá　　苫 shàn　　眈 dān

瞑 míng　　缀 zhuì　　屠 tú　　驱 qū　　薪 xīn

重点实词：惧、窘、暴、悟、并、驱、驰。

禽兽诡诈的手段能有多少啊？

同学们在3分钟内快速默读课文，并思考这篇文章讲了什么故事。

明确：写了屠户与狼的斗智斗勇的故事。

三、再读课文，重点研究

请同学们找一找描写屠户对狼的心理或动作的词语有哪些。

重点研究：惧、窘、暴、悟。

①"惧"是什么意思？哪段写屠户"惧"？

"惧"是害怕的意思，第二段写了屠户"惧"。

屠户遇到什么事情如此害怕？从文中找到相关的句子。

明确：屠户"投以骨"，"而两狼并驱如故"。

"并""驱"是什么意思？

"并"是"一起"的意思，"驱"是"追随"的意思。

从"并""驱"，你看出狼的什么特性？

狼十分狡猾，喜欢群体作战，不单独行动。两只狼同时盯上了单独行动的屠户。

②"窘"是什么意思？哪段写屠户"窘"？

"窘"是处境困迫，为难。第三段写了屠户"窘"。

屠户不是投了骨头给狼吗，为什么还如此处境窘迫？从文中找到相关的句子。

因为屠户的骨头已经投完了，"恐前后受其敌"。

那么屠户做了什么举动？从文中找到答案。

"屠乃奔倚其下，弛担持刀"。

"弛"是什么意思？说明了什么？

"弛"是"解除"的意思，说明屠夫已经不想再继续受狼的威胁了。

③"暴"是什么意思？哪段写屠户"暴"？

"暴"是"突然"，第四段写了屠户"暴"。

屠户因为什么突然暴起？他做了什么事？从文中找到相关的句子。

屠户"以刀劈狼首，又数刀毙之""屠自后断其股，亦毙之"。

④之前屠户对狼是"惧、窘"，怎么突然变得如此大胆？请分小组讨论一下。

明确：因为屠户知道，狼是贪婪的，如果不杀死狼的话，那么他自己就成为狼的口中之食了。

经过刚才同学们的透彻分析，我们清楚了当时屠户内心十分害怕，是抱着强烈的决心与狼决一死战的。

那么，请同学们想象自己是屠户，说一说当时的心理状况是怎样的。（同学们自由表达，言之有理即可。）

⑤当时那两只狼在做什么？它们有没有反抗？从文中找出答案。

它们一只"径去"，另一只"犬坐于前""目似瞑，意暇甚"。

请解释一下"瞑"是什么意思？

"瞑"指睡觉。

⑥为什么狼要假装睡觉呢？

是为了麻痹屠户，这充分说明了狼的狡诈。

四、三读课文，拓展延伸

讨论"狼亦黠矣，而顷刻两毙，禽兽之变诈几何哉？只增笑耳"，主语为什么由"狼"变为了"禽兽"？揣摩作者的写作意图，引导学生拓展学习。

五、教师总结，布置作业

这节课的《狼》写了一个屠户与狼斗智斗勇的故事。狼再狡诈，依然会被人类识破。

作业：在社会上有像狼一样狡诈的人，从生活中找一找你发现的生活中的"狼"。

六、板书设计技能

板书设计是教师上课前制订的在黑板上书写的计划，包括内容和形式两个方面的设计。它运用教学直观性原理，根据教学目的、教学内容、教学对象的不同，精心构思，将精要、形象、醒目、简洁的文字或图形显示在黑板上，帮助学生更好地理解教学内容。它是语文教学过程中必用的教学手段。

（一）板书的作用

体现教学意图，突出教学重点；显示教学思路，利于巩固记忆；表达形象直观，加深学生印象；深化课文内容，增强学习效果；节省教学时间，提高教学效率。

（二）板书的要求

1. 目的明确，概括性强

板书要书之有用，就必须具有明确的目的，任何一则好的板书都是为教学目的服务的。如果课堂上板书随心所欲，就在一定程度上说明教师上课目的不明确，也说明对教材把握不明确，因此，设计好板书的前提，就是要吃透教材，明确目的，选准内容。

板书还要具有高度的概括性。如果什么都往黑板上搬，就会喧宾夺主，也就谈不上突出重点。板书设计的概括性有三个要求：

①要紧扣课文原意。否则，概括性就失去意义。

②要准确挑选关键词语。否则，概括性就没有根据。

③要简洁完整，排列有序。否则，概括性就失去说服力。所谓"完整"，就是指每节课的板书在内容上相对独立，能全面反映该节课的教学内容。

2. 布局合理，条理清晰

教师设计板书，必须周密计划，对板书内容出现的先后、在什么位置上书写，都要谨慎考虑。要布局合理，就是使内容相互呼应，能直观地反映出内容之间的逻辑联系。板书的条理要体现课文的写作思路，也要体现教师的教学思路，这样才能对学生学习起引导作用。毫无次序的板书使学生看了以后感到莫名其妙，就失去了板书的应有作用。

3. 书写规范，整齐美观

语文教师应该是正确使用祖国文字的楷模。书写文字要做到正确、规范、美观。具体要求如下。

正确：笔顺正确。不写错字、别字、病句。

规范：书写规范，表述正确。不写简化字，不写繁体字，不生造词语。

美观：字迹大小匀称，排列整齐，行距合理。切忌龙飞凤舞、信手涂鸦、豹头蛇尾、排行弯曲。

（三）板书的内容

总的来说，板书的内容应该是一节课教学内容的高度概括，也就是说一节课完成后，纵观板书，讲课内容一目了然。但在每节课中，哪些内容该板书，则要根据教学的需要和学生的实际情况来决定。一般地说，构成板书有以下七个方面的内容：

（1）能够表现主题思想的词句；

（2）能够反映作品结构或作者思想进程的词句；

（3）能够表明事物和现象特征的词句；

（4）能够表达事物本质和规律的词句；

（5）新出现的字、词、句；

（6）有价值的新知识；

（7）正音、正词。

以上内容是板书所包括的内容范围，不是指一次板书应具备所有这些内容。

（四）板书的类型

（1）词语式

词语式板书是以课文中关键性词语组成的板书。这种板书有助于学生抓住课文的重要词语来理解课文，对丰富学生的词汇量、提高其表达能力很有帮助。

案例

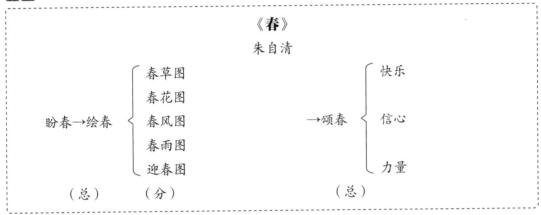

（2）情节式

情节式板书是以显示文学作品情节为主的板书，适用于分析作品的情节，能帮助学生很快掌握故事情节，理解课文内容，加上教师匠心独具的排列，显示出该文情节的跌宕起伏。

案例

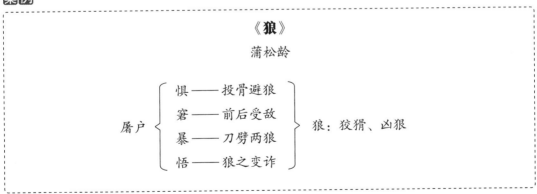

（3）重点式

重点式板书这是为突出某一教学重点或难点，或针对课文的某一方面知识而设计的板书。目的在于加深学生印象，理解教学内容。

案例

```
            《记承天寺夜游》
                苏轼
                ┌ 叙事：寻友赏月 ┐
          夜游 ┤ 写景：庭中月色 ├ 闲人
                └ 抒情：旷达乐观 ┘
```

（4）图解式

为了显示某些内容之间的联系、情节的发展顺序，或者揭示事物的内部关系，可采用图解式板书。能更形象、更直观地反映教学内容，使学生更容易理解。

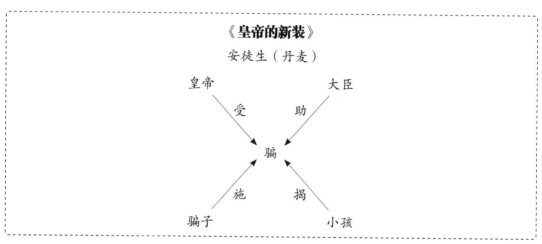

（5）表格式

表格式板忆就是把有关内容统一列入表格。这种板书的优点是类目清楚，排列有序，以说明文教学用得较多。

案例

《我的叔叔于勒》
莫泊桑（法）

开端	（1—4）	可是每星期日，我们都要衣冠整齐地到海边栈桥上去散步	盼
发展	（5—19）	只要这个好心的于勒一回来，我们的境况就不同了	赞
高潮	（20—47）	他低声对母亲说："真奇怪，这个卖牡蛎的怎么这么像于勒？"	遇
结尾	（48—49）	我们回来的时候改乘圣玛洛船，以免再遇到他	躲

（6）线索式

线索式板书即抓住显示文章结构线索的关键词语，简要概括出行文的结构线索，使学生快速掌握文章全貌。

【案例】

诗词曲五首
《水调歌头》
苏轼

上阕：望月（写景）
下阕：怀人（抒情）

惆怅苦闷 ⟹ 积极乐观

（7）对比式

有些课文内容对比强烈，采用对比式板书更能突出其对比效果，使学生理解对比的作用。

【案例】

《有的人》
臧克家

第一类人 ——对比—— 第二类人
（对人民有利的人）　　　（对人民有害的人）
自私、卑鄙　　　　　　　高尚、无私
鄙视、憎恨　　　　　　　崇敬、赞美

（8）总分式

总分式板书是一种总结全文要点，并在要点下分列具体内容的板书设计。它的特点是层次清晰。

【案例】

《核舟记》
魏学洢

（总）高超的技艺
（分）全部的情形 ｛ 舟首尾长 / 中间船舱 / 船头游者 / 舟尾舟子 / 船背刻字
（总）核舟的赞美

上面介绍的板书类型，主要是从板书的内容来说的。板书的分类也可以按形式划分（并列式、从属式、对称式、偏正式、递进式、回环式等），还可以按板书的目的划分（以引导积累词语为主、以介绍故事情节为主、以分析写作方法为主、以显示练习方式为主、以概括要点为主等）。

教师是否重视和讲究板书，是否依赖和凭借最优化的板书进行教学，效果是迥然不同的。有些教师不讲究板书设计，课前缺乏打算，上课时随心所欲，板书布局杂乱，使学生不得要领，严重地影响了学生的学习质量。有些教师甚至写错字、别字、病句，误导学生或给学生留下极不好的印象。作为一个负责任的教师，一定会在上课前精心思考板书设计。

第四节　语文教学设计的误区及案例分析

一、教学主体指向不准确

教学目标指向的是"学生在学习过程中要达成的学习结果，是通过学生的行为来反映的，所以学习目标的主体一定是学生"。[①]如以下案例中的教学目标就有偏差。

案例

> 《散步》教学目标
> 知识与能力目标：引导学生了解散文的形式和语言风格，基本了解散文的写作方法；
> 过程与方法目标：引导学生用小组讨论法进行学习，让学生体会到这种学习方法的好处；
> 情感态度与价值观目标：引导学生体会家人之间浓浓的亲情，让学生学会关爱家人。

教学目标若按照行为主体、行为动词、行为条件和表现程度的描述方式进行表达，行为动词也应该是学生发出的动作。案例中"引导学生……""让学生……""培养学生……"的表述把教学目标的主体看成是老师，而不是学生。

解决方案

出现这种问题的根源还是对教学目标理解有偏差，需要加强相关理论知识的学习，更要在思想上对教学目标的设置予以足够的重视。另外教学目标的表述应尽可能细致具体，便于操作。相对于"知识与能力目标"和"过程与方法目标"而言，"情感态度与价值观

---

① 卢明，崔允漷. 教案的革命——基于课程标准的学历案 [M]. 上海：华东师范大学出版社，2016.

目标"中的"关爱家人"更容易做到。

二、教学环节与目标脱节

教学目标"既是教学的出发点，也是归宿。或者说，它是教学的灵魂，支配着教学的全过程，并规范教与学的方向"。[①]如以下教学过程就与教学目标脱节。

案例

> 《散步》教学过程（一）
> 1. 创设情境，导入新课
> 用PPT展示两幅图片，一幅是平坦的大路；一幅是有树有花有鱼塘的小路。启发学生，如果让你选择其一去散步，你会选哪条，导入新课。
> 2. 初读课文，整体感知
> 齐读熟悉课文之后，请同学概括散步的经过。
> 3. 再读课文，重点研究
> 围绕散步地点，家人产生不同意见之后是怎样解决的？分小组讨论5分钟，在讨论过程中理解亲情。
> 4. 三读课文，拓展延伸
> 你们知道古代人是怎么写亲情的吗？知道哪些写亲情的典故？
> 5. 教师总结，布置作业
> 对学生进行亲情教育，并布置一篇小作文，写写自己与亲人之间的故事。

初学者在设计教学过程时，往往对于"情感态度与价值观目标"会把握得好一些，"散文语言的分析"和"讨论学习方法的指导"两个目标基本上都忽略掉了。但是缺少对文本的研究，缺少对语言的分析，这种价值观的教育显得直接、赤裸裸，毫无美感，教学效果可想而知。

解决方案

教学目标既然是一节课的"靶"和"舵"，那么，所有的"教"和"学"的行为都要以此为中心、以此为目标，否则，"挂羊头，卖狗肉"，永远达不成目标。教学设计者一要认真把教学目标表述得具体、可操作，比如把"知识与能力目标"改为"学生读懂'我背上的和她背上的加起来就是整个世界'这句话的意思，理解散文语言特点"，就明白多了；二要围绕目标设计教学环节。

[①] 崔允漷.有效教学[M].上海：华东师范大学出版社，2009.

三、教学过程太过空泛，很容易流于形式

案例

> 《散步》教学过程（二）
> 1. 请大家用自己喜欢的方式读课文。
> 2. 说说你最喜欢文中哪个句子，为什么。

这是初学者经常用的教学环节，看起来非常民主，充分体现了学生的主体性地位，但是，等这几个环节完成了之后，学生仍然处在启而不发的状态，停留在对只言片语的理解上。这种简单笼统的教学过程缺乏统筹意识，完全把课文教学与阅读理解等同起来，肆意肢解课文，学生学习的结果是"只见树木，不见森林"。

解决方案

初学者对于课堂教学还处于摸索时期，对于课堂的预见能力和掌控能力都还有待培养，可供发挥的空间比较小，所以对于教学过程一定要有一个较为完整详细的安排。对于任何设想最好都要有一个详细的解答，说出教师自己的体会和感想，才能用真情唤醒真情，否则，只能是停留在口头上的感动，而不是真情实感的流露。

四、学情分析流于形式，缺乏针对性

学情是教学的出发点，即教学从哪里开始；也是教学的落脚点，即通过学习，学生学到了哪些知识、哪些能力得到了提高。课堂就像瞬息万变的战场，知己知彼，才能百战不殆。

案例

> 《散步》学情分析
> 刚进入初中的七年级学生已有一定的对作品内涵的感知能力，但相对来说还是较为薄弱的。因此，在教学过程中要引导学生体会散文的语言之美，学习散文的写作方法。此外，初中阶段正是学生"三观"形成的重要阶段，我们应当发掘课文中正确的价值观并将其传递给学生，帮助他们树立正确的"三观"。

这个"学情分析"简直可以放置在任何一篇散文教学中，因为它没有任何对教学有价值的东西，既不知道从哪里开始，也不知道应该在哪里结束。

解决方案

"学情分析"的依据有三点：一是大纲的要求；二是教学内容；三是学生已有的知识水平和心理生理特点。

五、板书与教学过程脱节，随意、混乱

案例

> 《散步》的板书设计
>
> 《散步》
> 莫怀戚
> 我 <u>母子情深</u> 母亲
> 孝敬
> ＞＞走小路
> 儿子 <u>母子情</u> 妻子

这个板书与教学过程的关系是什么呢？表现亲情的主题被标明为"走小路"，误导学生对课文的理解。既不是对课文内容的介绍，又不是对教学过程的梳理，各种线条显得任性而随意。

解决方案

好的板书就是一个微型教案。板书要围绕课文主题、根据教学流程逐步展开，用简要的构图表明人物或层次之间的关系，揭示文章的主旨，帮助学生理解课文内容。

六、教学设计与教学实录相混淆

教学设计是老师的课前准备，是课堂教学的蓝本，是尚未发生的事情；教学实录是课堂教学中逐渐生成的真实记录，是已经发生的事情。但是很多初学者为了写出详细的教案，把预设的每一个教学步骤都安排得妥妥当当的，并且把学生的回答都一一写出来，完全把学生置于被动的地位。一问一答的上课形式也肢解了课文，很容易使学生"只见树木，不见森林"，客观上阻碍了学生逻辑思维的形成。

案例

> 《看云识天气》教学过程设计
>
> **师生对话，解读文本**
>
> 师：请大家体会第二段在文中的作用。
>
> 生：第二段是第三、第四、第五段的"纲"，段中分号前的文字引出第三段的内容，分号后的文字引出第四、第五段的内容，起着提纲挈领的作用。
>
> 师：请大家依次找出云的四种形态并归纳出共同特征。
>
> 生：卷云→卷积云→积云→高积云。它们的共同特征是轻、高、薄，一般不会带来雨。
>
> 师：请大家将第一段文字与课文第三段进行比较阅读，然后说说有多少种云。
>
> 生：通过阅读，可以知道第一段中"像羽毛"的云指卷云，"像羊群"的云指高积云，并且推知，"像鱼鳞"的云指卷积云，"像一张大棉絮"的云指积云。
>
> 师：依次找出云的四种变化并归纳出共同特征。

生：卷层云→高层云→雨层云→积雨云；它们的共同特征是低、厚、密，常常是雨雪天气的预兆。
……

解决方案

初学者设计教学过程时，可以把问题想得周到些，也可以预判学生的情况，作出相应预案，以避免课堂出现状况时手忙脚乱。但是不能用师生对话的形式，把预设变成事实。可以通过拟出话题，明确要求的方式呈现相关过程。修改后的教学过程设计如下：

《看云识天气》教学过程设计

师生对话，解读文本

话题一：体会第二段的作用。

明确：第二段是第三、第四、第五段的"纲"，段中分号前的文字引出第三段的内容，分号后的文字引出第四、第五段的内容。

话题二：云的形态及特征。

（1）依次找出云的四种形态并归纳出共同特征：卷云→卷积云→积云→高积云；它们的共同特征是轻、高、薄，一般不会带来雨。

（2）云有许多种类。将第一段文字与课文第三段进行比较阅读，可以知道第一段中"像羽毛"的云指卷云，"像羊群"的云指高积云，并且推知，"像鱼鳞"的云指卷积云，"像一张大棉絮"的云指积云。

（3）依次找出云的四种变化并归纳出共同特征：卷层云→高层云→雨层云→积雨云；它们的共同特征是低、厚、密，常常是雨雪天气的预兆。
……

本章小结

教学设计是教学实施前的准备，是教师教学思想、教学能力、教学态度、教学风格的具体体现，是教师综合素质的具体体现，也是教师基本功中最为基础的能力，就像高楼大厦的基石、参天树木的根本。这一环节的好坏直接关系到教学过程能否顺利实施，教学目标能否达成，教学任务能否完成，教学效果是否满意，等等，应予以足够的重视。

思考与练习

1. 明确语文教学设计的内容与要求是什么。

2. 如何确定教学重点、难点？

3. 如何找准教学突破口？

4. 做一个教学设计。

第二章　语文讲授技能

🔍 本章学习目标

1. 语文讲授需要哪些技能？在使用这些技能时需要注意的问题是什么？
2. 单篇课文的教学过程是怎样的？
3. 讲授法的优缺点，讲授法与其他教学方法的组合运用。
4. 结合一篇课文的讲解，关注这些讲授技能的运用。

📝 本章要点提示

韩愈说："师者，所以传道受业解惑也。"无论是传道、授业还是解惑，都离不开老师的讲解。所以，讲授能力是老师最重要的职业技能，是教师职业精神、职业素养和职业水平的具体体现。讲好一节课需要很多的技能，有些技能比如多媒体课件运用技能，已经进行了专章讲解，这里就不再重复。本章着重对课堂调控技能、情景创设技能、朗读技能、拓展技能、提问技能等几方面进行介绍，帮助大家掌握语文讲授技能。

第一节　语文讲授概述

讲授技能就是指教师从具体的教学实际出发，为完成一定的教学任务而灵活运用讲授方式的技术手段。讲授技能是进行教学活动的基本技能之一，也是最重要的教学技能，几乎所有的教学活动都有讲授技能的介入。

讲授法是讲授技能的具体呈现方式，是指教师通过口头语言向学生系统讲授有关知识和技能的一种教学方法。它主要通过叙述、描绘、解释、推论等引导学生了解现象，感知事实，理解概念，从而使学生认识问题、分析问题、解决问题，并促进学生智力与人格的全面发展。讲授法要求教师能够充分了解学科特点，把握学科的科学性和思想性，掌握学科的规律性，了解学生的心理特征，用科学的方法和手段将学科知识传授给学生。讲授法是由教师把确定的内容用言语形式传授给学生的方法。这种方法使用的主要材料是言语，教学效果好坏与教师的言语水平有极大的关系，但也与学生听力水平的高低有一定的关系。因此，教师不但要注意自身的言语表达能力的优化，也要注意培养学生的"听话"水平。

一、讲授法的优点

从教的角度说，讲授法有利于充分发挥教师的主导作用，保证知识传输的系统性，能比较全面、准确、系统地传授新知识。教师通过合乎逻辑的分析、论证，恰当的设疑，以及生动形象的语言描述，能极大地调动学生的学习积极性，体现自己的意图，表达自己的思想，发展学生的智力。

讲授法易于反映教师的知识水平、教学能力、人格修养、对学生的态度等情况。这些情况对于学生的成长和发展起着不可估量的作用，又有助于建立教师的威信，使社会形成尊师重教的良好风气。

第一，从教学方式来说，讲授有利于短时间内较集中、成批量地教学。精要的讲授能突出重点和难点，又节省了时间，保证教学计划的顺利实施。在目前以班级为单位的教学中，教师面向全体学生传授已有经验，缩短了学生自行探索获取结论的时间，从而使批量培养人才成为可能。

第二，从教学内容来说，讲授法可以迅速更新知识内容，让教学尽快跟上时代前进的步伐。现代社会科技文化发展迅猛，信息量较大，单纯依靠已有的书本知识有时不能给学生带来最新的知识。讲授法可以有效地弥补书本知识更新慢、内容涵盖有限的缺点，使教师和教材相辅相成，较充分地发挥教师在语言运用、知识理解、读书方法等方面的示范作用。

第三，从学的角度来说，通过倾听教师的讲授，学生能在较短的时间内获得大量系统的知识，并且通过边听边记笔记，提高文字的组织和表达能力。讲授者总是有目的、有计划、有组织地对全班同学进行教学，保证了每一个学生在教师的直接指导下进行学习。教师结合学生的学习特点，经过精心策划，将知识的重点、难点剖析后展现在学生面前，使学生能够对学习的内容心领神会。

第四，从教学情境来说，讲授法能面对全班大多数学生，在较大程度上适应班集体。讲授法是面对面进行教学，可以使师生得到情感的交流、思想和行为的互动；有助于教师了解学生，使师生关系得到巩固、加深；也有助于教学反馈，解决教学过程中的疑难点。

二、讲授法的缺点

讲授法作为传统的教学方法，也存在先天不足，有许多缺陷。

第一，从教的方面说，只从教师方面输出信息，流向单一（如图2-1所示），学生处于被动地位，如果处理不当会压抑学生的学习积极性。

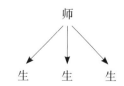

图 2-1 讲授法信息流向图

第二，从教的内容说，由于缺乏信息的双向交流，教师得不到及时的反馈，难以了解教学效果，不能及时调整教学进度。

第三，从学的方面说，不利于学生读和说的能力培养，影响学生分析问题、解决问题的能力发展。

第四，从师生关系说，无法照顾学生的个体差异；班级学生人数越多，学生个体间差异越大，教师讲授的适应面就会越小。

讲授法是一种传统语文教学方法，对这种古老的方法，要有正确的认识，有人抨击它是"注入式""填鸭式"教学，这是夸大了它的缺点而否定了它的优点；但也不能认为只有这种教法才能发挥教师的主导作用，这样就是夸大了它的优点而忽视了它的不足。教师要充分发挥讲授法的长处，并将其与其他方法配合使用，以弥补它的缺陷。

三、讲授法的运用要点

第一，教师讲授的内容要精当、充实、中心突出、难易适中，使绝大多数学生能适应教师的讲述。一个单位时间的讲授只能有一个中心内容，话题不能太分散，不要过于旁征博引，使学生不得要领。

第二，讲授要深入浅出，形象生动，前后连贯。讲授的目的是使学生掌握知识，所以要使他们愿听、乐听，最终能接受。在讲授时，不但一次讲授要有条理，同时也要注意这一次的讲授与前一次的有机联系；要设计好过渡语使学生对知识有一个系统的了解。

第三，教师言语要规范，感情要充沛。学生学规范言语的途径一是课本，二是教师的言语，所以教师的言语首先要求规范。做到用词准确、简练，语调、语气能与内容相一致，富于节奏。要有感情，适当地辅以态势语，增加言语的吸引力，真正做到动情授业，激思解惑。但又不能太夸张，讲述毕竟不是表演，过分夸张会分散学生的注意力。

第四，一次讲授的时间不宜过长。过长时间的讲授会置学生于被动地位，使学生产生厌倦情绪，反而降低了讲述效果。对中学生来说，一次讲授的时间一般不超过10分钟，一节课的时间内一定要注意讲授法与其他方法相结合。

四、讲授法与其他教学方法的配合

教学方法是有局限性的，没有一种教学方法是完美无缺的，也没有一种教学方法能适应教学过程中所有不同的教学情景、不同的教学目的、不同的教学任务和不同的学生。在不同的情境下，需要采用不同的教学策略和教学手段。因为不同的方法有不同的作用，有一定的适用范围，超出这个范围便起不到应有的作用，甚至会产生负面的影响。例如，表演性的方法适用于儿童，系统的讲授适用于中学生，而学术演讲一般适用于大学生。如果将这些方法误用在别的对象上，效果可想而知。

在实际教学中，面对同一篇课文，并非必须使用同一种教学方法。同样的目的、同样的内容，甲教师用这一种方法，乙教师用另一种方法，两者都可能收到理想的效果。在阅读教学中，不可能自始至终使用讲的方法，必须补充问的方法、讨论的方法、写的方法，才能收到好的效果，这也是显而易见的。这说明一个道理：一种教学方法可用另一种教学方法代替、补充、完善，这就是教学方法的可补偿性。任何教学方法都具有可补偿性。所以，教师使用教学方法不能绝对化，对不同类型的课文既不能使用同一种教法，也不能作硬性的要求，规定必须使用某一种方法。要鼓励教师根据自己的特长、客观条件，创造性地使用教学方法，在实践中鉴别其优长与短缺，检验和确定它的使用价值，使之产生良好的效能。

五、讲授法的运用场合

第一，指出学习目的、范围、要点，提出教学要求时；第二，介绍作家和作品的时代背景知识，或者是补充必要的相关知识时；第三，叙述含有浓厚感情的内容时，注意叙述不宜中断；第四，讲解重点、难点时。

第二节　语文讲授技能的类型与过程

一、语文讲授技能的类型

根据讲授的方式不同，课堂教学讲授技能可分为讲述式、讲解式、讲读式和讲演式四种类型。

（一）讲述式

讲述式是教师运用语言对事物或事件进行系统的叙述、描绘、概述的讲授方式。教学中，教师需要指出学习目的、范围、要点。提出教学要求时，介绍作家和作品的时代背景知识，或者是补充必要的相关知识时，一般会采用讲述式，该方式主要解决"是什么"的问题。它的特点是只作客观的叙述或描述，讲解具体知识，提供表象，不作剖析论证；目的是使学生通过对事物、事件或发展过程的全面了解，为加深对事件的理解奠定认识基础。

案例

> 《水调歌头·明月几时有》"整体感知"环节
>
> 释题："水调歌头"是词牌名，词牌就是词的格式（词谱）的名称。词牌不同于题目。一首词可以没有题目，但一定有词牌名。
>
> 作者简介：苏轼，字子瞻，号东坡居士，眉州眉山人，是宋代著名的词人，唐宋八大家之一。他的词气势磅礴，风格豪放，对后代很有影响。

八年级（下）的同学对词与苏轼都可能有了一些了解，但所掌握知识不一定完整系统，所以在课文讲解前安排"释题"和"作者简介"环节是很有必要的。这也是中学生积累文学常识的重要渠道之一。

讲述式在课堂教学中运用较广，尤其适用于教材内容较抽象，学生难于理解接受的情况。这种讲授方式可以让教师在较短的时间内集中传授密集的书本知识，保证知识传授的系统性、完整性和深刻性，使得学生易于接受，乐于接受。但是，在教学实践过程中要注意讲述语言的少而精，切忌满堂灌，注重启发，避免注入，充分调动学生作为学习主体的主动性和积极性，力求讲述的生动性和感染力。

（二）讲解式

学生在探究性、自主性学习过程中总会遇到一些概念、原理、规律等抽象的内容，比较难懂，这就要求老师帮助学生在掌握事物本质的基础上对抽象的内容进行形象化的加工，达到释疑析意、解说难点、指点关键、一语破的效果。这就是讲解式，讲解的目的就是要解决"为什么"的问题。运用讲解式首先要保证讲解的科学性；其次是教师语言的精确性，教师应以精练的语言，透彻地分析重点难点，释疑解惑，才能使学生豁然开朗；再次是方法的多样性，只有多种方法交叉使用，才能使学生更容易接受。

案例

《生物入侵者》"重点研究"环节

同学们还记得在讲"生物入侵者"带来的经济危害的时候，作者用了哪些带双引号的词吗？（"偷渡者""天堂""占领""入侵者"）仔细阅读这些词语所在的段落，并说出词语本义与其在文中所代表的意义有什么不同。

	本 义	文中意义
偷渡者	指没有通过正当合法渠道到国外去的人	指潜入北美大陆的斑贝
天堂	指美好、快乐、自由的生活环境	指斑贝在五大湖无忧无虑的生活状态
占领	指用武力占据某个地方	指斑贝占满输水管道
入侵者	侵略者，一般指人或人的思想观念	指天牛、红蚂蚁等外来物种

在这个案例中，老师通过对关键词语的本义和文中之义的对比，使学生明白了作者是采用了举例子、打比方的说明方法来解说"生物入侵者"的概念及危害，降低了专业知识的难度，增强了语言的生动性、形象性和趣味性。这种方法在科普类文章中被大量采用。

讲解式重在一个"解"字，"解"具有"分析""说明"或"解释"等含义，即采用解释、说明、分析、论证、归纳等方法，着重对事物和现象予以诠释、剖析和推导，以讲授概念、规律和原理。

（三）讲读式

讲读式是指教师指导学生阅读教材和其他相关资料时，以朗读带动理解，在朗读的过程中顺带完成一定的分析任务的一种讲授方式。运用讲读式时学生需要自己去朗读，去感知，去体悟，去分析，去概括，去揣摩，才能顺利地完成任务。运用讲读式讲授的目的是使学生在有读有讲的学习过程中，培养阅读能力和技巧，并通过体味语言文字的感染力陶冶心灵。我国古代教育家就非常重视讲读法的运用，早在春秋时期，孔子教授弟子就经常使用讲读的方法。上海育才中学总结的"读读、议议、讲讲、练练"经验，就是讲读教学的一个范例，其中读是基础，议是关键，练是应用，讲贯穿始终。

案例

> **《散步》"讲读"环节**
> 师：建议同学们朗读课文时，读好文中的"波澜"，好像你一个人在扮演故事中的几个角色一样。文中的"波澜"在哪里呢？老师不知道，但你们一定知道。你们怎么会知道呢？分析文中与"波澜"有关的词句就知道了。

要求学生读好文中的"波澜"，就要求学生自己分析、品味课文内容并选定朗读的内容，学生选定的内容是写"后来发生了分歧"的第六和第七两段，然后自由朗读，用自己的语音语调表现"波澜"中不同的人物。

讲读法重在"讲"与"读"有机结合。运用讲读法通常有边讲边读、以讲导读、以读助讲、讲读并进等几种模式，如学生当堂阅读教材并配合教师讲述，或学生课前阅读相关资料，课上阅读教材并配合教师讲述，抑或课前师生共同阅读教材，课上采用角色扮演活动，进行"情境模拟"等不一而足。

（四）讲演式

讲演式讲授，又可以称之为"专题报告"，是指教师综合运用讲述法和讲解法，不仅描述事物，而且对教材中的问题进行较长时间深入的分析和论证，并在此基础上得出科学结论的一种讲授方式。它比较重视复现、演示和感染。与讲述、讲解等不同的是，它所涉及的问题往往更大、更深，所需要的时间也更长。讲演式的讲授技能往往在高等学校的课堂或专家讲座中用得较多，中小学涉及不多，此处就不多赘述。

二、语文课堂讲授的基本过程

构成教学过程的基本因素有：教师、学生、教学内容、教学方法和手段等。各种构成因素是密切联系、相互促进，又相互制约、相互作用的，其中学生是最主要、最活跃、最具支配力的因素，是构成教学过程的主体。因此，教师在实施教学过程时，要重视学生的主体作用；在研究教学过程时，要重视学的过程的研究。如图2-2所示：

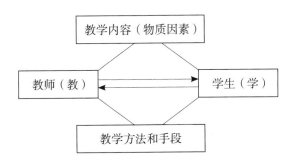

图 2-2 教学过程示意图

说明：

第一，教师与学生在语文教学过程中互为主客体。在完整的语文教学中要表现出教和学的不断运动和发展形成的动态平衡。教师的教和学生的学是最活跃、最具支配力的因素，是教学过程中的主要矛盾（表现为教师培养学生语文能力的目标与学生实际状况间的矛盾）。

第二，教学内容是教学过程中的物质因素。它是教师的教和学生的学之间的桥梁，否则教与学就失去了依据，教学过程也不可能进行。

第三，教学方法和手段表现为教学过程的外部形式，它联系着教师、学生和教学内容，把它们组织到同一个教学过程中。当其他三者处于正常状态时，教学方法、手段的正确使用能优化教学过程，对实现教学目的，完成教学任务有着重要意义。

语文单篇课文的一般教学过程可以用图 2-3 表示。

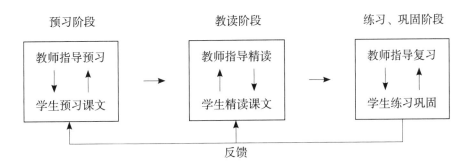

图 2-3 单篇课文教学过程示意图

图 2-3 将教与学都分成相对独立又彼此联系的三个阶段，即预习阶段 — 教读阶段 — 练习、巩固阶段，各个阶段有不同的内容和要求。

（一）新课导入

新课导入是在教师宣布上课之后，在正式讲课之前的一个开场白环节。它可以起到激发学习兴趣、交代学习目的、提示学习方法的作用。开场白的好坏关系到是否能充分利用课堂每一分钟，直接影响到课堂的教学效率。

新课导入的方法有：设置悬念法、创设情境法、引用导入法、直观导入法、联系实际法和回顾导入法等。

新课导入的目的是为全课的教学目的和教学重点服务，与讲课的内容紧密相连，自然衔接。不管采用哪一种导语设计，都要给学生以实实在在的收获，不要枝枝蔓蔓，故弄玄虚，哗众取宠，浪费大量时间。

（二）预习阶段

"凡事预则立，不预则废。"预习可以使学生初步感知教材，掌握大意，理出疑难点，加强听课的针对性；预习可以促使学生养成主动学习的良好习惯，培养自学能力。对教师来说，掌握学生的预习情况可以提前发现学生在学习新课文时的疑难点，加强下一阶段教学的针对性。教和学双方都有准备，教学过程中师生的教与学活动就会更和谐。

1. 预习类型

从时间上分，可分为课内预习与课外预习；从预习目标上分，可分为定向预习与不定向预习；从预习方法上分，可分为疏通式预习与质疑式预习；从预习的内容容量上分，可分为单篇预习与单元预习。确定预习类型，要因文制宜、因人（学生）制宜。

2. 预习指导

（1）提出预习要求。教师在学生预习前提出问题，列出预习提纲，让学生带着问题去预习课文，使预习更有目的性、更扎实。（空泛地要求学生预习对一些学生来说收效甚微。）但一定要注意：预习要求不宜过高，难度不宜太大。

（2）指导预习程序。预习的程序一般是：诵读 — 会意 — 发疑 — 小结。

①诵读：预习一般都是以认识字词为基础的，所以，预习开始时，要求学生自己动手查阅工具书，认识、理解词义，进而顺畅诵读课文，把握课文的大意，初步了解文章的特点。

②会意：在顺畅诵读的基础上，对文章的内容作更深层次的思考。如：文章的主要内容是什么，体现了作者什么思想（作者阐述了什么观点）；全文按什么线索组织材料等。教师要指导学生调动以往的知识积累和生活经验，或者通过课外的观察、参观、访问等形式，使"会意"达到更高的质量。

③发疑：就预习课文提出问题：一是指教师在学生预习前提出问题，让学生带着问题去预习课文；二是指学生在预习中提出问题，这些问题包括：对课文的不理解之处、对课文的理解与他人有不同之处、对课文有新的见解等。

④小结：教师、学生双方都要小结。学生小结的内容主要是：归纳哪些方面有收获、哪些方面还不懂，找出下一阶段的学习重点。教师小结的主要内容有：学生预习结果与备课情况相比较，学生自己解决了哪些问题、哪些问题尚未解决；学生提出了哪些问题，涉及教学目的的主要问题有哪些。教师要根据学生的预习结果及时调整教学内容。

（3）指导学生使用工具书。首先，要向学生介绍、推荐常用的字（词）典，像《新华字典》《现代汉语词典》《古汉语常用字字典》等。其次，要指导学生掌握查阅常用词典的方法。还可以传授一些到图书馆查阅资料的方法，使学生具备一些检索书目的常识。最后，要求学生经常使用工具书，养成借助工具书独立阅读文章的良好习惯。

（4）介绍、指导阅读有关参考资料，补充相关知识。语文课文阅读会涉及一些相关知识，如历史知识、地理知识、风俗民情等，正所谓"语文有百科"，教师应当鼓励或指导学生自己动手查找资料。在没有条件的情况下教师需要补充介绍必要的相关知识，使学生能顺利阅读。

（5）指导学生相互质疑问难。在预习时，学生互相质疑问难，既可以达到互相帮助、交流，共同提高的目的，又能够养成主动学习的习惯，培养团结友爱作风和集体主义精神。

（三）教读阶段

教读阶段，是指教师指导学生在预习的基础上全面深入地理解课文，解决在预习中不能独立解决的疑难问题，传授读书方法，培养阅读能力的阶段。在这一阶段中，教师不仅仅要传授知识，更重要的是培养学生的能力，教师要结合课文，教给学生读书方法，使学生在学习基础知识、理解课文的同时，掌握阅读同类文章的方法，并逐步形成稳定的阅读能力，从而达到"教是为了不教"的最终目的。

教读阶段一般有下列八个环节：

1. 指导理解文章标题

文章的标题与文章的内容、中心思想、体裁有着密切的关系。指导学生理解标题，不但有助于学生掌握课文的主要内容或形式特征，而且可以培养学生的审题能力、锤炼言语的能力，为写作奠定基础。

2. 介绍作家和作品的时代背景等相关知识

学生在阅读距离当下时代较久远的作品、外国文学作品，以及长篇小说节录部分等课文时，教师一般应介绍作家简况及与作品相关的背景知识，目的是消除时代隔阂、地域隔阂。教读长篇小说节录类的课文时，教师适当介绍作品的全貌，有利于学生了解节录部分与全文的关系、在全文中的地位等。这些都有助于学生理解课文。

3. 文字教学

文字教学是阅读教学的基本内容，始终处于先行的工具地位。自古以来，语文教学都以识字教学为起点。在这方面，传统的、特别是宋代以后的识字教学为我们树立了很好的榜样，当时采取的方法是集中识字。这种做法的基本经验是先集中识字，解决阅读的基本问题，再逐步扩大识字量。这种做法在今天仍值得借鉴。

文字教学的基本要求是：认清字形，读准字音，理解字义，书写规范。

4. 词汇教学

著名语文教育专家张志公先生曾经说过，当前的语文教学要特别强调词汇教学，学生语文水平的高低在很大程度上取决于词汇的储备。理解课文也与词汇量相关。即使是教师，在钻研课文时，能否很快地抓住课文的关键词语，也和词汇量有关。

5. 句子教学

句子是构成文章的基本单位。阅读课文时，要体会文章内容、作者的思想感情，必须通过理解完整的句义才能达到。所以句子教学在阅读教学中占有非常重要的地位。

教读一篇课文，并非句句必讲，这其中的原因是显而易见的——一是时间不允许；二是学生从小学就开始学语文，有一定的句子积累；三是在母语环境中学母语，社会用语也会给学生一定的启发。所以句子教学也要有重点。句子教学的基本要求是：一是要讲清楚句子的意义，二是要讲清楚句子的表达技巧，三是要讲清楚句子间的逻辑关系。

6. 段落教学

在阅读教学中，段落教学也是一种培养学生基础能力的教学。段落是文章的直接组成部分，理解段落即理解课文。段落之间的联系也体现了作者的行文思路、写作线索、写作顺序，所以段落教学的意义在于：一是引导学生掌握常用文体的结构形式，提高布局谋篇的能力，增强表达的条理性；二是提高学生的分析、归纳、概括能力，提高阅读效率。

7. 求旨教学

求旨教学的内容包括归纳文章的主题，弄清文章的社会地位和影响，同时学习作者是如何根据主题组织材料、安排文章结构的。目的一是指导学生把握课文的中心内容及思想意义；二是在培养阅读能力的同时，训练学生的思维能力，发展智力，完善思想品格和提高人文素养。

8. 分析文章的写作特点教学

分析文章的写作特点教学的目的主要在于：一是使学生掌握常用的表达方式、修辞方法等语言运用的技巧，培养常用文体的写作能力；二是培养学生对作品的鉴赏能力。如果说，求旨教学侧重于提高对文章内容的鉴赏水平，那么，分析文章的写作特色则侧重于提高对文章形式的鉴赏水平。

以上八个环节是教读阶段一般要具备的过程，并不是说一定要按照这个顺序进行教学。在教读过程中，生搬硬套这八个环节，以至于生生地肢解课文的现象时有发生。比如，通过一个精彩的新课导入，学生的兴趣被调动起来了，正准备全身心地进入课文学习，结果老师又来了一句"在正式讲课之前，我们来分析一下课文的题目，作者为什么取这个题目呢？"，或者"在正式讲课之前，我们来介绍一下作者"。结果把学生的思绪一下子扯开好远。"课题分析"和"作者简介"并不一定每课必讲；即便要讲，也应该选择恰当的时机，灵活讲解。

（四）练习、巩固阶段

在预习、教读阶段后，学生要进行适当的练习。而这个阶段的练习，是指时间相对集中、内容相对全面、要求层次更高的练习，以巩固前两个阶段所学习的知识，并将知识转化为能力。

第三节　语文讲授技能举例

教学能力，是语文教师的核心能力。教师的主要工作是教学，教学生学习。教师是教学活动的组织者、管理者、实施者和参与者。根据语文学科的特点，以下几种技能是语文教师必不可少的。

一、课堂调控技能

课堂教学调控是教师在充分关注学生的基础上，运用智慧和策略，灵活调节和控制课堂教学秩序和处置突发事件，协调课堂物理环境和心理环境，引导学生集中注意力以便共同地、高效地完成课程学习任务的过程。课堂犹如战场，情况瞬息万变。所有的老师可能都遇到过这样的情况：花了大力气精心设计的一堂课，由于课堂上的某个状况、学生的某个问题，而与预设的情景大相径庭。结果有可能一塌糊涂，惨不忍睹；也有可能精彩纷呈，出乎意料地好。可见，课堂教学是一个动态生成的过程，课堂调控有赖于教师的应变能力、课堂观察能力、情绪控制能力，这些能力我们统称为"课堂调控能力"。课堂调控可以从以下几方面进行。

（一）教师行为调控

教师行为调控包含语言调控和非语言调控。教师课堂语言具有指示、评价和沟通的作用。教师课堂语言准确科学、符合逻辑、遵循语法、通俗易懂，有利于学生理解与接受；教师语言简明扼要、具体生动、富于情感，能激发学生的学习兴趣；教师语言语音清晰、音量适中、节奏鲜明，会提高课堂感染力。正因为如此，教师在课堂教学中可以通过音量、音高、音速的调节来调控课堂，使学生在课堂上始终保持良好状态。非语言调控也是课堂教学过程中教师经常用来调控课堂的方法。比如，手势、面部表情、眼神、体态等随着情感的变化而变化，既可以增强讲解的感染力，也可以在不打断正常教学秩序的前提下对学生行为予以鼓励和提醒，维护课堂纪律。

（二）教学媒介调控

教学媒介调控包括板书调控和多媒体调控两种方式。板书和多媒体是课堂教学中除了教师的语言和体态外用得最多的课堂调控手段。板书直观，能够长时间地向学生传递信息，所以能够提起学生注意，激发兴趣，启发学生思维，是进行课堂调控非常重要的媒介；多媒体图文并茂，集文本、图表、动画、视频、音乐于一体，生动形象，容易吸引同学的注意力。板书和多媒体在课堂中都可以起到聚集作用、引导作用、缓冲作用，对吸引学生注意力，调控课堂节奏，应对课堂突发事件都有很好的调控作用。比如学生中发生群体性事件，老师不便采用斥责、命令等消极的手段时，或者老师有情绪失控、衣冠不整的失态行为时，都可利用背对同学板书和播放课件的时间使事件冷却，重新调整教学秩序，保证课堂教学顺利进行。

（三）课堂环境调控

影响课堂教学的环境因素可分为两个方面，一是物理环境，二是人文环境。物理环境主要是指课堂空间环境，包括教学设备、灯光、桌椅板凳等。但是由于物理环境基本属于硬件设施，学校管理比较严格，可供教师调配的资源很有限。课桌椅的摆放和座位的编排是物理调控的重要形式。有资料显示，课桌呈秧田式排列时，学生学习努力的程度是排成圆桌式的2倍；而坏习惯的出现，排成圆桌式是排成秧田式的3倍。

人文环境主要是指班级的规模和班级的学风，具体表现为学生的认同感、归属感、课堂纪律状况和学习态度。良好的人文环境不是行政班自然形成的，也不是一朝一夕形成的，也不是少数学生能左右的，它是在共同的愿景激励下，班集体长期努力奋斗的结果。良好的人文环境会带来良好的教风，教学调控也会更好进行。

（四）课堂组织调控

为了保证课堂教学顺利进行，组织调控显得非常必要。一般来讲，可以从教学设计、课堂纪律、课堂时间、课堂节奏等方面进行调控。

教学设计调控。如果在进行教学设计时能将"分时目标""调控手段""时间进度""学生行为"等一一标注起来，使得每一个教学行为都有具体的管控措施，就可以提高课堂的时间效率。

课堂纪律调控。良好的课堂纪律是顺利进行课堂教学的保证，也有助于学生养成正确的秩序观。在共同遵守校规校纪、班规班纪的前提下，很有必要建立适合语文学科的规章制度。恰当地处理课堂违纪事件和偶发事件也有助于课堂纪律的维护。

课堂时间调控。如何向45分钟要效益？课堂时间的科学管理非常必要。据心理学家研究，一节课中，学生思维的最佳时间是上课的第5分钟到第20分钟，教师要把握这一最佳时间段，解决教学中的重点难点问题，提高课堂教学的效益。

课堂节奏调控。课堂节奏的调控，主要指教师在课堂教学过程中，根据学生生理和心理发展水平，有规律地施加教育影响力，从而使课堂教学过程呈现张弛相间、高低参差的节奏。课堂节奏具有多种多样的表现形式，如缓急有序、动静相生、疏密有致、详略得当等。在进行课堂节奏调控时要注意把握教学内容的难与易、教学节奏的快与慢、教学过程的张与弛。①

---

① 欧阳芬.新课程下中小学教师课堂调控技能指导[M].北京：世界图书出版公司，2008.

二、情境创设技能

创设教学情境，就是在教学过程中，教师出于实现教学目的的需要，依据一定的教学内容，利用各种外显的物理环境如教室的布局、多媒体的应用等，并配合教学语言的恰当使用，创设出使师生情感、欲望、求知探索精神高度融洽的情绪氛围，旨在激起学生学习兴趣、提升学生学习效果。师生在此情此景中进行情境交融的教学活动，其效果当然数倍于一板一眼、了然无趣的照本宣科。

从教育心理学的角度来说，情境创设不仅有助于反映新旧知识之间的联系，便于学生对知识进行重组与改造，而且能帮助学生同化与顺应知识，有助于促进学生进行思维联想。教学情境创设运用的好坏直接关系到教师的教学效果与学生的学习效率。

在教学中，我们改变旧的教学方法、教学模式，就要从建立新的教学策略入手，创设教学情境，诱发学生的好奇心，鼓励学生大胆尝试，以培养学生的创新精神。

（一）创设质疑情境技能

创设质疑情境是促使学生开展有效学习的有力手段。基于目前教材改革正在进行中，需要教师建设性、创造性地使用教材，创设出适合学生开展有效学习的问题情境。具体来说，质疑情境的取材要密切联系学生的实际；情境创设的内容安排要注意学科的系统性，注意新旧知识之间的联系；情境创设的内容要从学生的年龄特点出发。例如，钱梦龙老师在上《愚公移山》一课时，针对"邻人京城氏之孀妻有遗男，始龀，跳往助之"一段，就提了这样一个问题——"这个孩子去帮忙，他爸爸同意吗？"这个问题的提出事实上创设了一个乡村邻里之间互帮互助的情境，符合学生的认知习惯，既突兀又有趣，马上引起了学生们的兴趣。

（二）创设想象情境技能

教师在教学中应充分利用一切可想象的空间，挖掘发展想象力的因素，丰富学生的想象力，引导学生由单一思维向多向思维拓展。在讲授张晓风的《行道树》时，有老师在拓展环节提出了一系列问题，引导学生在想象中加深对课文的理解。问题一，假如你就是文中的那个孩子，读完这篇文章后，你想对行道树说什么？问题二，假如你是行道树的同伴，原来讥讽过它"堕落"，读完这篇文章后，你想对行道树说什么？问题三，假如我们都是树，你愿意做哪里的树？这三个问题，引导学生把自己放到情境中去，进一步理解"奉献是一种责任，也是一种快乐"。

（三）创设编演情境技能

课本剧创编，无疑是引导学生进入情境的一种好方式。在教学过程中，可以引导学生根据课文内容，进行全文创编或部分创编。比如，可以根据《孔乙己》的结句"孔乙己大约的确死了"，发挥想象，进行续写；可以根据《我的叔叔于勒》中"于勒身份之谜"进行合理想象；可以根据郭沫若的《天上的街市》、何其芳的《秋天》进行课本剧编演。这样做既可以活跃气氛，激发兴趣，又可以锻炼学生的想象力。

三、朗读技能

朗读是一种阅读方式，是眼、口、耳、脑并用的创造性阅读活动。朗，即声音清晰、响亮；朗读，就是用清晰、响亮的声音，将课文的文字转变为有声的语言。它要求学生在掌握语音、词汇、语法规则的基础上更丰富、更完美地表情达意。《义务教育语文课程标准（2022年版）》中以"正确、流利、有感情"为朗读的核心要求。在阅读教学中，利用朗读来帮助学生疏通文意、促进理解、增强语感、发展思维，其实就是朗读教学法在语文教学中的运用。朗读教学法在语文教学中使用频率非常高，在语文教学研究中也是热点之一。

（一）选择朗读形式的技能

教师实施朗读教学法一般有这几个目的：熟悉课文，疏通文意；品味字词，涵咏深意；调整节奏，活跃气氛。目的不同，朗读形式应当有所不同。叶圣陶先生在《〈精读指导举隅〉前言》中说过，"要考查学生对于文字理解与否，听他的宣读是最方便的方法。""讨究完毕以后，学生对于文章的细微曲折之处都弄清楚了，就不妨指名吟诵。或者先由老师吟诵，再令学生仿读。"[①]这里，叶老非常明确地指出，熟悉课文，检查预习时可以采用"宣读"的方法，形式既可以是齐读，也可以是个别朗读，读正确即可。如果是要着重揣摩能够体现人物性格、体现文章主旨、表达作者情感、代表作者写作风格的重点词句，则要"指名吟诵"，即个别朗读。因为"齐读"很难照顾学生的个别差异；"个别朗读"既能判断正确与否，还能从重音、停顿、语速、语调等方面判断是否理解了原意。此外，如果要让学生欣赏，可由教师范读或播放录音；如果是为了加强对课文的认识或理解，则还可用小组轮读的方式；如果是为了调整课堂节奏，活跃课堂气氛，还可以采用分角色朗读、情景朗读、趣味朗读、配乐朗读等方式。

（二）把握朗读时机的技能

朗读的目的与方式确定了之后，选择朗读的内容与时机就同样非常重要。从熟悉课文、疏通文意的角度来讲，应该说任何课文都可以朗读。但从教学法的角度来讲，还应该考虑"有效区"的问题。因为朗读需要眼、口、耳、脑并用，会影响阅读速度和大脑思维功能，对逻辑性较强的文章的文意理解就会造成疏漏，或不够连贯的现象，所以一般会选择感情充沛、适合朗读的文章或语段进行朗读。比如记叙文中，体现人物性格的句子、抒发情感的句子、凸显主旨的句子；说明文中，能体现说明文语言特点的句子、凸显主旨的句子；议论文中，体现作者观点或文章主旨的句子，推理严密、需要细细揣摩的长句子。朗读这些句子可以促进学生理解文意，感受不同文体的语言特色；体会谋篇布局、遣词造句的妙处，增强语感。

---

① 叶圣陶.叶圣陶语文教育论集（上册）[M].北京：教育科学出版社，1980.

（三）与其他方法结合的技能

朗读教学法是整个课堂教学活动的有机组成部分，既有优势也有短板，这就要求运用时注意和其他的教学方法结合起来，必要时补充问的方法、讨论的方法、写的方法等，才能完成课堂教学目标。

与默读法结合。朗读的速度慢、不够连贯，这一短板正可以用默读来弥补，所以朗读法与默读法结合起来肯定会收到更好的效果。

与讲授法、讨论法结合。例如指导学生朗读《卡罗纳》，如果能先用讲授法对《爱的教育》进行介绍；再用讲故事的方法创设情景，营造氛围；接着用讨论法引导学生思考卡罗纳回校后会怎么样，你将为他做点什么。为什么不能"开玩笑""放声大笑"，等等。在这些问题都弄明白的基础上进行角色模拟朗读，学生就更能体会老师的用心。

与说话训练结合。读能促进说，说影响着读。为了表情达意，人们说时既注意语意的连贯、语句的停顿、语言合乎规范，又注意语气的恰当，语调、速度、节奏合理，所以在读中能找到说的方法、技巧。课堂上让学生读读说说，不仅引导读，而且又训练了说。

与鉴赏点评结合。朗读有利于提高学生的鉴赏能力，及时中肯的评价有助于提高朗读的水平。可以采取师评、自评、互评等多种形式评价学生的朗读。学生在逐步调整中，提高朗读水平，进而提高文学鉴赏能力。

与写作训练结合。朗读不仅可以提高学生的口头表达能力，发展他们的思维能力，同时也可以提高他们的书面表达能力。"读书破万卷，下笔如有神""熟读唐诗三百首，不会作诗也会吟"说的就是这个道理。

四、拓展技能

叶圣陶先生说过："课文无非就是个例子。"这个例子虽然具有典范性，但真正学会必须举一反三。这个"一"就是课文本身；这个"三"就是拓展。

所谓"拓展"就是不就事论事，而是为学生推开一扇窗，让他们看到更美的世界——或者是生活的哲理，或者是美丽的风景，或者是另一个视角下的自己。语文课的拓展环节就是由此及彼，由点及面，由课本及生活。在启发学生思维的过程中，老师确实是"引渡人"。拓展的环节并不是一成不变的，也没有套路可言，可以在导入环节，可以在字词讲解环节，也可以在收束环节，全靠老师的教学智慧和灵感。但是考虑到学生的整体接受能力，安排在课文收束阶段为多，或通过老师的总结加以拓展，或通过练习的方法进行拓展，或通过语文活动进行拓展。

(一)导入拓展

余映潮老师在上《狼》这一课的时候设计了这样的导入语:

> 师:学习文言字词,方法之一是联想成语法。学会运用这种方法,可以让我们加深对课文的理解、扩大知识积累。如"狼"字,大家就可以说说有关狼的成语。
>
> 生:狼狈为奸,狼吞虎咽,狼子野心,狼心狗肺,如狼似虎……
>
> 师:你们看,都是贬义词。现在请大家读一读《狼》,看看课文写了什么样的故事、什么样的狼、什么样的屠户。

这则导入语一开始就进行了拓展,调动了同学既有的知识储备,问题导向十分明确,学生对阅读充满期待,效果不言而喻。

(二)收束拓展

有老师在《行道树》这篇课文的收束环节提出了三个问题进行拓展:

> 问题一:假如我们都是树,请问你愿意做哪里的树?
>
> 问题二:假如你是行道树的小伙伴,以前不理解他,讥讽过他,读了这篇文章后你想对他说什么?
>
> 问题三:假如你是那个"早起的孩子",你想对行道树说什么?

三个问题从三个角度引导学生进行拓展。问题一,引导学生对"奉献"进行深入理解。奉献并不一定要做行道树,公园里的树、沙漠里的树也都在奉献。奉献的意义就是在需要的岗位上尽职尽责,默默付出。问题二,加深对课文所表达的"奉献是一种快乐,也是一种牺牲"观念的理解。生活中英雄流血又流泪的情况也是有的。我们应该怎样理解奉献者呢?理解是起码的尊重。问题三,从感恩的角度说明行道树的价值。这三个问题引导学生拓展思考,丰富了教学的内容,深化了教学的效果。

(三)"1+X"联读拓展

作为一种从课内向课外"无极限"拓展的方式——"1+X"联读近年来受到语文教育界广泛关注。"1"通常指代语文教材,课文本身是核心和阅读主体,亦是所有阅读训练的生发根基;"X"则是以教材为基础,由"1"牵引出的多个文本或课程化读物。"1+X"联读的意义在于,一是培养学生具有独立的思考力和评判力。学生被动地学习"1"之后主动联结寻找"X",在归纳"1"与"X"的内在关联中获取思考力,从而学会选择适合自身学情的"X"。二是培养学生的创新与创造力,"X"不是终点,是学生无限想法的触发点,不拘泥于文本的写作背景、思想内涵或艺术手法,创造性地表达对于文本的不同理解,让每个"1+X"的呈现都独一无二。三是培养学生将感性与理性相融合,使学生在联读中体会到不同文体的不同特性,从感性与理性双向渗透文本。

以人教版小学语文五年级下册课文《刷子李》为例，作者冯骥才通过侧面衬托、细节描绘等手法，将"刷子李"这一人物形象刻画得跃然纸上。教师在教学时，先借助情节梯，让学生合作学习，理清写作思路。之后，重点抓住刷子李是一个"奇人"，从衣着奇、技艺奇、规矩奇三个角度引领学生推敲课文中描写刷子李动作细节的字词，从而学习作家高超的人物描写方法。教师将课堂教学清晰地以两个大板块进行划分，留下充足的时间联结短文《泥人张》《快手刘》，并运用学习《刷子李》的方法快速阅读，找出描写这些"奇人"时的共同点。在激发学生对"奇人"奇事的兴趣后，顺势推荐冯骥才的《俗世奇人》一书，并建议学生在更多课外作品中自主寻找同类型文章，在下一节课时开展读书分享会。

这样的课堂，不仅高效完成了教学基本任务，更从文本《刷子李》的"1"拓展到多篇课外作品中的"奇人"进行阅读，拓宽了学生的知识视野。

（四）语文课堂拓展需要的技能

1. 向本学科纵向延伸的技能

课程内容的拓展延伸，要反映出学科自身的教学内容的统一和科目自身的微观整合，把教学内容的各个要素按照水平关系和垂直关系加以整合，克服学科知识支离破碎的状况，防止学生的知识体系窄化、僵化。

2. 向其他学科横向延伸的技能

课内知识向课外延伸，向其他学科延伸是学科教学的本质属性。

3. 向实际运用拓展的技能

学生学习知识，最终目的是运用。课堂上，有意识地把知识向实际应用拓展，对加强学生的学以致用的意识，提高学生的实践能力都是大有好处的。

4. 向生活大课堂拓展的技能

语文与生活的关系密不可分，语文课上学到的知识就应该在实际生活中体验、实践、运用。积极开展语文课外活动、研学活动，开拓学生的视野，培养学生的核心素养。

五、提问技能

课堂提问是一项设疑、激趣、引思的综合性教学艺术。它既是教师素质的体现（诸如知识面、洞察力、驾驭教材的能力、控制场面的能力等），更是教师教学观念的体现。在当今教学的整体结构中，学生已不是被动的客体，而是在教师主导作用引领下的教学活动的主体。提问是教师有计划、有目的地提出问题，以引起学生定向、积极的思考，解决问题，达到预期目的的常用教学方法。也可以在教师的组织指导下，学生就学习内容提出问题，学生互相答疑，从而达到学习目的（如图2-4所示）。

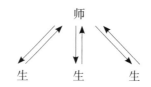

图 2-4 问答法信息流向图

现代教学非常重视提问。课堂提问必须精心设计,触动"神经"。所谓触动神经,一要触动课文的"神经",即牵动文章核心的重要问题;二要触动学生的"神经",把他们引领到探求问题的境界,以达到开发智力、培养能力的目的。具体说,课堂提问需要以下几种技能:

(一)比较提问技能

比较提问技能即就课文的内容或形式的某一方面与同类课文进行比较提出问题,使学生对某一内容理解更深刻。如白居易的《琵琶行》中的"醉不成欢惨将别,别时茫茫江浸月";柳永的《雨霖铃》中的"今宵酒醒何处?杨柳岸晓风残月";姜夔的《扬州慢》中的"二十四桥仍在,波心荡,冷月无声。念桥边红药,年年知为谁生?"都写了月色,它们有什么不同?在各自的文中分别有什么作用?

(二)抓疑点提问技能

抓疑点提问技能即就课文中从文字表达上看似有疑的地方或容易引起学生误解的地方抓住契机,设置问题,激活学生思维。学生对每篇课文的学习,不是一开始就有兴趣的,教者应当深入钻研教材,抓住突破口,有意地给学生设置问题。当学生急于解开这些问题时,也就意味着进行了思维训练。如:

> 《从百草园到三味书屋》开头一段中"似乎确凿只有一些野草"一句,"似乎"和"确凿"同时使用,这不是自相矛盾吗?
>
> 《孔乙己》中最后一句"我到现在终于没有见 —— 大约孔乙己的确死了。"作者为什么先说"大约",后面又说"的确"呢?

(三)逐层深入提问技能

逐层深入提问技能即就课文的内容或形式方面的理解,分层次设计一组比较系统的问题,由浅入深,化难为易,化大为小,引导学生有步骤、有逻辑地进行思考,让学生从对文章字面意义的理解上升到对内涵的领悟。在实际操作中,教师可以根据教材特点和学生的实际水平,把难问题分解成易理解、更有趣的小问题,如《皇帝的新装》一文,就可以采用这种分层设问的方式进行教学。教师先提出问题:皇帝的基本性格是什么?然后再问,他"爱新装"的特征有哪些?教师继续问,他虽"爱新装",但也爱皇位,文中怎体现？最后，教者顺势引导，提出下面有一定深度的问题：是什么原因使他有这样的特征？作者为什么要塑造这个形象？

经过上面一系列问题的设计，把大问题分解成一组小问题，层层深入，一环扣一环地展开，使教学内容化难为易，由浅入深，引导学生向思维的纵深发展。这种设计有利于培养学生分析问题、解决问题的能力。

（四）从反面提问技能

从反面提问技能即就一个问题，变换角度，从反面设问，以培养学生的多向思维能力。如：

> 《愚公移山》中，愚公要搬太行、王屋二山，或许他十辈子也搬不完，既然如此，他为什么不将自己的家搬到山南去呢？这不是更容易吗？

六、课堂提问应该注意的问题

第一，提问要有价值。提出的问题应该有意义，有价值，能真正激发学生的思维积极性，能起到启发学生理解课文的作用。有些老师提问过于简单，没有思考价值，喜欢问"是不是""好不好""对不对"等，这样的提问毫无价值，学生的思维得不到训练。上海的于漪老师在教《孔乙己》一文时，就很注意发问的技巧。她一开篇就问学生，"孔乙己姓甚名谁？"这样一个看似简单却又难以一下子回答的问题，很自然地迫使学生认真地研读课文。教师在此基础上，顺势引导学生认识孔乙己没名字蕴含的深刻意义，解决本文的教学难点。可见，抓住契机、富于艺术技巧地提问，会让学生学得主动、积极。值得一提的是，课堂上设置问题，应从实际出发，在内容方面，既要有记忆性的问题，更要注意引导学生运用知识解决问题。

第二，提问要有重点。提问要有中心，要突出重点，不要处处设问。有效的课堂提问应是从实际出发，根据教学的知识内容与思想内容，把握教材的重点、难点，在此基础上精心设问、发问；另外，还应从学生实际出发，根据学生的知识水平与心理特点，找出能诱发他们思维的兴趣点来问，使提问真正问到学生们的心"窍"上。如《小橘灯》一文中写道："我低声问：'你家还有什么人？'她说：'现在没有什么人，我爸爸到外面去了……'"如果让学生分析小姑娘话没说完的原因，可以这样问："小姑娘话没说完就停住，是不是她不知道爸爸到哪里去了呢？"当学生给出否定回答时，继续问："既然知道爸爸的去处，为什么不直说？"有的学生会说："怕别人知道"，"当时不方便说"。在这个时候，就可以提出关键的一问："文章这样写小姑娘，表现了她怎样的性格特点呢？"很明显，因为有了前面第一处的"曲问"，学生就比较容易理解此处表现出来的小姑娘"机警、乐观"的性格特点。

第三，提问要有指向。问题要指向明确、内容具体、难易适中。如果提出的问题空泛、难度大，就会让学生丈二和尚摸不着头脑。如一开篇就问学生"课文写的是什么？""写作特色是什么？"，对学生只能是启而不发，因为他们对课文内容还没有全面的认识，怎么会回答上来呢？

第四，提问要有新意。变"直问"为"曲问"，容易激发学生的思考兴趣。如果只是一味地直来直去，启发性就不强，久而久之，学生对这样的提问会感到索然无味，并在一定程度上妨碍了思维的发展。假如我们把问题以"曲问""活问"的方式提出，就能迫使学生开动脑筋。钱梦龙先生在教学中的"曲问"，可以说是创造了提问的高超艺术境界。他在讲授《愚公移山》一文中就有两处成功的"曲问"。关于"龀"字和"孀"字的理解，他设计提问："这个小孩有多少岁？""这个小孩去帮愚公移山，他的爸爸同意吗？"效果是明显的。因此，有创意的提问，能有效地培养学生思维的能力，极大地提高教学效率。

学生在掌握了课本知识后，教师如果引导学生把这些知识与课外相关知识联系起来思考，就能提高知识的利用价值。如在学习了《爱莲说》一文后，可以引导学生思考"莲"的精神品质可以与社会上哪些人联系起来。又如学习了"随风潜入夜，润物细无声"这一诗句后，可以问学生：在实际运用中，它还包含着什么耐人寻味的哲理？

第五，提问要有方法。提问要面向全班学生，先提出问题，让学生有思考的机会，再指名回答，不要先指名后提问。有些教师提问对象过于集中，只顾优生，忽略差生，很容易挫伤差生的积极性。有些教师发问后，急于求成，还没有给学生足够的思考时间，就立刻指名作答。这些做法，都是不科学的，不仅收不到预期的教学效果，还会扼杀学生的学习积极性，更不用说锻炼思维能力了。

第六，提问要有评价。应该准确、中肯地评价学生的答题结果，评价应以鼓励为主。即使学生回答问题只有百分之一的准确率，教师也应予以鼓励。当学生不能正确回答时，教师要根据具体情况予以耐心指导。如果课堂时间不允许，也应该设法进行课外辅导，千万不能指责和辱骂学生。

鼓励学生质疑问难，对学生提出的一时难以回答的问题，教师应采取坦诚的态度，待自己查证后再解答。不能信口开河，误导学生。

第四节　语文讲授的误区及案例分析

一、"滥读、乱读、傻读"，朗读教学效果不佳

朗读教学法，是语文教学方法的一种，它的优点是能提高对课文的理解能力和鉴别能力，有利于培养学生的口头表达能力。出色的朗读，能增强作品的感染力，使听者如闻

其声，如临其境，如见其人，又能陶冶性情，开阔胸怀，文明言行。它的缺点是速度较慢，单位时间内吸收的知识量较少，缺少连贯性，会影响逻辑思维的质量。朗读教学法在语文教学中使用频率非常高，在语文教学研究中也是热点之一，但在运用中存在着诸多误区，"滥读、乱读、傻读"的现象比较严重，致使朗读教学法的效果不尽如人意，具体表现如下。

1. 在需要思考的时候使用朗读教学法

阅读富有哲理的说理性文章、介绍知识的说明性文章，需要静心默读，用心思考。教学的重点在于理解作者表达的深刻内涵或者说明的内容，体会作者怎样把这些深刻的内涵或说明的事物表达清楚。余映潮老师在他的《这样教语文——余映潮创新教学设计40篇》一书中仅有4篇未用朗读教学法，包括3篇说明文和1篇议论文。[①]

2. 长时间单一性使用朗读教学法

教学方法具有多样性、依存性、可补偿性的特点，没有一种教学方法是十全十美的，每种方法都有优点和不足。朗读教学法也是一样。心理学研究发现，一般情况下，在一节45分钟的课中，学生的注意力随学习时间的变化而变化。开始学习的一段时间内，学生的注意力逐步增强，中间有一段时间注意力保持较为理想的稳定状态，随后学生的注意力则开始分散。长时间单一地使用朗读教学方法，不仅达不到预期的效果，反而会引发学生的厌烦情绪。

3. 需要快速阅读的时候使用朗读教学法

朗读法需要眼、口、耳、脑并用，所需时间较长。篇幅较长、需要快速阅读的时候不适合使用朗读教学法。比如讲授《故乡》《林黛玉进贾府》《鲁提辖拳打镇关西》这类篇幅较长的文章，需要让学生快速把握故事主要情节和人物性格，梳理课文时就不适合使用朗读教学法。

4. 教师朗读有缺陷又过多使用朗读教学法

语文教师应该是听说读写样样精通的人，但是并不能否认有些老师朗读是短板，比如口音较重、表情达意的能力较差，不能起到示范作用，这样的老师不适合过多使用朗读教学法。

二、舍本逐末，忽略了文本解读

一位青年教师在执教四年级上册《白鹅》一文时，拓展的"X"文本数量多达八篇，且均为中外名家经典作品，将一节教读课上成了阅读欣赏课，学生走马观花式地阅读了多篇名家散文。教师不仅要求学生快速读完海量文本，还要对教师列出的多个问题任务进行解答，绘制对比表格，最后选择经典段落完成仿写……这已经完全超出了四年级学生能够达到的水平，课堂容量过满，教学效果不佳。

---

① 余映潮. 这样教语文——余映潮创新教学设计40篇[M].北京：教育科学出版社，2012.

语文课堂的基础是教材,"1+X"联读拓展是从教材出发展开,因此,在进行"1+X"联读教学时,不能舍本逐末。"本"一指文本,无论教师设计衍生出多少精彩的"X",如果学生对于"1"的学习认知不够透彻,没有掌握教学目标提出的要求,那么在进行"X"联读时只会感到难度更大、压力更重;二指根本,新的教学模式在为课堂注入新鲜血液的同时,也存在着许多弊端,尚未成熟的教学策略需要反复实践和完善总结,过度追求"X"拓展,生搬硬套地在每一节课都机械地开展联读活动,既无趣味,更失去意义。

教读课是教师引导学生掌握学习方法、提升理解能力的重要课型,"X"文本是对"1"的补充,应当视学生个体认知水平而定。如果学生的实际学力在学习"1"文本时已经显得吃力,教师就要结合学情安排是否继续深入拓展。拓展的点不宜过多、过难,应选择"1"文本中最有特点的精华部分适当展开深挖,让学生在每一节课中都能有所获得,从而轻松、愉悦地学习语文。语文素养的形成是一个波浪式前进的过程,一切从学生主体出发,有计划地开展"1+X"联读而非粗暴叠加阅读量,应是教师设计课堂教学自始至终的追求与原则。

三、互动较为随意,提问缺少导向性

提问教学法在语文课堂教学中使用非常普遍,但有些老师提问过于简单,没有思考价值,喜欢问"是不是""好不好""对不对"等,这样的提问毫无价值,学生的思维得不到训练。应注意避免提出的问题空泛、难度大,让学生丈二和尚摸不着头脑以致对学生启而不发。

有的篇篇文章都提同样的问题,"文章分几段?""各段大意是什么?""文章中心是什么?",久而久之,不仅学生感到索然无味,而且在一定程度上妨碍了学生思维的发展。

四、迷信多媒体,淡化师生交往的调控作用

多媒体以图文并茂、声像俱佳、动静皆宜、课堂容量大和表现力强等优势将教学课堂引入全新的境界。但多媒体教学容易淡化师生间的交流和互动。运用了多媒体教学后,教学信息量明显增大,教师有些时候为了保证教学进度,会不自觉地加快课堂教学速度,导致学生的思维节奏无法跟上授课速度。在课堂教学中,教师不断操作多媒体课件,对学生在课堂上的表现就会有所忽略。而学生的注意力过多集中在播放的课件屏幕上,无法直接面对教师,对教师的表情和体态语言就不太注意,教师也就不能全面调控课堂。这些情况的出现会淡化师生间的交流与互动。

本章小结

本章我们对语文讲授技能进行了介绍,特别介绍了课堂调控技能、情境创设技能、朗读技能、拓展技能和提问技能。对当前课堂教学中存在的一些误区进行了分析,大家应在学习和实践中重视这些问题。

思考与练习

1. 课堂讲授技能有哪些?除了教材介绍的,你认为还有哪些?
2. 课堂教学技能需要不断地训练才能真正掌握,请你在课外进行试讲练习。

第三章　语文说课技能

本章学习目标
1. 掌握说课的定义，了解语文说课的价值。
2. 了解说课、备课、上课的区别。
3. 掌握说课的具体技能。

本章要点提示

说课是语文教师职业技能不可或缺的组成部分。语文教师要正确认识与处理好说课与备课及上课的关系。具体来说，说课的内容包括说教材、说学情、说教法、说学法、说教学程序、说板书设计。语文教师应当注意语文说课的误区及案例分析，学会评析语文说课。

第一节　语文说课概述

一、说课产生的背景

1987 年底，河南省新乡市红旗区教研室要从本区的教师中选出几位参加市教坛新秀的评选。但是，当时已经接近期末，课程教学已经结束，不可能采用常规的听课、评课的办法进行评选了。怎么办？这时，有人提出选几课，让有关老师以阐述教学设计来代替听课。结果发现这同样可以客观真实地反映一个教师的教学水平和业务素质，而且比听课更省时高效，更简便易行，联系到影视、戏剧导演的说戏，于是他们把这种新的教研方式命名为"说课"。

1991 年 7 月 20 日，《中国教育报》报道了说课活动。1992 年底，成立了"全国说课研究协作会"，对说课进行全方位的研讨。1994 年，《说课探索》一书面世。1996 年，《说课论》编辑发行。

2002 年 6 月，"说课理论与实践的分层次研究"被全国教育规划领导小组确立为全国教育科学"十五"规划教育部课题。经过几年的研究和探索，完成了由偶然到必然、由感性到理性、由自发到自觉、由实践到理论的发展过程，形成了完整的说课理论。伴随着说课理论与实践研究的丰富和发展，说课活动已经遍及全国。同时也成为教师招聘、考核、晋级中最普遍应用的考核形式。[①]

二、说课的定义

什么是说课呢？说课介于备课和授课之间，它发生在备课之后，是对教案的解说和论证，同时又在授课之前，可以进一步明确授课的指导思想。

用科学术语来说，"说课就是教师面对同行专家，以科学的教育理论为指导，将自己对课标和教材的理解和把握、课堂程序的设计和安排、学习方式的选择和时间等一系列教学元素的确立及其理论依据进行阐述的一种教学研究活动。简言之，就是解决做什么、怎么做、为什么这样做的问题。"[②]

由于师范生既是学生又是准教师，提高他们的教师素质就成了师范院校的一项根本任务。师范毕业生要想成为一名合格的教师，不仅要具备丰富的教育理论知识与学科专业知识，还要具备较强的教学能力和教学基本功。通过说课训练不仅可以克服师范教育重理论轻实践的弊端，还能丰富师范生的课堂教学体验，增强他们对教育理论课和学科专业课的学习兴趣，因而说课训练在新师资的培养方面有着很大价值。具体说来，说课训练既有利于促进师范生加强教育学、心理学、教学法课程的学习，突出师范性；又能促进师范生加强教学基本功训练，提高自身的各项教学能力，缩短自身与合格中小学教师之间的差距，加快从学生到教师角色转换的进程，形成教师心理；还能强化学科专业的学习，形成研究讨论氛围，提前培养科学研究意识。[③]

三、说课的价值

语文说课之所以在兴起之后迅速盛行，与它跟讲课相比所显示出的独特价值是分不开的。

（一）理论与实践的结合

在讲课中，我们只要根据要求把课文讲明白、讲生动就成功了。至于讲明白所用的方法和讲生动所采取的手段及其原因和根据，以及整个教学如此安排的理由，是不宜在讲课中单独说明的。长此以往，教师多是凭借着经验进行教学的安排，往往只知其然而不知其所以然，造成一些教师的教学水平停留在感性层面上，很难进行理论的提升。而说课则不然，说课既要说怎么做，又要说明这样做的理论依据，使理论与实践在说课这个层面得到结合，有助于提高教师的理论水平，尤其是适应了语文课程标准提出的教师由知识传授者变为课程研究者的转型要求，所以说课具有重要价值和意义。

---

① 欧阳芬.新课标下中小学教师课堂调控技能指导[M].北京：世界图书出版公司，2008.
② 李兴良，马爱玲.教育智慧的生成与表达：说课原理与方法[M].北京：教育科学出版社，2008.
③ 杨绪明.高师学生语文说课实训研究[J].高等函授学报（哲学社会科学版），2012（3）.

（二）全员参与共同提高

"讲课"的形式往往是以公开课或教学比赛来呈现的，参与的是极少数人，而且这"极少数人"多数是语文学科的优秀执教者；绝大部分人，尤其是水平在一般及以下的教师是无法参与的，而恰恰是这些不能参与的绝大部分人正是急需提高教学水平的，从这一点来看，"讲课"的局限性是十分明显的。而说课恰恰相反，由于它操作简单易行，需要的时间也相对短，所以所有的人都可以参与，都能够通过准备、构思和解说课程，以及倾听同事和专家的点评使自己的认识水平、理解和操作能力得到提高，因此它是一种全员参与共同提高的方式。这一点同样适应了语文课程标准对教师提出的全面提高素养的要求。

（三）没有地点和环境的限制

讲课一般要求在课堂面对学生（虽然个别的教学比赛也有只面对评委的，但那并非讲课的规范操作），两个必要的条件：一个是在课堂上，另一个是面对学生。而说课就没有了这些限制，在任何场合面对同行或专家都可以说课，这为这种方式的推广创造了有利条件。

四、与说课有关的几组关系

（一）说课与上课的关系

1. 相同点

说课与上课有很多的共同之处。如说课是对课堂教学方案的探究说明，上课是对教学方案的课堂实施，两者都围绕同一个教学课题，都可以展示教师的课堂教学操作艺术，都能反映教师语言、教态、板书等教学基本功。一般来说，教师说课与上课水平成正相关，说好课是为上好课服务的。因为说课说出了教学方案设计思路及其理论依据，使上课更具有科学性、针对性，避免了盲目性、随意性。而上课实践经验的积累，又为提高说课水平奠定了基础。

2. 不同点

（1）目的不同。说课的目的是向听课者介绍一节课的教学设想及教学理论，是提高教师的教学水平和整体素质；上课的目的是将书本知识转化为学生知识，进而培养学生的能力，对学生进行思想教育，全面提高学生的整体素质。

（2）要求不同。说课不仅解决教什么、怎么教的问题，而且还要回答"为什么这样教"的问题；上课主要解决教什么、怎么教的问题。

（3）对象不同。说课是课堂外的教师同行之间的教研活动，说课的对象是具有一定教学研究水平的领导和同行；上课是执教者以学生为对象，是面向学生的一种双边活动。由于对象不同，说课比上课更具有灵活性，它不受空间限制，不受教学进度的影响，不会干扰正常的教学安排。

（4）内容不同。说课的内容是对为完成某一教学目标而采用的教学方法、教学手段实施的理论依据的说明。而上课传授给学生的是具体知识和技能。

（5）评价的标准不同。说课重在评价教师对新课标的领会程度、对教材的掌握情况、教学方案设计是否合理、对教学理论的应用情况以及教学基本功等；上课的评价标准虽也看重教师的课堂教学方案的实施能力，但更看重课堂教学效果，看重学生实际接受运用知识与技能的情况。虽然一般认为，说课水平与上课水平相当，但也有例外，即某些教师说课表现不差，但实际教学水平却不理想。一个重要的原因是上课比说课多了一个不易驾驭的学生因素。教学中如何调动学生的积极思维，如何机智地处理教与学的矛盾，有效控制教学进程，这些能力需要教师在上课中自觉、能动地表现出来，而说课则往往不涉及或较难充分表现这些能力。

（二）说课与备课的关系

1. 相同点

说课与备课目的都是为上课服务，是课前的准备工作。说课与备课的教学内容基本是相同的，因此，都要求教师认真研究新课标，吃透教材内容，了解学生，选择正确的教学方法，设计最优化的教学流程，以期达到理想的教学效果。

2. 不同点

（1）概念内涵不同。备课着重研究解决课堂教学中的"教什么、怎么教"等教学内容；说课除了要研究上述问题外，还要研究"为什么这样教"，要求教师能从理论上阐述教学安排的理由。说课属于教研活动，研究问题要比备课更深入。而备课是教学任务如何完成的方法步骤，是如何使知识转化为学生认知的实施方案，属于教学活动。

（2）对象不同。备课是要把结果展示给学生，即面对学生去上课，要求教师能通俗易懂地向学生传授知识。而说课的对象是教育工作者，要求对他们说明为什么这样备课，对教师的理论要求高。

（3）目的不同。说课的目的是帮助教师认识备课规律，提高备课能力；而备课是面向学生，目的是促使教师搞好教学设计，优化教学过程，提高课堂教学效益。

（4）基本要求不同。说课教师不仅要说出每一个教学内容的具体设计、安排，做什么、怎么做，而且还要说出为什么这样做，即说出设计、安排的理论依据。而备课强调的是教学活动的安排，只需写出做什么、怎么做就行了。

（5）作用不同。备课主要是教师个人的钻研，成果体现在教案中，是课堂教学的设计蓝图，与课堂教学实际有一定的距离。而说课是备课的深化拓展。

（6）活动形式不同。说课是一种集体进行的动态的教学活动；而备课是教师个体进行的静态的教学活动。

第二节 语文说课的类型与内容

一、说课的类型

（一）研讨性说课

研讨性说课一般有明确的研究课题，是为突破某一教学难点，解决教学中某一关键问题而进行的说课。通常以教研组或年级组为单位，常常以集体备课的形式出现，首先确定一名中心发言人准备说课稿，说后大家评议修改、讨论总结，变个人智慧为集体智慧。此类说课与授课紧密结合，课后再深入进行研究，并将研究结果形成书面材料，指导教师写教学经验、教学论文、教后感或是讲述自己的教学故事等。这种说课是大面积提高教师业务素质和研究能力的有效途径。

（二）示范性说课

示范性说课是给教师，尤其是青年教师树立说课和课堂教学的样板。通过示范性说课，给听说课的教师提供学习、借鉴的范例，使他们能学到较为规范的说课方法，从而提高说课水平。这类说课一般选择素质较好的优秀教师，先向听课教师示范性说课，然后将说课内容付之课堂教学，最后组织听课教师对示范教师的说课及课堂教学作出评析。听课教师从听说课、听讲课、听评析中增长知识，学习方法。示范性说课是培养教学能手的重要途径。

（三）评比性说课

评比性说课主要用于教学评比和竞赛活动。参加说课的教师从事先定好的课题中抽签，确定自己的说课课题，在规定的时间内熟悉教材，写出说课提纲或说课稿，然后对评委说课，评委依据原定的说课标准给说课者打分。

（四）检查性说课

检查性说课一般用于学校教学管理中检查教师的日常教学备课情况。这类说课没有事先准备好的说课稿，具体课题一般为近期的教学内容。较少说课时间的检查性说课是为了了解、检查说课者说课水平和教学能力等业务素质而安排的说课。听课者一般是教育行政领导、教育科研人员和专家学者。

（五）反思性说课

反思性说课是对说课的一种延伸，它的研究对象不是一个具体的课题，也不是具体的课堂教学设计，而是对已经说过的课从多个侧面进行研究，找出其中的成功之处和存在的不足，分析问题产生的原因，提出具有实质意义的改进意见，从而使理论学习更加深入，课堂设计更加完美，更具有适用性。反思性说课主要采用的是"听—写—评"模式。

（六）案例性说课

案例性说课是以某一特定教学情景或某一偶发的教学事件为主题的说课。一般在"讲述教师自己的教学故事"活动中运用。主要是说教学故事发生的情景、教学故事的经过、教学故事的启示。说课后再将说的内容整理成教学案例。

二、说课的内容

（一）说教材

（1）作者的创作意图、创作思路。

（2）大纲的要求和本课教学内容在单元教材中的地位和作用。

（3）教学目标。

（4）教学重点、难点。确定重点、难点的依据是什么？如何突出重点、突破难点？

（二）说学情

（1）此年龄段学生的心理。

（2）学生已有的知识水平。

（3）学生学习困难所在及解决方案。

（三）说教法

根据教学内容的特点、教学目标和要求，说出选用的教学方法和教学手段。主要是说明"怎样教"和"为什么这样教"，具体为：

（1）为完成教学目标而采用某一教学方法的总体构想及其理论依据。

（2）采用什么样的方法讲清教学重点，突破教学难点和抓住关键，即为何教、这样教的手段和理由。

（3）如何发挥教师的主导作用和学生学习的积极性，以及采用什么方法，怎样创造条件使学生主动参与学习所采取的策略和措施。

（4）为提高课堂教学实效而采取的教学辅助手段，如制作的教具、多媒体课件等。

（四）说学法

学法是指学生获取知识，形成能力的方法。说课中的学法，实际上就是学法指导，即教师对学生进行学习方法上的引导、传授，使学生逐步掌握科学的学习方法，进而形成独立技能的过程。说学法具体包括：

（1）分析学生在掌握教材内容时可能出现哪些障碍及其原因。

（2）通过何种途径培养和激发学生的学习兴趣。

（3）在教学过程中侧重指导和培养学生哪种学习习惯和学习方法。

（4）根据学生的认知规律，采用什么方法指导学生学习，掌握何种职业技能和科学研究方法。

（五）说教学过程

教学过程是指一个具体课题在课堂教学中的实施方案。说教学过程是说课的中心内容，能否说清楚教学过程是能否说好课的关键。说教学过程一般应包括：

（1）教学思路的设计和教学环节的安排。

（2）教与学双边活动的安排。

（3）重点难点的处理。

（4）采用哪些教学手段辅助教学。

说教学过程，还要注意运用概括和转述语言，不必直接照搬教案，要尽可能少用课堂内师生的原话，以便压缩实录篇章。

教学过程也可概括为"五步骤"：设置情景，导入新课；初读课文，整体感知；再读课文，重点研究；三读课文，拓展延伸；教师总结，布置作业。

（六）说板书设计

说明板书设计是怎样构思出来的，为什么要这样设计，它是否准确、全面地概括了课文内容，给听课者的信息是否具有科学性。

第三节 语文说课技能指导

一、说课的要求

（1）科学性：站在理论的高度科学地认识课中全部的教学现象。

（2）针对性：必须针对课文内容，真实、客观地说清怎么做，这么做的理论依据是什么。

（3）操作性：各个环节、各项内容都不要遗漏，但顺序可以根据需要作些调整。说课时间一般为15分钟。

（4）规范性：仪容仪表端正，符合教师职业的要求；教态自然大方，表现恰当得体；思路清晰，表达准确，有感染力。

二、说课的礼仪

中国是礼仪之邦，凡是与人打交道，都要讲究礼貌。说课既是比赛、考试，也是交流、汇报、研讨，有一套相对固定的礼仪。语言上主要分为称呼、问候、礼貌用语；行动上分为行礼和目光交流。

称呼得体。说课主要是针对备课内容进行介绍及论证，说课的对象要根据具体情况而定。如果是选拔性、竞赛性、评比性的活动，评委一般就是上级领导或专家，可以说"各位领导、各位评委、老师"；如果是纯粹的教研活动，参与的一般就是同行，可以用"各位老师"；如果面对的是年长的老师或职位高的领导，一般要加上"尊敬的"修饰语，表示正式及礼貌。

问候语恰当。问候语一般用"大家好",与称呼中"各位"一样,表示关照到每一位评委,尊重每一位评委。相对于"你好""你们好","您好"更为贴切,既符合正式场合的礼仪,又显得大方得体。

礼貌用语。公众、正式场合的礼貌用语一般是"如有不当,敬请批评指正"等。可以在开场白中说,也可以在结束语中说,意在表达谦虚、好学的态度。

行礼。在出场和退场时都要行鞠躬礼。说课时还要始终保持微笑。

三、说课开场白

开场白是指在说课正式开始前的一些交流,包括称呼、自我介绍、说课篇目介绍、说课流程总体介绍等,是与评委交流的重要环节,是说课礼仪的重要体现,是说课的有机组成部分。俗话说:"好的开始等于成功的一半。"说课,从说开场白开始。

(一)关于自我介绍

"自我介绍"是对自己的情况做一个简单的介绍,从客观的角度讲是帮助评委核对说课者的信息,预防出现评分错误。精彩的自我介绍可以加深评委对说课者的印象。但是由于一些比赛、考试等选拔性说课,考生信息不可泄露,所以只能说自己的抽签序号,可供发挥的余地有限。

(二)关于课文及作者

用一句话介绍今天说课的内容,并且介绍板书课文的序号、课题及作者,如下例:

> **11.《春》**
> 朱自清

(三)关于说课流程表述

总体介绍说课流程,使评委做到心中有数,便于把握。按照说课的内容构成,说课分为六个步骤"说教材—说学情—说教法—说学法—说教学过程—说板书设计"。如下例:

案例

> 尊敬的各位评委、老师:
>   大家上午好!我是今天的 x 号说课人。今天我要说的课是我国著名散文家朱自清的散文《春》。下面我将从说教材、说学情、说教法、说学法、说教学过程和说板书设计这六个方面进行解说。如有不当之处,还请各位评委、老师批评指正。

四、说课技能指导

（一）如何说教材

1. 如何说教材所处的地位与作用

要交代清楚所选说课内容是哪个出版社的哪一册哪一单元，单元的主题是什么，因为不同出版社编排的教材体例是不一样的，交代清楚就有利于说清所说课的地位与作用。用一句话来简单介绍课文的内容，可以检验说课者对课文内容的把握。以上介绍也有利于评委的一系列判断，因为评委不一定熟悉每一篇课文。

【案例】

> 1. 教材所处的地位和作用
>
> 《春》是人教版七年级上册第三单元的第一篇课文。本单元所选课文以反映自然世界为主题，多出自名家之手，具有一些共同的特点，如意境优美、构思精巧、语言精美、情景交融、富有诗情画意等。朱自清的《春》是一篇诗意盎然的抒情散文，作者抓住春天的特点，准确、生动地描绘出江南春天特有的景象，抒发了对春天的赞美之情，表达了热爱生活、积极进取、奋发向上的思想感情。

2. 如何说教学目标

这里所说的教学目标，是指教读一篇课文或一个单元的课文所要达到的具体目的，它包括基础知识、基本能力和人文素养三个方面的教学方向。新课程标准把它明确为"知识与能力""过程与方法""情感、态度与价值观"三个维度。对于教学目标三个方面的因素，不是也不能一个个分开去把握，而应作为一个整体，进行综合理解和认识，并根据具体情况设计实现教学目的的具体措施。

确定教学目标是教学设计的核心。没有这个核心，教学就成了松散的、随意的、盲目的行为。

确定教学目标的主要依据是：

（1）语文学科的总目的（《大纲》是它的书面形式）。

（2）教读课文内容和形式的特点。

（3）学生的知识、能力水平和教育教养素质条件。

【案例】

> 2. 教学目标
>
> 知识与能力目标：引导学生了解散文的文体特点，学习本文抓住特点，多角度、按顺序描写景物的方法；通过听读训练，感知文章内容，培养学生描写景物的能力。
>
> 过程与方法目标：按照"整体感知——重点研究——拓展延伸"的过程，通过自主学习、合作探究、朗读指导等方法组织学生学习本文景物描写的方法，体会比喻、拟

人的修辞手法在景物描写中的作用。

情感、态度与价值观目标：感受作者对春的赞美之情，培养学生对大自然的热爱之情。

3.如何说重点、难点、疑点

所谓重点，就是指为了实现教学目标所应掌握的最重要的、最基本的知识点。在课文中，体现重点的内容一般会在预习提示或练习设计中有所反映。但因学生情况不同，教师应根据具体情况确定教学重点。

至于难点和疑点，没有固定的界定标准，而要依据学生的实际情况来判定。重点、难点、疑点有时会聚合在一起，有时会分散在不同的点上，"三点"之中，重点是相对固定的，难点和疑点却因学生的水平不同而移动。三者的聚合或分散也在所难免。因此教师在进行教学设计时既要认真钻研教材，又要仔细了解学生，即所谓的"吃透两头"。鉴于疑点可能只是部分学生的疑点，不至于影响对课文主旨的理解，在讲解过程中可以通过问题设置的方式解决，所以一般说课时都不作特别强调。

案例

3.教学重点及难点

重点：揣摩文章生动形象、清新隽永的语言，品味作者的语言魅力，体会比喻、拟人等修辞手法的艺术力量。

难点：本文语言含蓄、隽永，值得细细品味，但学生年龄尚小，生活阅历较浅，对于有些词句深层次的意蕴可能体会不到。

（二）如何说学情

有人把课堂比喻成瞬息万变的战场，我们所做的预案都是基于我们对教学对象、教学内容的理解而准备采用的教学策略。所谓"知己知彼，百战百胜"，学情分析的意义在于，我们对学生的知识水平、心理年龄、兴趣特点的分析会使我们的所有教学准备和教学行为具有针对性。这是语文教学的出发点和落脚点，也是"以学生为本"的重要体现。

案例

从知识层面看，初一学生对散文的一般性鉴赏方法还不能很好地掌握与运用。从情感与价值观层面看，初一学生对于美的认识也是模糊的，但他们又有很强的好奇心、学习欲，因此在教学中要引导学生学会分辨美、欣赏美、记录美，培养他们的鉴赏能力，深化对生命与美的意义的理解。此外，初一学生能够借助工具书疏通文章，扫除阅读障碍，已经具备了一定的阅读能力和感悟能力。

（三）如何说教法

教法是基于教师角度考虑的教学方法。教学过程中使用的方法其实是很多的，比如讲述（授）法、提问法、多媒体教学法、关键词语点拨法、情景设置法等。说课者要根据教材内容恰当地选择教法，选取主要的方法进行介绍。介绍时不仅要讲"是什么""怎么做"，更主要的是要讲"为什么"。

案例

> 考虑到课文《春》是一篇抒情散文，因此我将综合运用讲授法、多媒体教学法，充分运用小组合作的方式激发学生学习本文的兴趣。
>
> 讲授法：我将着重讲授第三段，引导学生体会作者在写作过程中恰当运用比喻、拟人等修辞手法对景物进行生动刻画的妙处。
>
> 多媒体教学法：多媒体教学法可以将抽象转化为直观，增强学生对大自然美的体验。我将通过音乐播放、图片展示，配上名家朗读，给学生以美的享受。

（四）如何说学法

学法是基于学情的教学方法。常用的学法有朗读法、讨论法、圈点勾画法、练习法、表演法等。指导学生采用恰当而有效的学习方法，养成好的阅读习惯，可以使他们受用终身。

案例

> 初一学生已经具备一定的自主学习能力，对文章情感的把握能力也比小学阶段更胜一筹，因此，我将让学生通过以下学法进行散文学习。
>
> 1. 朗读法：散文的学习只有结合朗读才能收到较好的学习效果，因此我会配上舒缓的背景音乐，引导学生有感情地朗读这篇散文，让他们用心品味散文中流露出的情感，感悟文章的语言美。
>
> 2. 讨论法：充分发挥学生的主观能动性，让学生讨论文中重要的字词句，例如"钻""近""偷偷""抚摸"，在讨论的过程中感受作者的情感。
>
> 3. 练习法：我将让学生完成相关练习，以让他们巩固这堂课所学的知识，做到学与练结合。

（五）如何说教学过程

教学过程是教学思想和教学设计具体体现的环节，是说课的重中之重，在评价中所占的权重也非常大。一般来讲，某篇课文可能要上2—3课时，但是说课必须在15分钟之内说完。这就要求在解说"教学过程"时，既要符合教学的实际环节，又要简要概括，不能拖泥带水，不能复述教案，而要"概说"。

为了将教学过程介绍清楚,我们将教学过程分为"设置情境,导入新课;初读课文,整体感知;再读课文,重点研究;三读课文,拓展研究;教师总结,布置作业"五个步骤。每一个步骤应该说哪些内容相对固定,形成一个模板,便于初学者把握。熟练掌握之后,就可以去掉模板了。

因为教学是一个逐渐生成的过程,所以板书也要随着教学步骤的展开而逐步呈现。同时为下一环节"说板书设计"做好准备。这个环节"说"与"写"的切换要自然、熟练,否则就会给人不连贯、板书滞后或突兀的印象,从而影响整个说课的效果。

> **案例**
>
> **1. 设置情境,导入新课**
>
> 一段精练恰当的导语,能够激发学生的学习兴趣和欲望,是一节课成功的开始。针对《春》的文章特点,我将设计如下导语:同学们,还记得你们曾经走过的春天吗?是啊,春天是大自然的杰作,春天是我们熟悉而喜爱的季节。你眼中的春天是什么样的呢?(学生说)即使是同时同地欣赏春天,每个人的感受也是不同的,那么著名作家朱自清先生眼中的春天是什么样的呢?今天,让我们走进朱自清的《春》。
>
> 设置这样的导入,能让学生展开有关春天的联想,为接下去的课堂学习打好基础。
>
> **2. 初读课文,整体感知**
>
> (1)初步感知课文,首先请学生们齐读课文。在学生朗读完的基础上,教师进行范读,让学生能够更好地把握文章的情感,培养学生养成良好的朗读技巧,把学生引入文本。
>
> (2)在学生对老师的朗读进行评价以及学生自主朗读的基础上,激发学生发挥想象力对文章进行初步的分析和感受,自然而然地使学生对春的感受与作者的感受进行碰撞,同时让学生掌握抒情散文的朗读技巧,提高学生的朗读水平。
>
> **3. 再读课文,重点研究**
>
> 这一环节,我将引导学生小组合作探究学习。首先,梳理文章脉络,总结出第1自然段是写"盼春",第2自然段总写"绘春",第8、9、10自然段为"颂春",从而引出这篇文章的结构——总分总。在此环节着重讲解第3自然段,引导学生发掘文中的修辞手法。第3自然段描绘了"春草图",通过"偷偷地""钻""嫩嫩的""绿绿的"等词语来表现春草嫩绿的特征;通过人的动作"坐""躺""踢""滚""跑""捉"等词语,以及人的感受"轻轻地""软绵绵"等词语来表达作者对春草的喜爱。其次,引导学生进行变句分析。如比较"小草偷偷地从土里钻出来"和"小草从土里长出来",以此体会"偷偷地"表现出小草不经意破土而出给人们带来的惊喜之情;"钻"表现出小草旺盛的生命力。用这种方法引导学生感悟作者是如何融情于景、做到情景交融的,

以突破教学的重点和难点。再次,我将采用讨论法,把学生的主体地位落到实处。以我讲述的"绘春"部分为例,分小组讨论第3、4、5、6、7等几个段落,分别讲了什么,用了什么修辞手法并具体分析。五分钟之后请小组派代表来讲述他们的观点,讨论后点拨归纳。

讨论法之后再采用讲授法,与同学们一起探讨最后3个自然段的修辞手法。探讨结果:运用排比、比喻、拟人等修辞方法赞美了春天的新生、娇美、活力。这三个比喻句排列有序,不能颠倒,形象地表现了春天的变化过程。"领着我们上前去",表达了作者追求美好未来的强烈感情。同时这个结尾概括了几幅春景图的含义,也点明了全文的中心思想。

4. 三读课文,拓展延伸

叶圣陶先生说过"课文无非是个例子"。通过课内学习的方法,引导学生由课内拓展到课外,由知识学习转为能力训练。画配诗:根据展示的春天的图画,你能想到哪些描绘春天的诗句?(学生直接在画面上板演。)

5. 教师总结,布置作业

教师总结如下:这节课我们学习了《春》这篇课文,朱自清先生用细腻的笔触生动地刻画了春回大地的美丽景色,令人心旷神怡。我们不仅感受到了祖国山河的美丽,而且学习到了景物描写的方法,体会到了振奋人心的精神力量。通过本文的学习,我们要提高观察能力,掌握景物描写的方法,增强对美好事物的感受能力。

布置作业:再次体味《春》这篇课文,结合所学的表达方式、修辞方式,写一篇500字短文,描写你心中的春天。这是对文章的体味和反思。在欣赏、借鉴课文的同时,达到温故知新、学以致用的目的。

(六)如何说板书设计

好的板书就是一个微型教案,它很好地记录了上课的流程、提示了课文的重点、点明了课文主旨,以及教师的理解与创造。这些内容通过简洁美观的形式表现出来,对学生的学习有很大的促进作用。设计一个好的板书需要较强的课文理解能力、概括能力、构图能力、书写能力等。

说板书设计就是对自己的板书进行一个介绍,所以需要有一个评判语。为了"引导"评委,很多人都会给自己的板书一个非常正面的评价。在说课稿中,应该板书在上,评价语在下。现场说板书设计时,有一个位置移动的问题,在"说课的误区"中将会讲到,这里不赘述。

案例

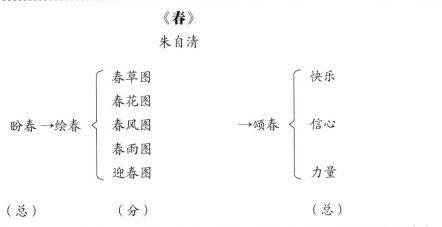

我的板书以："盼春—绘春—颂春"为主要框架，简明扼要地呈现了课文主要内容及结构，有利于学生理解。我的板书语言简洁，构图美观，给学生以美的享受。

（七）如何说结束语

说课结束时，说课者要有明显的提示语并且表示礼貌，这是说课的礼仪，也是说课者风度、涵养的表现。如果在开场白中已经有"不当之处，敬请指导"这样的用语，在结束语中就快速结束，礼貌离场就可以了；如果开场白中没有类似的语句，在结束时可以表达自己的谦虚，给评委留下一个好印象。

案例

以上便是我的整个说课内容，我的说课到此结束。谢谢各位老师。

【附录】说课案例

《白杨礼赞》说课稿

尊敬的各位评委、老师：

大家上午好！我是今天的说课人XXX。今天我要说的课文是我国著名作家茅盾的散文《白杨礼赞》。下面我将从说教材、说学情、说教法、说学法、说教学过程和说板书设计这六个方面进行解说。如有不当之处，还请各位评委、老师批评指正。

一、说教材

1.课文在教材中的地位和作用

《白杨礼赞》是部编本教材八年级上册第四单元的第二篇课文，本单元主要以散文的学习为主，散文类型多样，或写人记事，或托物言志，或阐发哲理，展现了丰富多彩的自然景象和社会生活。《白杨礼赞》是一篇托物言志的散文，借白杨的形象来表达作者对中华民族奋发向上、坚强不屈的精神的赞美，情感真挚，语言质朴生动。

2.教学目标

知识与能力目标：了解白杨树生活的环境，品味作品语言的质朴以及文笔的阳刚雄壮之美，体会作者对于白杨树的赞美之情。

过程与方法目标：通过反复朗读和剖析重点语句的方法指导学生学习象征、托物言志的方法，以及散文中所蕴含的议论、抒情的描写。

情感态度与价值观目标：体会作者借赞美白杨树对中华民族向上的精神的赞美，引导学生树立积极向上的学习和生活态度。

3.教学重难点

重点：学习作者在散文中运用的环境、抒情，以及象征描写，品味作者质朴的语言魅力。

难点：理解作者运用的象征手法，体会隐藏在白杨树形象背后的情感。

二、说学情

学生已养成一定的学习习惯，如能主动预习课文、课后复习课文等；已经学习了比喻、拟人等修辞方法，对分析修辞方法的作用已有一定的基础；但是对于情感以及语言的把握还不够深刻，抽象思维还不够到位。

三、说教法

我将采取讲授法、提问法、多媒体教学法对学生进行指导。

1.讲授法：将着重讲解课文中的一些重点段落和字词，通过重点段落和字词的分析引导学生品味散文中象征和抒情手法的运用及魅力。

2.提问法：在讲授课文的过程中，适当地提问，以启发学生思考，激发学生的学习兴趣。

3.多媒体教学法：将抽象的形象转化为直观的图像并配上朗读，给学生以更真切的感受。

四、说学法

1.讨论法：充分发挥学生的主观能动性，让学生讨论文中的疑问、排比、感叹的句子，体会作者的情感。

2.练习法：让学生完成相关练习，以巩固所学知识。

3.朗读法：《白杨礼赞》是一篇咏物性散文，学生要对物有一个清晰的认识，通过反复朗读去体味白杨树这一形象。

五、说教学过程

（一）设置情境，导入新课

良好的开端是成功的一半，所以导语在一节课中极为重要。针对文章的特点，我将设计如下导语:"同学们有过种树的经历吗?(学生说)在同学们的记忆中,哪种植物最顽强呢?(学生说)同学们说了松树、柳树、白杨,那老师今天带领同学们进入白杨的世界。"

通过师生互动的方式引导学生逐步了解白杨树,对即将展开的课文学习充满期待。

(二)初读课文,整体感知

1.请学生以小组为单位,分组朗读全文,在朗读时标记好生字词,教师对学生的朗读情况进行评价,并且配上音乐使学生加强对情感的把握。

2.通读完全文,请学生以小组为单位对课文的层次进行整理,派代表发言,使学生对文章的大概内容有一个初步的把握,在此基础上梳理课文框架。

(三)再读课文,深入研究

首先,我将以一个问题来引出对这篇课文的探究。问题是:文章里多次出现哪一个词?这个词又有什么作用呢?由此引出本文的文眼——不平凡,从而重点展开研究——白杨树到底是怎样的不平凡呢?

其次,文中从哪些方面体现白杨树的不平凡呢?从它的生长环境、外形,以及它象征意义的不平凡这三个方面写出了白杨树的不平凡。通过这一部分的学习,学生对"不平凡"的白杨树有了进一步的理解。

再次,请学生跟随音乐再次体会第7自然段,全班一起朗读第7自然段,仔细思考第7自然段出现了哪些形象的比喻,这样描写有什么好处。由此即可深入展开对象征的手法以及托物言志的写法的讲解,进一步指导学生明白作者写白杨树的目的不仅仅是为了赞扬白杨树的正直,更是为了歌颂那些在平凡岗位上工作的军人、农民们的伟大。

最后,请同学们发挥想象,在纸上画一画你眼中的白杨树。这一做法能让学生将文字转化为直观的物象,能让教师更加了解学生眼中的白杨树。

(四)三读课文,拓展延伸

"同学们,在生活中我们都是平凡的人,但是能够在平凡的岗位中做出不平凡的事,这就是一种伟大。我想请同学们说说自己生活中遇到的'伟人'"。

(五)教师总结,布置作业

1.总结:学生小结这堂课的收获,教师总结并点评学生的发言,以鼓励为主。

目的:让学生总结自己的学习情况,老师点评学生的表现,激发学生的学习兴趣。

2.作业:结合今天所学习的象征手法,以你眼中的顽强的植物或者动物为主题,写一篇赞颂的文字,400字左右。

目的:让学生巩固知识,学习使用托物言志的方法描写物象。

六、说板书设计

《白杨礼赞》

茅盾

我的板书设计力求简洁明了，逻辑清晰，突出教学的重难点，让学生对本堂课的知识点一目了然。

以上是我说课的全部内容，谢谢各位评委老师！

第五节　语文说课的误区及案例分析

一、将"说课"与"无生试讲"混淆

一些地方在教师招聘面试时，采用了"无生试讲"这种方式，即课堂上没有学生，说课者通过模拟课堂教学的情景进行自说自话，再现课堂教学情境。于是有些人就错误地认为，"说课"就是"无生试讲"，尤其是在"说教学过程"环节。

案例

> 五、说教学过程
>
> （一）创设情境，导入新课
>
> 首先，老师想了解一下，同学们对周敦颐的了解有多少呢？（自由回答）周敦颐（1017—1073），字茂叔，哲学家。宋代道州（今湖南省道县）人，人们称其为濂溪先生（因他世居道县濂溪，后居庐山莲花峰前，峰下有溪，也命名为濂溪）。其作品收在《周元公集》中，"元公"是他死后的谥号。
>
> 同学们，老师想问问："说"是什么意思？为什么本篇文章名为《爱莲说》呢？这儿的"说"是怎么回事呢？

上面案例中这位老师的用意无非是介绍作者与"说"这种文体。但是说课者无论是对内容的阐述还是语气都是上课的状态，彻底地把"说课"当成了"上课"。由于"说课"时没有学生，所以说课者自说自话，像极了"无生试讲"。

解决方案

说课不同于上课。说课是将自己的教学思路和教学过程有重点、有条理、有内容、有依据地展示出来，既要有教材分析，又要有学情分析。说课要突出"说"字，以纲要的形式体现教学思路和教学过程，不是一字一句都不能遗漏地叙述上课过程。

这两段话可以改为："在预习检查阶段，我将对作者周敦颐和'说'这种文体进行介绍。"这样既简洁，又明白地告诉了评委你这一环节的设计意图。

二、站位"一动不动"与"随意走动"

说课时，说课者站位容易犯两大错误：一是，认为说课就是一本正经地"说"，于是站在讲台前一动不动地"说"15分钟，甚至连起码的手势都没有；二是与"讲课"相混淆，激情澎湃，在教室里频繁大幅度走动。

这两种表现都是对说课性质理解不到位。前者过于机械、死板，感染力较差；后者虽有激情，但是太过频繁地走动会干扰听者注意力，反而影响说课效果。

解决方案

说课技能就是能够运用已有的语文学科知识和教学设计知识，把备课中的教学设想理论化、条理化，以自然、脱稿的方式讲述出来，使得备课知识化、理论化和科学化，对后期的课堂教学起到促进作用。

在说课过程中，说课者的位置一般就在讲台与黑板之间移动，位置移动次数不宜多，幅度也不宜太大。基本上是：说开场白的时候先是面向讲台，板书课文题目时，位置移动，侧身，变成面向讲台；课题板书完毕回位为面向讲台，一直到"说教学过程"。在"说教学过程"中要完成所有板书，有若干次"面向讲台"与"面向黑板"的切换。"说板书设计"时，应将身体向左后方或右后方退一至两步，然后侧身站立，呈右手指向黑板的姿势，完成"说板书设计"环节。最后复位为面向讲台，说完"结束语"之后，鞠躬，走下讲台。

三、"读说课稿"与"背说课稿"

有些说课者把"说课"理解为"读说课稿"，并认真做了准备，还比较熟练，但是只能"背说课稿"。

"读—背—说"是很多说课者在训练过程中都经历过的三个过程。"读"显然是没有准备好，对说课内容不熟悉；"背"是对稿子熟悉的，但对说课的性质还不够理解，火候不到，不能完全内化于心；只有"说"才是真正掌握了说课的技能，能够根据说课的要求、内容、流程，自如地发挥，呈现出教态自然大方的状态，容易出彩。

解决方案

（1）说课不但要有理，更要有据。说课不光要解决"怎么教"的问题，更要解决"为什么这样教"的问题，因而说课除了要做到把教材分析透彻，明确教学难点，明晰教学程序，恰当得体运用教法学法之外，更应明白具体地说出确定的依据。这样听者不但能"知其然"，更能"知其所以然"。

（2）说课要有重点，不必面面俱到。说课时不宜把每个过程都说得过于详细，应重点说出如何实施教学过程，说出引导学生理解概念、掌握规律的方法，说出培养学生学习能力、提高教学效率的途径及其理论依据。

（3）说课时间安排要适中，把握好节奏。说课时间不宜过长，一般15分钟左右。说课过程不能断断续续，要紧凑严密和谐，节奏不能忽快忽慢。

此外，说课稿也是属于教师文案写作的一部分，要求格式规范，文面整洁。初学者写作说课稿容易犯以下几个错误：

第一，字体三号、四号、五号混用。

第二，首行顶格写，忘记退两格。

第三，行间距不均匀。

第四，一、二、三级标题不分。

第六节　语文说课评析技能

一、语文说课评析技能

说课评析技能，指的是对说课进行全方位的评价的能力。说课广泛运用于语文教研的各个环节，如何识别说课的好坏也是语文教师必须具备的职业技能之一。

说课只说不评作用不大，说课之后还要进行评析，这样才能使说课者明白自己的长处与不足，更好地进行改进；评课者经过评析不仅加深了对"说课"的理解，而且熟悉了教材，增强了自己的思辨能力，因此，说课评析是一个很好的职业素养提升的途径。另外，如果是作为一次教研活动的话，那么说课者与评价者对语文教学的理念、教学设计、教学方法的选择、教学流程的安排等进行充分的交流，可以互相促进，共同提高。

（一）评析说课者对教材的理解程度

1. 说课者对教材所处的地位及前后联系的理解、分析是否正确

教师应阐明本节内容在整个知识系统或本册教材或本章中的地位与作用。在学生刚刚学到哪些知识的基础上讲解本节内容，以及本节内容与前后知识点之间的联系。本节内容对于发展学生思维、培养能力方面有什么重要作用。教师对教材的挖掘、教学内容的安排、顺序的调整、材料的补充等方面做了哪些具体工作。教师针对学生的认知能力结构的协调发展以及思想教育与素质教育的提升做了哪些具体工作。特别是对材料的安排，教师如果能从内容结构方面提出一些创造性的意见，则更是锦上添花了。

2. 对教学目标的确定是否明确、具体、全面

教学目标是教学的出发点和归宿，它能否正确制订和达成，是衡量说课好坏的主要尺度。所以分析说课必须分析教学目标。确定教学目标，按照学生语文素养的四个维度，我们把它确定为四个教学目标：语言的建构与运用、思维发展与品质、审美鉴赏与创造、文化传承与理解。应充分按照课标及教材对学生的要求确立教学目标。目标要切合实际，要具体、明确，具有可操作性。要分析教学目标是不是明确地体现在每一个教学环节中，并且能够实现。

3. 对教学重点、难点的确定是否准确，能否分清主次，抓住主要矛盾

评析一节课，既要看教师知识传授是否准确科学，更要注意分析教师对教学重点、难点的确定是否准确。确定重点要联系教学目标，确定难点要符合教材内容和学生的实际，阐述解决重点、难点的目的和意义。

（二）评析教法、学法是否合理、实用

1. 教学方法及选择的依据

评析教师是否阐明了本节课所用的教学方法，选择这种教学方法的依据，要达到什么目的。

2. 教学方法的灵活性、实用性

评析所选用的教学方法在整个教学过程中，是否针对具体内容、学生实际，灵活、实用。所选择的教学方法，是否立足面向全体学生，要充分调动学生的积极性，正确处理主导与主体的关系，不脱离教学实际。

3. 学法指导

通过教学，将指导学生学会什么样的学习方法？培养哪种能力？是否考虑到学生实际情况，如针对不同层次的学生提供不同指导，所应达到的目标应有所不同等。科学的学法指导是智能发展目标得以实施的重要途径。交给学生合适的学习方法，能恰当运用学习方法培养能力，具体并有针对性地说出学法指导的理论依据。

（三）评析教学手段是否创新、实用

教学手段一般包括：图表、模型、投影、录像、计算机等。提倡教师充分运用现代教学手段。评析时要衡量阐明本节课所用的教学手段是否新颖，运用恰当，演示正确。

（四）评析教学程序的设计是否科学、合理

新课导入评析。好的教学程序的设计能够提出恰当的问题，激发学生的学习兴趣，使学生尽快进入状态，并能积极思维，配合教师在热烈的气氛中进行教学。

新课讲解评析。要分析教师是否运用有效的教学方法，充分调动学生的学习积极性，对所讲的内容是否按合理的程序进行处理，采取的方法、手段是否恰当。说教学过程要说明教学过程和步骤安排以及这样安排的理论依据，要说出教学过程中教学各个环节的衔接

和过渡。

评析时，可从以下这些方面入手。

第一，教学过程中教学步骤清晰、自然、逻辑性强。

第二，课堂教学结构合理。

第三，适时启发诱导、重视学生参与。

第四，体现学法指导和能力培养。

第五，教学环节目的明确（如提问、设疑、演示、阅读等）。

第六，突出重点、突破难点方法得当。

反馈练习评析。练习可贯穿于整个课堂之中，阐述练习题的来源、练习的功能、练习的操作、练习的变化。练习要有目的，有成效，量要适中，难度要适当。所选练习题要体现层次性、系统性、联系性、针对性。

归纳总结评析。本课结束后，要总结哪些内容，其目的是什么。如何作出总结，如何将本课学到的内容纳入已有的知识系统中，发挥承上启下的作用。

板书设计评析。这里的板书是指教师为帮助学生更好地掌握知识，利用黑板书写文字符号等，要突出重点，简洁凝练。

（五）评析教学基本功

教学也是语言艺术，教师的语言能力高低有时关系到一节课的成败。

【附录】

语文说课评分标准

说课人：　　　评课人：　　　时间：　　年　　月　　日　　星期　　第　　节

项目	内容	权重
说教材 （25分）	1. 课文简析、地位和作用 2. 本节课的目的、重点、难点明确 3. 教学目标符合大纲要求、学生实际 4. 积极渗透德育教育 5. 理论依据充分，理解教材科学合理	6 6 5 4 4
说学情 （10分）	1.《大纲》对教学内容的要求 2. 学生年龄心理特点及学习的优劣势分析 3. 应对措施	2 4 4
说教法 （10分）	1. 教学方法选择有明确的理论依据 2. 科学、合理地使用教学手段 3. 学生自主学习、自主发展落到实处	3 3 4

(续表)

说课人：	评课人：	时间： 年 月 日 星期 第 节	
项目		内容	权重
说学法 （10分）		1. 渗透学法指导，传授学习方法，有具体依据 2. 有利于培养学生实践能力和创新精神	5 5
说教学程序 （35分）		1. 教学过程中教学步骤清晰、自然、逻辑性强 2. 课堂教学结构合理 3. 适时启发诱导、重视学生参与 4. 体现学法指导和能力培养 5. 教学环节目的明确（如提问、设疑、演示、阅读等） 6. 突出重点、突破难点方法得当	5 5 5 5 10 5
说板书设计 （5分）		1. 板书设计与教学目的、重点匹配 2. 布局合理、简洁 3. 解说清晰，评价合理	2 2 1
教师基本功 （5分）		1. 普通话标准、流利、表达准确 2. 教态自然大方，演示操作熟练 3. 字体工整，板书清晰	2 1 2
总体评价			总分

说明：1. 评价等级划分：90分以上（含90分）为优；80—89分为良；71—79分为合格；70分以下（含70分）为不合格。

2. 评价时要做好记录，客观、公正、准确地评分，并作出简明中肯的评价。

二、说课评析举例

（一）说课《登高》的评课稿

大家好！我是XX同学的评课人，下面就XX同学《登高》的说课进行评价。

XX同学的说课流程是完整的，也比较规范。从教材的地位与作用对《登高》进行了说明，结合学生实际提出了合理的教学目标，并针对古诗教学提出了具体要求，强调了朗读教学法的运用。对教材的理解科学合理，理论依据充分。但情感目标在教学过程中没有得到具体落实。

学情分析比较到位。高一年级是高中的起始阶段，学生的欣赏能力有限，从而对其提出了合理的要求，但应对的具体措施不够明确。

教法学法选择合理，有明确的理论依据。但学法比较单一，学生自主性没有得到很好的体现。

教学过程安排恰当。导入方式较为新颖，有创新，有感染力，能吸引学生快速进入课文学习。教学过程符合学生认识事物的规律，循序渐进，张弛有度。

板书清晰，布局合理，符合教学目标要求，突出重点、难点，脉络清晰，能帮助学生理解课文。

教师基本功方面，普通话标准，表达准确，语速平稳，声音柔和悦耳。

本次说课评分82分。

（二）说课《盘古开天辟地》的评课稿

大家好！我是XX同学的评课人，下面就XX同学的《盘古开天辟地》的说课进行评价。

XX同学的说课流程是完整的，也比较规范。对课文的地位和地位进行了说明，基于教材的特点和四年级学生学习的特点设计教学目标，对教材的理解科学合理，理论依据充分。教学目标具体清晰，但教学重点难点较为模糊。

学情分析比较到位。四年级是小学后半阶段，学生的欣赏能力有限，从而对其提出了合理的要求，但应对的具体措施不够明确。

教法学法选择合理，有明确的理论依据。但学法比较单一，学生自主性没有得到很好的体现。

在教法方面，符合教学目标要求，突破重点难点，脉络清晰，能帮助学生理解课文。

在学法方面，采用朗读法和批注法等方法，符合四年级学生的年龄特点，但形式不够新颖。

教学过程安排恰当。导入方式使用了多媒体和图像直观法，较为新颖，有创新，有感染力，能吸引学生快速进入课文学习。教学过程符合学生认识事物的规律，循序渐进，张弛有度。

板书清晰，布局合理，符合教学目标要求，突破重点难点，脉络清晰，能帮助学生理解课文。

教师基本功方面，普通话标准，表达准确，语速平稳，声音柔和悦耳。

本次说课评分88分。

本章小结

本章介绍了什么是说课，为什么要说课，以及如何说课。作为语文教师，要明确说课理论与实际相结合、全员参与共同提高、不受地点和环境的限制的特点，要区别说课与备课及上课的不同。说课的类型有研讨性说课、示范性说课、评比性说课、检查性说课、反思性说课、案例性说课。说课的具体内容包括说教材、说学情、说教法、说学法、说教学程序、说板书设计。语文教师要注意语文说课的误区，学会评析说课。

思考与练习

1. 什么是语文说课？它与备课、上课的关系是什么？
2. 说课的价值是什么？语文老师为什么要掌握说课技能？
3. 说课的具体内容是什么？
4. 试写一篇语文说课稿。

第四章　语文评课技能

本章学习目标

1. 了解语文评课技能。
2. 掌握语文评课的标准。
3. 明确评课技能对上课的意义。
4. 掌握常用的语文评课形式。

本章要点提示

评课是当下语文教师的常态教研方式。也正因为它是一种语文教师的常态教研方式，许多人只考虑它存在的必要性，却很少考虑它的科学性与有效性。事实上，评课是一种教学评价，而教学评价就是对教学事实进行认定与价值判断的过程。评价过程包括事实认定、事实研究、价值判断这些基本环节，但是在语文评课中，大家往往愿意进行价值判断，或臧其优，或否其劣，而缺少专业性。既然如此，我们就需要弄清楚评课的问题所在、原因所在，进而提出解决对策。唯有如此，语文的听评课才能够专业化、科学化。

第一节　语文评课概述

评课是听课者对照教学目标，对教师和学生在课堂教学中的活动，以及这些活动所体现出的课程性质或文化内涵进行的评价，包括对课堂教学的成败及其原因作出切实中肯的分析和建议。评课是一种交流，也是一种探索，更是一种提升。

一、语文评课的目的和意义

（一）语文评课的目的

美国著名学者斯皮尔伯格就"教育评价"说过一句精辟的话："评价的目的不是为了证明，而是为了改进。"评课作为教育评价的一个重要组成部分，同样不局限在证明教师的课堂教学行为能力和教学效果上，而是为了更好地改进教师的课堂教学，使之能更好地顺应学生的学习需要和教师的个人专业发展需要。

一般而言，评课有以下三个目的：一是对课堂教学的优劣作出鉴定；二是对课堂教学成败的原因作出评析，总结经验教训，提高教学认识；三是对课堂教学亮点进行交流，相互学习，相互促进。

评课的目的也可以从以下三个角度进行界定：一是从学校教学工作层面来看，通过听课，可以促进整个学校教育教学质量的提高。教师的教育教学质量是通过课堂体现出来的，评课作为对教师课堂教学质量的诊断和评价，在促进教师教育教学能力提高的同时，自然推动了学校教育教学质量的提高。二是从教师专业发展层面上来看，听课是直接帮助教师提高专业水平的方式。通过评课，对教师的课堂教学活动进行诊断，可以明确了解教师的课堂教学理念、育人理念，还可以通过研讨的方式帮助教师纠正课堂教学观念中不正确的意识，树立科学的课堂教学理念，从而推动教师的专业发展。三是从学生学习层面上来看，不断纠正和优化教师的课堂教学行为，能使学生在以后的学习中获得更佳的学习效果。

总的来说，评课可以优化教师教育思想和课堂教学理念，有利于激励教师加快知识更新、优化教学艺术；有利于教师深入研究学科课程，优化教学目标和教学内容；有利于教师创造性地吸收良好的教学模式，优化教学方法和教学手段；有利于调动教师的教学积极性和主动性，优化教学过程、优化教学设计；有利于教师增强自我管理意识，不断地总结教学经验，提高教育教学水平，追求课堂教学的艺术境界，并逐渐形成自己独特的教学风格。

（二）语文评课的意义

评课虽说是当下语文教师的常态教研方式，但很多教师只考虑到这种教学方式存在的必要性，却忽略了它的科学性与有效性。事实上，听评课是一种教学评价，而教学评价就是对教学事实进行认定与价值判断的过程。评价过程包括事实认定、实事研究、价值判断这些基本环节。但是在语文听评课中，大家往往愿意进行价值判断，或臧其优，或否其劣，而缺少专业性。崔允漷先生指出，"现行的听评课制度存在着简单处理、任务取向、不合而作等许多问题，一些地方长期以来更多地把它当作一种对教师的单项考核、一种要完成的任务，有时甚至成了教师的难关。弄清楚语文教师评课的价值所在、需求所在，进而提出解决对策，语文教师的评课才能够专业化、科学化。

评课能调动教师的教学积极性和主动性，帮助和指导教师不断总结教学经验，提高教育教学水平，提升教师的教育教学素养；促进教师改进教学实践，使教师从多渠道获取信息，不断提高教学水平，转变教师的教育观念，促使教师生动活泼地进行教学，在教学过程中逐渐形成自己独特的教学风格。

二、语文评课的内容

评课是一种技能，也是一门艺术。语文教师评课技能主要体现在对语文课程、语文核心素养、语文教材、语文教学方法、学生参与课堂学习过程等方面的评价和思考，此外也包括语文教师对现代教育技术的使用有效度。

（一）对语文课程改革的理解

工具性与人文性的统一，是语文课程的基本特点。所谓语文课程的工具性，是指语文本身是表情达意、交流思想、进行思维的工具，可以帮助学生学好其他学科，同时，语文作为传承文化价值观念的工具，可以维系人类社会的绵延发展。语文课程的内在价值和意义集中体现在其人文性上。一方面，语文是一种文化的构成，负载着多姿多彩的人类文化，包孕着无限丰富的人文精神；另一方面，语文强调对人、对人的生命价值的尊重，强调对学生健康个性、健全人格的培养。语文教育活动绝不仅仅是一个纯粹的语言习得过程，更是教师与学生双向的、积极的生命运动过程。

语文教师评课要根据课程改革的基本理念，关注构成教学过程的要素，并对其作用进行分析与评价。新课程理念下课堂教学评价的基本出发点，是看这堂课是否有利于学生健康和谐地发展。对此，评课所关注的要素可以概括为下列四个方面：

1. 三维目标体系是否有机结合

三维目标体系包括：知识与技能，过程与方法，情感、态度与价值观。评价点包括教学设计是否把三维目标有机地结合起来，以及教学是否围绕三维目标的实施而进行；能否有效地通过知识与技能这一主要的学习载体渗透其他两个目标；是否把握了学生学习的具体情况，能否有效与有序地进行学习。

2. 学生学习方式是否改变

课堂上学生是否在教师的引导下积极主动地进行学习。学生在学习过程中进行的观察、实验、想象、猜测、推理、讨论、自主探索与合作交流等学习活动（不是每节课都有这么多的评价点），应作为评课的主要视点，特别要点评在学习活动中是否发生了思维的碰撞，学生是否真正理解和掌握了基本的知识与技能、思想与方法；同时还要特别点评学生在学习活动中的经验与体验，以及与他人合作交流的能力。

3. 教师教学方式是否改变

课堂教学中教师作为组织者、引导者和合作者的角色如何发挥，教师的组织、概括与归纳是否有效，课堂民主氛围的创造是否充分等。具体的评价点包括：教师有没有把时间和空间让给学生，是否对学生学习实行有效监控，如何把握学生对知识的理解和掌握状况，是否有效地对学生的学习习惯进行培养。

4. 课堂教学效果的评价

无论新老课程，在评课中都要有教学效果这个评价标准。但是，课程改革后教学效果的评价不再以知识与技能的掌握为唯一标准，也不再是传统的"出几个题目"检测一下就可以解决的。课堂教学效果的评价应该包括：学生合作交流氛围的浓度、有效参与的密度、自主探究的力度、知识技能掌握的程度。

（二）对语文核心素养的理解

当下所提倡的语文学科核心素养主要包括语言构建与运用、思维发展与提升、审美鉴赏与创造，以及文化传承与理解四个方面：

1. 语言建构与运用

语言建构与运用是语文核心素养的基础层面。语言建构与运用是指学生在丰富的语言实践中，通过主动的积累、梳理和整合，逐步掌握祖国语言文字特点及其运用规律，形成个体的言语经验，在具体的语言情境中正确有效地运用祖国语言文字进行交流沟通。

2. 思维发展与提升

思维发展与提升是学生语文素养形成和发展的重要表征之一。思维发展与提升是指学生在语文学习过程中获得的思维能力的发展和思维品质的提升，要求学生能运用基本的语言规律和逻辑规则分析、判别语言，有效地运用口头语言和书面语言与人交流沟通，准确、清晰、生动、有逻辑地表达自己的认识；能运用批判性思维审视语言作品，探究和发现语言现象和文学现象，形成自己对语言和文学的认识。

3. 审美鉴赏与创造

审美鉴赏与创造是学生语文核心素养的重要组成部分，也是语文素养形成和发展的重要表征之一。审美鉴赏与创造是指学生在语文活动中体验、欣赏、评价、表现和创造美的能力及品质。参加语文活动是人们形成审美体验、发展审美能力的重要途径。在语文学习中，学生通过阅读鉴赏优秀作品、品味语言艺术，能体验丰富的情感，激发审美想象，感受思想魅力，领悟人生哲理，并逐渐学会运用口头和书面语言表现美和创造美，形成自觉的审美意识和审美能力，养成高雅的审美情趣和高尚的审美品位。

4. 文化传承与理解

文化传承与理解是指学生在语文学习中，继承中华优秀传统文化，理解、借鉴不同民族和地区文化的能力；以及在语文学习过程中表现出来的文化视野、文化自觉的意识和文化自信的态度。语言文字是文化的载体，又是文化的重要组成部分。学习语言文字的过程，也是文化获得的过程。通过语言文字的学习，实现文化的传承与理解是语文核心素养的重要组成部分，也是学生语文素养形成和发展的重要表征之一。

（三）对语文教材内容的理解

语文教材是由相互之间在内容上没有必然联系的若干篇文章组成的。这些文章，原本并不是作为教材而编写的，而是作为一种社会阅读客体存在的。它们原本作为社会阅读客体而存在的价值，可称之为"原生价值"。但是这些文章进入语文教材之后，就不仅是一篇篇社会阅读的客体了，而是语文教学的材料，它在原生价值的基础上生发了教学价值。

长期以来，人们把语文教材内容视为语文课程内容，甚至把教材选文内容等同于语文课程内容，教师在处理教学内容的时候，其出发点往往仅仅落在对一篇范文的处理上，只关注一篇范文教学内容的选择和教学方法的运用，教师的课堂教学行为与语文课程对教师的课堂教学行为的要求之间就会产生一定的距离。我们今天在评课过程中，不仅要看到教师对一篇范文的教学内容的处理和选择，还要关注教师是在什么样的课程理念下，设计了这样的处理方式和教学组织方式。这样，我们的课堂教学评价才能更好地发挥它的指导功能和辐射功能。

（四）对语文教学方法的理解

语文教学方法指的是语文教学的具体方法，主要包括阅读法、讲授法、讨论法、练习法和比较法等。

阅读法：课堂上通过反复阅读，逐步加深对课文的理解的一种教学方法，主要有朗读（诵读）、默读（速读）、精读、略读等。

讲授法：教师借助教学语言，系统地传授知识、发展智力、陶冶性情的一种传统课堂教学方法，主要包括讲述、讲解、串讲、评点、评析等。

讨论法：课堂中师生、学生间进行多向信息交流的教学活动方式，包括提问式（问答式）、谈话式、讨论式等。

练习法：通过练习加深理解，巩固知识，实现知识迁移的课堂教学活动方式，包括复述法、提纲法、摘抄法、作业法等。

比较法：把两种或两种以上的语文因素集中起来进行比较分析，加深认识理解的一种教学方法，包括求同比较、求异比较、相似比较等。此外，语文教学方法还包括点拨教学法、多媒体教学法、情境教学法、自学指导法等。

（五）对学生参与课堂学习过程的观察

我们在评价教师授课过程的时候，往往喜欢用贴标签的形式判断教师的课堂教学行为是否做到了"以学生为本"。教师的课堂教学行为不能简单地以标签式的"以学生为本"来衡量。我们可以从学生学习的起点、参与状态、情绪状态、思维状态等方面观察学生参与课堂学习的效果。我们要观察学生在教师的组织、引导下学到了什么，或者得到了怎样的锻炼；观察学生在学习过程中的情感投入状况，看学生的情感是否和范文作家的情感建立了更好的联结；观察学生在范文学习过程中，想象力和创造力能否在教师的启发下，或在对作品的感悟中，得到发展；观察学生语言实践的情况和语文学习技能的锻炼情况等。

（六）关注教师对现代教育技术的使用

在语文课堂教学过程中，要想培养学生准确地表情达意的能力，不能单靠教师在课堂上的讲解，还需要给予学生大量接触言语实践的机会，现代化的教学手段正好可以提供这样的平台。现代化的教学手段能有效调动学生的各种感觉器官，有利于学生的智力开发；

能提供给学生更多的主动参与学习的机会，进一步唤醒学生学习的主动性和积极性；能拓展语文的学习空间，让学生的学习视野不仅仅局限在课堂；等等。这些优势，最终能很好地保证课堂教学质量。

当然，在课堂评价时，我们还应该看到语文学习的过程性比其他学科表现得更为明显，不能因为在一节课中，教师没有使用现代教育技术工具而否定教师的整体课堂教学行为。

第二节　语文评课的类型与内容

从不同的角度，根据不同的目的，语文主课可以分为不同的类型。

一、按评课形式进行的分类

根据评课的组织类型可以分为教学研究型评课、等级评比型评课、典型示范型评课、组内随机型评课、小组互助型评课等。

（一）教学研究型评课

教学研究课一般是在有一个确定的主题的前提下开设的课。在一定的范围内开设教学研究课，并在确定主题的指导下进行评课活动，目的不是去判定课的好、中、差，而是通过研究型评课帮助教师改进教学。

教学研究课及其评课研讨就是为了引发教师对教育的深度思考，在组织者或专家的指引下用批判性思维看待教学研究课，并对研究的主题进行更深入的思考。因此，教学研究型评课在评课之前需要做比较多的准备工作。

一般而言，教学研究型评课需要参加研讨的每个人都动起来，大胆发言，表达自己的所感、所想。研讨发言可以评价课本身，但更重要的是要指向教学研讨的主题。

（二）等级评比型评课

等级评比型评课是对课堂教学的一般性评价，如教学目标是否达成，过程设计是否合理，教学基本功是否扎实等，最终要体现出不同课的评价等级。

等级评比型评课通过观察学生反应、授课者表现、课堂氛围和实效等，结合与执教者及学生交流，对课堂教学作出等级评定，如 A、B、C、D 或优、良、中、合格等。在填写评价表时，针对评价项目及相应级别要求，评价结果以分数形式呈现，对课堂中有特色、有启发意义的做法可适当加分。

等级评比型评课是比较综合的评课，要关注到教学设计、教学实施、教师素养等方面。等级评比型评课也要体现出不同学科共有的特点，以便在不同的学科之间进行比较和排序。对于不同要求的等级评比型评课来说，确定统一的评价量规和权重是很重要的。

（三）典型示范型评课

典型示范课及其评课是指在相关组织部门的指导下，通过一定的选拔或指定，确定上示范课的教师，通过试讲后，被选定教师在一定的范围内公开上示范，并由组织部门组织进行相关的评课。

一线教师会把听的课作为一个样板或标准，进行学习和模仿。因此在评课过程中，授课教师要说清教学的设计思路，说清这堂课在本学科、本单元中的教育价值等。最后通过评讲，使听课教师明确这堂课好在哪里，哪里需要完善。评课要注重引导听课教师关注闪光点，以介绍新思想、新思路为主，优点讲够，缺点讲透，引领教师从源头去认识、理解问题，以推动教师的专业发展。

（四）组内随机型评课

任何教师随时随地可以去听其他任何教师的课，随后听课人与上课人之间自行安排评课，这就是组内随机型评课。组内随机型评课比较适用于学校教研组内的教师之间，关注点应更多地放在教学设计、教学实施上。

组内随机型评课应该是激励性的，是能够促进教师发展的。由于上课教师与评课教师所处的环境相仿，因此，听课要注意多观察和分析，评课要多谈现象，关注原因并进行分析，在促进上课教师发展的同时也可以促进听课教师的发展。

（五）小组互助型评课

小组互助型评课的评课教师与授课教师之间应建立起一种民主的、建设性的、对话的伙伴关系。在观课、评课过程中，彼此交流，大家都受到启发。评课教师要站在授课教师的角度，剖析教学目标、重难点、问题解决方法，研究授课教师的教法学法设计、教学环节设计；比较不同授课教师对突发事件的处理能力、教学的组织能力，以此帮助自己寻找适切的教学方法，达到最佳的教学效果。

小组互助型评课先让授课教师自评、反思，然后由其他人谈感想，可以是换位思考的新课堂设计，也可以向授课教师提问，由授课教师来答疑、解释，让评课教师与授课教师在辩论与反思中达到相互启发、共同提高、共同发展的目的。

二、按评课内容进行的分类

从评课的内容上，可以分为"研讨式"评课和"主题式"评课。

（一）"研讨式"评课

评课是民主的平等互动的研讨活动，不仅是耳朵对嘴巴的事，不仅是专家动起来，更重要的是参加研讨的每个人都动起来，大胆发言，各抒己见。

首先是自评。自评，就是授课者在授课结束后，面对同行和专家评述自己的教学。这是执教者与专家、同行的对话，也是对自己课堂教学的总结与反思。一般来讲，自评的内容包括对教材的分析，教法、学法、教学程序的设计与实施情况，以及教学中的亮点与不足之处。自评时要客观审视，冷静分析，注重把新的教育教学理念与实际教学相结合，抓住教学中的得与失，有重点、有层次地进行评述，语言要精练准确。教师是教学工作的组织设计者，只有教师本人最清楚自己所教学生的水平、个性特点与需求，最了解自己教学设计与实施的每个环节。因此，把评课作为促进教师专业发展的有力手段，就必须给教师提供自我评价的机会，鼓励和帮助教师正确评价自己的优点与不足，培养教师自我反思的意识和能力，这样才能不断促进教师专业素质的提高与发展。

其次是互评。互评是教师间的相互交流、相互学习。授课结束后，在教师自评的基础上，组织教师进行互评，最后集中反馈，这样有利于促进听课教师全员参与评课。这种多向信息交流方式，为执教者提供了更多改进教学和全面发展的方法与策略。互评又是评课教师相互学习、借鉴、提升专业素养的过程。小组评议时要注意在认真听课的基础上，从不同角度和侧面进行评析。既要看常规，又要看改革与创新；既要看预设，又要看生成；既要看教师的主体引导，又要看学生的自主探究……另外，评议时要善于发现教者的闪光点，并及时总结交流。对于教者的不足之处，应坦诚指出，并给予帮助指导。

最后是总评。专家具有专业的理论知识与丰富的实践经验，能对课堂教学进行全面客观的评价。学校应尽可能地邀请当地有名的特级教师、教研员、骨干教师参与评课。面对课堂教学中存在的不足，以及教师自评、小组互评中争论不休难以定夺的问题，专家能够从理论与实践相结合的层面，给予解答，进行总结性评价，并能提出指导性意见。专家的总评是指点教师教学迷津的钥匙，能促使教师深刻反思，快速成长。

（二）"主题式"评课

"主题式"评课是针对某一研究专题或主题目标开展的评课。主题式评课可以一改过去面面俱到、重点不突出的做法，每节课围绕一个主题进行评课，从而使教研活动更具针对性，更有深度。因此，听课教师在听课之前一定要深入研究主题内容，带着问题听课。听课时要关注细节，不断思考，找出每个与主题有关的细节背后的教育意义，以便提出新的、有价值和有针对性的问题。只有这样，才能帮助执教者不断改进教学，提高教学水平。

1."互助型"评课

"互助型"评课，即评课教师能在评课的过程中与执教者一起协作，走进学生，走进教材，弄清这堂课在本单元、本学科中的教育价值，共同设计教学流程……在这样的交流与碰撞中，引领教师从源头去认识、去理解课程教学，推动教师的专业发展。

把评课者定位于教学活动的参与者、组织者。让评课教师有"备"而听，并参与到教学活动中，和执教者一起参与课堂教学活动的设计和组织，并尽可能以学生的身份参与到学习活动中，这样才能获取第一手的材料，从而为客观、公正、全面地评价一堂课奠定基础。

2."激励型"评课

"激励型"评课的对象大多数是刚走上工作岗位的青年教师,他们的讲课尚处于不成熟阶段,谈不上有经验。因此,对待这样的评课,应当从帮助、培养教师的目的出发,全方位地给予指导,诸如备课情况、重难点的把握、讲述的表现、提问情况及教育机智、板书情况、讲练时间的分配、学生发挥的广度和深度等。切莫对执教者求全责备,如若这样,既是不可取的,又是不公平的。评课者应当对执教者予以重视、肯定,进而提供准确的(而非理论层面的套话)和根本性的(而非评课过后不再过问的)帮助。评课者评课时要注意语言婉转平和,态度要热情诚恳,有一种亲和力,让授课的老师感到你在和他平等交流。这样,授课者才能听得入耳,记得仔细,笑得开心,改得迅速。反之,以长者或领导自居,颐指气使,"你这样做不对,你应该怎样怎样……",即使你评得正确,授课教师也会产生抵触情绪,不利于青年教师的成长。

3."跟进型"评课

所谓"跟进型"评课是指教师在上完一节课后,评课者与授课者共同讨论教学中的优点、缺点,提出修改意见后,授课者在修改的基础上再进行教学,再进行评价和修改,如此反复几次,使教师的教学行为不断改变、教学水平不断提高。

"跟进型"评课是为了发挥群体的智慧以不断解读与提升新的教育理念,探索符合当代教育理念和具有创新价值的教育行为,促进有效教学能力的提升。开展"跟进型"评课,一方面,能改变以往教研活动一次性听课、评课,不求甚解的弊端,通过反复实践、反思,不断将理念转化为行为;另一方面,可以充分发挥骨干教师的群体智慧,使不同背景和层次的教师都得到专业发展。

在关于"哪种听课、评课方式对教师帮助最大?"的调查[①]中,教师们选择较多的是:(1)专家、优秀教师和自己合作备课、听课、评课,研究改进。(2)教师评优秀教师的课,并结合自己的教学实际参加讨论。教师选择的这两种方式,既有讨论、点评又有与自己教学实际相结合的行为跟进。显然,教师需要的是有行为跟进的全过程反思。

第三节 语文评课技能指导

语文教师评课技能的提升是探索专业化语文听评课的路径。所谓专业化,就是要运用科学的手段开展听评课,以达到有效听评课的目的,而专业化的过程是一个改良与创新的过程。具体地说,就是要建构正确的听评课观,开发并使用科学的评课范式。

一、语文评课的标准

正确的评价来源于正确的标准,正确的标准来源于科学的理论指导,科学的理论来源

---

① 金学成. 当代教师的合作与发展——基于案例分析的教研组研究 [D],华东师范大学,2007.

于具体的教学实践，教学实践立足于对各种问题的探索和必要的归纳演绎。这样的评价，包括课堂教学的观察、思考、判断与具体评价，展示了人的认识从个别到一般、从感性到理性、从现象到本质的辩证过程，体现了认识的规律，层次连贯、清晰，充满逻辑的力量。有些语文教师对评课标准并不清楚，课后点评与其他学科教师也没有显著差别，体现不出语文教师应有的专业性。那么，语文课的评课标准是什么呢？

王荣生教授提出过评价一堂好语文课的内容标准具体如下：

最低标准，教师知道自己在教什么。教师对所教内容有自觉的意识，所教的是"语文"的内容，教学内容相对集中。

较低标准，教学内容正确。教学内容与听说读写的常态一致，教学内容与学术界认识一致。

较高标准，教学内容的现实化。想教的内容与实际在教的内容一致，教的内容与学的内容趋向一致。

理想标准，课程目标的有效达成。教学内容与语文课程目标一致，教学内容切合学生的实际需要。

二、语文评课的三个维度

语文要素评价者认为语文课堂教学的本质是言语创造主体之间的多向互动、动态生成的交往过程，它由三个核心要素构成：语文教学目标、语文教师教的活动、学生学语文的活动。对语文课的评价可以从这三个维度进行。

（一）教学的目标维度

评价语文课堂教学目标有两个观察基点：一是语文教学目标要依据文本的文体特点，二是语文教学目标要符合学生的语文发展需求。钱梦龙老师为《故乡》设置的教学目标，是这两者的完美体现。课前，钱老师指导学生质疑课文，全班同学提出多个问题，共分7类：①一般疑问；②回乡途中的"我"；③闰土；④杨二嫂；⑤宏儿和水生；⑥离乡途中的"我"；⑦写景。钱老师把这7类问题作为教学目标，结果取得了良好的教学效果。这些目标来自学生提出的问题，符合他们的需要；7类问题涉及小说人物形象的把握、小说主题的解读、小说环境描写的作用，符合文体特点。这节课的学习指向明确，学生的主体意识强烈，因而教学效果显著。

（二）教师"教"的活动维度

评价语文教师"教"的活动有两个观察基点：一是语文教师积极主动地提出实现语文教学目标的教学策略，二是语文教师提出的教学策略要符合学生的认知规律。郑桂华老师执教的《双桅船》，就是这方面的范例。在教学中，学生对"岸"和"船"的理解偏差很大，由此而产生了困惑，郑老师立刻提供了如下文字材料：①公共意象，是在某种文化传统中约定俗成的、读者都明白它所指的内涵。②私设意象，是作者在具体作品中靠特定方法建立的个性化象征，更多地与诗人个体经验和个人独特理解有关。郑老师又引导学生结合生活经历，对"岸"和"船"的意象进行多角度理解，学生很快掌握了朦胧诗的阅读方法。良好的教学策略一定要符合学生的认知规律，陶行知所说的"教的法子必须根据于学的法子"，就是这个道理。

（三）学生"学"的活动维度

评价学生学语文的活动有两个观察基点：一是学生学语文是积极主动的，二是学生学语文的活动要有完整的结构。于永正老师执教的《给予树》，堪称这方面的典范。这节课围绕两个词语展开：一是体现文本背景的词语"并不富裕"，二是体现文本事件的词语"如愿以偿"。学生先主动找出能体现"并不富裕"意思的词语："一百美元""五个孩子""二十美元"，学习文本的第一部分；然后找出体现"如愿以偿"的句子，学习文本的第二部分；最后，学生以小女孩的身份给金吉娅写一封感谢信，用到"并不富裕"等五个词语。整个课堂学习过程是一个学用结合的完整学习过程，因而取得了显著的学习效果。

三、三段式评课策略

三段式评课策略是基于语文课堂教学展开的时空顺序，采用课前交流、课中记录、课后探讨的方法，来确认语文课堂教学事实，判断其价值的评课。

（一）课前交流，初设评价点

评课者和授课者课前进行交流，预先了解学生的学情、教师的课情，包括课堂的主题、学生的情况、课堂教学目标、本课大致的教学设计，以及准备实施的教学方法等，为授课者和听课者提供一个交流沟通的平台。听课者针对授课者阐述的情况，可以先初步设定本课的评价点，避免盲目评课。

（二）课中记录，确立评价内容

评课者进入教学场所后，开始观察并记录课堂有关信息的活动过程。评课者要根据自己的观察，记录语文课堂的关键活动，包括授课者的资源应用、讲解能力、提问技巧、教师语言运用、目标达成、学生的课堂反应、学生的行为、课堂活动，以及课堂文化等，形成自己的思考，用最有代表性的事实来评价。

（三）课后评价，提升教学效果

评课者和授课者就课堂教学的情况进行沟通、研究和探讨，并制定课堂改进方案的过程。在课后的探讨交流中，授课者自评得失以及努力方向；评课者要引导执教者反思教学得失的原因。评课结束以后，再深入一步，授课者写出反思，包括教学目标是否达成、教学活动是否有意义等；评课者写出评课报告，报告的语言简明扼要，既有全景式的说明，也有立足于课堂笔录对某些教学环节做有效点评，这样可使评课的价值得到提升。

四、追问式评课策略

追问式评课是由李海林、魏本亚等共同开发的评课方式。这种评课方式强调，评课者与执教者开展平等对话，共同反思教学事实，追问教学行为背后的原因。追问式评课策略是评课者和执教者回顾并确认某一点教学事实，反思教学活动，以期获得教学启迪的对话过程。按追问式评课展开的时空顺序，可以把它分为教学与记录阶段、追问与体悟阶段、反思与深化阶段。

（一）教学与记录阶段

在教学与记录阶段，执教者和评课者进入教学现场，执教者按自己的教学思路教学，评课者进行观察。评课者记录教师关键的教学策略和学生关键的学习行为，并设置一连串有价值的问题。教学与记录是追问式评课的基础。

（二）追问与体悟阶段

在追问与体悟阶段，评课者和执教者进入评课现场，评课者自己发现的问题去追问执教者，执教者回顾教学内容并作出解答。评课者通过一系列的问题穷追不舍，促使执教者体悟教学背后的原理。

（三）反思与深化阶段

在反思与深化阶段，执教者由体悟走向深层的反思，反思自己教学行为背后的教学理念，形成反思笔记。评课者由追问走向深入发现，发现教学得失的深层原因，直至形成研究论文。

五、崔允漷教授的课堂观察法

课堂观察法是华东师范大学崔允漷博士研究团队开发出来的，基于课堂教学事实进行研究的一种评价方法。观察者依照自己的兴趣爱好选取观察点，开发相应的观察工具，实施观察，进而对观察事实进行分析，为执教者改进教学提供帮助。周文叶博士曾经指导一线教师实施课堂观察，二十多位教师开发了十余种观察量表，并观察到大量教学事实。崔允漷教授提出以"学生学习""教师教学""课程性质"和"课堂文化"四个基本维度构成的课堂观察框架，选择多样性的视角分析课堂。现将四个基本观察维度展示如表4-1所示：[①]

[①] 崔允漷.课堂观察——走向专业的听评课[M].上海：华东师范大学出版社，2008.

表 4-1 课堂观察的四个基本维度

维度	视角	序号	观察点举例
			内容
学生学习	准备	1	学生课前准备了什么？是怎样准备的？
		2	准备得怎么样？有多少学生作了准备？
		3	学优生、学困生的准备习惯怎么样？
	倾听	4	有多少学生能倾听老师的讲课？能倾听多长时间？
		5	有多少学生能倾听同学的发言？
		6	倾听时，学生有哪些辅助行为（记笔记/查阅/回应）？有多少人？
	互动	7	有哪些互动行为？学生的互动能为目标达成提供帮助吗？
		8	参与提问/回答的人数、时间、对象、过程、质量如何？
		9	参与小组讨论的人数、时间、对象、过程、质量如何？
		10	参与课堂活动（个人/小组）的人数、时间、对象、过程、质量如何？
		11	学生的互动习惯怎么样？出现了怎样的情感行为？
	自主	12	学生可以自主学习的时间有多少？有多少人参与？学困生的参与情况怎样？
		13	学生自主学习形式（探究/记笔记/阅读/思考）有哪些？各有多少人？
		14	学生的自主学习有序吗？学生有无自主探究活动？学优生、学困生情况怎样？
		15	学生自主学习的质量如何？
	达成	16	学生清楚这节课的学习目标吗？
		17	预设的目标达成有什么证据（观点/作业/表情/板演/演示）？有多少人达成？
		18	这堂课生成了什么目标？效果如何？
教师教学	环节	19	由哪些环节构成？是否围绕教学目标展开？
		20	这些环节是否面向全体学生？
		21	不同环节/行为/内容的时间是怎么分配的？
	呈示	22	怎样讲解？讲解是否有效（清晰/结构/契合主题/简洁/语速/音量/节奏）？
		23	板书是怎样呈现的？是否为学生学习提供了帮助？
		24	媒体是怎样呈现的？是否适当？是否有效？
		25	动作（如实验/动作/制作）是怎样呈现的？是否规范？提问是否有效？
教师教学	对话	26	提问的对象、次数、类型、结构、认知难度、候答时间怎样？是否有效？
		27	教师的理答方式和内容如何？有哪些辅助方式？是否有效？
		28	有哪些话题？话题与学习目标的关系如何？
	指导	29	怎样指导学生自主学习（阅读/作业）？是否有效？
		30	怎样指导学生合作学习（讨论/活动/作业）？是否有效？
		31	怎样指导学生探究学习（实验/课题研究/作业）？是否有效？
	机智	32	教学设计有哪些调整？为什么？效果怎么样？
		33	如何处理来自学生或情境的突发事件？效果怎么样？
		34	呈现了哪些非言语行为（表情/移动/体态语）？效果怎么样？
		35	有哪些具有特色的课堂行为（语言/教态/学识/技能/思想）？

（续表）

维度	视角	观察点举例	
		序号	内容
课程性质	目标	36	预设的学习目标是什么？对学习目标的表达是否规范和清晰？
		37	目标是根据什么（课程标准/学生/教材）预设的？是否适合该班学生？
		38	在课堂中是否生成新的学习目标？是否合理？
	内容	39	教材是如何处理的（增/删/合/立/换）？是否合理？
		40	课堂中生成了哪些内容？是怎样处理的？
		41	是否凸显了本学科的特点、思想、核心技能以及逻辑关系？
		42	容量是否适合该班学生？如何满足不同学生的需求？
	实施	43	预设哪些方法（讲授/讨论/活动/探究/互动）？与学习目标的适合度怎样？
		44	是否体现了本学科特点？有没有关注学习方法的指导？
		45	创设了什么样的情境？是否有效？
	评价	46	检测学习目标所采用的主要评价方式是什么？是否有效？
		47	是否关注在教学过程中获取相关的评价信息（回答/作业/表情）？
		48	如何利用所获得的评价信息（解释/反馈/改进建议）？
	资源	49	预设了哪些资源（师生/文本/实物与模型/实验/多媒体）？
		50	预设资源的利用是否有助于学习目标的达成？
		51	生成了哪些资源（错误/回答/作业/作品）？与学习目标达成的关系怎样？
		52	向学生推荐了哪些课外资源？可得到情况如何？
课堂文化	思考	53	学习目标是否关注高级认知技能（解释/解决/迁移/综合/评价）？
		54	教学是否由问题驱动？问题链与学生认知水平、知识结构的关系如何？
		55	怎样指导学生开展独立思考？怎样对待或处理学生思考中的错误？
		56	学生思考的人数、时间、水平怎样？课堂气氛怎样？
	民主	57	课堂话语（数量/时间/对象/措辞/插话）是怎么样的？
		58	学生参与课堂教学活动的人数、时间怎样？课堂气氛怎样？
		59	师生行为（情境设置/叫答机会/座位安排）如何？学生间的关系如何？
课堂文化	创新	60	教学设计、情境创设与资源利用有何新意？
		61	教学设计、课堂气氛是否有助于学生表达自己的奇思妙想？如何处理？
		62	课堂生成了哪些目标/资源？教师是如何处理的？
	关爱	63	学习目标是否面向全体学生？是否关注不同学生的需求？
		64	特殊（学习困难、残障、疾病）学生的学习是否得到关注？座位安排是否得当？
		65	课堂话语（数量/时间/对象/措辞/插话）、行为（叫答机会/座位安排）如何？
	特质	66	该课体现了教师的哪些优势（语言风格/行为特点/思维品质）？
		67	整堂课设计是否有特色（环节安排/教材处理/导入/教学策略/学习指导/对话）？
		68	学生对该教师教学特色的评价如何？

第四节　语文评课技能举例

评课作为教育评价的一个重要组成部分，同样不局限在证明教师的课堂教学行为能力和教学效果上，而是为了更好地改进教师的课堂教学，使之能更好地顺应学生的学习需要和教师的个人专业发展需要。

俗话说，外行看热闹，内行看门道。不少教师听课是为听而听，评课也是为评而评。他们不仅把听课当成一种负担，而且没有感受到听课、评课与自己专业素质成长之间的关系。一个真正懂得听课的教师，他不仅能听其课，评优劣，还能悟己课，把评课当作提高专业素养的有效途径。那怎样的评课才能提高语文专业素养呢？

一、评教学目标

教师听课不能仅仅听本节课是否完成了教学目标，更要听这节课的教学目标是否恰当。否则，这节课即使上得很"完美"，也是无效的。

（一）看教学目标是否符合学生实际

把备课的基点转移到学生的"学"，这是新课程的本质性标志。好的教师应该知道"学生需要学什么"，否则，教学设计只能是盲人摸象。因此，教师在听课时，除了要看看授课教师的教学目标有没有"教师的教学目标"之外，还要看有没有"学生的学习目标"。

例如，《诗经·氓》的教学目标应该是让学生理解诗歌所流露出的情感，进而分析人物形象。而有的教师却在没有任何辅导的前提下，让学生从韵律的角度分析押韵与人物情感变化的关系，这就不符合学生的实际了，这就是阅读教学的高位化。

（二）看教学目标是否符合课标精神

课标对文学作品是这样解说的：阅读文学作品的过程，是发现和建构作品意义的过程。作品的文学价值，是读者在阅读鉴赏过程中得以实现的。应引导学生设身处地地去感受和体验，重视对作品中形象和情感的整体感知与把握，注意作品内涵的多义性和模糊性，鼓励学生积极地、富有创意地建构文本意义。因此，教师在听课时不能仅看这节课是否完成了教学目标，还要看它是否符合课标精神。

有位教师在上《宝黛初会》这一课时，设计的教学目标是四项活动：我是"红学家"，我要尽可能多地了解《红楼梦》；我是"红学家"，我和名家一起点评《红楼梦》；"红学名家，我有不得不说的话"；《红楼梦》，我要好好读懂你。显然，这些目标虽能训练学生的读写能力，但与课文《宝黛初会》没有紧密具体的联系，并没有引导学生去感知与把握《宝黛初会》中的人物形象与情感。可见，其学习目标的设置是不符合课标精神的。

（三）看教学目标是否体现单元教学要求

教科书的单元都是围绕一个主题来编排的，它有一定的序列，其选择的文本往往在内容上存在互补，教师在教学时要认真研读整本教材、每个单元与单独篇目间的关系，制定恰当的教学目标，否则，就会把"语文阅读"当成"文章阅读"。

《项羽之死》一文所在的单元目标是"创造形象，诗文有别"，其教学目标应该是指导学生感受散文中人物形象具体逼真的特点。有的教师在阅读了有关《项羽之死》一文的评论后，就据"清刘熙载《艺概》所谓'太史公时有河汉之言，而意理却细入无间'；钱钟书《管锥编》所谓'马（司马迁）善设身处地，代作喉舌'，都是赞扬司马迁设计的细节情理兼胜，妙合无垠"一段文字，把梳理情节结构和细节描写作为文章的教学目标，而把人物形象穿插在情节中加以点评，这显然违背了单元目标的要求。

二、评文本解读

（一）看解读能否做到准确

有位教师上《跑警报》时，把"此外似无较大伤亡。警报、轰炸，并没有使人产生血肉横飞、一片焦土的印象"这句理解为"反映中华民族坚强、大无畏的精神"，显然是拔高了，教师没有注意到后文"我们这个民族，长期以来，生于忧患，已经很'皮实'了，对于任何猝然而来的灾难，都用一种'儒道互补'的精神对待之。这种'儒道互补'的精髓，即'不在乎'"。作者在这里所要表达的是中华民族的乐观主义精神，能够从容面对生活。

（二）看解读能否体现个人的体验

教师不能仅是教学参考书或资料的搬运工，授课也不仅是参考书或资料的再现，教师的备课应有自己的阅读体验。很多教师上《淝水之战》一课时，对"客问之，徐答曰：'小儿辈遂已破贼。'"的"遂"字，都按教学参考书来教，不仅没翻译，而且也没解释。"遂"作为实词，应该是要翻译的。有位教师则让学生查找古汉语字典，筛出"于是""终于"和"顺利地完成"让学生辨别，"于是"在文中不通顺，"终于"有如释重负之感，而"顺利地"则有胸有成竹之意。结合前文"是时，秦兵既盛，都下震恐。谢玄入，问计于谢安，安夷然，答曰：'已别有旨。'既而寂然。"学生恍然大悟。可见，"遂"还是需要教师引导学生结合个人体验加以解读的。

（三）看解读是否做到"咬文嚼字"

教育家叶圣陶说："一字未宜忽，语语悟其神。"要"把学习国语的目标侧重在形式的讨究"。有教师在上语文版的《奥斯维辛没有新闻》一课时，对"而另一些人印象深刻的是：在布热津卡，德国人撤退时破坏了的毒气室和焚尸炉的废墟上已长满了雏菊"一句的分析，照搬人教版的解说："生命是不可战胜的。"却没有对文本进行"咬文嚼字"，对这句话的解读还不够深，毕竟人教版和语文版两个版本的措辞是不尽相同的：人教版用"炸毁"，语文版用"破坏"；"炸毁"有销毁罪证之意，而"破坏"仅是"损坏"，语意显得轻些；人教版是"雏菊花在怒放"，而语文版是"长满了雏菊"；"怒放"含有不屈之意，

"长满"则说明生命力旺盛。可见，对两种版本内容的解读是不尽相同的。如果具有咬文嚼字的精神，就能让学生做到"知其然亦知其所以然"。

（四）看解读是否彰显人文性

一般教师上契诃夫的《装在套子里的人》这一课时，往往只从政治视角分析出社会批判的主题，认为别里科夫是沙皇专制统治帮凶、卫道士；但如果有教师完整阅读过名著，还能从人性视角解读文学作品，分析出别里科夫"可怜的小人物"的形象，并可以进一步探究，别里科夫实际上突显了人类内心中的守旧怕新、逃避现实等弱点。我们初读时批判他、嘲笑他，但仔细品读后，却会想到果戈里《钦差大臣》中结尾的一句话"你们笑什么！笑你们自己！"契诃夫也在小说结尾发出了振聋发聩的呐喊："不！不能再这样下去了！"所以，像这样的小说，我们也要对其人文性进行解读。

三、评问题设置

（一）看问题设置是否有想象空间

设置的问题要有一定的深度。如果一个问题所有的学生都能回答或者都答不上来，那这个问题就缺少张力。

一位教师上《诗经·氓》一课时，设置了这样一个问题："'兄弟不知，咥其笑矣'中的"不知"是'不知道'还是'不理解'？"这个问题看似简单，却有一定的深度了，需要学生联系全文来回答，且要理解人物的思想感情。有的学生认为是"不知道"，诗歌第四节是讲女子婚后生活艰辛，却还受丈夫的家暴，这些是她兄弟所不知道的，他们讥笑她自嫁被遣是自作自受。有的学生则认为是"不理解"，女子的兄弟不理解她为什么未经家人同意就自嫁给"氓"，更不理解她"未迎自归"的举动，这恰恰表现了女子对"氓"的痴情。显然，后者的理解更具有探究性。

（二）看问题设置是否有包孕性

所谓富有包孕性，就是问题里包含了真正深刻的和具有启发性的东西，有着极为丰富的内蕴，可以生发出许多新的思想或问题。

《〈琵琶行〉并序》一课的教学，有位老师紧紧抓住"座中泣下谁最多，江州司马青衫湿"这一情感的爆发点，设置的问题是"白居易为谁（什么）而泣"。这个问题的想象空间廓大：可以是为自己，也可以是为他人；可以为音乐，也可以为境遇。同时包孕性强，一个问题引出文章的四个脉络：故事情节、音乐描写、景物描写、情感描写。

（三）看学生能否提出问题

美国教育家布鲁巴克指出，让学生自己提问题，是最精湛的教学艺术所遵循的最高准则。特级教师黄厚江也认为，问题探讨重在通过问题引领学生的阅读，培养学生在阅读中发现问题、解决问题的能力。

一位教师在上《山地回忆》一课时，有学生对文中"无论姥姥、母亲、父亲和我，都没人反对女孩子这个正义的要求"这句话提出质疑,一是"我"并非妞儿家庭中的成员,有权力反对吗?二是"正义"好像是政治概念,能搭配"要求"吗?这两个问题都与主题有关,说明学生读得细,读得深。

四、评节点把握

(一)看节点是否抓得住

节点在教学中,是整个知识体系中的关键点,它对于与这个知识点相关知识的理解能起到事半功倍的作用。

一位教师上《项羽之死》一课时,仅把"渡"与"不渡"这个环节当作情节结构的一个组成部分加以分析,而没有注意到这个环节是项羽形象塑造的关键点与转折点,抓住这点就能理解司马迁对项羽的感情倾向,以及前后内容的联系。

(二)看切入点是否巧妙

切入点是解决某个问题应该最先着手的地方。在内容上应该是"牵一发而动全身",在形式上应该能激发学生思考,是能搭建文本和学生已有知识结构之间关系的"桥"。

一位教师上《琐忆》一课时,由鲁迅的插图,让学生结合课文谈谈对鲁迅形象的理解,进而巧妙地引出文章开头鲁迅先生自己的诗句"横眉冷对千夫指,俯首甘为孺子牛",很好地理清文章的脉络,并展示了鲁迅先生伟大人格的两个方面。由插图切入,不失为一种好方法,而很多教师恰恰忽视了插图的作用。

五、评教学机智

俄国教育家乌申斯基说过,一个教师如果缺乏教育机智,他无论怎么研究教育理论,也永远不会成为实际工作上的好教师。教学机智,就是教师在教学过程中为适应教学的需要,灵活自如、随机应变地驾驭课堂教学进程的一种能力。乌申斯基还说,不论教育者怎样地研究理论,如果他没有教育机智,他就不可能成为一个优秀的教育实践者。

(一)看能否及时准确做出判断

学生发问或回答出乎意料时,看教师能否凭借知识、经验、能力应对到位。

一位教师上《跑警报》一课时,从单元目标"修辞立其诚"切入,让学生到文中去寻找相应的句子,并加以分析,体会汪曾祺写作语言的精妙。结果学生找了大量的修辞句加以分析,尽管解释相当到位,但曲解了引言的含义,而教师也未能加以纠正,这就是教师不能作出正确的判断。

(二)看能否巧妙化用与转移

面对突发事件,看教师能否做到"洞察、预判、调整"。

比如,有位教师在上公开课的时候,由于紧张,把《北大荒的秋天》一文中的"高梁"二字写成了"高梁",并当场被一位学生指出错误。这位教师面带微笑说:"感谢这位同学的提醒,这位同学说得非常正确。"接着这位教师又问:"你们知道'高粱'的'粱'字为什么下面是'米'吗?"进而通过简单的讨论区别'高粱'是粮食的一种,而'梁'是栋梁。就这样,这位教师运用教学机智化解了一场课堂危机,既挽回了自己的"面子",也使教学收到了意想不到的效果。

(三) 看能否捕捉闪光点

遇到学生回答富有见地的情况,看教师能否敏锐捕捉,充分利用这富有意义的教育时机。

一位教师上《项羽之死》一课,讲到"乌江自刎"这个环节时,一个学生就分析了"项王笑曰"中"笑"的含义,十分精彩,然而教师却没有注意到这点,对学生的回答不置可否,与一次精彩的发言擦肩而过。这跟教师备课不够充分,或者教学设计偏差有一定的关系。

六、评"工具性与人文性统一"观点的融入

以一位老师执教七年级说明文《网络表情符号》为例。执教者的教学总体来说基本到位,正如一位教育专家现场所评价的:这节课不是在平面滑行,而是渐入佳境。然而,有专家发现执教者对"工具性与人文性统一"的理解还有欠缺,于是在点评时指出:语文教学包含人文性,文本中有的就要讲,不讲就是失职。……文章末尾一段是进行思想教育的好资源,教师应该借机对学生进行思想、情感的教育。执教者没有借机渗透,这是一个瑕疵。评语文课应坚持是工具性与人文性的统一,不能忽视人文性。

第五节　语文评课的误区及案例分析

叶澜教授说,一节好课的标准是扎实(有意义的课)、充实(有效率的课)、平实(常态下的课)、真实(有缺陷的课)。任何一堂课都不是完美的,我们不能以一种苛刻的要求来评价一堂课,但是,这并不说明我们可以随心所欲毫无章法地评课。

一、语文评课的误区

科学化的评课对提高课堂教学质量、提升教师教育教学素养有着很重要的现实意义。根据新课程课堂教学评价的理念,评价者要与上课教师一样,认真领会新课标精神,做课改的指导者和促进者。在课程改革的课堂评价中,却存在一些误区,没有发挥评课的应有功效。

1. 用老眼光看新课堂

执教者观念变了,努力探索新课标,而评价者的思想观念却没有多大转变,还停留在

传统的评价观念上，仍然认定以教师为中心这一观念，这必然给执教者带来消极影响。

2. 把教师和学生都看得过高，脱离实际

在评课过程中，评价者过高估计教师和学生的水平，潜意识里认为教师的教改课堂应该是十全十美的，学生的理解应该是十分到位的。如果教师在课堂上出了一点差错，就是一堂失败的课；如果学生回答问题不到位，就是教师引导不得力。其实，许多教师都是第一次接触新课标和新教材，即使领悟了课改的精神，但在具体操作中仍会出现把握不够的情况。

3. 只看表面热闹，不重实效

一直以来，气氛热烈的课堂是上课成功的标志之一。只要学生举手了，讲了，讨论了，就是一堂好课，而没有了解学习的实际效果。这就成了只看表面、不看效果的形式主义教学。

4. 只重视教师的展示，不重视学生的自主探索

评课时对教师的角色比较看重，认为教师只要自身展示得好，讲得头头是道就是一堂好课。而新课标要求教师转换角色，教师更重要的是让学生学会学习，进行自主探究，通过学生自己的感悟深入理解课文，教师只是以平等的身份参与课堂学习。教师应当作"导师"，而不是"讲师"。

5. 只重结论，不重过程

只重结论，不重过程，这是传统教育的显著特点。评课者只关心这节课学生掌握了多少知识，而没有重视这些知识是死记得来的还是活学得来的，是听来的还是学来的。新课标所重视的刚好在于学习过程，而不在于学习的结果。

6. 只重视学生自主，不重视教师传授

在新课标强调学生自主、合作、探究、创新学习的前提下，教师非常重视对学生以上精神的培养，却忽视了知识的传授。评价者在评课过程中只看学生动了多少，不看教师"教"的环节，使得评价不全面。这是从一个极端走向另一个极端。

7. 只重视教学手段，不重视教学实质

毋庸置疑，多媒体为课堂教学供了良好的条件，它可以增大课堂容量，增强形象直观性，提高学生的学习兴趣，收到意想不到的效果。但是，在评课过程中，却出现了不用多媒体就不是好课，就不能获奖的现象，把教学手段和教学实质弄颠倒了。有的评课者喜新厌旧，认为传统的东西就是过时、落后的同义语。这导致了在公开课中有的课变成了课件演示课。

二、语文教师评课的误区

1. 高谈阔论

这种现象在新课程研究中虽然得到了一定的改变，但在评议活动中仍时有发生，突出表现在一些脱离本学科教学的管理者与组织者的教师身上。他们在组织参与评课议课时，

过于爱表现，不是现抄现卖评课前搜集的几条理论框框，就是高谈阔论什么教学理念，说得大，言得广，讲得远，议得空，这种无视课堂实际和具体案例的"卖弄"，不仅使授课教师不能受益，参与者也得不到有针对性的启示和实际帮助。

2. 蜻蜓点水

此类评议的表现是一些评议主体就课堂教学观察到的大致情形，要么追赶时髦，弄名词术语贴标签，用所知道的理论去套实际，要么就是围绕整个过程这里点一下、那里说几句，优点说不明，不足抓不准，不痛不痒，深不下去，浅不出来，大有走过场之嫌，这样的评议也就失去了它的意义和作用，没有什么真正的价值可言。

3. 吹毛求疵

课堂是一门有缺憾的艺术。真实的课堂总会有这样或那样的些许瑕疵，授课教师在整个教学过程中出现一句不得体的评价，做了一个不经意的动作，讲了几句废话，说错了一个字，还有某个环节组织得散漫一些，组织学生交流时突发了一段小插曲等都是课堂教学的常态，只要不影响课堂全局，瑕不掩瑜，无伤大雅，评议时要避免"孔中观人""评课议人"的现象，切忌抓住皮毛瑕疵大做文章。这种评议，授课者不但不能接受，也会引起参与者的不适，影响和谐的对话氛围。

4. 以偏概全

此类评课缺失整体视野，对课堂组织缺乏必要的系统结构分析，不能从课堂的主体思想、行为表现和教学效果上进行科学合理公正的价值判断，其表现是要么抓住某一细节、亮点，任意放大，高度赞赏，对课堂中出现的问题避而不谈，做老好人；要么就是抓住某一缺失或错误不放，放大其不足。以偏概全的评课、议课忽视了课堂教学的复杂性、多样性，抹去了教学评议的真实性和探求改革的多种可能性。

5. 事无巨细

影响课堂教学的因素很多，评课议课中不可能也无法一一叙说，现实中往往存在评议不着边际、不分主次、面面俱到、眉毛胡子一把抓、贪多求细的现象。通常表现为关键抓不住，重点讲不清，问题吃不准，道理讲不透，谈不出其他更好的建议等。评议是有时限的，这样岂不耽误了其他参与者发表见解？

6. 语无伦次

有的观课教师事先缺乏对评课议课的足够认识，观课时注意力分散，记录简单草率，议课时欠缺观点的提炼、语言的组织和逻辑的表达，随意性大，任意性强，评议条理不清，轻重不分，颠三倒四，让人听了"丈二和尚摸不着头脑"，不知所云，这是评课者必须要引以为戒的。

三、语文评课案例分析

(一)《千古绝唱〈兰亭序〉》评课案例分析

课堂实录

师：同学们，如今日常书写中毛笔已经被钢笔、圆珠笔等替代。人们写字的时候也不再讲究书法了，但是毛笔书法是一种文化，是一种艺术，它能够陶冶我们的情操，提升我们的素养，今天我们就跟随书法家沈鸿根的指点，来走进这《千古绝唱〈兰亭序〉》。

首先我们来解一下题，"千古绝唱"是什么意思？

生：就是具有最高艺术造诣的作品。

师：对了，是具有最高艺术造诣的作品。绝唱就是唱绝了嘛。在说《兰亭序》之前，咱得首先了解一下兰亭坐落在哪里。大家知道吗？

生：绍兴。

师：对。

绍兴在古代的时候叫会稽，兰亭就处在会稽西南处。兰亭的南边有一片湖，湖的南边有一座天柱山，此处湖光山色分外美丽。东晋的时候那些南渡的士族们很多都到此置田园别墅，因为这里景色非常好。而兰亭就成为他们宴集游玩的聚客之地。

《兰亭序》从何而来，让老师来告诉大家。我们一起来看一下这幅放大的《兰亭序》，东晋的永和九年，暮春之际，王羲之、谢安等41位名流聚集在此修禊。修禊是怎么回事呢？它是古代的一种习俗，每年的农历三月上旬的巳日，古人喜欢到水边嬉戏，用水洗涤身体以消除不祥，名人雅士就在这里流觞曲水。流觞曲水是什么意思呢？就是把酒倒在酒杯里，酒杯放在水面上随着水流动，酒杯流到谁的近前，谁就用一根长柄勺把酒杯舀起，不但饮酒还要作诗。这次的修禊活动中，王羲之把这些名流的诗作一一记录下来，并且写了一篇序文，来记叙当时的场景、情形，以及表达自己内心的感触，这就是《兰亭集序》。至于它的作者王羲之，我想大家也不会太陌生。哪位同学可以来为我们介绍一下？

生：据我所知，王羲之是东晋时期有名的书法家、文学家。他出身于豪门贵族，自小就跟从卫夫人等一些著名的书法家学习书法，所以他的书法可说是博采众长。他留给后世许多书法名作，如《丧乱帖》等。

师：还有哪位同学补充？

生：王羲之的书法对于后世的许多书法家有很大的影响，像欧阳询、虞世南等一些书法名家都临过他的字帖，他和他的儿子王献之合称为"二王"。

评课一

教师的课堂导入教学设计很平实，却很有效。教师以《兰亭集序》的创作背景和王羲之的书法，以及古人的修禊习俗切入课堂教学，为学生学习本文作好了背景铺垫，同时又强化了学生对文化的积累。另一方面，以学生所不知或知之甚少的内容作为课堂教学的切入点，能起到很好的激趣作用。这样的导入应该说是成功的，时下一些课堂导入花哨而不实用，这节课的导入是对这种导入之风的一次很好的修正。

课堂实录

师：我觉得这篇文章我们可以分成三个部分：第一个部分写的是良辰美景，亲朋好友欢聚在这儿修禊、流觞，这里写了时间、地点、人物、环境、他们的聚会情形等，在这里可以"仰观宇宙之大，俯察品类之盛"，还可以"游目骋怀""极视听之娱"，所以王羲之抒发他的情感"信可乐也"，这里情感落在一个字……

生："乐"上。

师：接下来作者的情感发生了一些变化。我们一起来看"夫人之相与，俯仰一世"，人跟人之间交往，或者在一间房内，面对面地畅谈理想、抱负，或者在自己所爱好的事业上寄托情怀，无羁地生活，"放浪形骸之外"。尽管大家的取舍不同，性格也是不相同的，但是有一种情况是相同的，那就是当人们遇到自己所喜爱的事物，暂时得到了它时就会非常快乐知足。可不知不觉之间岁月流逝了，生命流逝了，"不知老之将至"，等到人们对喜爱的事物已经厌倦，时过境迁感情发生变化了，就会对先前那一切生发无限的感慨，"向之所欣，俯仰之间"已经成为了往事，但是，依然不能不因此发生那种感触，表达那种情怀，所以古人就说，"死生是大事啊"，想到这一切岂不痛哉！聚会美好但是短暂，分别痛苦却经常发生，而且生死无常，人生苦短，于是由乐生痛，情感因而发生了变化。我们现在是这样，那么古人是怎么样的呢？

作者接着往下写。他每次看到以前的人抒发感慨的那些文字，与我们现在抒发的感慨是一样的，"若合一契"，像符契一样相同。可是以前作者不知其所以然，现在作者体会了"一死生为虚诞"，就是把生和死当作一件事是虚诞的，"齐彭殇为妄作"，将活到八百岁长寿的彭祖，与夭折的孩子等同视之，那真的是胡言乱语。我们现在看前人会发出感慨，那么以后的人看我们一样会发出感慨。王羲之在这里由乐生痛转悲，所以他把这些人所写的诗歌记录下来，这就是他写这篇序文的缘由。

王羲之是一位书法大家，汉魏时候的书法是比较质朴的，到了王羲之这儿，他改变了汉魏质朴的书风，使书法变得潇洒流畅，气势磅礴，而读他的文章我们也可以感受到自然清新，真情流露。

评课二

从进一步帮助学生完成对文本内容的理解角度来说，教师的这个环节安排是合理的，因为对中学生来说，理解《兰亭集序》有一定难度，教师通过对《兰亭集序》的解读，消除了学生对本文的理解上的一些障碍。从知识拓展角度来说，也很有必要。

但在实际操作过程中，教师的讲解过多，影响了对书法家沈鸿根撰写的《千古绝唱〈兰亭序〉》一文的讲解，这节课学习的对象是书法家沈鸿根撰写的《千古绝唱〈兰亭序〉》，而不是王羲之的《兰亭集序》，教师在课堂上花了这么多时间解读王羲之的《兰亭集序》，从教材处理这个角度来看，很不合理。这个知识拓展部分如果能放到课外，并充分调动学生收集资料、自我解读的积极性，效果可能要好一些。

（二）程红兵老师评兰保民老师讲授的《老人与海》案例分析[①]

兰保民老师这堂课，无疑是一堂智慧的课。他的智慧与前面我所说的不完全相同，更鲜明地体现了启迪学生智慧的特点，让学生在课堂上尽兴地展示自己的思想和才华，毫无疑问兰老师这堂课是成功的！这是一堂成功的语文课，这是一堂成功的小说鉴赏课，这是一堂成功的人文素养课。

先回顾一下这堂课的教学过程。第一步，是先让学生述说对小说的总体感受，学生概述了故事情节，总结了对主要人物老人圣地亚哥的看法——坚强、勇敢、乐观、有拼劲、很坚韧，这一步的目的是检验学生预习情况如何，以便教师确定本节课的教学起点。学生的认识起点就是教学的逻辑起点，基于学生的理念由此得以体现。兰老师一方面肯定了学生的认识，另一方面并不是简单地停留在学生认识层面上，而是迅速找出学生认识的思维偏差，学生是从单一的肯定角度去评价人物的特性——那些高大的方面，兰老师用圣地亚哥"是不是战神，大力金刚"这样的反问，非常巧妙地将学生的观点引向极端，让不合理性充分暴露，让学生立刻明白问题所在，让学生理解人物的另一面——"内心中也有瞬间的软弱，对自己对抗困境、逼退威胁的能力，他也有怀疑、迟疑和逃避"，而不是用标签式的语言贴在人物身上。兰老师不厌其烦地让学生深入文本细处，去认真地体会人物在特定时候、面对特定对象、

[①] 程红兵.听程红兵老师说课评课[M].武汉：长江文艺出版社，2017.

处于特定境况时的心理动态，哪怕是一丝的犹豫动摇恐惧退缩都让学生抓住了，但老人终于还是战胜了自己，勇敢地迎接挑战，通过否定之否定，还原了一个真实的老人。

第二步，教师让学生提问，将学生在预习过程中的发现或者问题提出来，这一部分我想教师主要是想让学生对文本做细致的研究，特别是对小说的写法和语言做鉴赏。其中一个学生很自然而且真实地提出自己的问题：课文里为什么有这么多"他想"？兰老师抓住学生的问题延伸开去，让学生进一步发现文章里还有许多"他说"，接下来重点讨论"他想"与"他说"。教师给出思考路径：一条路径是，他的"想"和"说"这种行为本身意味着什么；一条路径是他"想的"和"说的"内容有什么意义。笔者认为这是教师教学到位的地方，"于无路处指路"是教师应尽的职责。

当学生思考不下去的时候，教师适时地给出引导，亮出法国思想家帕斯卡尔的一段名言，给学生以启迪和力量，"于无力处给力"，学生的思想"柳暗花明又一村"。

当学生自以为明白的时候，教师又抛出问题："他想"的内容和"他说"的内容构成了什么关系？这其实是给学生指出一个新的思考方向，"于无向处指向"，学生豁然开朗："他想"的大多数是危险和不利，"他说"的内容往往是在激励自己"他想"和"他说"是两个自我在对话。

第三步，教师继续让学生提问，很自然地过渡到景物分析上面，让学生明了这片海是遥远的人迹罕至的海。教师让学生体会这段景物描写对于塑造人物有什么样的意义。教师的聪明之处体现在课虽然是散开来让学生阅读、发现、提问，然后师生一起来分析讨论，但始终在文本的框架内，在主要人物的框架内，始终扣紧人物来分析，这样的教学集中有效，效果就非常明显。经过大家讨论、教师点拨，学生理解了人物的远大目标，理解了老人是一个很有荣誉感的渔夫。教师进一步延伸开去，让学生认识文本的张力，由老人联想到具有这种精神的其他人物，把人物的典型意义充分挖掘，把小说的意义充分揭示。

第四步，教师提问，在学生无疑处教师提出问题：到底老人是否被打败了？"于无疑处生疑"，兰老师从文本的矛盾处出发提问。真正的人永远不可能被打败，这是老人第一次击杀了那条鲭鲨的时候，他给"人"下的定义。但是在文章第88段，同学们来看，"他知道他终于给打败了"，也就是说宁死也不认输的老人最后竟然认输了。这不是矛盾吗？从文本出发，当然要带着学生回到文本讨论，但兰老师并不仅仅停留在文本上，而是领着学生从文本到历史，从历史到现实，从现实到象征，深入理解小说的悲剧性，深入理解人物的悲剧性。

可以说这堂课教学呈现出来两条线索：一是学生行为，是明的，课堂上呈现出来的；二是教师行为，基本上是暗的。教师没有多少现场独白，而是让学生充分展示自我,但教师始终在引导学生,于无路处指路,于无力处给力,于无向处指向,于无疑处生疑,在教师的循循善诱之下,学生的能动性被充分调动起来,学生对文本的理解走出简单化、浅显化,打开思路,放飞思想,尽情思考,深入理解,最终豁然开朗。应该指出的是教师的引导作用都是在尊重学生的前提下进行的,学生阅读,学生感受,学生发现,学生提问,基于学生的学习现状,教师加以引导,而不是让学生始终被教师牵着走,教师在课堂上始终保持好自己的角色定位,到位而不越位。所以我说这堂课是成功的,是充分展现学生智慧的课堂,当然也是充分展示教师教学智慧的课堂。

本章小结

重视并研究改进中学语文课的评议方式、内容,增加评课的理论性、科学性、针对性和有效性,对于语文教育理论的提高,对于改进语文教学过程中的缺陷与不足都有着积极而重要的作用。只有不断地改进评课方式,做出恰如其分、准确全面、有效到位的课堂评价,才能充分发挥评价的诊断、激励和导向作用。它是提高教师教学水平的有效手段,更是促进教师成长的点金石。

思考与练习

1. 语文评课的目的和意义是什么?
2. 语文评课的内容是什么?
3. 在班级开展的语文试讲或见习活动中,认真听取他人的评课,自己试着写一个评课发言稿。
4. 以上两则评课案例给你什么启示?分小组进行"同课异构"试讲与评课。

第五章　语文多媒体课件制作技能

本章学习目标

1. 了解多媒体课件相关概念的内涵和多媒体课件制作的一般过程。
2. 了解多媒体课件制作技能的类型和内容。
3. 掌握多媒体课件制作的具体操作方法和技巧。
4. 了解语文课件制作中常见误区并掌握正确的处理方法。

本章要点提示

语文教师学习如何将计算机多媒体和网络技术应用到自己的语文教学中，探索技术与教育如何进行"深度融合"，成为教师自身专业发展的一个重要内容，而根据教学的需要设计制作多媒体课件也成为教师在教学中应用现代信息技术的一项基本功。这项基本功主要包括如下三类：课件设计技能、多媒体素材采集加工技能、课件制作软件操作技能，其中课件设计具有指导性的作用，多媒体素材采集加工是基础，语文教师做课件用得最多的是 PowerPoint 软件，所以 PowerPoint 软件操作是课件制作的关键。

第一节　语文多媒体课件制作概述

一、多媒体课件的基本概念

目前大多数中小学都已经建成了包含整套多媒体技术设备的多媒体教室，很多教室也通过校园网连上了因特网，这为语文教师运用信息技术进行语文教学提供了基础条件。为了在教学中运用好以计算机为核心的多媒体技术，首先我们需要对相关的概念有一个清楚的认识。

（一）多媒体

多媒体的英文是 Multimedia，它是一个由前缀 multi（多）加上 media（媒体）构成的词，直白地理解即多种媒体。实际上在 20 世纪 80 年代，我国教育领域就出现了一种有别于粉笔加黑板的教学模式，即将录音、录像、幻灯、投影等多种常规视听媒体组合运用于课堂实践，这是早期的多媒体教学应用。我们也可以把多种常规媒体的组合称为非数字化的多媒体。

现代信息技术的发展使得原来只能进行数值计算的计算机变成能对文字、图像（图形）、声音、动画、视频等多种信息表现形态进行呈现、处理和传输的综合性信息工具，因此多媒体便有了新的含义——以计算机为核心的数字化多媒体，这也是本章要着重讨论的多媒体类别。而这里所谓的数字化指的是采用计算机技术进行信息存储、处理和传输。具体来说数字化多媒体有两方面的含义：一方面是指数字化的文字、图像（图形）、声音、动画、视频等多种媒体信息的组合；另一方面是指多媒体技术，即用计算机存储、处理和传输文字、图像（图形）、声音、动画、视频等多种媒体信息的技术。数字化多媒体（后面简称多媒体）的两个含义对于多媒体课件制作都有着重要的意义，一方面我们制作课件时要选择合适的数字化多媒体信息将教学内容表现出来，另一方面我们也需要利用特定的多媒体技术对这些包含教学内容的数字化多媒体信息进行加工处理，以满足实际教学的需要。

（二）多媒体计算机辅助教学

当计算机进入学校、进入课堂之时，教学活动中就出现一种与传统教学不同的教学形态：计算机辅助教学（Computer Assisted Instruction，简称 CAI）。自从计算机能够处理多媒体信息开始，CAI 也就经常被称为多媒体计算机辅助教学，简称 MCAI，它是将多媒体计算机用作教学工具，为教学提供一个良好的环境，教师和学生利用计算机对多媒体信息存储、处理和多形态呈现的功能来支持自己教和学的一种活动方式。

计算机在教学中可以与学生互动开展教学活动，作为学生的认知工具还可以帮助他们探索和认识世界。学生可以利用计算机搜索、加工有关知识内容，促进自身的发展；同时计算机也可以帮助教师进行课堂教学和远程教学。根据计算机在教与学过程中完成的任务不同，我们可以将多媒体计算机辅助教学的模式划分为以下六种：

1. 个别指导模式

个别指导模式主要用于指导学生学习新知识，这种模式典型的学习过程是计算机呈现教学内容，学生观看、阅读教学内容，然后利用练习或小测验对学生的理解进行检查，这种模式也在当前的慕课教学中普遍应用。

2. 训练与练习模式

训练与练习模式主要用于学生消化知识、练习技能，这种模式一般通过大量的练习帮助学生掌握已学知识或某种技能，比如数学中的口算训练，可以由计算机自动生成大量的口算题来训练学生的口算技能。

3. 教学游戏模式

教学游戏模式是利用计算机游戏开展教学，虽然游戏经常被认为是不务正业，但是实际上教学游戏对于促进学生学习很有效也很专业，不过要平衡教学游戏的娱乐功能和学习功能二者的关系并不容易，如何做到既有助于学生学习又不失娱乐性是教学游戏模式要着重解决的问题。

4. 模拟仿真模式

模拟仿真模式主要用于模拟实验或其他学习环境，这种模式通过计算机模拟仿真实验设备进行仿真实验，或者模拟某些特殊系统，帮助学生在这个模拟仿真的系统中进行学习，比如飞机模拟仿真驾驶舱，可以让学生模拟真实飞机的驾驶。通过模拟仿真学习一方面可以降低学习的成本，另一方面也可以避免遭遇某些实验或实践过程中可能出现的危险情况。

5. 问题解决模式

问题解决模式中，学生以计算机为工具来解决某些问题，这种模式在数学和科学课程的教学中有很好的应用。当然，不仅限于数学和自然科学这类课程，实际上在其他的课程中也可以应用问题解决模式。

6. 教学演示模式

教学演示模式主要用于课堂教学中辅助教师的讲授活动，这种模式利用计算机的多媒体功能，在教学过程中呈现多媒体信息，帮助学生理解所学知识。由于教学演示模式与传统的课堂授课方式紧密结合，最容易为广大教师理解和接受，因此也成为教师最常用的MCAI模式。

（三）多媒体课件

要顺利实施多媒体计算机辅助教学，必须具备相应的硬件与软件条件，硬件当然是以多媒体计算机为核心的物理设备，而软件则是可以实现特定教学功能的教学软件。实际上广义来讲，在教学中使用的、为教学服务的软件都可以看作教学软件，按照上述说法，那些与教学内容没有直接关系的工具软件也都包括在教学软件的概念之中，比如可以处理教学文字的Word，可以播放教学视频的QQ影音都可以看作教学软件。所以，在多媒体计算机辅助教学中教学软件的范围是很广的。

那么什么是多媒体课件？简单来说，如果教学软件与具体的教学内容紧密结合，这种软件便可称为课件，而如果课件具有多媒体信息展示和处理功能，则称为多媒体课件。严格来讲，多媒体课件是根据学科课程标准的要求，确定教学目标、分析教学内容和任务、设计教学活动结构及界面，利用多媒体计算机处理多媒体信息并控制其表现方式来制作的课程软件。

根据以上描述，我们知道多媒体课件是一种表现特定的教学内容、适合于某类教学对象、专门用于辅助某一学科教学的教学软件，它突出的一点是强调了教育性，所以我们在设计与制作多媒体课件时应注意其教育性的体现。

二、多媒体课件的制作过程

（一）对多媒体课件制作者的基本要求

多媒体课件制作与一般计算机软件的开发制作不同的是，多媒体课件制作实际上是将计算机多媒体技术应用于教学之中，根据"整合技术的学科教学法知识"理论（Technological Pedagogical Content Knowledge，简称TPCK），TPCK是教师使用技术进行有效教学所必须具备的知识，这其中包括学科知识（Content Knowledge，简称

CK），教学法知识（Pedagogical Knowledge，简称 PK），关于技术的知识[①]（Technological Knowledge，简称 TK），也就是说多媒体课件制作者不仅要了解掌握相关的技术，而且要具备相应的学科背景。具体来说，多媒体课件制作者应该具备以下四个方面的条件：

首先，必须对本学科内容熟悉，主要包括该学科有关的概念、理论、观念、组织框架等；

其次，掌握教学法知识，指对所有和教与学过程、实践或方法相关的知识（如关于学生、教学目标、教学策略、课堂管理和评价的知识）有深刻理解，掌握学科教学设计方法；

再次，具备多媒体素材采集与加工的技术，即能够通过各种途径或方法获取教学需要的多媒体信息，能够利用多媒体信息工具加工处理多媒体信息；

最后，掌握课件制作软件的操作，制作者要根据自身的条件和教学的需要选择合适的课件制作软件，并利用所选择的软件按照学科课程标准的要求和相应的教学目标制作课件。

（二）多媒体课件制作的一般过程

多媒体课件是一种与具体的教学内容紧密结合的教学软件，它必须遵循教学规律来进行设计与制作。因此我们在制作多媒体课件时，尤其要充分考虑多媒体课件的特点和应用的教学情境，并在现代教育思想和教育理论的指导下遵照科学的流程，才能开发出符合教学规律的多媒体课件，最终取得良好的教学效果。一般来说，我们可以依据以下几个步骤完成多媒体课件的制作：

（1）吃透教材，明确教学目标；
（2）进行教学设计，编写教案；
（3）进行课件设计；
（4）编写课件脚本；
（5）采集与加工素材；
（6）选择合适的软件按照脚本或教案进行设计制作。

以上 6 个步骤仅供语文教师制作课件参考，并不需要每个步骤都照搬，可以根据实际情况删减某些任务，做到详略得当，把时间和资源放在重要的任务上。比如，对于比较简单的教学演示课件制作，可以不需要编写课件脚本；对于熟悉学科内容和教学目标的制作者，第 1 步骤也可省略；如果制作课件所需的素材比较丰富和齐全，采集与加工的工作也可以简化。

（三）多媒体课件制作软件简介

如果完成了上面所述多媒体课件制作的前 5 个步骤，接下来就应该开始课件的具体制作工作了。为了制作出一个成功的多媒体课件，开发工具的选择是十分重要的，一个好的开发工具可以大大地加快开发进程，节省人力和资金。多媒体课件制作软件可以分为多媒体素材编辑加工工具和多媒体著作工具。多媒体素材编辑加工工具侧重于编辑加工单个媒

[①] 李美凤，李艺.TPCK：整合技术的教师专业知识新框架[J].黑龙江高教研究，2008（4）.

体素材，如文字、图形、图像、动画、声音等。多媒体著作工具是指用于集成、处理和统一管理文本、图形、动画、视频图像和声音等多媒体信息的编辑工具。

常用的素材编辑加工工具有：平面图像处理软件 Photoshop、CorelDRAW；二维动画处理软件 GIF Animator；三维动画处理软件 3Dmax；声音处理软件 Audition；视频编辑软件 Premiere、绘声绘影等。

限于篇幅，对于以上多媒体素材编辑加工工具本书不做具体的介绍，大家可以参考其他相关书籍了解详细内容，这里着重介绍多媒体著作工具。我们可以根据编辑特性对多媒体著作工具进行如下分类：

1．基于页面的工具

基于页面的这种工具是将多媒体素材根据需要编辑在一个页面之中，可以是幻灯片或网页，不同内容的幻灯片或网页根据需要交替性地呈现，即形成多媒体应用软件。这类软件主要有幻灯片（演示文稿）制作软件 PowerPoint 和 WPS 演示，网页制作软件 Dreamweaver 等。

2．基于时间轴的工具

基于时间轴的这种工具是以时间来控制多媒体信息的呈现顺序，在一个时间段内，可以任意调整多媒体素材的属性，如大小、颜色、位置、进入与消失方式等，以实现丰富的动画效果。这类软件主要有 Flash、Swish 等。

3．基于图标的工具

基于图标的这种工具创作多媒体应用软件时，提供一条流线（Line），供放置不同类型的图标使用，多媒体素材的呈现也是以流线为依据的，在流线图上可以对各图标进行编辑，根据需要可将图标放于流线图上的任何位置，并可任意调整图标的位置，对每一个图标都可以命以不同的名字，以便对图标进行管理。这类软件主要有 AuthorWare 等。

4．其他工具

其他工具如优秀的数学和物理课件制作工具几何画板，北大方正公司出品的一种可进行交互式多媒体编辑的创作工具方正奥思等。

广大语文教师平时教学中 PowerPoint 使用最多，也最容易上手，因此本书选择 PowerPoint 作为课件制作的工具。

（四）多媒体课件的类型

根据本章第一节多媒体计算机辅助教学的应用模式分类，相应地，多媒体课件也可以分为六种不同的类型，分别应用于这六种不同的 MCAI 模式。针对语文教师的实际需要，我们依据课件在教学中的主要任务是帮助学生自学，还是辅助教师课堂教学，简单地将其分为这样两种类型：自主学习型和辅助教学型。

PowerPoint 制作的课件通常也被称为 PPT 课件，对应自主学习型和辅助教学型两种类型的 PPT 课件则分别是阅读型和演示型。

第二节　语文多媒体课件制作技能的类型与内容

根据多媒体课件制作对于制作者的基本要求，以及多媒体课件制作的基本步骤，我们可以归纳出语文教师多媒体课件制作技能分为如下三类：课件设计技能、多媒体素材采集加工技能、课件制作软件操作技能。由于本篇以 PowerPoint 为课件制作工具，因此相关技能的内容也基于 PowerPoint 课件制作进行阐述。

一、课件设计技能

PPT 课件设计要以教学设计的结果为基础进行，也就是以完成教学设计后编写的教案为基础，因此在进行教学设计时就必须考虑到多媒体信息的运用。这要求语文教师通过教学设计将信息技术自然地融入教学过程，运用多媒体教学为学生提供丰富多彩的教学情境，将富有生活气息的题材引入课堂。

做好教学设计工作可确保课件的教学性和科学性，而这些知识内容要通过多媒体信息的形式加以表达，发挥出多媒体的优势，突破教学难点、突出教学重点、培养学生的能力和素质，还需要进行课件设计。课件设计主要包括课件总体结构设计、课件界面的设计，以及课件脚本的编写。

（一）PPT 课件总体结构设计

PPT 课件的总体结构既可以采用线性的组织结构，也可以采用非线性的结构，在此基础上形成了四种组织结构方式，如图 5-1 所示。

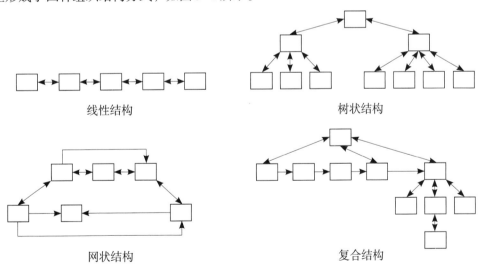

图 5-1　PPT 课件的总体组织结构图

各组织结构的说明如下：

线性结构：教师按顺序依次呈现信息，学生按顺序依次接受信息，从当前页面到下一页面，是一个事先设置好的序列。

树状结构：学生沿着一个树状分支展开学习活动，该结构按教学内容的自然逻辑形成。

网状结构：教学软件中的网状结构是超文本结构，学生可在内容单元间自由航行，没有预设路径的约束。

复合结构：学生可以在一定的范围内自由地航行，但同时受主流信息的引导和分层逻辑组织的影响。

具体结构设计跟课件的类型有关，演示型 PPT 课件为了简化教师教学过程中的操作，主要采用线性结构，同时可以运用超链接进行适当的跳转，阅读型 PPT 课件则没有限制，可以根据内容的需要采用任一种结构。

下面主要以演示型 PPT 课件为例对线性结构进行具体说明。

线性结构的演示型 PPT 课件由多个幻灯片（页面）构成，根据表现的教学内容，这些幻灯片又分为封面、扉页、目录、过渡页、内容、封底六个部分（如图 5-2 所示）。

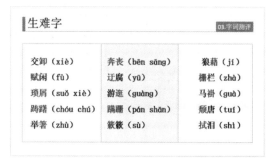

图 5-2 演示型 PPT 课件的六个部分

封面：PPT课件的第一张幻灯片，一般呈现课程及教材信息、课件名称、授课人姓名及学校名称等内容。

扉页：封面后的一张或几张幻灯片；可以呈现课程导入的内容以及本课的学习目标，如果用于导入课程则可以根据实际需要将扉页放在封面之前或之后。

目录：呈现本课学习的主要内容列表或教学环节列表。

过渡页：各内容或教学环节之间的幻灯片，主要呈现下一个学习内容或教学环节的信息，具体实现时可以结合目录来设计。

内容：PPT课件的主要部分，用于呈现具体的教学内容。

封底：PPT课件的结束幻灯片，可以呈现授课人的联系方式、感谢信息、下一课的内容预告等。

课件内容部分的幻灯片中也可以根据需要加上导航栏或标题栏，方便使用过程中进行导航或让学生明确当前幻灯片在整个课件中所处的位置。

以上演示型PPT课件的六个组成部分并不一定每个都要出现，我们可以根据实际教学需要呈现其中的一部分，比如扉页可能在很多PPT课件中并没有出现，再比如PPT课件中过渡页是否出现也可因人而异，甚至目录页也可以省却，但是整个PPT课件的内容结构一定要按照依据教学目标设定的教学思路进行设计，内容页的构成和出现顺序必须依据教学设计思路进行设计、规划。

（二）课件界面设计

课件界面设计是教学内容表现的关键，为了有效、高效、美观地展示教学内容，可以从版面设计、显示次序、颜色搭配、字体形象和修饰美化等几方面进行设计。

1. 版面设计

PPT课件的版面设计要求是：教学内容突出，布局合理，屏幕使用率高。一般而言，演示型PPT课件布局要做到重点突出，一目了然，简洁而不简陋。教学内容处理要根据教学目标详略得当，如果内容较多较繁杂，要尽量提取能够表达主要内容的关键词，若内容仍然较多，请将内容拆分成多个页面，不要期望在一张幻灯片中把所有内容都囊括进来。此外进行版面设计还要遵循以下几个原则[1]：

聚拢原则（亲密性原则）：彼此相关的内容应当靠近，归组在一起。如果多个内容项相互之间存在很近的亲密性，它们就会成为一个视觉单元，而不是多个孤立的元素，这样做有助于组织信息，减少混乱，为读者提供清晰的结构。

对齐原则：任何元素都不能在页面上随意安放，每个元素都应当与页面上的另一个元素有某种视觉联系。相关内容必须对齐，这样能建立一种清晰、精巧而且清爽的外观。PPT课件可以使用参考线辅助对齐操作。

---

[1] 阮一峰. 排版六原则 [EB/OL]. （2010-10-16）[2019-07-25]. http://www.ruanyifeng.com/blog/2010/10/six_principles_of_layout_design.html.

对比原则：加大不同元素的视觉差异。如果元素（字体、颜色、大小、线宽、形状、空间等）不相同，那就干脆让它们看起来差异明显，这样既增强了页面的活泼，又方便读者集中注意力于重点内容区域。

重复原则：让设计中的视觉要素在整个作品中重复出现。可以重复颜色、形状、材质、空间关系、线宽、字体、大小和图片等，这样一来，既能提升条理性，还可以加强统一性。另外，重要的内容信息也值得重复出现。

留白原则：千万不要把页面排得密密麻麻，要留出一定的空白，这本身就是对页面的分隔。这样既减少了页面的压迫感，又可以引导读者视线，突出重点内容。

降噪原则：颜色过多、字数过多、图形过繁，都是分散读者注意力的"噪音"，要通过减色、提炼、删图、图形处理等操作进行适当的"降噪"处理。

2. 显示次序

PPT课件一般按照教学设计中设定的教学过程来展示教学内容，另外，在同一张内容幻灯片中，如果有多个内容的组合，其出现的先后顺序要符合学科知识本身的逻辑关系，可以借助PPT中的自定义动画功能来实现。

3. 颜色搭配

颜色搭配设计包括背景颜色、文字颜色、图片颜色以及全屏幕色调的设计。一般要求色彩搭配协调，醒目自然，颜色不宜多，配色方式可以根据颜色的数量分为无色、单色、双色、三色等，这里无色指的是除了背景色，只有黑、白、灰色；单色指的是除了背景色和黑、白、灰，只有一种颜色；双色指的是单色之上再加一种颜色；三色指的是双色之上再加一种颜色。

4. 字体形象

字体形象选择包括字体、字号、字体颜色。字体要求统一，一般同一个课件的字体数量不超过三个，字号要求最小不能小于18px，最好在24px以上，字体颜色要与课件整体颜色搭配协调，与其他元素颜色数量加在一起也不超过三种。

5. 修饰美化

除上述设计以外，为使屏幕更加美观，还需进行必要的修饰、点缀，比如增加线条或色块进行装饰，一般要求整洁、美观、大方。

（三）课件脚本编写

课件脚本是课件设计的具体化成果，又是利用课件工具制作课件的依据，脚本可以使用不同的格式，但必须包含必要的内容，并遵循表达规范。脚本包括文字脚本和制作脚本，为了理解两种脚本的含义和区别，我们可以把文字脚本比作影视制作中的剧本，是根据小说原著改编而成，而制作脚本则可以比作影视制作中的分镜头脚本，导演根据分镜头脚本进行影片的具体拍摄。

实际上PPT课件制作一般不需要编写脚本，我们可以把依据教材和课标进行教学设计后形成的教案作为脚本使用，只需要依据教案按照界面设计的理念进行设计制作即可。

二、多媒体素材采集加工技能

多媒体素材是指多媒体课件中所用到的各种听觉、视觉材料，指数字化的多种媒体材料。根据素材的不同内容，可分为文字、图片、声音、动画、视频等种类，它们在计算机中以不同的文件格式存储，见表 5-1。

表 5-1 多媒体文件类型及扩展名

媒体类型	文件格式	扩展名
文字	纯文本文件	.txt
	写字板文件	.wri
	Word 文件	.doc
	PDF 文件	.pdf
	CAJ 文件	.caj
	WPS 文件	.wps
图片	Windows 位图文件	.bmp
	JPEG 压缩的位图格式	.jpg
	图形交换格式	.gif
	Windows 图元文件格式	.wmf
	Photoshop 文件格式	.psd
	标记图像格式	.tif
	PNG 可移植网络图形格式	.png
声音	标准的 Windows 声音文件	.wav
	MIDI 音乐文件	.mid
	MPEG Laver3 声音文件	.mp3
	Windows Media Audio 文件	.wma
	Real Audio 文件	.ra
	CD Audio 文件	.cda
动画	图形交换格式	.gif
	Flash 文件	.swf
视频	Windows 视频文件	.avi
	MPEG 视频文件	.mpg
	VCD 中的视频文件	.dat
	Real Video 文件	.rm（.rmvb）
	Windows Media Video 文件	.wmv
	QuickTime 影片文件	.mov
	Flash 视频格式	.flv 或 .f4v

（一）文字素材

文字出现方式有两种，即文本方式和图形方式。以文本方式呈现的文字，可使用文本编辑软件编辑，如 Windows 操作系统自带的"写字板""记事本"等，专业文字处理软件

Word、WPS等。以图形方式呈现的文字,在计算机上的存储格式为图像文件,其编辑处理所使用的软件为图像处理软件。

文字素材的来源有如下途径:直接键盘输入;从其他各类包含文字的文件或网页中复制;文字识别。前面两种途径大家都比较熟悉,这里不作更多说明,文字识别则随着计算机技术的发展逐渐在实际生活和工作中得到越来越广泛的应用。

文字识别主要包括三种类型:手写文字识别、语音识别、图像文字识别。我们在手机上使用的手写输入法就是手写识别的典型应用,而语音识别则是将语音信息转换成文字信息,语音输入就利用了语音识别技术,大家在微信中发送的语音消息现在也可以利用"转换为文字"功能进行语音识别,当然目前只支持普通话识别。图像文字识别的应用也非常广泛,我们可以利用这种方式把传统的印刷文字材料转换成数字化的文字信息,具体的步骤如下:

(1)利用扫描仪将含有所需文字的印刷品扫描并保存为图像文件。除了使用扫描仪,我们也可以使用手机拍摄的方式保存图像文件;

(2)进行文字识别。利用扫描软件进行文字识别,比如汉王 PDF OCR 软件,除了可以识别图像中的文字,还可以对 PDF 中的文字进行识别转换,也可以利用这个功能将 PDF 文档转换成其他的文本文件。如果利用手机拍摄保存图像文件,则可以通过手机 APP,如"扫描全能王"等进行文字识别,最简单方便的是,利用微信小程序如"传图识字"等也可以完成文字识别;

(3)文本编辑修改。由于图像文字识别不能保证百分百正确,因此需要人工进行文本编辑修改,编辑时可以对照原稿进行修订;

(4)将完善后的文本保存到文件中备用。

(二)图片素材

在计算机系统中,图片主要有两类:位图、矢量图。位图以二维点阵形式来描述图像,这些点称为像素,所有这些像素一起构成了图像,像素越大,图像越清晰,当然该图像文件占用的磁盘空间也越大。位图的特点是图像缩放旋转时会失真,如图5-3所示。

图 5-3 位图放大效果示意

矢量图是用数学方法将点、线、多边形等"图元"进行相应组合而得到的图形，它所需的存储空间比较小，缩放不会失真，如图5-4所示。

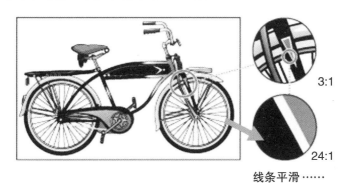

图 5-4 矢量图放大效果示意

图片文件的格式很多，这里我们对三种常用图片文件格式作一个简单的介绍。

JPG 格式，也称 JPEG 格式，是一种十分流行的图像格式，它的文件可以非常小。手机和数码相机拍摄的照片一般就采用 JPG 格式存储，不过 JPG 格式是一种有损压缩，因此不适宜于存储珍贵的图像资料或原始素材。

GIF 格式，是 Internet 上最常用的图像格式之一，压缩比比较高，文件规模较小，图像中可以有透明色，如可以把图像中的背景设置为透明色。但每幅图仅能使用 256 种颜色，不适合具有丰富颜色的图像。GIF 格式还支持图像内的动画。

PNG 格式，是一种无损压缩的位图格式，已经成为替代 GIF 格式的一种常用图像格式。除了跟 GIF 格式一样可以有透明色，支持图像内动画，PNG 格式图像还可以包含更多的颜色。

图像素材的获取方式有：网络下载、使用数码相机/手机拍摄、使用扫描仪扫入图像、屏幕图像捕捉、利用绘图软件创建图像、PowerPoint 图形制作。

（三）声音素材

声音是不同于视觉媒体信息的听觉媒体信息，在多媒体信息中具有非常重要的作用，比如课件中课文的朗读与解说、音乐与音效等都可以给予学生更多的信息，促进其理解教学内容。

声音文件在计算机中也有多种类型，如 WAV、MP3、WMA。其中 WAV 文件是指声音经过数字化（采样、量化、编码）后存储的文件，其特点是可以很好地表达原始声源的效果，但存储空间较大，常用于存储简短声音，文件扩展名是 .wav。MP3 文件是采用 MPEG Layer 3 标准对波形文件进行压缩而生成的文件形式，是目前流行的声音文件格式之一，其特点是压缩比大，音质较好，与 CD 唱片相比音质要差一些，文件扩展名是 .mp3。WMA 文件即 Windows Media Audio 文件，是微软力推的一种音频格式，其特点是以减少数据流量但保持音质的方法来达到更高的压缩率，生成的文件大小比相应的 MP3

文件更小，文件扩展名是 .wma。

声音素材的获取方式有：网络下载、通过录音设备或软件录制。

（四）动画素材

动画是由一系列的图像画面组成的队列，画面中的内容通常是逐渐演变的，而且这些画面都是由人工创作（如绘制）或由计算机生成的，这也是动画区别于视频的重要特征，因为视频中画面是来自于自然和社会环境的。

常见的动画格式主要有 GIF 和 SWF 两种。GIF 动画格式可以存储多幅大小相同的静止图像进而形成连续动画，制作软件有 Adobe 公司的 ImageReady、Corel 公司的 GIF Animation 等。GIF 动画文件的扩展名是 .gif。SWF 动画即 Flash 动画，是 Adobe 公司的软件 Flash 制作的矢量动画格式，这种格式的动画在缩放时不会失真，是最常见的二维动画格式。Flash 动画的文件传输采用流技术，能边播放边传输，它具有交互性，可以通过点击按钮、选择菜单来控制动画播放。Flash 动画文件的扩展名为 .swf。

动画素材的获取方式有：网络下载、利用动画软件制作。

（五）视频素材

活动的视频图像给用户带来逼真的体验，在课件中加入视频成分，便可以更有效地表达出课件的内容及所要表现的主题，学生通过视频的引导可以加深对所学内容的印象。实际上视频在当前各种在线教育平台上都广泛应用。

常见视频的文件格式有如下几种：

AVI 视频文件。它将视频和音频信号交错在一起存储，兼容好、调用方便、图像质量好。缺点是文件体积过于庞大。视频文件的扩展名为 .avi。

MPEG 视频文件。MPEG 是目前普遍使用的视频格式，包括了 MPEG-1，MPEG-2 和 MPEG-4 等多种视频压缩格式。视频文件的扩展名是 .mpg 或 .mp4。

RM（Real Media）视频文件。RM 是 RealNetworks 公司的一种视频流媒体格式，RMVB（Real Media Variable Bit Rate）是 RM 的升级版，编码时根据画面的激烈程度采用不同的比特率（Bit Rate）。视频文件的扩展名是 .rm 或 .rmvb。

WMV 视频文件。WMV 是微软推出的一种流媒体格式，在同等视频质量下，WMV 格式的体积非常小，因此很适合在网上播放和传输。视频文件的扩展名是 .wmv。

MOV 视频文件。即 QuickTime 影片。该格式是 Apple 公司开发的音频、视频文件格式，用于存储常用数字媒体类型。视频文件的扩展名是 .mov。

Flash 视频文件。Flash 是一种流媒体格式，是大多数视频分享网站的主流视频格式，其特点是 CPU 占有率低、视频质量良好、文件体积小。视频文件的扩展名是 .flv 或 .f4v。

常见的视频编辑软件有绘声绘影、Adobe Premiere 等，视频播放软件有 QQ 影音、暴风影音等，格式转换软件有格式工厂等。

视频素材的获取方式有：网络下载、使用摄像机（数码相机或手机）录制。

三、课件制作软件操作技能

课件素材基本准备完毕后，就应该开始课件的具体制作工作了。我们选择用 PowerPoint 制作 PPT 课件，所以课件制作软件的操作就是 PowerPoint 的操作。

要使用 PowerPoint 制作课件，我们需要掌握如下五个方面的操作内容：

第一，掌握幻灯片中图文排版的方法，确定幻灯片的版式界面。

第二，掌握幻灯片中添加音视频、动画等多媒体信息的方法，以满足课件中使用各类多媒体信息呈现教学内容、创建特定教学情境的需要。

第三，掌握幻灯片母版的编辑方法，以提高课件制作的效率。

第四，掌握 PowerPoint 的动画技术，包括幻灯片内部的动画技术，以及幻灯片之间的切换方法，通过动画将文字、图片、图表等元素协调配合，共同强化主题。

第五，了解触发器的使用方法，利用触发器实现简单的互动操作。

综上所述，语文教师需要了解和掌握以上三类课件制作技能，其中课件设计具有指导性的作用，多媒体素材采集加工是基础，PowerPoint 软件操作则是课件制作的关键。而要真正掌握这些技能，尤其是多媒体素材采集加工和 PowerPoinit 软件操作技能，还需要进行具体的操作和练习，要制作出高质量的多媒体课件则需要大量的实践加上对优秀课件的观摩学习。

第三节　语文多媒体课件制作技能指导

多媒体素材采集与加工和 PowerPoint 软件操作是制作 PPT 课件的重要技能，本章就这两个技能的实践为大家进行具体的实操讲解。

一、多媒体素材采集与加工技能

多媒体素材采集与加工工具很多，本书无法面面俱到，根据语文教学的需要以及出于降低技术门槛的考虑，这里选择一些简单实用的软件进行操作讲解。

（一）素材搜索技能

我们都有搜索资料信息的方法和经验，大家最常用的搜索工具当然是百度，那么我们如何能够快速而准确地找到我们需要的多媒体素材呢？下面跟大家分享一下百度素材搜索的方法技巧。

1. 关键词加双引号

在百度搜索框里我们输入关键词，百度搜索的结果可能会出现很多无关的其他信息，原因在于搜索时百度可能将你输入的关键词拆分成多个词，这样所有相关的信息都会在结果中显示出来，要避免这个问题，我们可以在关键词两边加双引号即可，如搜索多媒体素材，我们输入为："多媒体素材"，这里需要注意的是双引号一定是英文半角格式的。

2. 关键词里加"加号"(+)或"减号"(-)

如果我们需要找到同时包含多个关键词的信息，则可以在关键词前加加号（+），如搜索"多媒体素材"和"处理"两个关键词的信息，可以输入：多媒体素材+处理。如果我们搜索某个关键词，但是不希望搜索结果中出现包含另一个关键词的信息，则可以在不希望出现的关键词前面加减号将它排除在外，如搜索多媒体时不包含公司关键词，可以输入：多媒体-公司。这里需要说明一点，百度搜索在执行这种减法操作时可能不是非常严格地按照规则来提供搜索结果。

3. 使用 filetype 关键词

如果我们要找到包含某个关键词的特定类型文件，我们可以使用 filetype 关键词，比如搜索《背影》的 ppt 课件，可以输入：filetype：ppt 背影。

4. 使用 site 关键词

当我们知道某个网站有我们需要的信息，可以使用 site 关键词在指定的网站进行搜索，比如我们希望在第一PPT网站（www.1ppt.com）搜索皇帝的新装，可以输入：site：www.1ppt.com 皇帝的新装。

5. 使用高级搜索

上面几个操作技巧记不清楚的话也没关系，打开百度首页后，鼠标指向右上方的设置，在下拉选项中选择高级搜索，出现如图 5-5 的操作界面，你可以按照需要进行与上面一样的设置并搜索。

图 5-5 百度高级搜索设置

（二）文字素材采集技能

文字是 PPT 课件中最重要的内容，语文课教学尤其需要用文字来表现教学内容，所以如何高效地准备和获取文字素材也是语文课程教学设计和 PPT 课件制作必须要掌握的技能。常规的复制粘贴等操作可以获取电子文档中的文字，而要快速获取印刷材料中的大量文字,则可以利用文字识别完成,当然对于扫描类 PDF 文件中的文字也可以通过文字识别方式获取。要进行文字识别有两种方式,一种是在电脑中利用 OCR 软件配合扫描仪进行,另一种是使用手机的文字识别 APP 或者微信小程序进行。由于手机使用比较方便,而微信小程序不需要下载安装,所以这里着重介绍使用手机中的微信小程序"传图识字"进行图像文字识别。

打开微信之后,单击最上方的放大镜搜索按钮,输入"传图识字"进行搜索,在搜索的结果中单击小程序"传图识字"即可打开该小程序,如图 5-6 所示。

图 5-6 "传图识字"小程序

图片文字类型默认选择为"通用印刷字体",可以根据需要在"相册"中或"聊天记录"中选择需要识别的图像文件,也可以选择"开始拍摄"对需要数字化的印刷材料进行拍摄识别。当我们选中了一张图片后,传图识字程序则对该图片进行版面分析,如图 5-7a 所示。如果需要识别全部文字可以单击"全选",如果只需要识别部分文字可以选择"涂抹选词"并在版面分析区域进行涂抹来选择需要的文字块,然后出现文字识别"预览",如图 5-7b 所示,可以轻触文字进行编辑修改,或直接单击"复制文字"复制选中的文字,最后可以将复制到剪贴板的文字信息粘贴到其他程序中使用。选择文字后也可以单击"导出/转发"把文字导出到文件或转发到邮箱或好友。

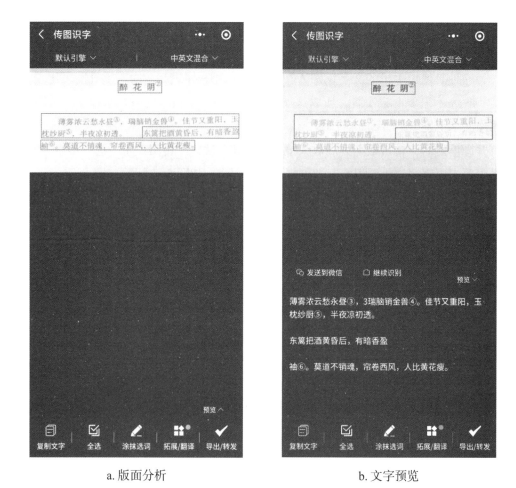

a. 版面分析　　　　　　　　b. 文字预览

图 5-7 "传图识字"版面分析及文字预览

（三）图片素材采集处理技能

PPT 课件如果只有文字，则教学内容的表现形式就过于单一，缺乏吸引力，所以要考虑如何把部分文字可视化、图形化，这就涉及 PPT 课件中图片的应用。首先我们要根据教学设计要求获取与内容相关的图片，其次对图片进行处理以更有效地表现教学内容。

1. 获取高质量图片

为了制作 PPT 课件，我们可能要花费很多精力去网上搜索相关图片，通过百度这种搜索引擎进行图片搜索，当然可以找到很多图片，不过这样搜索得到的图片良莠不齐，质量无法保证，而且会有很多无关的图片出现，所以我们也可以通过一些专门的图片网站查找高质量的图片，比如花瓣网、千图网、我图网、昵图网等，如果需要图标类的图形，我们也可以到 easyicon、iconfont、findicons 等网站去下载。

这里分享一个集众多图片网站和相关设计工具于一身的网站——搜图导航，该网站对 PPT 设计、平面设计需要的素材进行了分类，可以让你快速找到想要的素材，大大提高 PPT 制作效率，网址是：https://www.91sotu.com/。

2. PowerPoint 图片绘制与处理

除了上网下载图片素材之外，我们也可以利用 PowerPoint 自带的图片绘制和处理功能自主设计加工课件中所需要的图片、图标。下面我们以 PowerPoint2013 版的操作为例，对 PowerPoint 图片绘制与处理技巧进行讲解。

（1）PPT 图片绘制与处理基本技巧

PowerPoint2013 版具有强大的绘图功能，我们可以利用绘图区的各种形状绘制出多样的图形，在绘制的过程中有些基本技巧可以帮我们绘出特定的图形，提高绘图效率。

技巧 1：Shift 键的应用。按住键盘上的 Shift 键，用直线工具可以画出横平竖直或 45 度倾斜的线，用矩形工具可以画出正方形，用椭圆工具可以画出正圆，如图 5-8 所示。

图 5-8 Shift + 直线 / 矩形 / 椭圆工具画图

技巧 2：设置锁定绘图模式。右键单击某形状图，选择"锁定绘图模式"，可以连续使用该形状进行绘图，如图 5-9 所示。

图 5-9 设置锁定绘图模式

技巧 3：更改线条的属性。比如改变一条曲线的箭头样式，可以先选中线条，然后在"开始"功能区单击"形状轮廓"，选择"箭头"命令来灵活更改线的箭头，如图 5-10 所示。线条的粗细、虚实等其他属性也可以如此设置。

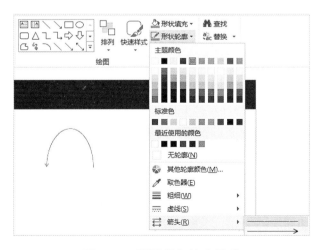

图 5-10 设置线条箭头样式

技巧4：更改多个图片上下叠放顺序。当我们选中图片时会出现"格式"功能区，如图5-11所示。在格式功能区中选择"上移一层"或"下移一层"可以将图片上移或下移，也可选择"置于顶层"或"置于底层"直接将图片移到顶层或底层。

a. 对象移动工具　　　　b. 移动前　　　　c. 移动后

图 5-11 格式功能区的上移、下移功能

技巧5：图片对齐操作。选中多个图片后，我们可以通过"格式"功能区的"对齐"菜单进行对齐操作，如图5-12a所示，三个圆角矩形未对齐的状态如图5-12b所示，应用"顶端对齐"后的效果如图5-12c所示，其他对齐方式大家可以自行尝试，看看效果。

a. 对齐菜单　　　　b. 图片未对齐　　　　c. 顶端对齐后的效果

图 5-12 图片对齐操作

技巧6：格式刷应用。当我们需要对多张图片应用相同的格式时，比如同样的背景颜色、同样的边框和阴影效果等，可以使用格式刷工具快速设定。首先选中一张图片，对其进行所需的格式设置，然后选择开始功能区的"格式刷"工具（如图5-13所示），在另一张图片上单击即可应用刚才设置的格式，如果要连续对多张图片应用格式刷，可以在选择"格式刷"工具时双击，则可以连续单击多张图片来应用之前设置的格式，效果如图5-14所示。

图 5-13 格式刷工具

　　　　a.应用格式刷之前　　　　　　　　b.应用格式刷之后

图 5-14 格式刷应用效果示意

这里要特别提示一下，叠放顺序和对齐操作不仅可以用于图片，还可以用在文本框上，用于改变文字内容的叠放顺序或对其进行对齐操作，或者进行图文混合对齐操作；同样地，格式刷也可以应用于文本上，让多段文本具有相同的格式。

（2）合并形状功能的应用

PowerPoint2013 版有强大的形状合并功能，利用该功能可以制作出复杂的自绘图形，以满足 PPT 课件的需要。当我们选中多个自绘图形时会出现绘图工具"格式"功能区，合并形状功能在"格式"功能区的左边，如图 5-15 所示。

图 5-15 合并形状功能

合并形状功能包括五大合并模式，分别是联合、组合、拆分、相交、剪除，其效果如图 5-16 所示。注意剪除模式是指在处于下层的图片中删掉处于上层的图片所覆盖的区域，图 5-16 中深色圆覆盖在浅色圆之上，所以剪除时将浅色圆中的深色圆覆盖部分删掉。下面通过两个案例示范如何使用合并形状功能。

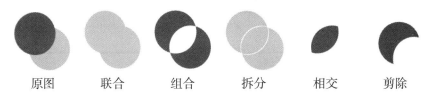

图 5-16 合并形状的五大合并模式效果

案例1：绘制空心泪滴图

要绘制空心泪滴图，我们可以利用绘图区域形状里的"泪滴形"与"圆形"进行剪除操作，并进行旋转得到最终图形（如图 5-17 所示），这里用到的"旋转"功能在"格式"功能区"对齐"功能下方。在此基础上还可以进行修饰，比如添加边框和阴影等。

图 5-17 空心泪滴图制作

案例2：制作拼图模块

拼图模块可以用于内容分类展示，我们可以用一个矩形与几个圆形进行合并形状完成制作，具体过程如图 5-18 所示。

图 5-18 制作拼图模块

（3）轮廓和填充应用

案例3：用轮廓框住不同模块的内容

PPT 课件中的元素，无论是文本框、自选图形还是插入的其他图片，都可以添加轮廓线，这些轮廓线构成的"框"有助于更清晰地展示不同模块的内容（如图 5-19 所示）。除此之外，轮廓线构成的"框"还可以作为独立模块与其他内容对齐，或者将文字和图片包围起来，当然比较常用的是用"框"来展示各类信息。

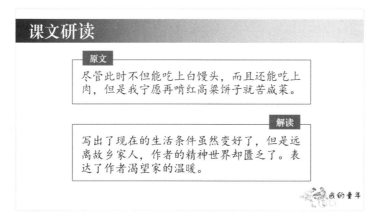

图 5-19 PPT 元素加轮廓线

要为元素添加轮廓,首先选中该元素,然后在"开始"功能区单击"形状轮廓"工具(如图 5-10 所示),可以根据需要选择轮廓的颜色、粗细、虚实样式等。图 5-19 中的"原文"和"解读"两个模块的标题采用了带背景色的文本框,并且叠放在两个模块的轮廓框上。如果要去掉元素的轮廓,选择"形状轮廓"工具中的"无轮廓"即可。

案例 4:用形状填充实现蒙版

当我们要在一幅图像上添加文字时,经常会发现文字淹没在图像背景中,不够清晰易读(如图 5-20a 所示)。我们可以为文本框添加填充色,也就是文本框的背景色,就好像为下层的图像蒙了一层纸,即蒙版,这样文字就可以从图像中凸显出来(如图 5-20b 所示)。

a.未加蒙版图像

b.加蒙版图像

图 5-20 填充应用示例

跟添加形状轮廓类似,要为文本框添加背景色,可以选中文本框后单击"开始"功能区的"形状填充"工具(如图 5-21 所示),选择需要的颜色填充。大家可能发现图 5-20b 的图像中文本框的填充色是半透明的,要做出半透明的填充效果,需要设置颜色的透明度,可以这么操作:单击"其他填充颜色",出现对话框(如图 5-22 所示),在其中选择白色,然后设置透明度为 40% 即可。填充的颜色除了纯色,还可以填充图片、渐变色、纹理,这些操作都可以利用"形状填充"工具的相应命令完成。

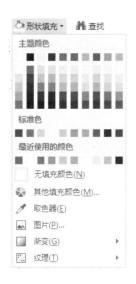

图 5-21 形状填充工具

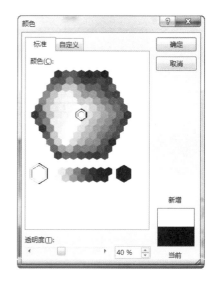

图 5-22 设置填充颜色及透明度

（4）图片处理技巧

除了可以利用 PPT 的绘图功能绘制图形外，PPT 课件中还经常会插入一些事先下载的图片，为了美化这些图片，让它们在课件中发挥应有的作用，我们可以利用 PowerPoint2013 版的图片处理功能对插入的图片进行加工处理。

案例 5：把图片裁剪为特定形状

剪裁功能是图片处理的常见操作，我们可以通过剪裁将图片的主要部分保留，剩余部分去除。如图 5-23 所示，对图片进行剪裁处理，默认保留的是一个矩形区域的图像。

剪裁前　　　　　　　　　　　　剪裁后

图 5-23 常规剪裁方式

除了以矩形的方式剪裁图片，PowerPoint 还提供了用形状剪裁图片的功能，比如把图片剪裁为一个椭圆形（如图 5-24 所示）。要实现形状剪裁效果，选中图片后，我们可以在"格式"功能区单击"裁剪"，选择"裁剪为形状"中的椭圆工具即可（如图 5-25 所示）。

剪裁为椭圆形后

图 5-24 裁剪为椭圆

图 5-25 裁剪为形状命令

案例 6：为图片添加各种边框

为了美化图片，我们可以为图片添加各种样式的边框（如图 5-26 所示）。要添加边框，我们首先选中图片，然后在"格式"功能区的图片样式中单击需要的边框（如图 5-27 所示），即可为图片添加选中的边框。

图 5-26 图片添加边框示例

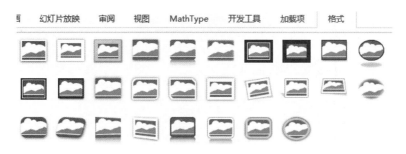

图 5-27 图片样式

（四）音视频素材采集处理技能

音视频资源主要可以通过网络下载，不过得到的音视频材料不一定拿来就能用，或多或少需要进行加工处理，关于音视频的编辑大家可以参考相关书籍和教程，这里仅对经常用到的剪裁合并操作与格式转换进行讲解，使用的不是专业的音视频软件，而是大家用得比较多、操作比较简单的QQ影音和格式工厂。因为音频和视频的操作方法没有太大区别，下面仅以视频素材为例进行讲解。

1．音视频剪裁

下载的音视频文件一般比较完整、比较长，而在教学中我们可能只需要使用其中的一个片段，如果要在教学中直接播放所需的片段而不是在播放器中前后搜索播放内容，我们就必须对音视频文件进行剪裁，只保留需要的片段。

案例7：剪裁视频片段

我们可以用QQ影音进行视频剪裁操作。打开QQ影音，在QQ影音中打开要剪裁的视频文件，该视频在QQ影音中播放，这时单击QQ影音右下方的"影音工具箱"按钮，在弹出菜单中单击"截取"（如图5-28所示）。打开"视频截取"窗口后，在进度条上拖动"开始位置""结束位置"滑环，确定需要截取的片段范围（如图5-29所示），单击"保存"按钮，指定保存位置以及保存的文件名后再单击"保存"即可保存剪裁的视频片段。

图 5-28 QQ 影音截取工具

图 5-29 设置截取范围

2. 音视频合并

有时候我们需要的音视频素材分布在某个音视频文件的多个片段中，为了方便教学，我们可以把多个片段分别剪裁出来生成多个音视频文件，然后将这些音视频文件合并成一个音视频文件，当然如果素材分布在多个音视频文件中操作过程也是如此。

案例 8：合并两段视频

要合并两段视频，我们需要打开格式工厂软件。第 1 步：在视频工具组中选择视频合并工具（如图 5-30 所示），然后在"视频合并"窗口添加需要合并的两个视频文件（如图 5-31 所示），单击"确定"返回软件主窗口；第 2 步：单击"开始"即开始进行合并，合并完成后有音效提示；第 3 步：可以在窗口左下方所示的文件夹找到合并后的文件。

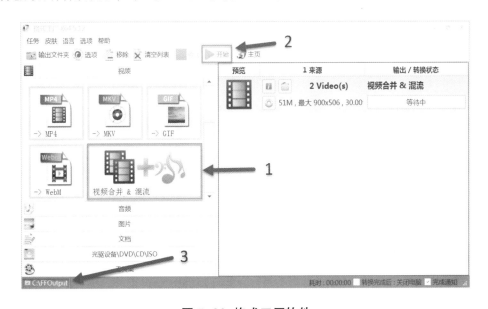

图 5-30 格式工厂软件

图 5-31 视频合并文件添加

3. 音视频格式转换

PPT 课件中音频的文件格式一般可以采用 mp3 格式，因为 mp3 格式文件最通用，资源最丰富，音频质量较好，并且文件经过压缩比较小，所以如果下载的音频格式是其他格式的音频文件，可以转换成 mp3 格式文件。PPT 课件中兼容性最好的视频文件格式是 wmv 格式，这种格式的视频文件可以在不同版本的 PowerPoint 中正常播放，不存在不能解码的问题，其他的视频格式文件最好转换成 wmv 格式文件再插入到 PPT 课件中使用。

案例 9：视频格式转换成 wmv 格式

打开格式工厂软件，在"视频工具组"选择"→WMV"工具，在"→WMV"窗口添加需要转换成 wmv 格式的视频文件（如图 5-32 所示），单击"确定"返回主窗口，单击"开始"即开始转换，转换结束后如案例 8 一样找到转换后的 wmv 文件。

图 5-32 添加文件转换为 WMV

二、PPT 课件制作技能

根据多媒体课件制作的一般过程，结合 PPT 课件的特点，我们认为 PPT 课件制作应该具有如下五个要素：教学目标、创意或逻辑、内容素材、图文排版、动画。

教学目标是教学设计中某些教学目标的具体体现，我们可以把它看成是 PPT 课件需要解决的问题，或者是希望 PPT 课件在教学中承担的主要任务。

创意或逻辑指的是 PPT 课件展开教学的思路，可以是一个与教学主题相关的故事，也可以是一个问题，抑或是在教学内容中提炼出的内在逻辑，通过创意或逻辑的展示帮助学生抓住重点、掌握难点。

内容素材即前面所述的多媒体素材，当然这些素材需要与教学主题紧密联系，能够很好地表现教学内容，成为教学内容良好的载体。

图文排版是 PPT 课件制作的关键，在以教学目标为指向、创意或逻辑为线索、内容素材为载体的前提下，图文排版将教学内容有机地组织起来。

动画是在图文排版对内容静态组织的基础上加上动态的效果，具有直观、形象、生动的特点，可以提高 PPT 课件的趣味性，同时也可以达到突出重点、控制信息流程的效果，这有助于体现教学内容展示的逻辑性。

演示型 PPT 课件是语文教师使用最多的课件类型，相关的制作技能主要有图文排版技能、多媒体运用技能、幻灯片母版操作技能、动画技能、互动技能，下面以 PowerPoint2013 版为基础分别对这几个技能进行实例讲解。

（一）PPT 课件图文排版技能

文字和图片是最基本的内容元素，任何一个 PPT 课件都少不了它们，在 PPT 课件中合理有效地运用图文信息，也是运用图文排版技能要实现的重要目标。

跟其他学科不同的是，语文教学中语言文字所占比重很大，而且也是学习的重点内容，因此 PPT 课件中的文字量也不小，为了能够重点突出，版面美观，不宜出现文字满屏的现象，需要对文字信息进行简约处理并合理排版。

技巧 1：提炼文本的关键词句。当教学内容文字比较多的时候，不能直接把相关文字插入幻灯片，而应该根据需要提炼出关键词句，用这些关键词句来表达教学内容，对文字信息进行简约化处理。

技巧 2：合理设置行距、段距与边距。为了聚拢同一段文字的内容，行间距要减小，但不能过于拥挤；为了区分不同段落、加大段落之间的对比，要加大段间距；版面内容与边界之间距离不能太小，要留有足够的边距，具体实现效果可以参考图 5-33。

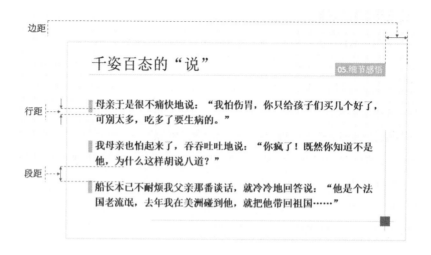

图 5-33 边距、行距和段距示例

技巧3：对齐文本和图形。根据版面设计的对齐原则，无论文本还是图形，我们都要进行对齐操作，否则各元素在版面上的排列会显得散乱、没有条理。图 5-33 中除了对文本段落设置了行距和段距，同时各段落也进行了左对齐，这种操作使得几个段落既有区分和对比，又体现出一定的视觉联系；标题的右边界与下方竖直的装饰线条也是对齐的，使得整个版面整齐有序。居中对齐是初学者最常用的对齐方式，它让人感觉比较安全，但通常也很平淡，所以不要什么内容都用居中对齐方式。

除了文本需要对齐，图形元素也一样要对齐，图文混排时文本与图形之间也要有对齐的操作；不仅同一个页面中需要对齐操作，多个不同幻灯片中的相同或相似的内容也经常需要进行对齐，保持在各页面相同的固定位置上。我们可以利用网格或参考线工具来辅助对齐，在"视图"功能区将"网格线"或"参考线"之前打钩，在幻灯片页面将出现由点线组成的网格或虚线的参考线，我们可以利用网格或参考线对齐幻灯片中的多段文字或多张图片。图 5-34 中的幻灯片显示了三条参考线，而默认只有两条参考线，可以按住 Ctrl 键同时拖动其中一条参考线，即可添加一条新参考线，用参考线对齐了包含词语的圆角矩形的左边线和上下边线。这种操作对于多张幻灯片内容对齐尤其便捷有效。

另外要提到的是 PowerPoint2013 版提供了对齐提示操作，即当我们在幻灯片中拖动某个元素时，会自动出现该元素与其他元素对齐和间距的提示，帮助我们快速进行对齐和排列操作，图 5-35 是拖动泪滴形图标时出现的对齐提示。

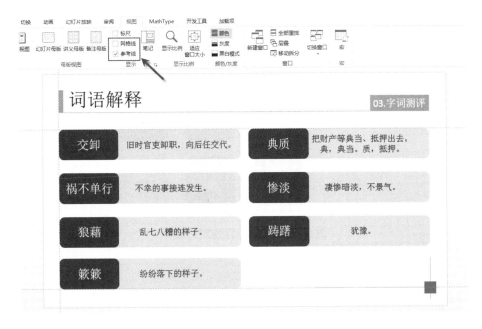

图 5-34 参考线对齐操作

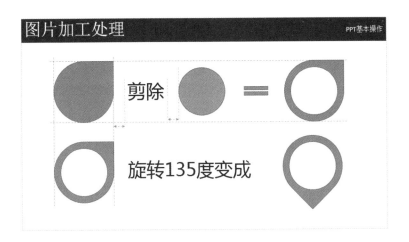

图 5-35 对齐提示

技巧 4：加大元素差异，实现对比效果。幻灯片的版面一般包含多个元素，为了突出某个元素，对其进行强调，可以更改其格式，使其与周围其他内容明显区分开来，这样就能达到对比的效果。对于文本内容我们可以采用加大字号、加粗显示、更改文本颜色或填充颜色等方式进行强调对比（如图 5-36 所示），每一行的三个对象中，具有与其他两个对象不同属性的一个就更突出醒目，当然从实际的效果来看，加大字号和改变颜色更易于达到对比的效果。

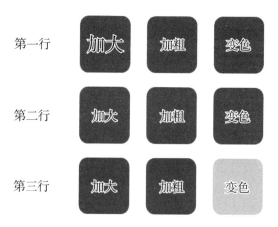

图 5-36 属性差异的对比效果

（二）PPT 课件多媒体运用技能

1. PPT 课件中应用音频

使用 PPT 课件教学有时需要用音乐烘托特定的气氛，或者需要播放课文的朗诵音频，我们就可以在 PPT 课件中添加音频，并在播放课件的同时播放音频。

（1）添加音频文件

操作方法：在"插入"功能区，单击"媒体"栏的"音频"，然后选择"pc 上的音频"（如图 5-37 所示），在弹出的"插入音频"对话框中，选择已经下载保存在计算机中的音频文件进行插入，幻灯片中会出现一个"小喇叭"图标，要试听声音，可以选中图标并在音频播放控制条中单击"播放"按钮进行播放。

图 5-37 插入音频文件

（2）用 PPT 录制旁白讲解

操作方法：选择"插入→音频→录制音频"，然后出现"录制声音"对话框（如图 5-38 所示），我们可以先为录音取个名字，再单击带有红点的按钮开始录音，要结束录音则单击停止按钮，单击播放按钮可以回放刚才的录音，要保存录音可单击"确定"按钮，这时幻灯片中会出现"小喇叭"图标。这里要说明的是，录音可以使用笔记本电脑自带的麦克风，不过如果要获得更好的录音效果还需要配备外置麦克风。

图 5-38 录制声音

（3）用 PPT 剪裁音频

除了前文已介绍过的用"QQ 影音"剪裁音频的方法，我们也可以用 PPT 自带的"剪裁音频"工具进行音频剪裁。操作方法：选中插入或录制的音频文件"小喇叭"图标，在"音频工具"功能区选择"播放"子功能区，再选择"剪裁音频"工具，出现"剪裁音频"对话框（如图 5-39 所示）。在对话框中可以设置音频的开始与结束时间，单击"确定"保存结果。

图 5-39 剪裁音频

（4）控制音频的播放

对于插入 PPT 课件的音频，要控制其播放的方式及持续的时间，我们还要对其进行相关的设置。比如说，我们希望放映到包含一个旁白声音的幻灯片时自动播放该旁白，并且希望在接下来的幻灯片放映过程中该声音能够持续播放直到声音播放结束，则我们需要选中该旁白声音的"小喇叭"图标，在"音频工具"功能区选择"播放"子功能区，然后把"开始"播放方式设置为"自动"，并在"跨幻灯片播放"之前打钩（如图 5-40 所示），如果希望放映时隐藏"小喇叭"图标，可以在"放映时隐藏"之前打钩。

图 5-40 设置音频播放方式

如果想要根据自己的需要对音频播放进行更精确的控制，可以在"动画"功能区单击"动画窗格"，然后在"动画窗格"中单击"效果选项"（如图 5-41 所示），出现"播放音频"设置对话框后,在"效果"选项卡中可以设置开始和停止播放的时间(如图5-42a所示),在"计时选项卡"中则可以设置音频是否延迟播放、重复播放等(如图5-42b所示)。

图 5-41 动画窗格中的"效果选项"

a. 效果选项卡

b. 计时选项卡

图 5-42 "播放音频"设置对话框

2. PPT课件中应用视频

跟音频一样,视频在PPT课件中也可以起到烘托气氛的作用,有助于创设特定的教学情境,除此之外视频也能提供比音频更丰富的教学信息,从视、听两个方面对学习者进行刺激,更有利于吸引其注意力,在视频素材选择合适的情况下会达到更好的学习效果。

(1)添加视频文件

操作方法:在"插入"功能区,单击"媒体"栏的"视频",然后选择"pc上的视频"（如图 5-43 所示），在弹出的"插入视频"对话框中，选择已经下载保存在计算机中的视频文件进行插入，然后根据版面设计需要调整视频在页面中的位置和大小。

图 5-43 插入视频文件

PPT 中并不是所有视频格式文件都能插入，即使是能够插入的 mp4 文件，也可能因为视频编码的原因在 PPT 放映的时候不能正常播放，建议大家尽可能把视频文件格式转换为 wmv 格式，这样可以确保视频在 PPT 中能够正常播放。

（2）用 PPT 剪裁视频

我们可以用 PPT 自带的"剪裁视频"工具进行视频剪裁。操作方法：选中插入的视频文件画面，在"视频工具"功能区选择"播放"子功能区，再选择"剪裁视频"工具，出现"剪裁视频"对话框（如图 5-44 所示）。在对话框中可以设置视频的开始与结束时间，单击"确定"保存结果。

图 5-44 剪裁视频

（3）控制视频的播放

选中插入的视频文件画面后，我们可以在"视频工具"功能区选择"播放"子功能区，通过更改"开始"播放方式为"自动"，把默认的"单击时"开始播放的方式改为自动播放，如果要全屏播放还可以在"全屏播放"之前打钩（如图 5-45 所示）。

图 5-45 设置视频播放方式

3. PPT 课件中应用 Flash 动画

在 PPT 课件中插入 Flash 动画可以为课件增加特色和互动性，不过 PPT 中没有直接插入 Flash 动画的工具，需要通过添加 Flash 控件的方式插入 Flash 动画。Flash 控件在"开发工具"功能区的"其他控件"中，如果 PPT 窗口中没有"开发工具"功能区，可以选择"文件→选项"命令，打开"PowerPoint 选项"对话框，选择"自定义功能区"，然后在最右侧一栏中，在"开发工具"之前打上钩（如图 5-46 所示），单击"确定"后 PPT 窗口将出现"开发工具"功能区（如图 5-47 所示）。

图 5-46 打开"开发工具"功能区

图 5-47 "开发工具"功能区的其他控件

PPT 课件中添加 Flash 动画按照以下两个步骤进行操作：

首先，在幻灯片中添加 Flash 控件。在"开发工具"功能区的"控件"中，单击"其他控件"，找到"Shockwave Flash Object"并选中（如图 5-48 所示），单击"确定"退出后，鼠标指针变成了加号"+"，此时可以在幻灯片上像绘制矩形一样绘制控件区域。

图 5-48 Flash 控件"Shockwave Flash Object"

其次，为 Flash 控件添加 Flash 动画文件。右键单击插入的 Flash 控件，然后单击"属性表"，在 Movie 属性栏中，键入你想播放的 Flash 动画文件名，swf 扩展名不能少（如图 5-49 所示）。特别提示：为了让添加的 Flash 动画能够正常播放，请将 Flash 动画文件复制到课件所在文件夹中再插入，添加音视频文件时如果不是"插入"而是采用"链接到文件"操作，请一定也这么做。

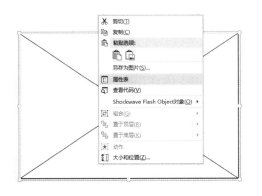

图 5-49 Flash 控件"属性表"

添加 Flash 动画之后，默认情况下放映包含 Flash 动画的幻灯片时动画会自动播放（如图 5-50 所示）。

图 5-50 播放中的 Flash 动画

（三）PPT 课件幻灯片母版操作技能

我们制作 PPT 课件时可能会碰到如下场景：下载了一个 PPT 模板，每张幻灯片都有 LOGO 文字或图片，但是不知道怎样删掉；在幻灯片上添加相同的内容，我们只能一张一张幻灯片重复添加，劳动效率很低。其实每张幻灯片都有的 LOGO 文字或图片并不是直接添加在各幻灯片中，而是在幻灯片母版中添加的，只要在母版中删掉，在所有幻灯片中就都消失了，同样，我们可以在幻灯片母版中添加文字或图片，所有应用了这个母版的幻灯片都会出现相同的内容。

案例 10：为各幻灯片右下角加上学校 LOGO

制作 PPT 课件时，在"视图"功能区（如图 5-51 所示），单击"幻灯片母版"进入"母版"视图，也可以按住"Shift"键同时单击窗口底部状态栏右边"普通视图"按钮进入"母版"视图（如图 5-52 所示）。在"母版"视图中，左边一列缩略图是母版的各个版式，其中第一个是主版式，其他是副版式，我们可以像编辑幻灯片一样对母版各版式进行编辑。如果在主版式中添加内容，则其他副版式都会出现相应内容；在副版式中添加内容，则应用了这个版式的每张幻灯片都会出现同样的内容。我们在主版式中插入学校 LOGO 并移动到右下方，则副版式"标题与内容"效果如图 5-53 所示，而所有应用该版式的幻灯片都包含了学校 LOGO（如图 5-54 所示）。

第五章　语文多媒体课件制作技能 | 171

图 5-51 "视图"功能区

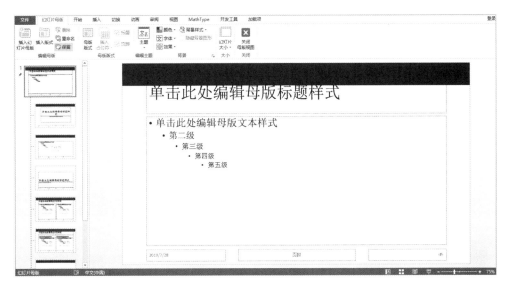

图 5-52 母版视图

图 5-53 母版版式中插入学校 LOGO

图 5-54 更改了母版后各幻灯片的效果

案例 11：制作过渡页幻灯片母版版式

演示型 PPT 课件通常由封面、扉页、目录、过渡页、内容、封底六个部分构成，我们可以为不同部分制作不同的母版版式，这样只需要根据教学内容添加不同的文字、图片等信息就可以制作出相应的幻灯片。这里我们以过渡页幻灯片为例讲解其母版版式的制作过程，过渡页幻灯片的效果如图 5-55 所示。

图 5-55 过渡页效果

版面分析：此版面包括四个部分，即课文信息（《背影》——朱自清）、教材信息（人教版八年级上册语文）、教学环节（字词测评）、装饰图形（线条、矩形等）。

制作过程：①新建一个空白PPT，进入母版视图后，选择某个不用的副版式，删除所有内容，然后添加版式中的线条和图形，可以直接用线条和图形工具绘制出来，将各部分位置调整好，实现版式的初步设计（如图5-56所示）。②接下来在"幻灯片母版"功能区选择"插入占位符"工具中的"文本"占位符（如图5-57所示），在版式中添加三个文本占位符，分别用于输入课文信息、教材信息和教学环节信息，并设置好字体、字号和颜色（如图5-58所示），右键单击该版式缩略图，在弹出菜单中选择"重命名版式"，将版式命名为"过渡页"。③单击"幻灯片母版"功能区的"关闭母版视图"按钮或单击状态栏的"普通视图"按钮退出母版视图后，单击缩略图中的一张幻灯片，在"开始"功能区单击"版式"工具，选择"过渡页"版式（如图5-58所示），即可将此版式应用到该幻灯片中，然后在相应的位置输入具体文字信息，过渡页最终效果如图5-59所示。

图 5-56 母版版式初步设计

图 5-57 "插入占位符"工具

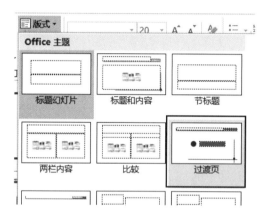

图 5-58 为幻灯片选择版式

图 5-59 母版中版式最后效果

（四）PPT 课件动画技能

PowerPoint 提供了幻灯片切换与动画功能，可以让幻灯片放映时更加生动活泼，不过用于教学的 PPT 课件其动画应用要与教学融为一体，一定要紧密结合教学的需要合理使用，不能为动画而动画，避免对学生产生不必要的干扰。记住 PPT 动画的特色在于因内容而变化，对内容的表现力越强，动画运用就越成功。

1. 幻灯片切换

PPT课件在放映的时候，各幻灯片依次播放，两张幻灯片之间默认直接进行切换，没有任何特效。为了增加放映的过渡效果，吸引学生的注意力，我们可以为幻灯片切换添加特效，不过这种特效不要用得太多、太花哨，可以在教学内容、环节发生改变的时候应用，用以提醒学生教学进程发生变化了。

PowerPoint提供了丰富的切换效果，我们可以在"切换"功能区找到各种类型的切换效果（如图5-60所示）。要使用特定切换效果，选择一张幻灯片，单击"切换"功能区的某个切换效果如"推进"，则本张幻灯片放映时会出现"推进"的切换效果。如果要对该切换效果进一步设置，可以在"切换"功能区右边进行相应的设置（如图5-61所示），我们可以增加自动"换片方式"，只要在"设置自动换片时间"前打钩，并设置具体时间长度即可，这种自动换片方式在进行演讲时可以考虑设置，只要演讲时间完全在你的掌控之中。PPT课件不建议设置自动换片，因为教学过程有很多不确定因素，不可能精确到分秒，这不符合教学规律。

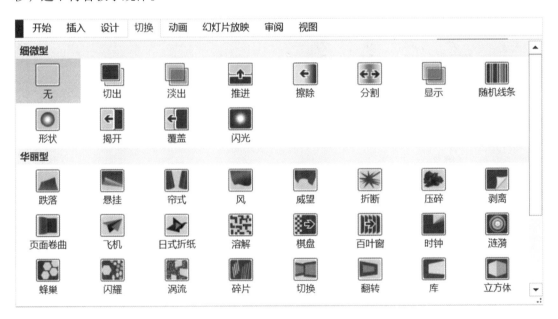

图5-60 幻灯片切换效果

图5-61 幻灯片切换设置

2. 自定义动画

PowerPoint 除了可以在幻灯片切换时设置动态效果，还可以对幻灯片中的各个内容元素添加动画效果，用于控制幻灯片上各元素出现、显示、消失效果，或者控制元素的运动方向、路径。使用动画可以有效控制课件中内容的出现顺序，展现出内容之间的内在逻辑关系，实际上动画能够让文字、图片、图表等相互独立的 PPT 元素协调配合，共同强化主题。

（1）PPT 动画类型

PowerPoint 提供了丰富的动画效果，主要可以分为四类：进入动画、强调动画、退出动画、路径动画。在"动画"功能区我们可以选择使用各种动画效果（如图 5-62 所示）。进入动画是指内容元素从无到有在幻灯片中出现的方式；强调动画是指对内容元素进行突出强调显示的方式；退出动画是指内容元素从有到无在幻灯片中消失的方式；路径动画是指内容元素沿着某个路径运动的方式。

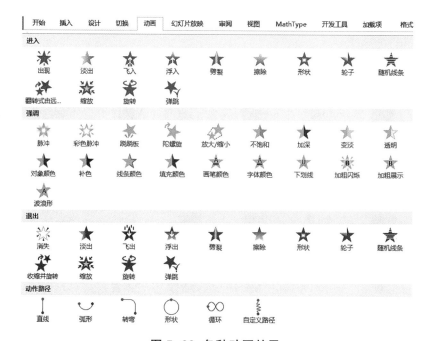

图 5-62 各种动画效果

在课件中应用这些动画效果，首先必须了解各类动画的特点及使用方法，其次要注意动画不能过于花哨，避免干扰学生对课件内容的关注，再次要注意动画持续的时间不能太长，以免破坏教学的节奏。要熟练掌握动画的使用技巧需要我们不断地尝试使用这些动画，观看并学习优秀 PPT 作品中动画的使用方式。

（2）添加动画

要为内容元素添加动画，我们可以先选中该元素，然后在"动画"功能区选择需要的动画效果，单击即可添加，并且马上可以看到动画预览的效果。图 5-63 中，如果希望

"交卸"这个词语的解释不直接出现,而是单击后以"擦除"的动画效果出现,则我们可以选中该词语的解释所在形状,然后在"动画"功能区单击"擦除"动画效果即可添加动画,此时该图形左上角出现了一个序号"1",表明它是这张幻灯片的第一个动画,在该幻灯片放映时这个动画会第一个出现。

图 5-63 添加动画

（3）动画设置

"擦除"动画默认的方向是"自底部",选中元素后我们可以在动画功能区的"效果选项"中改变动画方向为"自左侧",也可以把动画开始方式由"单击时"改变为"上一个动画之后"（如图 5-64 所示）。

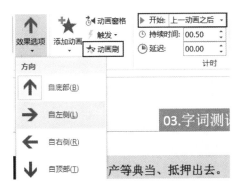

图 5-64 动画设置

（4）动画刷的应用

动画刷跟格式刷的使用方法类似,不过它专门用来复制某元素的动画效果并把复制的动画效果应用到其他元素上。前面我们已经把词语"交卸"的解释部分添加了"擦除"动画效果,要快速为其他词语的解释部分应用相同的"擦除"动画效果,我们可以应用动画刷来完成。选中"交卸"的解释部分,在"动画"功能区单击"动画刷"(如图5-64所示),再单击另一个词语解释,要连续使用"动画刷",可以双击"动画刷",这样就可以连续单击各个词语的解释部分应用复制的"擦除"动画效果了。

(五)PPT课件互动技能

PPT课件除了被动演示教学内容,还可以实现互动性,让学习者或教师根据需要选择要阅读或演示的内容进行播放,这种互动可以利用超链接和触发器两种功能实现。

案例12:创建包含超链接的目录页

首先制作PPT课件的目录页,然后选择目录中的一个目录项如"字词测评"并单击右键,在弹出的菜单中单击"超链接"(如图5-65所示),在出现的"插入超链接"对话框中选择链接到"本文档中的位置",并选择PPT课件中跟"字词测评"相对应的那张幻灯片,单击"确定",即创建了超链接(如图5-66所示)。

图 5-65 目录页

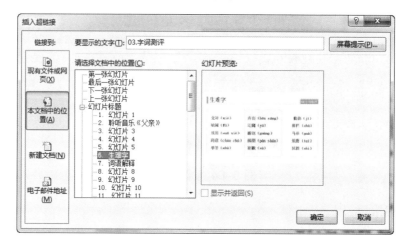

图 5-66 "插入超链接"对话框

PPT 默认的超链接字体颜色是蓝色，并且带有下划线，如果需要改变这种样式，可以自定义超链接样式。在"设计"功能区单击"变体"区的"颜色"，在下拉菜单中选择"自定义颜色"（如图 5-67 所示）。在弹出的"新建主题颜色"对话框中就可以对"超链接"和"已访问的超链接"的颜色进行任意设置了。不过这无法去除超链接文字中的下划线，如果要让超链接文字没有下划线，我们可以把每个目录项都单独做成文本框，然后选中整个文本框（不是其中的文字），再添加超链接即可，而且这么设置超链接，文字的颜色可以用文字颜色设置的通用方法来更改。

图 5-67 自定义颜色

目录设置了超链接后，如果需要，我们可以在其他幻灯片中添加超链接返回目录页，大家可以自行尝试完成。提示一下，我们既可以为文字添加超链接，也可以为图片添加超链接。

案例 13：触发器实现的互动课堂练习

触发器像个开关，它可以是一个图片、图形、按钮，甚至可以是一个段落或文本框，单击触发器时它会触发一个操作，该操作可以对动画效果、视频和声音进行控制。

"课堂练习"幻灯片的静态效果如图 5-68 所示。

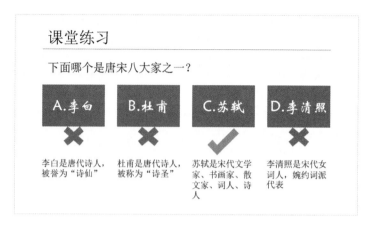

图 5-68 "课堂练习"幻灯片

设计思路：将红叉或绿钩以及对应的介绍文本框进行组合，为它们添加一个进入动画和一个退出动画，即一个元素添加了两个不同的动画，然后触发器设置为单击选项时触发对应的进入动画，用于显示相应的判断结果，单击问题题干时触发所有判断结果的退出动画，用于隐藏所有判断结果。比如，单击选项 A 时红叉和李白的介绍出现，单击题干"下面哪个是唐宋八大家之一？"时红叉和李白的介绍消失。下面我们以选项 A 李白为例讲解制作过程。

制作过程：首先为李白对应的红叉和李白介绍文本框组合添加进入动画"擦除"效果，再为其添加一个退出动画"擦除"效果，添加退出动画时要单击"动画"功能区的"添加动画"按钮，然后单击退出动画中的"擦除"效果（如图 5-69 所示）。按照上述过程为其他几个选项添加进入和退出动画。

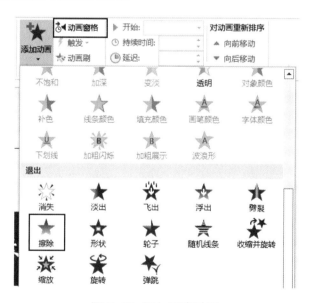

图 5-69 添加退出动画

接着在"动画"功能区单击"动画窗格"按钮打开"动画窗格"（如图 5-70 所示）。其中组合 22 是红叉和李白介绍文本框的组合，单击组合 22 进入动画右边的黑色三角形，在弹出菜单中单击"计时"命令，出现动画"擦除"设置对话框，在"计时"选项卡中单击"触发器"，并在"单击下列对象时启动效果"中选择"矩形 4：李白"，并单击"确定"（如图 5-71 所示）。接下来对组合 22 退出动画进行类似的触发器设置，在"单击下列对象时启动效果"中选择"矩形 9：下面哪个是唐宋八大家之一？"。自此选项 A 的触发器控制动画设置完成了，对于 B、C、D 选项我们可以按照上述操作一一设置，此时动画窗格如图 5-72 所示，几个组合的退出动画开始方式都是"单击时"，为了让它们在单击题干时同时消失，我们可以把后面三个组合的退出动画开始方式设置为"与上一个动画同时"，最终完成"互动课堂练习"的制作。

图 5-70 动画窗格中的动画

图 5-71 动画设置对话框

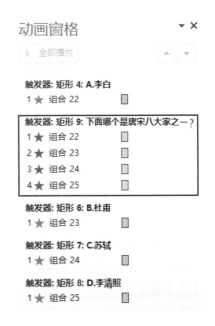

图 5-72 动画窗格中的触发器动画

第四节　语文多媒体课件制作的误区和常见问题分析

语文教学的主要目的是掌握和运用语言和文字的听说读写的能力，所以制作课件时应该以语言和文字为本，多媒体的运用只能是起辅助作用，不能越俎代庖用多媒体取代语言文字在语文教学中的核心地位。有些语文教师对于多媒体在教学中作用和地位的认识存在偏差，另外多媒体课件制作技能水平有限，所以在多媒体课件制作中出现了一些认识误区和制作问题。

一、以多媒体替代文本

图 5-73　课件《南州六月荔枝丹》

课件中多媒体是重要的内容表现手段，但是运用多媒体要适可而止，不能滥用。图 5-73 是课件《南州六月荔枝丹》的截图，我们可以看到，课件中插入了大量图片，占据了很大篇幅，而图像认知几乎是一种完全被动的认知，这使得文本在教学中的作用被削弱了，因为语文教学中语言文字的学习和感悟更多需要的是主动思考与理解。

二、课件中的教学思路不清晰

有些语文教师虽然进行了教学设计,写好了教案,收集了教学素材,但是做出来的课件还是没有清晰的教学思路,教学环节的划分不够明确。课件《南州六月荔枝丹》就存在这样的问题,整个课件的脉络不够明晰,没有用导航或统一样式的标题来组织各教学环节的内容,好像各个知识点的无序集合。我们知道课件设计制作的基础是教学设计,出现这种问题首先可能是教学设计本身有问题,没有理清教学思路,规划好教学过程,其次也可能制作者并没有以该课的教学设计为指导进行课件的设计制作,再次则可能是制作者课件制作相关技能掌握不熟练。

三、课件风格不统一

为了让学习者能够快速地关注到课件中的重要信息,避免其他无关信息的干扰,统一的风格不可或缺。不过有些教师在制作 PPT 课件时背景千变万化,文字五颜六色,版式也是五花八门,完全不统一(如图 5-74 所示)。要避免这点,我们可以在课件设计之初就确定整体的风格,包括背景(颜色或图)、字体(大小及颜色)、标题样式、导航的位置等,在保持风格基本统一的基础上,课件不同部分可以做适当的改变。

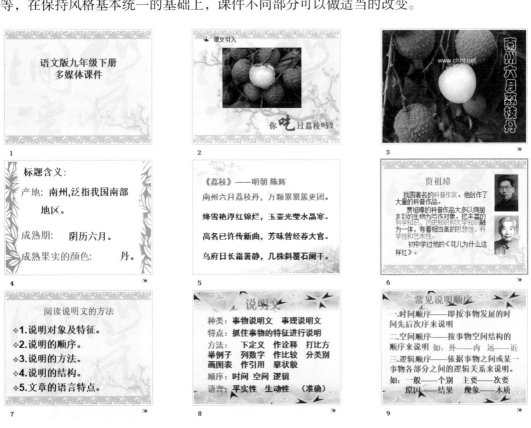

图 5-74 风格不统一

四、采用了陈旧的模板

很多语文教师为了节省时间，提高课件制作效率，会直接使用PPT模板来制作课件，这点无可厚非，不过有些教师在PPT模板选择上很随意，下载一个PPT课件后直接修改内容，甚至把多个下载课件的内容混合在一起，形成了一个以陈旧模板为基础构成的"四不像"风格的PPT课件，无论从内容表达上还是美观上可能都是不合适的（如图5-75所示），而且该图左边的页面还有另外一个问题，项目符号与序号并用了，这些都给人感觉课件制作者太不用心或者技能水平有待提高。

图 5-75 几种陈旧的模板混用

模板的选用很重要，它决定了课件的风格，其实PowerPoint2013版新建PPT文件的时候提供了一些色彩清新、版面简洁的模板供选择（如图5-76所示），而且可以输入关键词搜索联机模板。当然如果我们能够根据课件主题需要，利用母版操作技能来创建自己的个性化模板那就最好了。

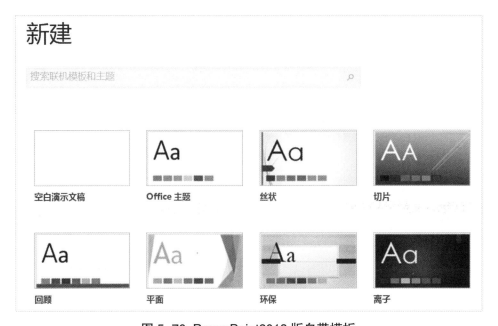

图 5-76 PowerPoint2013版自带模板

五、主题不突出

这里说的主题不突出指的是在单个幻灯片中出现的一种现象，既有内容上处理不当造成的主题不突出，更多的是外观上处理不当造成的主题不突出，这里面涉及很多具体的原因，这些原因都会造成主题不突出，而且很多课件往往是多种问题在一张幻灯片上集中出现。

1. 背景花哨，干扰主题

这种情况比较普遍，不少课件中插入了背景图，由于背景图选择不当或未经适当处理，或多或少都会造成幻灯片中的文本不能醒目地展示出来，影响文本的阅读（如图5-77所示）。这种情况可以这么处理：一种办法是换一幅更合适的背景图；另一种办法是对图片进行处理，如把彩色图片变成灰色或颜色变淡；第三种办法是为文本框添加半透明的填充色（如图5-78所示），当然这样只是解决了文本阅读的问题，并不代表背景图在这里是合适的。

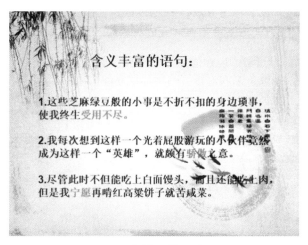

图 5-77 背景干扰文本显示

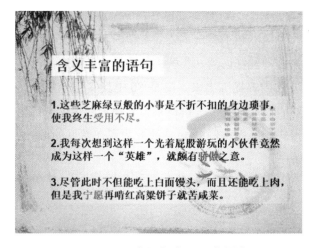

图 5-78 文本添加半透明背景色

2. 图形过多，分散注意力

图 5-79 所示页面中出现了多幅图形，还有 gif 动画，这些图形与主题没有明显关系，对于本页面的主题并没有起到强调和补充说明的作用，反而分散了学习者的注意力，干扰了主题的表现。除了图形滥用，课件中色彩过多过杂的问题也比较常见。按照课件界面设计的"降噪原则"，我们需要把课件中无关的图片去掉，只使用跟教学内容有紧密联系的图片，而且要使用高质量的图片，课件中颜色数量也要控制，减少颜色的使用，当然保留的颜色应该跟课件的整体风格相统一。

图 5-79 滥用无关图片

3. 文字过多，字号太小

这种情况比较多见，尤其像语文这样的学科，文本是学习的重点，经常会有大量的文本内容，但是把这些文字直接添加到 PPT 课件中似乎不太合适，由于文字太多，导致文字字号过小，或者塞满了整个幻灯片（如图 5-80 所示）。这样的课件在课堂教学演示时很难吸引学生的注意力，也不利于突出重要的教学内容，而且教师面对这样的页面，似乎只能照念了，课件沦为教师的题词器。要解决像这样文字太多的问题，我们首先要提炼关键词，把文字中最重要的内容提炼出来，图 5-80 中其实已经有合适的关键词了，就是颜色为浅色的几个词，然后利用这几个关键词来勾勒托尔斯泰生平的重要发展历程，表现方式可以采用时间线的形式，版面比例由 4∶3 改变为现在常见的 16∶9，改版后的效果如图 5-81 所示。

图 5-80 满屏文字的幻灯片

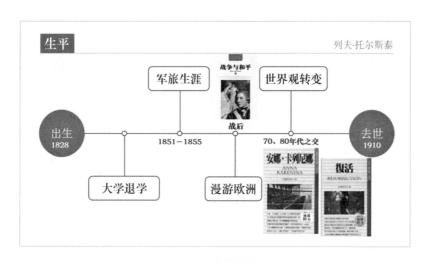

图 5-81 改版的效果

除了上述的问题外，其他比如图片变形或模糊，动画应用不当，使用了 PowerPoint2003 版的艺术字，版式混乱，文字排列混乱等问题，都会在各种 PPT 课件中出现，大家可以根据本章第二节所讲述的课件界面设计的方法和原则，对照着进行分析和修改。要想提高 PPT 课件制作的水平，还是那句老话："熟能生巧"。一定要进行大量的操作练习，只有不断地实践才能让你真正熟练掌握课件制作的各种技巧，形成自己独特的课件设计思维，当然这个过程中还需要观摩学习大量优秀的 PPT 作品。

本章小结

学科教学的信息化是教育信息化进程中的一个重要组成部分，语文多媒体课件制作应该是语文学科教学信息化的切入点之一。语文教师要参与教育信息化的过程，体验信息化对课程教学的革新作用，需要掌握多媒体课件制作的相关技能，而要真正掌握这些技能，尤其是多媒体素材采集加工和 PowerPoint 软件操作技能，还需要进行具体的操作和练习，比如利用常用软件进行各种素材的采集加工和处理，或利用 PowerPoint 进行图文素材的简单加工处理，使用 PowerPoint 进行课件制作的技巧练习。要制作出高质量的多媒体课件则需要大量的实践加上对优秀课件的观摩学习。语文学科教学过程中应用多媒体一定要符合语文学科自身的教学规律和特点，制作语文多媒体课件时需要以语文学科新课程标准的核心理念做指导，使得多媒体课件在语文教学中起到画龙点睛的作用，而不是导致喧宾夺主的效果。语文课件制作中的常见问题也是语文教师需要注意和避免的，这些问题既可能属于视觉设计层面的，也可能属于课件制作技巧层面的，还有可能属于语文教学设计层面的，因此语文教师一定要从这几个方面不断提升自己的功力，力求在教学中得心应手地运用多媒体课件辅助自己的课堂教学，从而实现相应的教学目标。

思考与练习

1. 什么是多媒体课件？
2. 制作语文多媒体课件的一般流程是什么？
3. 为什么要学习制作多媒体课件？
4. 简述 PPT 课件母版的编辑方法。
5. 语文多媒体课件制作有哪些误区和问题？应怎样克服？
6. 试着用本章介绍的多媒体课件制作技术制作一个语文课件。用心记录制作过程中还可能会出现哪些问题，需要哪些技能。

第六章　语文课外活动策划技能

本章学习目标
1. 了解语文课外活动策划技能的内涵。
2. 掌握语文课外活动策划技能。
3. 利用多种资源、多种形式开展语文课外活动。
4. 学会分析语文课外活动策划案例，借鉴有益经验。

本章要点提示

语文课外活动是指教师在实际的教学工作中，遵循语文教学目标，以相关主题为对象开展的一系列活动，旨在培养学生语文学习兴趣，提升学生的语文核心素养和学习能力。语文课外活动是课内教学的辅助和延伸，在调动学生学习积极性，培养学生自主、合作、探究等多方面能力上具有不可忽视的作用。语文教师策划课外活动需要掌握四大技能：语文课外活动策划技能、文案写作技能、语文课外活动组织技能、语文课外活动评价技能。它可以是由班级组织的班级活动，可以是由语文教研组组织的教研室活动，也可以是由年级组组织的年级组活动，还可以是由教导处组织的学校活动。它是校园文化的一个重要组成部分，是"大语文观"的具体体现，是提升学生语文素养的重要途径。作为语文老师，必须掌握策划语文课外活动的技能，具备组织语文课外活动的能力。

第一节　语文课外活动概述

一、语文课外活动的作用

开展语言课外活动对提升学生语文素养具有重要作用，主要表现在以下几个方面。

第一，培养学生的自主学习能力和主体精神。课堂教学由于时空和形式的限制，使得学生的主体性、自主性难以充分发挥。而课外活动则为学生发展提供了更广阔的空间。

第二，开发学生潜能，展现学生个性，发挥学生的创造力。课外活动给学生提供了充分展现个人能力的机会，让他们在活动中更好地了解自己，表现自己。

第三，培养学生的组织协调等社交能力，创造融洽的学习和生活氛围。学生在课外活动中，有更多的机会面对各种需要协调的人际关系。这能让他们学会交流、合作、尊重、宽容，增强了解，拉近距离，增加友谊，创造和谐、融洽的氛围。

第四，提高学习效率，拓宽学生的知识面。课外活动将书本知识与社会实践相结合，让学生能够加强对理论的理解，提高学习效率，也为学生提供更多接触其他学科知识和参与社会实践的机会，让他们开阔了眼界并拓宽了知识面。①

二、语文课外活动的基本特点

（一）学科性和综合性

学科性，就是语文课外活动必须体现语文学科的特点，而不能搞成其他学科、其他性质的课外活动，更不能搞成纯娱乐活动。综合性，是指语文课外活动往往和各学科交叉渗透、相互融合，主要体现在语文学习空间、学习方式和学习内容的综合，同时也涉及听、说、读、写等语文能力的综合发展。此外，语文课外活动的学习目的和功能更体现了综合性，更加注重的是多元目标的达成和整合，特别注重学习过程中兴趣的培养，价值观、合作精神、创新意识的培养、个性的发展，健康人格的形成等。但语文课外活动的最终指向是其学科性，必须有明显的语文学科特点。

（二）自主性和实践性

语文课外活动强调给学生提供实践的平台，让学生动脑、动手、动口，通过参与一系列学习活动，从实践中质疑、体验、探索、感悟、理解知识产生和发展的过程，获得正确的结论，进而培养勇于探索、不怕挫折、敢于实践、勇于创新的个性品质。因此，在语文课外活动中，要以全体学生为主体，积极调动每个学生主动参与各项活动的积极性，着重于让学生在具体的实践中去获取知识和生活体验。比如，组织学生走上街头，从形形色色的店名、标语和广告牌中寻找文字和语法错误，并与店家交流，力求说服他们改正错误，规范使用汉字。通过参加这类活动，学生的观察与合作能力、对信息的采集与归纳能力以及语言表达和交际能力都得到了提高。

（三）灵活性和创造性

语文课外活动是一种以学生自主选择为主的活动课程，必须尊重学生个人的志趣、爱好，以活动自身的魅力来吸引学生。语文课外活动内容丰富多样，可根据学生不同的发展水平、不同的兴趣爱好进行选择。如上自由读写课、才艺展示、开展课外语文能力竞赛活动、模拟举办新闻发布会、演课本剧、办手抄报等。

此外，语文课外活动形式多种多样，活动组织形式可以是个人活动、小组活动、班级活动、学校活动。教师可根据教学目标和活动方式、活动特点，灵活选择主题活动形式。通过开展灵活多样的语文活动调动学生主体的积极性、主动性。学生在参与、交流过程中促进个体健康发展。由此，最大限度地发挥语文活动教学的作用。

---

① 伍安春，等.国外大学生课外活动对我国开展素质教育的启示[J].重庆理工大学学报（自然科学），2006（5）.

三、语文课外活动的原则

（一）目的性原则

确立明确的目的是搞好活动的首要前提。为什么要举办此次语文课外活动，此次语文课外活动要达到一个什么目的，这在策划者心中首先要清楚，然后把目的通过一定的形式加以实现。

（二）主体性原则

主体性原则就是语文课外活动的展开始终以学生为主要活动者。教育的本身是双边的活动，即教师要发挥主导性，学生要发挥主体性。开展语文课外活动是要提高学生的自我认识和自我教育能力，所以发挥学生的主体作用尤为重要。一次成功的语文课外活动，主要是靠学生的积极参与和创造性的发挥，学生的主动性越强，活动的教育效果就越好。所以策划者除了把握活动的方向和主题，提出设计的构想或构想意图，以及为活动创造必要的条件外，还要做好以下两方面工作：一是如何激发学生参加活动的兴趣和需要，策划者要做好这方面的工作需在主题和形式的选择上下功夫；二是选择的主题要贴近学生实际，是学生关心的问题，活动形式要讲究新颖性、趣味性。

（三）多样性原则

明确的目的是语文课外活动的灵魂，而如何围绕活动主题搞好活动，除了学生主体性的发挥外，以合适的形式开展也是成功组织活动不可忽视的。语文课外活动的形式应该是多样的。多样性包括两方面含义：一是课外活动本身形式的多样性；二是同一主题的校园活动形式的多样性。

（四）时机性原则

抓住时机对学生进行教育，是教育活动中不可忽视的。所谓教育时机是因学生产生某种要求、想满足某种需要、受到某种外界的刺激，或由于某种情感上的变化、而一时心理失去平衡、处于某种"饥渴"状态的时候。在此时，学生的心理矛盾尤为突出，形成了思想发展的一个"燃点"，这时就是实施教育工作的最佳时机。比如，观影之后写影评，旅游回来做美篇，都是开展语文课外活动的好时机。

（五）系列性原则

学校教育是一项系统性的教育，作为学校教育的一个组成部分——语文课外活动，也应该坚持系列性原则。所谓系列性是指语文课外活动的主题应该形成一个相互衔接、由低到高的系列。

四、与语文课外活动有关的几组关系

吕叔湘先生曾经说过："少数语文水平较高的学生，你要问他的经验，无不异口同声说是得益于课外。"语文课外活动是学生语文课堂学习的延续，是对学生课余生活的拓展，是引领学生走向社会的航标。通过参加语文课外活动，学生学习的天地不再囿于学校，他

们的视野更开阔，能把目光投向学校以外的空间，并能深入思考发生在身边的事。由此可见，语文课外活动的开展十分必要，它为学生创造了提高学识、发展能力的宽松环境，实现了在多边活动中交流、促进和提高的目标。

（一）"课外语文活动"与"语文课外活动"

张鸿苓在其著作《语文教育学》中说："课外语文活动有广义和狭义之分。狭义的是特指那些由语文教师组织指导下进行的语文课外主题活动；广义的课外语文活动其范围要广泛得多，学生在语文课堂之外以语文作工具的任何活动，都可以称作课外语文活动。人们在语文课堂以外运用语言文字所进行的心理活动（内部语言）和生活、学习、工作等交流活动（外部语言），都是课外语文活动。"

"语文课外活动"是"课外语文活动"的一部分，它是在教师有计划、有系统的组织指导下，学生有意识、"被迫"参加的语文活动；有目的且有序。"课外语文活动"是学生在语文课堂学习之外，以语文作为工具进行的所有的读写听说的实践活动，是无意识的、自发的语文活动；无序且带有盲目性。

"课外语文活动"与"语文课外活动"最大的区别就在于：在语文课外活动中，学生成了真正意义上的学习主体。学生自发地产生学习需要，不受任何目标和规则的牵制，而是完全根据自己的兴趣选择活动内容，并且根据自己的意愿和理解独立自主地开展活动。

（二）"语文综合性学习"与"语文课外活动"

"语文综合性学习"是从其他学科中汲取语文营养，同时又用于其他学科的学习和实践，实现跨学科学习的一种新型的学习方式。

语文综合性学习不等同于一般意义上的语文课外活动，但语文课外活动以其丰富多彩的内容、灵活多变的形式成为践行语文综合性学习的最主要形式。

语文综合性学习的开展必须借助语文课外活动的手段，借鉴过去语文实践活动的经验，因此两者有着千丝万缕的联系。在方法途径上，语文综合性学习可利用各种课外资源，运用各种学习方法与手段开展语文课外活动，实现课内外结合，尤其注重在实际情境中、社会实践中、生活体验中培育人文素养和综合素质，达到全面发展的教育目标。

五、教学大纲和"新课标"对语文课外活动的相关要求

关于语文课外活动的重要性与必要性，历年公布的课程标准和教学大纲均有明确的规定。

1949年起草的《中学语文课程标准（草稿）》提出："要养成阅读习惯，课外阅读的鼓励与指导必须配合教材随时进行。换句话说，课外书也该作为一项教材。"

从20世纪80年代开始，先后出现过"课外活动""第二课堂""第二渠道""活动"等指称课外活动的名词。经历了较长时间的实践与摸索后，"课外活动"开始向"课程"转变。

1988年颁布的《九年制义务教育全日制小学语文教学大纲（初审稿）》，首次在语文教学中把课外活动作为独立的部分来讨论，提出了在语文教学中进行课外活动的目的、内容、组织形式等。

而国家教委于1988年拟订并于1992年正式颁布施行的《九年义务教育全日制小学、初级中学课程计划（试行）》中，首次把"活动课程"作为一种独立的课程形态纳入课程体系，打破了长期沿用的单一学科结构，并在以分科课程为主的前提下，适当设置了综合课，小学新增了社会课，形成了活动课程与学科课程相辅相成的局面。

2000年《九年义务教育语文课程标准（修改稿）》第二部分"课程目标"规定，语文活动课程统称为"语文综合实践活动"，把以往单一的语文课，分为必修课、选修课和活动课三种，进一步加重了"活动"在语文中的分量。

第二节　语文课外活动技能的类型与内容

语文是育人课程，语文课外活动既是语文能力的培养过程，也是学生综合能力培养的过程，基于此，语文课外活动策划可以从以下几方面进行思考：第一，以道德品质教育为目的。无论从做人还是从用人单位的用人标准来看，学生的道德品质教育都是十分重要的。第二，以社会生存能力教育为目的。比如学生在公共场合口语表达能力的培养，以及与人沟通能力的培养等。这样的锻炼对于他们来说有很大的好处。第三，以学习能力教育为目的。"授人以鱼不如授人以渔"，学校必须把培养学生的学习能力，作为校园活动的重点加以强化。第四，以凸显个性发展教育为目的。第五，以能力拓展训练为目的。

一、利用家庭资源开展语文课外活动

（一）家长是最富亲情的课程资源

家庭是学生除了学校以外最主要的生活、学习场所，来自家庭方面的课程资源与学生密切相关，也最为丰富。语文课程的家庭资源主要包括两方面：一是物化的文化环境与设施（如家庭藏书、报刊、集邮册、工艺品、音像资料、家用电器，以及家庭文化环境等）；二是非物化的能体现亲情气息的人际环境（如家庭成员的关爱、亲友的往来、邻里间的相处等）。每个学生有不同的家庭，不同的家庭出身、不同的家庭文化、不同的家庭结构、不同的家庭教育等，对学生的影响举足轻重。如果我们能把家庭语文课程资源利用起来，将是很具有亲和力的一部分教育资源。

家长是课程资源的生命载体之一，家长与社会接触面广，有其自身优势。家长的知识结构和言行举止同教师、教学用书等其他形式的课程载体一样，对教育活动发挥着重要的作用。家长的积极配合可以帮助教师有效地开发课程资源，而学生家长中不乏高素质、能

力强的人，是很重要的资源。教师要与有一定特长的家长建立联系，使之积极配合学校进行教育，比如邀请家长来校办讲座、作报告，组织和指导学生开展活动。家长的工作千差万别，教师可以充分调动这些资源，为学生安排丰富多彩的实践活动。如语文实践活动中设计的一些社会调查任务，若有家长的帮助与配合将会事半功倍。又如在"我爱我家"语文课外活动中，可以请一两位口才好的家长到学校参加活动，讲"老照片"的故事。学期结束时，请家长帮孩子挑选出最满意的一次书法作业，由老师装订成册，再请家长为全班最优秀的十份作业打"星"，教师根据得"星"的多少评优。

（二）家庭物品是伴随小学生成长的语文课程资源

家庭的物品伴随学生一起成长，学生对它们充满了深厚的情感。语文学习如果能与家庭的物品挂上钩，学生的学习积极性就会得到充分的激发。

教师要鼓励家长多购置孩子喜爱的书籍、杂志、音像资料等，开拓学生的视野；鼓励孩子充分利用家庭现有材料，开展语文学习活动。在学习拼音、积累词语，以及习作训练中，教师可让学生用拼音拼写家里的物品，如家具系列、厨具系列、床上用品、服装鞋帽类、装饰品……随处可得的家庭物品，都可丰富学生的语文学习内容。只要有心，从家庭中很多看似寻常的物品中都能挖掘出丰富的语文课程资源。

（三）家庭信息是最鲜活的语文课程资源

新课程标准不仅注重学生收集信息和处理信息的能力，而且提倡拓展学习的时间和空间。家长分布于各行各业，有时收集资料远比教师方便得多。

例如，上完《行道树》一课，孩子们深深体会到了行道树的悲哀，他们决心为行道树做些什么。经讨论，决定拒绝使用一次性筷子和塑料袋。教师提议他们一定要拿出确切的数据让人信服：如一次性筷子的使用量，使用一次性筷子要浪费多少资源；不合格的一次性筷子的制作过程中用到了哪些对人体有害的物质；塑料袋的使用造成的危害等。第二天，一个同学列出了她向在餐馆工作的阿姨问到的使用一次性筷子的详细的数字；而父母开餐馆的一个同学搜集到了一个中等规模的餐厅一天所用的一次性筷子的数量；父亲在税务局工作的同学则已经知道了所在区有多少家餐厅……

二、利用学校资源开展语文课外活动

校内语文课程资源十分丰富，在学校里可开发的语文课外活动资源是相当多的。正如陶行知所言："学校无空地，处处皆育人。"因此关注体验学校生活、开发和利用学校课程资源是开展语文课外活动的捷径。

（一）利用教师资源开展语文课外活动

教师作为课程资源建设的主体有两个方面含义：一是教师本身就是一种重要的课程资源，教师具有的知识、经验和专业技能是课程活动的重要素材，其状况决定了教师资源的品质，优秀的教师就是高品质的课程资源；二是教师能够有意识地根据学科特点开发和使用所需要的课程资源，教师不仅决定着课程资源的选择和利用，更是素材性课程资源的重要生命载体。

教师本身就是丰富的活资源。搞好教学工作的关键，在于教师素质。就素质而言，不同的教师有不同的特长：有的擅长美术，有的擅长音乐，有的擅长朗读，有的擅长板书，有的擅长运用多媒体手段。这些能力在课堂教学中的恰当运用无疑会增强课堂效果，对课程资源的开发也起到重要的作用。有一位教师在教学《小小的船》时，就充分运用音乐来激发学生理解、欣赏课文并激发想象，把学生带入一个星光灿烂的美妙夜晚；一位教师执教李白的诗《望庐山瀑布》时，在动情的朗读指导中，为学生再现了一位豪情万丈、对酒当歌的诗仙李白；一位教师在教学《太阳》时，充分运用简笔画这一特长，在黑板上寥寥数笔勾勒出大海、草原、山村、森林等画面，让学生联系画面体会课文，读句子，看图说话等；还有的老师充分利用多媒体技术，教学《只有一个地球》，整合大量的相关信息，丰富教材的内涵，以学生喜闻乐见的形式处理教材，调动学生的求知欲，使学生真正乐学、好学。

（二）利用学生资源开展语文课外活动

1. 学生的经历和体验是一种资源

教师要密切关注学生的课外语文活动，通过学生的课外语文活动了解学生的个性，根据不同学生的学习特点和已有能力合理安排语文课外活动内容，使每个学生在活动当中都要有所得。如对喜欢看电视剧和小说者，可引导他们写各类评论；对喜欢上网者，可组织讨论网络语言的是非；对喜欢"煲电话粥"者，可指导他们如何用简短的话语说清问题；对喜欢发短信者，组织短信编制竞赛……

2. 学生的情感和兴趣是一种资源

在语文教学中，要特别重视调动学生语文学习的内驱力。一些学生不愿读课文却喜欢阅读课外书，懒得做笔记却不厌其烦地抄录流行歌曲，害怕写作文却乐于为他人写赠言。借助学生不同的兴趣爱好，教师在教学中可探索通过游戏、比赛等方式，来激发利用学生的兴趣资源。

教师可以组织学生开展如下活动：

签名设计。依据学生对影视明星的签名表现出浓厚兴趣这一现象，教师可组织学生进行签名设计，顺便给学生介绍各种字体的写法和特点，最后对学生设计的作品进行评展交流，使学生从这一活动中获得愉悦。

撰写对联。对联是一种格调高雅的传统文化，在语文教学中引入对联教学，举办征联活动，把一些学习内容编成上联，由同学续对下联，活动深受学生喜爱和欢迎。

题写赠言。针对学生在毕业前热衷相互写赠言的现象，因势利导，采取为班集体写赠言的方法，即由每名学生写一段赠言，谈自己学习生活的体会和对同学们的祝福，最后结集编印，这样可提高他们写作的兴趣。

唱优秀歌曲，集经典歌词。针对大多数学生喜欢唱歌，对流行歌曲的歌词格外喜爱的特点，教师可向学生介绍一些既符合他们心理特点，又健康向上的歌曲，引导他们不但要会唱歌，还要善于发现健康向上、语言精美的歌词，通过朗读、欣赏、积累歌词，来丰富自己的语言。如《相信自己》中"多少次挥泪如雨，伤痛填满记忆，只因为始终相信，去拼搏才能胜利"；《妈妈的肩膀》中"妈妈的肩膀，好像两座山，左边落下月亮，右边升起太阳，银色的期望，金色的理想，都在妈妈的肩膀上"；《爱的奉献》中"只要人人都献出一点爱，这个世界将变得更加美好"。这些优美的歌词，让人向善、向上。教师要启发学生把歌词运用到作文中，恰到好处地深化文章的中心，突出文章的主旨，提高作文水平。

（三）利用教材资源开展语文课外活动

从课程资源的角度看，教材无疑是最重要的课程资源，但教材并不是唯一的载体，知识来源于实践，教师可以组织学生参与一些实践活动，使学生在实践活动的过程中，自觉地把理论知识与直接的感受和体验结合起来。

1. 创造性地处理教材资源，激发学生学习兴趣

特级教师窦桂梅对教材《牛郎织女》的处理匠心独运，让我们体会到了牛郎织女坚贞不屈的爱情。窦老师把整个教学流程设计成了两个部分：聊故事本身；聊故事背后的故事。

窦老师在课前还给学生布置了一项作业——撰写四大民间爱情故事读书报告单。学生们通过自己查找资料的方式，了解了《白蛇传》《梁山伯与祝英台》《孟姜女》《牛郎织女》中的人物、故事梗概、主题和故事中的感人情节，感悟到虽然这些故事的人物不同，情节发展不同，故事结局不同，但是它们都表达了同样的主题——追求真挚的爱情。这个环节的设计别具匠心，窦老师用一张小小的读书报告单，简明扼要而又形象生动地把民间故事的创作特点展示在了学生眼前，植根于学生心中。

课后，窦老师又把不同版本的《牛郎织女》的片段让学生进行对比，有狡猾的牛郎，有好色的牛郎；有泼辣的织女，也有"开放型"的织女。通过对人物动作、语言、神态等的对比，让学生认识到叶圣陶先生笔下那个憨厚执着的牛郎、痴心坚贞的织女才是符合中国国情和我们的审美观的。窦老师通过创造性地扩展教材，让学生领略了来自文本的深层力量。使得这堂课的教学效果实现了最优化，学生学习文本的兴趣也越发浓厚。①

2. 依据教材，拓展阅读，扩大积累

在教学中，教师和学生要大胆地对现行教材进行增删取舍，努力让教材成为学生发展的重要策源地，并在此基础上扩大篇章的积累量。以某一篇目为基点，从不同角度进行拓

---

① 王粉林.让课堂成为生命拔节的珍贵时空——窦桂梅《牛郎织女》教学片断赏析与感悟.语文教学通讯：小学[J].2013（9）.

展阅读，从而得到各方面修养的提升。鲁迅先生的《少年闰土》中的少年闰土在孩子的心目中，是一个很完美、值得向往的形象。学完课文，学生们都津津有味地谈论着闰土的勇敢、聪明。这时不妨提出："你们想知道中年闰土的样子吗？"学生们对此兴趣很浓。教师便将《故乡》推荐给了学生。学生读完后，对中年闰土的变化以及造成他变化的原因，提出了各自不同的见解。有的学生讲闰土变了，变傻了，变呆了。也许让学生理解其中的深刻道理很难，不过，把学生从课内带到课外，这一点教师做到了。

（四）利用校园资源开展语文课外活动

一个学校经过长期的文化积淀，必然形成它独特的文化氛围与环境，在育人方面发挥着潜移默化的作用和影响。有人曾把校园文化环境称作"隐性教育资源"，意指其在学校教育中发挥着潜在隐性教育的功能和作用。

1. 利用实物资源

可以在教室里张贴学生自己的书法、绘画作品，发动学生精心布置班级的图书角、阅读栏、"我会读"评比栏、"看谁写得棒"习字栏等，在校园的草坪写上充满爱心和诗意的话语，让学生在多彩的校园环境中通过各种渠道感受语文，学习语文，在充满真、善、美的环境中陶冶情操，健康成长。如学习《只有一个地球》一课，光是利用教材所提供的资源是有限的，教师可以让学生从身边的报刊资源入手，收集许多相关资料，选学各大报刊上与"神六"飞天有关的各种文章，让学生了解航天知识和当今航天技术的发展前景，激发学生学科学、爱科学、用科学的情感。然后精选出一些内容，制作成以"灿烂星空——探索宇宙"为专题的橱窗剪报展来丰富课堂教学。这样的活动不仅扩展了语文知识，而且锻炼了学生的动手能力、合作能力，开阔了学生的视野，让学生了解最新科技动态。

2. 发掘活动资源

为了配合"6月5日环境日"的宣传，结合少先队活动内容，可以组织"环保小制作"比赛。学生们利用废旧材料动手制作了很多作品，有可乐瓶做成的花篮、棒冰棒做成的笔筒、一次性筷子搭建的傣家竹楼……学生们用他们的奇思妙想完成了一次变废为宝的行动。最后评出优秀作品，以"人人参与，创建绿色家园"为题进行展出。环保教育是语文教学的重要内容，学生在参与"环保小制作"活动的过程中陶冶了情操，确立了正确的环境观和可持续发展观。同时，他们学习写策划书、总结书，达到了写作训练的目的；另外，还可以请他们自己介绍作品的构思、功能，达到锻炼口才的目的。把队日主题活动与语文课外活动结合起来，一举多得。

三、利用校外资源开展语文课外活动

校外课程资源是丰富的，以其具体形象、生动活泼，以及学生能够亲自参与等特点，给学生多方面的信息刺激，能够调动学生多种感官参与活动，激发学生兴趣，使学生身临其境，在实践中增长知识，培养能力，陶冶情操。

（一）利用节日资源开展语文课外活动

1. 利用传统节日开展语文课外活动

中华民族是一个勤劳智慧的民族，在发展过程中逐渐形成了诸如春节、元宵节、清明节、中秋节、端午节、重阳节等重要传统节日。这些节日里蕴涵着丰富的民族文化、饮食文化、服饰文化，寄寓着丰富的家国情怀。利用这些节日可以开展一些语文课外活动，比如中秋节，就可以开展赛诗会，凡是反映思乡、团圆、咏月的诗都可以读一读、写一写、唱一唱。

2. 利用政治节日开展语文课外活动

在我们的节日里，还有一些是有着深刻含义的纪念日。比如五一劳动节、六一儿童节、三八妇女节、国庆节、教师节等。可以让学生了解这些节日的由来，组织一些庆祝活动。比如组织"伟大祖国繁荣富强——建国70周年手抄报比赛""劳动光荣——五一劳动节主题演讲"等活动，既可以锻炼语文表达能力，又可以增强政治素质。

3. 利用假日旅游开展语文课外活动

在节假日，很多家长都会带孩子们去旅游，放假前老师可以先布置这样的任务：

第一，把你认为最美的风景拍或画下来，并在照片或图画上写上几句话；

第二，把你在这次旅游活动中学到的字抄下来，并写在照片下；

第三，把你在游览过程中认识的朋友的名字或与他们交谈的内容记下来；

第四，把这次游玩过程中的见闻、经历写成日记与老师分享；

第五，小组合作整理旅游所得的资料做成一份手抄报……

在大家看来，这不是一次作业，而将是一个既有趣，又能大展所长的活动。大家听了，都抱着浓厚的兴趣出发了。

（二）利用公共资源开展语文课外活动

中国是有着丰富历史文化资源的国度，尤其是经过改革开放四十多年的建设，我国综合国力不断增强，人民幸福安康。为了加强中小学生教育，很多爱国主义教育基地、传统文化教育基地、科技教育基地都免费开放，老师们完全可以广泛地利用这些资源开展主题研学活动，培养学生的家国情怀，发展语文能力。

此外，还可以利用报刊、影视、广告、网络等大众文化传媒资源开展语文课外活动。比如对于低年级的同学，可以开展找错别字比赛的活动；对于高年级的同学，可以开展撰写影评、书评等比赛活动。

第三节　语文课外活动策划技能指导

一、活动策划技能

"策划"一词来源于广告学。策，是指计策、谋略，划，是指计划、安排，两个字连起来就是指，有计划地实施谋略。活动策划通常是一种需要组织者因时、因地制宜，整合各种资源而进行的安排周密的活动。好的策划，能环环相扣、前后呼应。策划可大可小，时间可长可短。语文校园活动从班级活动到学校活动，无论哪一个层次都需要教师事前周密地安排，这就需要策划技能。

（一）统筹技能

每一次语文课外活动，教师事先都应该把所有的问题在脑子里完整地过几遍，尽量考虑周全，才能确保活动顺利进行。一般围绕以下几个环节进行策划：

（1）确定课外活动的主题。

（2）确定活动的时间、地点，以及邀请的嘉宾。把详细的时间地点通知嘉宾是很重要的环节，提前与嘉宾沟通确保嘉宾出席，是确定一场语文课外活动的重中之重。

（3）沟通场地方。沟通环节尤为重要，场地方的设施设备调试关系到一场校园活动的整体效果。

（4）确保相关同学出席。通知与此次活动有关的同学，确保所有参与的同学都通知到。

（5）活动中的安保机制。安保环节至关重要，通常需要我们提前与校园安保部门沟通，做好应急预案。

（6）活动后对整体物料的回收与场所的清理。活动过后我们须回收在活动中所用到的物料，并回收在活动中收集来的重要学习资料、问卷调查等，进行整理编辑。活动后对活动场地的清理打扫也是必须的。

（二）创新技能

确定好语文课外活动的主题之后，就要选择一个比较好的活动名称和活动形式，这需要创新能力。活动的主题、内容与形式都是决定活动成功与否的重要因素。有时候主题不够新颖，但由于活动形式发生了变化，也会给人耳目一新的感觉。比如，诗歌朗诵比赛是比较常见的语文课外活动，但是用"我和诗歌有个约会"来作为这个活动的名称，就显得诗意盎然，充满生机了；安全教育也是老生常谈，老师年年讲，月月讲，天天讲，但是，如果不采取常规的主题班会的形式，而是开展手抄报比赛活动，改说为写，发挥的空间一下子就大了很多。

二、文案写作技能

（一）策划书写作技能

前期的准备工作完成之后，就要通过文字来说明自己的做法，同时也要告知相关人等一起按此执行，这就是写作活动策划书。一份规范的策划书，一般由标题、活动背景、活动主题、活动目的、活动对象、活动时间地点、活动内容、活动场地布置、活动程序和分工、活动经费预算组成。

1. 活动标题

作为一份完整的策划书必须有标题。标题的拟定，可以有两种形式，其一是直接书写为"XX学校XX活动策划书（计划书）"，例如"江湾小学汉字听写大赛策划书"；其二是把点明活动主题的词语作为主标题，而把"XX学校XX活动策划书（计划书）"作为副标题列于其下。例如"快乐学习，智慧人生——江湾小学超强大脑竞赛策划书"。

2. 活动背景

应把握两个方面的内容：一是社会、学校、学生的热点和需要，二是学校自身发展的特定情况和需要。比如一场汉字听写大赛的背景可以这样写：汉字作为中国最宝贵的文化遗产，它承载着汉民族的情感与历史。但是，越来越多的人习惯用键盘书写。小学生作为祖国的未来和希望，担负着建设祖国，传承文化的重任。因此，提高小学生听写汉字的能力是新时代保护汉字文化的重要举措。

3. 活动主题

活动的主题，在表述形式上可以是一个短语，如"追梦"，也可以是具有对仗意味的两句短语，例"我的梦，中国梦"，乃至采用诸如"梦想·现实"这样的词语组合方式，尽可能概括和简练，并富有一定的文采和韵味，让人一目了然，印象深刻。

4. 活动目的

任何活动都有预期的目的，此目的与背景有着密切的关系。例如前文所举的汉字听写大赛的目的是：丰富校园生活，提高学生汉字书写能力，培养学生对祖国文化的情感。

5. 活动对象

活动对象在表述上要很具体。比如全校师生；全校学生；全体少先队员；五年级学生等。

6. 活动的时间地点

关于活动的时间地点，文字表述应该清楚明白，不可含糊。比如"六月一日在学校举行庆祝活动"的表述就比较含糊。准确的表述应该是"六月一日上午八点在学校操场举行庆祝活动"。

7. 活动内容

活动内容包括活动各个项目的组合和安排，这是策划书最重要的部分，理应予以重点突出。例如"疯狂古诗词"语文课外活动的内容安排：

"疯狂古诗词"语文课外活动过程安排

（一）"火线追踪"猜出诗人，由班委简单介绍该作者的生平及作品。

（二）第一个活动环节——诗词吹蜡，小组选定成员上台记忆诗词，在背诵的同时吹灭蜡烛，领先者胜。

（三）第二个活动环节——诗词夺凳，小组选定成员上台在12宫格中拼凑出正确的诗词。

（四）第三个活动环节——诗词接力赛，本环节共分以下几步：大象鼻子转圈→脸贴气球→24点→看图识诗词。小组所有成员一起参与，分别选择自己擅长的环节进行接力，相互配合、协作，共同完成最后的辨图识诗词。

（五）班委统计得分，评出优胜小组，由班主任颁发奖状及小礼品。

（六）请班主任和评委点评此次活动。

8. 活动分工

为了确保活动顺利进行，要对相关人员进行分工，任务落实到人。一方面方便管理，另一方面培养责任意识。视活动规模大小，可以分为若干个组，一般可以分为策划人、总负责人、宣传组、后勤组。

9. 活动场地布置

活动场地的选择与布置跟活动规模密切相关。既可以放在室内，也可以放在室外。如果在本班教室，活动前对教室进行陌生化处理，安排同学把教室的桌椅重新摆放例如摆成相对的两排（如图6-1所示），方便分组对抗，提高同学参与意识。

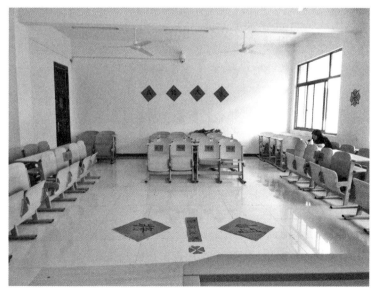

图6-1 室内活动场地布置

如果放在室外，则可以选择草坪，或席地而坐，或随意站立，也有一番与众不同的滋味（如图6-2所示）：

图 6-2 室外活动场地布置

10. 经费预算

语文课外活动可能会产生一些费用，合理支配和使用经费，也是对学生理财能力的一种锻炼。

"疯狂古诗词"语文课外活动策划书见第 213 页附录 1。

（二）总结书写作技能

语文课外活动结束之后，要针对策划方案与实施过程进行反思、总结，写出"总结书"。总结书的格式与"策划书"基本相同，但更加注重反思、评价和心得。

> **"疯狂古诗词"语文课外活动心得**
>
> 通过组织此次活动，我们认识到要开展一个活动并不那么简单。写一份策划书或许容易，但到真正落实它时，需要考虑的因素有很多。如设置的环节是否符合活动主题，是否能得到落实，中间又会出现怎样的意外情况等。
>
> 在活动开展时，我们遇到的第一个问题是因人数不齐导致分组时出现混乱，耗费了一定的时间。原本的计划被打乱，因而后面的活动也都需要做出适当调整。如在"诗词吹蜡"的环节中，我们的初衷是希望学生在游戏过程中能背诵积累一些古诗，但事与愿违，重心却偏向了游戏。学生们背诵诗歌的声音并不大，蜡烛全部吹灭了诗歌也未必背诵完整。这时活动的规则就需要有所调整，只需要让学生先一口气吹灭面前的蜡烛，然后给大家背诵诗歌。这样一来游戏的规则就清晰了，也能更好地体现主题。但我觉得，一场有失误的活动比一场零失误的活动的意义要重大得多。有失误说明还有进步的空间，在活动中遇到的问题将来可能还会出现，这是对我们临场应变能力的考验，也是我们累积经验的过程。

"疯狂古诗词"语文课外活动总结书见第 215 页附录 2。

三、语文课外活动组织技能

新课标倡导以学生为主体,并不意味着教师便可以袖手旁观。相反,这是对教师的能力提出了更高的要求。教师应不断提高自身能力,在充分肯定学生主体地位的基础上,给予学生强有力的支持,做学生的引导者和领路人。教师可通过语文课外活动了解学生的兴趣和爱好,给予适当的点拨,尽量不使学生感到"被迫参加"。教师的指导一般体现在以下几个方面:在学生制定活动计划时给予相关帮助;在开展活动过程当中,适时进行必要的引导,保证活动的顺利进行;在活动结束之后,还要帮助学生总结经验,指出不足,并提出努力方向。

(一)动员技能

学生广泛的参与和高涨的热情,是语文课外活动得以顺利进行的保障。为了激发学生参与活动的热情,教师应做好动员工作,鼓励学生多参与,提高学生对活动的认可度。

(二)协调技能

在语文课外活动举办过程中,难免会出现学生分工不明确的情况。有的小组成员热情高、做得多,有的成员劲头小、做得少。针对这一情况,教师可与热情不高的学生单独谈话,找寻其缺乏热情的根源。学生之所以积极性低,往往是因在小组内存在感低,没有找到适合自己的职责。教师应发掘学生的闪光点,善加利用,为其提供展示的机会,帮助其实现个人价值。

(三)督促技能

教师调动起学生积极性后,并不意味着一劳永逸,由于语文课外活动从筹办到完成的时间较长,学生后期常会出现怠惰敷衍的情况。因而,教师需时刻关注活动的进度,经常督促学生,当学生后劲不足时,及时给予言语鼓励、方法指导,并辅之以相应的奖励政策。比如举行"办语文报"语文课外活动,老师要求学生分三个阶段汇报办报情况:一是办报前,确定组内成员分工及职责;二是办报过程中,交流办报的趣事和遇到的困难;三是报纸初步成型后,交给教师审核,由教师提出修改意见。

总之,要使学生感到你是在"陪"他"玩",不是在"管教"他;只有这样,学生才能在活动中充分发挥积极性和主动性,从而获得相应的发展,提高语文素养,课外活动也就取得了实效。

四、语文课外活动评价技能

(一)成立评价团队

语文课外活动的评价团队要根据活动的层次、规模、形式、场地等因素来确定。但无论哪个级别的活动都要有评价团队。校级的可以正式一点,以语文老师为主,团委、大队部等组织的相关老师也可以担任;班级的可以请语文老师和班干部担任。评委既是评价人员,也是指导老师,以评价促进语文课外活动的展开。

（二）明确评价标准

语文课外活动的评价标准可以根据主题是否符合学情，活动是否以学生为主体，活动的设定是否符合主题，活动策划是否有创意，活动进行是否顺畅，团队是否有合作精神，团队成员参与度，活动现场效果，活动策划是否有安全预案，课件是否能辅助活动，场地布置是否符合主题等因素进行量化打分。评价标准要事先告知参与活动的人员，增加透明度；评委一定要做到公平、公正、公开，否则很容易引起学生的不满，挫伤他们积极性。

（三）确立评价方式

评价可以由现场打分与评委点评相结合。打分是用具体的数据来衡量活动的效果。评委点评可以对分数之外的很多东西进行补充或说明，还可以结合活动内容与形式进行指导，使学生知其然，还知其所以然，以便不断修改，不断进步。

（四）组织评价语言

活动点评，首先要得体，其次要专业，第三要以鼓励为主。

得体，就是评委的发言要与自己的身份相匹配，如果是领导，应该强调活动的意义，充分肯定活动成功之处，并且对全体参与人员表示感谢；如果是老师，要感谢领导的重视，要介绍活动的过程，客观评价活动并指出一两点不足。

专业，评委打分一定要有足够的专业知识的支撑，才能够服众。

鼓励，以学生为主的活动一定要以鼓励为主，充分肯定他们的成长与进步。

第四节　语文课外活动策划举例

一、"百班千人共读"活动

> 2016年的9月3日，无意中我发现了"百班千人"读写共读活动，于是抱着试试看的心情向主办方投了班级简介。19日，意外收到了录取通知短信。那刻的心情无以言表，多年来自家关起门来小打小闹，如今终于有了专家、大咖的引领，怎能不雀跃，怎能不激动呢？
>
> "兵马未动粮草先行"，一个好的活动必然少不了先前的积极动员，于是乎，我给每一位家长发了一条短信，就此"百班千人"共读活动暨挑战21天活动正式在我班拉开了序幕。
>
> ——徐老师

徐老师是浙江某小学一年级的语文老师，她带领班上的学生参加了"百班千人共读一本书"的全国性读书活动，他们班共读的是《爸爸出门以后……》绘本。因为一年级的学生识字量很少，所以其实是父母与孩子一起读，然后由父母在班级群里相互交流，共同培养孩子的阅读习惯。一本简单的绘本，怎么能坚持读近21天，并且每天读出不一样的感受？他们经过了五个步骤：初读绘本，了解绘本大意；精读绘本，感悟绘本内容；阅读延伸，再现绘本精髓；引领阅读，发现别有洞天；自创绘本，再现生活。坚持亲子共读的作用就像一位同学妈妈说的那样：参加百班千人共读《爸爸出门以后……》这本书，每天坚持看半小时，慢慢地女儿会自己在睡前翻看，无需提醒。老师引导着学生阅读，学生也在促进着家长们阅读、推动着老师们深阅读。雅斯贝尔斯说："教育是一片云推动另一片云，一棵树摇动另一棵树，一个灵魂召唤另一个灵魂。"亲子共读就是这样的过程。

二、"书香校园"活动

腹有诗书气自华，最是书香能致远。为了营造浓郁的校园文化氛围，突出学校"书香校园"特色，提高学生的综合素质，使学生养成良好的阅读与学习习惯，福田区第二小学在考虑行动的可行性的基础上，推出"营造书香校园"活动计划。大力加强"书香班级""书香少年""书香教师"及"书香家庭"建设，努力营造全校读书氛围，激发师生的读书兴趣，让师生与好书做伴，与书中大师对话，读写结合，为师生个性和谐发展奠定深厚的文化内涵。让书籍为学生打开一扇扇窗，开启一道道门，丰富他们的知识，开阔他们的视野，活跃他们的思维，陶冶他们的情操，真正使他们体验到：我读书，我快乐；我读书，我成长。

案例

> **福田区第二小学"书香校园"活动方案**
>
> 一、活动目的
>
> 通过活动，形成"人人爱读书，读书来育人"的校园读书氛围，使书香校园活动成为学校可持续发展的动力。
>
> 二、活动主题
>
> "我读书 我快乐 我读书 我成长"
>
> 三、活动内容
>
> 1.教师层面
>
> （1）学校开展"读好书、求新知"读书活动，教师每学期至少阅读1本书。校长、书记参加教育局组织的读书活动，每年读规定的三本书，并参加闭卷考试；全体教师认真读《学会正面思维》，并撰写读书笔记。
>
> （2）每年举行一次"教师论文撰写"活动，确保每年有一定数量的教育随笔、教学论文上交。

(3)在全体教师中开展每周一次美文分享活动。

2.学生层面

(1)抓好班级图书角建设，做到"三有"，即有足够数量的图书（至少人手一本）；有读书互助小组，同伴共读；有专人管理，负责借还登记。

(2)常抓经典诵读，利用早自习时间诵读《弟子规》。

(3)每周二下午第七节课是学校规定的课外阅读时间，各班根据本班情况开展活动，并确定主题。

(4)坚持不懈开展学校"一日三读"惯例，即"晨读"（早自习五分钟经典诵读）；午读（午自习自己读）；亲子共读（晚上在家与父母一起阅读）。

(5)开展"我是五好小公民"读书活动，在活动中做到"五个一"：即读好一本书、开好一次主题班会、写好一篇读后感、组织一次演讲比赛、搞好一次表彰。

3.家庭层面

(1)印发《创建书香校园告家长书》，进行宣传动员。

(2)开展"亲子读书活动"。填写亲子阅读卡，架设家校沟通的桥梁，营造浓郁的家庭读书氛围。父母督促孩子每天阅读课外书（不少于30分钟）。

(3)建议父母经常带孩子到图书馆、书店等文化场所，积极参加读书活动。

(4)开展"亲子读书——书香家庭"评选活动。

三、文化之旅研学活动

有条件的地方，可积极开展文化之旅研学活动。以曲阜为例，十多年来，曲阜依托孔子研学旅游节（前身为孔子修学旅游节），大力发展研学旅行项目，吸引了几十万海内外青少年前来实地体验和学习儒家优秀传统文化。曲阜以孔子研学旅游节为平台，将传统文化与现代教育实践活动相结合，弘扬儒家优秀传统文化，开发有文化内涵且具有参与性、互动性、趣味性的研学旅游产品，不断创新，做精研学产品，推动研学旅行，逐步形成了多样化的研学旅行项目：(1)开笔礼；(2)成人礼；(3)孔庙祈福；(4)背《论语》，游三孔等；(5)孔庙朝圣穿汉服，拜先师。学生们到大成殿亲自参加祭孔大典，向先师敬献花篮，行祭拜礼，诵读《论语》，感受传统文化的氛围。"尊师有礼，礼传天下。"研学活动的开展传承了中国尊师重道的传统美德，也激发了学生学习和传承中国传统文化的热情，增强了文化自信和民族自豪感。

第五节　语文课外活动策划的误区及案例分析

一、活动表面热闹，内在价值缺失

提到语文课外活动，一些教师就容易陷入课外活动的误区，盲目地认为开展学科实践活动就是要搞校外活动，把语文课外活动等同于走出学校搞语文活动。但这样热热闹闹的活动，只是停留在表面，没有领会学科实践活动的实质，没有认识到活动内在的价值，没有给语文学习注入深刻的内涵。

案例

妙笔书写方块字，传承文化靠大家
—— 汉字听写大赛

一、活动主题

妙笔书写方块字，传承文化靠大家——汉字听写大赛

二、活动背景

为引导学生感受汉字之美，从小培养学生认真规范书写汉字的良好习惯，提高学生学习传统文化的积极性，举行主题为"妙笔书写方块字，传承文化靠大家"的汉字听写大赛。新世纪的学生，是中国特色社会主义事业的接班人，更应该写好中国字，继承和发扬中国优秀的传统文化。我们希望通过开展这一活动，使学生重新审视方块字独特的魅力，心怀汉字情，心系中国梦。写好汉字不仅是个人的事，更是关系到文化传承的大事。这次汉字听写大赛就是为了激发学生们对汉字的热爱，让他们感悟汉字的深厚文化底蕴，形成规范书写汉字、保护汉字的意识，树立爱汉字、爱汉语、爱中国文化的价值观。

三、活动对象

小学二年级学生

四、活动流程

（一）前期准备工作

在网上有选择性地收集一些五六年级课本上的生字词，设计与汉字听写大赛有关的游戏互动环节，并购买活动中所需的小奖品。

（二）活动进行阶段

1. 大赛开场白环节，由XX同学首先叙述汉字的魅力及其作用，并阐述一下这次开展汉字听写大赛的目的及意义。

2. 接下来开始赛前热身运动，组织同学们进行"你来比划我来猜"的活动。

3. 大赛正式开始，对在场的每一位学生进行听写，听写对了的同学才能进行下一轮听写比赛，一共有四轮比赛，最后评选出一、二、三等奖。

4. 在每次进行下一轮比赛之前，都会设计一个互动环节，让所有的小朋友都参与进来，表现好的小朋友会获得奖励。

5. 大赛结束后，由小朋友们说说自己在这场大赛中学到了什么，有什么感受，以及以后打算怎么做。

6. 最后总结，结束活动。

这个案例中的语文活动策划陷入了"内在价值缺失"的误区。活动的立意是好的，培养小学生热爱祖国文字的情感，但是二年级小朋友掌握的汉字本身就不多，书写也很不熟练，环节设置、内容设置没有注意体现语文的内在价值，没有真正体现语文活动的特点，活动的效果不佳。

二、多个学科拼凑，语文本质缺失

语文课外活动更强调实践性和综合性。但是，有的实践活动只是将多种教学目标简单相加，将多种学科知识简单累加。不同学科知识的"杂烩"和"拼盘"能否体现出语文学科实践活动的"综合性"？语文课外活动的归宿到底在哪里？母语教育的特点是否应该贯穿于实践活动的始终？对这些问题都缺乏专业思考。

案例

"书写个性，画出未来"语文课外活动

一、活动主题

书写个性，画出未来——在书画中寻找乐趣

二、活动背景

为提高素质教育办学水平，展现素质教育的丰硕成果，面向全体同学，充分发挥艺术教育的育人功能，培养同学们健康的审美情趣、良好的艺术修养，渗透学校"书画"教育理念，引导同学们真、善、美全面和谐发展。特决定举办一次"书写个性，画出未来"主题班会。

三、活动对象

一年级同学

四、活动流程

（一）前期准备工作

在网上收集、下载关于书画的历史演变和分类的知识，收集著名书画家信息以及他们的作品，对书画作品进行具体介绍，便于学生理解。

（二）活动进行阶段

1. 班会开始时，首先，由三人进行自我介绍。其次，由一人来引出"书画"这一主题，随后对书画的定义、历史发展过程及著名书画家进行简单介绍。其他两人分别

负责拍摄活动照片和播放PPT、维持教室秩序。

2. 播放书画图片，引起同学的兴趣，继而进一步导入主题。

3. 根据图片来学习书画的种类及其历史演变过程。

4. 根据图片来了解著名书画家。

5. 教授简笔画的画法，为接下来的自主活动环节打下基础。

6. 以"画出未来"为主题进行现场画画比赛。

7. 根据同学们的作品，大家一起评选出一等奖两名，二等奖四名，三等奖六名，优秀奖若干名。

8. 组织人员将小奖品分发给同学们。

9. 进行总结，合影留念，结束班会。

这个案例中的语文活动策划陷入了"多个学科拼凑，语文本质缺失"的误区，看起来热热闹闹，又写又画。但脱离一年级小朋友的学情，内容设置大而空是这个活动的主要问题。注重流程的完整性，缺少与学生的互动，没有真正体现语文活动的特点，活动的效果不佳。

三、角色定位不明，教师作用缺失

在语文课外活动中，一些教师不清楚教师的角色定位。有的教师在指导学生活动时，不愿放手让学生实践，或包办代替、或干预过多；也有的教师走向了另一个极端，放任学生自由活动，没有做出及时的指导、巧妙的点拨、适时的鼓励，忽视了教师的作用。

案例

才艺大比拼语文校园活动

一、活动主题

舞动青春，唱响青春

二、活动背景

"走上舞台，你就是青春的主角，挑战无处不在，秀出你的青春风采，用才艺展示自己，让掌声肯定你。"为丰富同学们的课余生活，展示中学生健康活泼、积极向上的精神风貌，营造和谐美好的校园精神环境，特策划本次校园活动。

三、活动对象

实验中学8年级1班全体同学

四、活动流程

1. 才艺大比拼。要求选手以各种方式诠释自我，凡能展示个人风采的节目均可，力求形式多样化（舞蹈类、歌唱类、曲艺类、器乐类、工艺类、朗诵主持类、相声小

> 品类、美术书法类等)。
> 　　2. 游戏乐翻天。互动游戏，参赛选手与现场观众合作进行。
> 　　3. 评委评分，现场颁奖。获奖者发表获奖感言，全体参赛人员留影纪念。
> 　　4. 主持人宣布活动圆满结束，学生干部打扫清理现场。

此案例中的语文活动策划陷入了"课外活动"的误区，认为开展语文活动就是要搞校外活动，看起来形式多样、热热闹闹，但这种活动只是停留在表面，不是真正的语文课外活动，而是各种类活动的大杂烩，体现不出语文学科的素养和内涵。在活动进行中，教师把大部分时间与注意力都放在参赛成员上，未能照顾到其他同学，致使现场几度出现冷场现象。教师放任学生自由活动，没有及时指导、巧妙点拨、适时鼓励，忽视了身为教师的指导作用。

本章小结

课外活动策划有利于激发学生的学习兴趣，有利于弥补课堂教学的不足，有利于提高学生的语文素养，有利于培养全面发展的人才。在新时代背景下，语文教师要培养德智体美劳全面发展的学生，使学生适应未来发展的需要。据此，我们既要教授语文知识，更要开发多种资源，利用多种形式让学生勤于学习、乐于学习，真正做到寓教于乐。语文教师策划课外活动需要掌握四大技能：课外活动策划技能、文案写作技能、课外活动组织技能、课外活动评价技能。在这些技能的外显形式以及实质内涵上赋予语文学科的内容，彰显语文教育的特色。在具体操作上，语文教师在策划课外活动时会呈现不同的风格，但无论怎么样，在策划活动时一以贯之的是活动应以关爱学生、学科知识、师生共建、以文化人这四项内容为重要支撑点。我们通过讨论与分析语文课外活动策划的各类案例，目的在于获取有益的课外活动策划经验。从一点一滴做起，我们可以在应该做的和能够做的方面做得更好。这也是语文教师进行语文课外活动策划的理想心态。

思考与练习

1. 语文教师为什么需要掌握语文课外活动组织策划技能？
2. 语文课外活动策划需要哪些技能？你觉得自己具备了吗？
3. 把班级分为若干个小组，每组策划一个语文课外活动并展示出来，然后进行评比。

【附录1】策划书

"疯狂古诗词"语文课外活动

策划书

活动班级：<u>实验小学四年级（2）班</u>
活动时间：<u>2016年3月30日</u>
策 划 人：<u>官同学　罗同学　郭同学</u>

一、活动背景

古诗词是我国传统文化的精粹，是中华民族引以为豪的瑰宝。我国自古就有对少年儿童进行"诗教"的传统。可是，传统的古诗词教学方法以老师的灌输和学生的机械背诵为主，形式呆板，手段单一，容易让学生感到枯燥乏味。所以，如何有效地激发学生学习古诗词的兴趣，探索有效学习的方法和途径，拓展古诗词的学习空间，丰富学生对学习过程的体验和感悟，促进学生的全面发展，是值得思考的问题。

二、活动目的

在弘扬与传承中华文化精髓的同时增强我班同学之间的交流与沟通，培养同学们的团结意识，促进校园文化的多样性发展。

三、活动主题

诵读经典诗词，传承中华文明

四、活动对象

实验小学四年级（2）班全体师生

五、活动时间

2016年3月30日

六、活动地点

综合楼401

七、活动流程

（一）班委发言，介绍此次活动的背景及目的。

（二）"火线追踪"猜出诗人，由班委简单介绍该作者的生平及作品。

（三）开始活动。

第一个环节"诗词吹蜡"，小组选定成员上台记忆诗词，在背诵完的同时吹灭蜡烛，领先者胜。

第二个环节"诗词夺凳"，小组选定成员上台，在12宫格中拼凑出正确的诗词。

第三个环节"诗词接力赛"，本环节共分以下几步：大象鼻子转圈→脸贴气球→24点→看图识诗词。小组所有成员一起参与，分别选择自己擅长的环节进行接力，相互配合、协作完成最后的辨图识诗词。

（四）班委统计得分，评出优胜小组，由班主任颁发奖状及小礼品。

（五）请班主任和评委点评此次活动。

【附录2】总结书

"疯狂古诗词"主题班会

总结书

活动班级：<u>实验小学四年级（2）班</u>
活动时间：<u>2016年3月30日</u>
策 划 人：<u>官同学　罗同学　郭同学</u>

一、活动背景

古诗词是我国传统文化的精粹，是中华民族引以为豪的瑰宝。我国自古就有对少年儿童进行"诗教"的传统。可是，传统的古诗词教学方法以老师的灌输和学生的机械背诵为主，形式呆板，手段单一，容易让学生感到枯燥乏味。所以，如何有效地激发学生学习古诗词的兴趣，探索有效学习的方法和途径，拓展古诗词的学习空间，丰富学生对学习过程的体验和感悟，促进学生的全面发展，是值得思考的问题。

二、活动目的

在弘扬与传承中华文化精髓的同时增强我班同学之间的交流与沟通，培养同学们的团结意识，促进校园文化的多样性发展。

三、活动节目单

（一）"火线追踪"猜诗人

（二）"诗词吹蜡"

（三）"诗词夺凳"

（四）"诗词接力赛"共分以下几步：大象鼻子转圈→脸贴气球→24点→看图识诗词。

（五）班主任颁发奖状及小礼品。

四、活动具体情况

1. 同学进场，以抽签形式分为四个小组。
2. 班会开始，由班长和学习委员开场引入班会主题。
3. 进行"火线追踪"活动，全班抢答；引入诗人杜牧，并由学习委员介绍诗人及相关作品。
4. 每个小组选出一名代表进行"诗词吹蜡"比赛，边背古诗词边吹蜡烛，吹多者胜。
5. 每个小组选出两名代表参加"诗词夺凳"比赛，由文艺委员以拍出节奏为号，选手开始夺凳，夺到凳者上台在12宫格中拼凑出正确的诗词。
6. 四个小组全体参加"诗词接力"比赛，依次进行四个环节比赛。用时最少的小组获胜。
7. 由主持人公布结果，班主任颁发奖品。
8. 评委及班主任进行点评。

五、活动反思与评价

（一）优点

1. 活动主题明确，以丰富的活动形式体现主题。
2. 活动内容丰富，充满趣味性，能很好地引起学生的兴趣以及调动学生参与的积极性。

3. 活动过程中三位主持人合作较默契，临场反应快，应变能力强。

4. "火线追踪"环节颇具新意，帮助学生了解或复习诗人的生平和重要事件。

（二）缺点

1. 活动中游戏的规则不够清晰明确，需要改进；如"诗词吹蜡"活动中学生背诵诗词的声音过小，直接吹灭了蜡烛，没能体现出设置该游戏的初衷——背诗词。

2. 活动中对个别环节的安全性考虑不周全，如"诗词夺凳"环节中学生易发生意外。

3. 导入部分"火线追踪"环节内容过少。材料收集工作准备得不充分。

第七章 班级文化建设技能

本章学习目标

1. 了解班级文化与班级文化建设技能的内涵。
2. 掌握班级文化建设技能。
3. 理解建设"一班一特色"文化的关键点。
4. 学会分析班级文化建设案例,借鉴有益经验。

本章要点提示

作为班级文化的管理者与引领者,语文教师需要掌握班级文化建设技能。班级文化建设技能是语文教师不可或缺的一种职业技能。在班级文化建设过程中,语文教师能够发挥"以文化人"的显著价值。语文教师认识与处理好与班级文化相关的几组关系,对于班级文化的建设能够提供有益的帮助。具体来说,语文教师建设班级文化需要掌握四大技能:统筹布局技能、价值引领技能、絜矩参照技能以及知行结合技能。为构建"一班一特色"文化,语文教师应当明确以下几点:关爱学生为第一要义;学科知识是重要保障;师生共建是执行关键;以文化人是最终目的。在新课标背景下,以案例的形式来比较与分析语文教师班级文化建设的亮点与不足,能够为语文教师班级文化建设提供有意义的借鉴。

第一节 班级文化建设概述

一、新时代需要班级文化

党的十八大报告首次提出我国教育的根本任务是立德树人,培养德智体美全面发展的社会主义建设者和接班人。党的十九大报告再次强调我们的教育要落实立德树人的任务。培养品行端正且具有高尚情怀的新一代社会主义接班人是我们国家未来可持续发展的关键所在。若要实现立德树人这一教育根本任务,毋庸置疑,我们的目光首先需要聚焦在学校教育上。日益完善的学校教育制度在人才培育与输送方面发挥着难以磨灭的作用。但在实际的教学中,以往我们的教育侧重点往往集中在升学考试上,忽略了学生内心深处实实在在的想法。如果学生不了解为何去学习,不知如何去有效地交流与沟通,不明白如何有效地参与学习共同体的社会实践,对于他们今后适应充满机遇与挑战的社会无疑是难以逾越的障碍。因此,兼顾好学生对于知识的掌握以及实际应用技能的培养,把握好学校教育人才培养方向与学生自身全面发展的平衡，也就自然而然地成为了教育接下来应当始终明确与坚持的发展方向。在新时代，树立"立德树人"这一教育根本任务是势之所趋。

学生的全面发展离不开其所在的班集体，离不开班集体所承载的特色文化。从过去到现在，无数的例子证明一个人取得较大的成功自始至终离不开他人的帮助与支持。置身于班集体中，学习者以一种"在场的"姿态与样式自觉地或无意识地参与其中，感受着一个集体所特有的氛围，共享着相同的学习愿景。班集体给学生所带来的影响正是班级文化力量所带来的影响。班级文化在班级建设过程发挥着激励、调节、定向、维持等多种功能性作用。关于班级文化的内涵，学者们作出了多种解释。宋文献认为班级文化指的是班级在运行过程中形成的具有班级特色的文化观念、文化形式和行为模式，并成为班集体全体成员普遍接受和共同奉行的理想、价值观念和行为规范的总和。[1]周晓静认为，班级文化指的是班级内部形成的独特的价值观、共同思想、作风、行为准则和生活方式的总和。[2]从两者的叙述来看，班级文化的固有内涵包括班级所特有的思想、价值观、行为及行为规范等诸多要素，这些要素的总和汇成了一个班级特有的文化。这两种概念解读看到了班级文化的整体性与统一性，对于班集体建设主体的关注则相对较少，比如教师与学生个体在班级建设过程中所表现出来的思想、行为、观点等。基于此，考虑到班级文化中所蕴含的整体概况与个别差异，我们认为：班级文化指的是为了实现共同的班级目标，班集体各成员在班级建设过程中所呈现出的种种思想倾向、价值观点以及行为规范等诸多要素的总和。再进一步讲，我们认为"班级文化"这个词语本身带有中性的意义，它既代表积极的班级文化，也代表消极的班级文化。积极的班级文化对于班集体的建设、对于学生的成长能够起到积极作用。而消极的文化则对于班集体建设以及学生的成长起到阻碍作用。因此，我们需要审慎对待班级文化。

二、与班级文化相关的几种文化

班级文化的形成源于一个班集体共同的构建。而班级文化到底是一个怎样的文化呢？班级文化与我们日常所接触的文化、学校文化存在着怎样的一个关系呢？要回答这些问题，需要处理好以下几组概念的关系。

（一）班级文化与文化

"文化"这一词语经常在我们的耳旁响起。可以说自人类诞生起，我们就拥有了文化，拥有了来源于过往且长存于现在的集体记忆痕迹。针对"文化"这一词语的界定，目前学术界并未给出一致的结论。《现代汉语词典》（第7版）对"文化"一词的解释是：文化是人类在社会发展过程中所创造的物质财富和精神财富的总和。这样的解读相对来说具有一定的笼统性与抽象性。有学者以国际的视野来分析探讨对"文化"这一词语的解读，发现

---

[1] 宋文献. 班级管理技能 [M]. 郑州：郑州大学出版社，2014.
[2] 周晓静. 中学班主任 [M]. 南京：南京师范大学出版社，2008.

国外学者对于"文化"（culture）的界定同样面临着争论。该学者经过研究发现，国外有人认为可以将文化定位为四种基本取向：一是着重研究组织共享的规范、信念与价值；二是研究有关组织的故事、语言及传说；三是研究组织的典礼、仪式；四是研究组织成员中的交互作用系统。这四个方面是以价值、信仰和假设等为核心统一起来而形成了文化集体。[①]这样的分类方式对于文化的解读具有一定的借鉴意义。为体现"文化"这一术语的广泛性与专门性，我们拟从宏观、中观、微观三个层面对"文化"进行论述：从宏观上来看，文化指的是人类自诞生以来所产生的一切物质和精神现象的复合系统；从中观上来看，文化指的是某一特定领域现象知识的总和；从微观上来看，文化指的是个体所要学习的具体知识。

那么，文化与班级文化之间存在着何种关系呢？可以说，班级文化是文化在班集体日常运行过程中的具体体现。班级文化中个体所持有的思想观点，所呈现的行为举止、价值规范无不一一体现了文化给班集体成员带来的烙印。毋庸置疑，班级文化与文化两者之间必然地存在着交集。文化是班级文化形成与发展的最初源头与有力的借鉴。在这里，我们需要进一步探究的问题是，文化与班级文化两者之间是否存在包含与被包含的关系，即文化是否包括班级文化。对于班级文化，我们需要明确的是它是一个不断发展与完善的过程，因此在班级文化的概念中内含独特的创生价值。因为班集体成员在建设班级文化的过程中会产生出与以往不一样的独具一格的文化要素，甚至创造出填补以往空白的文化，在原有文化的基础上注入新的文化要素。因此从这一层来说，文化与班级文化两者之间显然并不存在明显的包含与被包含关系。我们认为优秀的班级文化具有特殊的使命，这一使命实质上可以看作是对于文化的传承与创新。因此，正确合理、有目标有方向地建设班级文化对于文化的发展也是有帮助的。

（二）班级文化与学校文化

班级是隶属于学校的一个基本单位。学校规章制度的下达，下面每一个班级都应当积极地配合。可以说班级的发展方向与学校的发展目标是一致的。班级文化在一定程度上可以反映一所学校的基本面貌，也可以反映一所学校的校风情况。那么，我们需要提出的问题是：班级文化是否完全属于学校文化呢？我们回答这个问题需要明确学校文化确切的内涵指向。目前，一般认为学校文化指的是学校自创立以来由校内各个班级所共同创造、形成、发展且具有一定稳定性的文化。从实际情况来看，学校内每一个班级都有着不同的班级文化，学校文化也正是由这些独具班级特性的文化构成的。但我们需要明确的一点是班级文化其自身之于学校文化存在着相对独立性。班级文化的相对独立性决定着班级文化与学校文化在某些方面并不完全一致。因此，总的来说，班级文化在一定程度上受学校文化的影响与制约，反映着学校文化的基本面貌。与此同时，班级文化因其独立性与特殊性，

---

① 谢翌.关于学校文化的几个基本问题[J].外国教育研究，2005（4）.

在某些方面与学校文化并不完全一致。

　　在班级文化与学校文化两者的关系处理上，我们可以分别从学校文化以及班级文化的建设上来协调这两者的关系。学校文化的形成离不开学校领导立足当下、放眼未来的大局意识，离不开各班级文化的统和以最终实现顶层设计。因此，在学校层面，整所学校需要在制度层面上规定学校成员的行为方式，在精神层面凝聚起学校成员一致的价值观、信仰、愿景与态度，让大家以一种集体的文化认同感参与到学校的文化建设中来。在班级层面，班级管理者应当积极配合学校文化建设的开展，同时从多种角度采取多种方式营造本班积极健康的文化。只有学校文化建设与班级文化建设两者形成了一股合力，才能在最大程度上发挥文化育人的效用。

三、班级文化建设技能

　　班级文化的建设需要班级的教师与学生共同努力。作为班级文化建设的管理者与引领者，教师在其中所发挥的作用是突出的，尤其是班主任在整个过程中所表现出来的角色认同与角色担当至为重要。此外，每一个学科的任课教师在班级文化建设中都发挥着作用，都运用着不同的技能。例如，语文教师在班级文化建设过程中运用的技能我们称之为语文教师班级文化建设技能，数学教师在班级文化建设过程中运用的技能称之为数学教师班级文化建设技能……之所以我们将教师按学科指导层面来划分班级文化建设技能，是因为我们发现：语文教师相对于其他学科教师而言，其班级文化建设技能更能够发挥"以文化人"的显著价值。这样一种显著价值主要来源于语文学科与班级文化建设两者具有紧密的联系。具体来说，这种紧密联系主要体现在以下几方面。

（一）语文学科课程标准与班级文化建设内容相适宜

　　2022年教育部制定的《义务教育语文课程标准》对语文课程性质的规定是：语文课程是一门学习祖国语言文字运用的综合性、实践性课程。工具性与人文性的统一是语文课程的基本特点。语文课程应引导学生在真实的语言运用情境中，通过积极的语言实践，积累语言经验，体会语言文字的特点和运用规律，培养语言文字运用能力；同时，发展思维能力，提升思维品质，形成自觉的审美意识，培养高雅的审美情趣，积淀丰厚的文化底蕴。可见，语文学科课程性质对于学生的思维、品质、审美、文化等的培育是能够起到促进作用的。另外，从语文学科课程内容来看，《义务教育语文课程标准（2011年版）》按学段进行划分，各学段共设置了识字与写字、阅读与鉴赏、表达与交流、梳理与探究等具有梯度性的课程内容；在《普通高中语文课程标准（2017年版2020年修订）》中共设置了18个学习任务群作为语文课程内容供学生学习。学生在长期与语文课程内容的接触中，自觉地接受语文教育的浸润与濡染，有助于养成良好的思想行为习惯，形成正确的价值观。因此，语文学科课程标准的培养目标与班级文化建设内容的育人内涵是相适宜的。

（二）语文教师独特的人格魅力能够与班级文化相融合

语文教师在长期的教学实践中会逐渐形成自己的风格，这种风格会悄无声息地影响着班级的文化。我们经常会说，有什么样的班主任就会有什么样的学生，这是班级管理者散发的人格魅力所带来的效应，这种人格魅力表现为教师的外貌着装、思维方式、言行举止等多个方面。班主任自身所散发的个人人格魅力自然而然地影响着学生的价值取向、做事方式，进而影响整个班集体的班风。具体到语文教师，经过长期的语文教学实践，语文教师自觉或不自觉地吸收着有益的文化内容，并内化形成自己的语文素养。优秀的语文教师懂得如何借助合适的策略来调动学生的学习热情，知道如何将班级教室布置得更具有人文气息，知道如何开展实践活动来提高整个班集体的凝聚力。应当说，语文教师在班级文化建设过程中能够有效地发挥语文学科带来的优势，运用语文教师独特的人格魅力引领班级文化的建设。

（三）语文知识的学习能够促进学生持续地学习

叶圣陶先生曾经说过这样一句话："教是为了不教，我们的语文教学是为了让学生形成一个良好的学习习惯！"同时，他又提出"语文课文无非就是一个例子，学生需要据此延伸到同一类文章的学习上"。可以说，语文知识的学习可以帮助学生打开一个更加广阔的文化世界，对于提高学生的文化素养是有帮助的。语文学科蕴含的人文思想能够渗透到学生的思想价值观念中，从而服务于班集体文化的建设，最终达到"以文化人"的目的。这里的"化"是指变化、转变的意思。语文知识的学习其内核在于"化人"。在《普通高中语文课程标准》（2017年版）中提到：应使学生形成良好的思想道德修养和科学人文修养，为终身学习和全面而有个性的发展奠定基础，为传承和发展中华文化、增强民族凝聚力和创造力发挥应有的作用。[①]前面讲到，班级文化建设的使命也恰恰在于对优秀文化的传承与发展。因此，语文知识的学习在这一层面上来说是可以推动班级文化建设的。

第二节　班级文化建设技能的类型与内容

前面我们对班级文化的概念进行了界定，并在此基础上论述了语文教师班级文化技能对于班级文化建设所能够发挥的显著优势。那么，建设班级文化可以从哪些方面来进行呢？或者说班级文化建设的构成部分有哪些呢？只有弄清了这个问题我们才能有针对性地运用班级文化建设技能去营造班级文化。

---

① 中华人民共和国教育部.普通高中语文课程标准（2017年版）[S].北京：人民教育出版社，2017.

一、班级文化建设的内容分类

对于班级文化的构成部分，研究者们提出了大致相同的观点。他们认为，班级文化建设包括班级物质文化建设、班级精神文化建设、班级制度文化建设，以及班级行为文化建设。比如，何万国认为从班级建设的内容来分，班级文化主要涉及班级物质文化、班级制度文化和班级精神文化这三大领域：班级物质文化是班级文化的实体部分，是班级文化的物质基础及其水平的外显标志，主要包括班级教室环境、教学设施、座位编排、班级卫生状况、墙报、宣传画、图书角、荣誉牌匾，以及各种象征物等；班级制度文化是班级文化的制度部分，是实现班级目标的制度保障，那些以规章制度、公约、纪律等为内容的、班级全体成员共同认可并自觉遵守的行为准则以及监督机制所表现出来的文化形态称为班级制度文化；班级精神文化是班级文化的观念部分，是实现班级目标的精神力量，它是指班集体成员认同的思想意识、价值观念、价值判断和价值取向、道德标准、行为方式等，是班级文化建设的核心内容。[①] 周晓静认为班级文化包括班级物质文化、制度文化和精神文化这三部分，精神文化是班级文化的深层表现形式，而班级的制度文化、物质文化是班级精神文化的基础和载体，并对班级的精神文化起促进作用。[②] 宋文献认为，班级文化的内容包括物质文化（表层面）、行为文化（浅层面）、制度文化（中层面）、精神文化（深层面）。[③]

此外，我们在中国知网键入关键词"班级文化建设"进行搜索，发现众多阐述有关班级文化建设的论文也涉及班级物质文化、精神文化、制度文化、行为文化。比如，顾敏芳认为班级文化建设可以从这四个方面来进行：班级物质文化建设，以教室环境为主要依托，教室是班级文化建设的载体；班级制度文化建设，主要包括规章制度、纪律、公约等内容，是班集体成员共同认可并自觉遵守的行为准则所表现出来的文化形态；班级精神文化，是班级所形成的价值观念、价值判断和价值取向，道德标准，行为方式，人际关系，集体舆论以及各种认同意识所表现出来的文化形态；班级行为文化，通过学生的言行举止、组织活动来增强班集体的团结。[④] 赵红慧主张从板报墙面、窗台角落等方面来建设班级物质文化；从目标规划、主题班会、榜样示范等方面来建设班级精神文化；从学生干部负责制度、学生值日管理制度、宿舍管理公约等方面来建设班级制度文化；从班主任的自我学习、自我反思来提升班主任的文化修养，建设班主任文化。[⑤] 因此，在班级文化建设的内容上，大家有比较一致的看法。

基于上述对班级文化建设内容的论述，我们认为班级文化建设的内容具体如下：

---

① 何万国.现代班主任工作研究[M].成都：西南交通大学出版社，2009.
② 周晓静.中学班主任[M].南京：南京师范大学出版社，2008.
③ 宋文献.班级管理技能[M].郑州：郑州大学出版社，2014.
④ 顾敏芳.中学班级文化建设的实践与改进——以苏南董浜中学为例[D].苏州大学，2011.
⑤ 赵红慧.促进学生全面发展的班级文化建设研究[D].辽宁师范大学，2011.

（一）班级物质文化

班级物质文化指的是在所属班级的空间范围内，所有能够代表本班级文化的一切外在物质形式。具体来说，这种外在物质形式包括班级教学设施、桌椅摆放、墙画张贴、板报设置、卫生状况等多种能够让大家看得见摸得着且能感受到班级文化气息的实际存在物质。

（二）班级精神文化

班级精神文化指的是能够反映班级师生整体精神面貌的文化。具体来说，班级精神文化主要包括教师的教育信仰，师生的共同价值愿景，班级的发展目标，师生对于本班级的参与感、认同感、归属感等内在感受，以及师生对本班级未来发展状况的信念坚守程度。

（三）班级制度文化

班级制度文化指的是班级在实际运行过程中既包括有明确规定的纪律、条约、规范等标准性制度文件所表现出的文化，也包括班集体内部保持统一意见的或者说是约定俗成的内在规范。因此，班级制度文化具体包括班级运行管理机制、班级行为规范管理条例、班级节日风俗习惯等制度性与非制度性班级文化。

（四）班级行为文化

班级行为文化指的是班集体在具体实践活动中所表现出来的一切行为方式与处事技巧。具体来说，班级行为文化主要包括师生在完成某项任务时如何处理自身与他人之间的关系，如何处理本班集体与其他集体或组织的关系。透过这些班集体的行为处事方式，我们可以了解一个班集体的行为文化。

在班级文化建设各部分内容的关系认识上，我们需要明确的是，班级文化建设是由班级物质文化、班级精神文化、班级制度文化以及班级行为文化有机组合而成的一个系统。一个优秀的班集体文化建设需要恰当处理好这几部分文化建设的关系，切忌只关注某一方面文化建设而忽视其他方面文化建设。总之，班级文化建设应兼顾好这四部分文化建设的关系，以提升学生的文化修养。

二、班级文化建设技能

在对班级文化建设的内容有了比较清晰的了解后，接下来我们要明确的便是如何将班级文化建设所承载的内容付诸实践。马克思曾经说过这样一句话："哲学家只是以不同的方式解释世界，而问题在于改变世界。"同样，班级文化建设面临的问题便是怎样去建设的问题。我们认为，若对照班级文化建设内容中的物质文化、精神文化、制度文化、行为文化进行建设，语文教师需要掌握四大班级文化建设技能，即统筹布局技能、价值引领技能、絜距参照技能、知行结合技能。语文教师班级文化建设技能具体情况如下：

（一）统筹布局技能

统筹布局技能指的是教师专门针对所属班集体的一切外在物质形式进行合理规划、巧妙设计的技能。教室是班级学生进行学习与交流的场所，是学生成长与发展的物质环境。一个优雅且富有人文气息的教室环境是提升学生学习效率、提高学生人文修养的物质基础。因此，我们有必要对班级教室进行合理的规划，通过巧妙地设计教室内的物质要素以达到育人效果。于语文教师而言，我们认为班级建设统筹布局可从以下几方面进行考虑：

教室的桌椅摆放与座位安排。进入教室，首先进入我们眼帘的便是教室里的桌椅摆放情况。目前，中小学教室桌椅摆放大多是按照整体方块形状进行布置的，这样有利于教师在课堂上采取面对面的形式向学生教授知识。但是这样摆放也存在不足，比如不利于课堂上学生的学习与交流活动，尤其是交流实践活动相对较多的语文课堂。因此，语文教师可以根据自己实际的教学需要来调整桌椅摆放情况。与此同时，桌椅的摆放直接关系到学生的座位安排。学生居于教室的哪一个位置，与哪些同学坐在同一个区域也是教师需要考虑的。在安排学生的座位这一问题上，一般来说，教师可以根据学生的兴趣及意愿来进行编排。在具体的安排策略上，有研究者认为，可以采用动静搭配、性别搭配、优差搭配等原则来进行安排。[1]总之，教室的桌椅摆放与座位安排以促进每一个学生的发展为宗旨。

教室的板报墙画安排。教室内的板报与墙画能够对学生的思想与行为起到提示、宣传、濡染作用。积极健康向上的板报墙画内容可以让学生潜移默化地提升自我修养。著名教育家苏霍姆林斯基曾经说："无论是种植花草树木，还是悬挂图片标语，或是利用墙报，我们都将从审美的高度深入规划，以便挖掘其潜移默化的育人功能，并最终连学校的墙壁也在说话。"要让教室内的墙壁真正达到"说话"的效果，关键在于做好两点：板报墙画内容富有文化气息，能对学生言行起到激励作用；学生主动参与班级板报与墙画的制作，亲自选取能够引起大家精神共鸣的名言佳句、新闻时事。比较可取的办法是语文教师指导学生们按小组轮流进行制作，充分发挥小组集思广益的作用。在板报与墙画的内容选取上，可以充分注入语文要素，发挥语文以文载道、用文养德的功效。如采用陶渊明《杂诗》中"一日难再晨，及时当勉励"唤醒学生的时间意识，用王之涣《登鹳雀楼》中"欲穷千里目，更上一层楼"提升学生的格局意识，用毛泽东《沁园春·长沙》中"到中流激水，浪遏飞舟"激发学生的拼搏意识……经过长时间的浸润与濡染，学生的内在修养也自然而然地会发生转变。

教室的学生专属文明区。每一个班级都应有反映学生实际学习情况、记录学生成长与发展历程的一片"空留地"。这片"空留地"可称为"学生专属文明区"。学生专属文明区的存在为教师管理学生、了解学生、培养学生提供了广阔而自由的空间。在这片区域，教师可以摆放班集体共同的荣誉奖状，可以张贴班集体或者个人相册，可以让学生抒发自己的座右铭、奋斗目标……当然，学生专属文明区的情况是由教师指导情况、学生参与意识、教室场地空间等多种因素决定的。语文教师可以将学生的优秀作品进行展示，让大

---

[1] 邓翃. 班级文化对中学班级管理的影响研究 [D]. 湖南师范大学，2012.

家学习借鉴。另外，也可以让学生将平时在阅读与思考中产生的问题分享出来，引发其他学生思考，促进其他学生进步。学生专属文明区的建设因人而异，语文教师需要充分发挥班集体的创造性，将教室装扮成有感情、有温度的"学习之家"。

（二）价值引领技能

价值引领技能是指对班级学生的价值愿景、奋斗目标、思想观念等内在修养进行有效指导的技能。班级中的每个学生有着不同的经历遭遇，有着不同的个性心理特征。如何将这些脾气秉性迥异的学生团结在一起并促进班集体与个人共同发展是班级管理者需要认真思考的问题。因此，教师掌握好"价值引领技能"的化育之道，对于班级精神文化建设意义深远。对于教师来说，需要做好以下两方面工作：

对班级学生的价值引领。第一，在对待班集体方面，班级精神文化建设需要班集体制定学生共同认可的班级目标、班级精神口号、班级歌曲、班级礼仪等体现班级精神的文化特有标识。比如，教师注重以整体意识来评价班级精神面貌的发展状况；懂得如何将班级的精神口号内化为学生的实际行动；知道在进行活动时如何调动大家的积极性；知道教大家在课堂内外的基本礼仪；让学生爱惜和维护班级卫生状况；让学生领会班旗所代表的意义……在所有涉及有利于班集体发展的事情上，教师都需要发挥价值引领的作用。第二，在对待个人方面，教师需要针对个别学生的实际情况进行合理的指导。每一个学生在成长过程中难免会遇到问题，倘若积压在心中的问题始终得不到解决，那么必然对学生的生活和学习造成较大的伤害。因此需要教师站在学生的角度设身处地地思考问题，帮助学生想出解决问题的办法，从而走出困境。不论是班集体还是个体的精神文化建设，语文教师都可以结合自己班级的实际情况以及自己的教学经验来推动班级的精神文化建设。

发挥学生的榜样示范作用。班集体精神文化建设离不开榜样的示范作用。榜样带来的力量是无穷的。在班集体中发挥榜样的力量主要表现为优秀学生学习经验的推广以及高尚人格品质的分享。在学习上，为何有的学生学习轻松且高效，而有的学生对于学习费尽心思却不见起色？究其原因，与学生的学习方法与态度有很大关系。因此，教师有必要将优秀学生的学习精神和方法予以推广，推动班集体学生共同进步。在生活上，教师同样需要注重对学生高尚人格的培养。也许有人认为，能够发挥榜样示范作用的事例必定是那些惊天动地、舍生取义的大事，何况这些对于中小学生来说遥不可及。事实并非如此！生活中并不缺少美，而是缺少发现美的眼睛。在日常生活中，有不少学生在默默地为班级、为他人作出贡献却不求回报。教师需要多注意观察学生日常生活中的点滴，从多方面了解学生成长的过程。对于具有良好品德的学生，教师需要给予及时的认可与鼓励，并将这种美好的精神在整个班集体中发扬光大。

（三）絜矩参照技能

絜矩参照技能是指教师在班级制度文化建设过程中注重引导学生遵守班级规章制度、

条例规范等制度性文化与风俗习惯等非制度性文化的技能。絜矩参照技能的提出源于《大学》中所说的一段话：所恶于上，毋以使下；所恶于下，毋以事上；所恶于前，毋以先后；所恶于后，毋以从前；所恶于右，毋以交于左；所恶于左，毋以交于右。此之谓絜矩之道。其中，"絜"指的是量度，"矩"指的是制作方形物件的工具。这句话的主旨意思是说君子的一言一行要遵守以推己度人为标尺的人际关系处理法则。同样，"絜矩之道"也适用于班级制度文化的建设。根据班级制度文化建设的要求，教师应做好以下两方面工作：

班级制度性文化建设。班级规章制度、条例规范的存在为班集体正常的运行提供了制度保障。教师建设班级的第一任务便是建立本班的组织框架，确立班级学生干部体制，规定各位学生干部的职责，这样才能确保班集体的正常运行。班集体制度建设总的建设目标应是建设一个民主平等和谐的班级，这需要全体学生的共同参与。对于班级公约，需要在大家一致认同的情况下共同确定。班级制度确立后便有"法令"的意味，需要全体学生共同服从、维护、遵守。对于违反班级纪律的学生，班集体应当给予相应的处罚，切勿因某一位学生违纪而影响班风。对本班级具有突出贡献的同学，班集体必要时需给予一定的奖励。教师作为班级文化的引领者，需要明确鼓励奖赏与批评惩罚相结合的原则，这样才能让学生形成对本班级的信任感、荣誉感。

班级非制度性文化建设。班级中存在许多不成文的但获得大家一致认可的规定。久而久之，这种不成文的规定渐渐成了大家习以为常的班级传统。比如每到特殊节假日（教师节、父亲节、母亲节、中秋节等）的时候，学生们会按照班级以往的传统纷纷出谋划策，为班级精神文化的建设奉献力量。再比如在一个星期特定的某一天，班级会开展主题班会，每隔一段时间会举行社区实践活动，在新年跨年的时候开展班级文艺晚会活动……毋庸置疑，这些非制度性文化对于班级的文化建设能够发挥积极作用，能够悄无声息地影响学生的言行举止，提升学生的内在修养。对于非制度性文化建设，语文教师可以借助汉语文学中的经典活动（戏剧表演、诗词朗诵、即兴演讲等），为班级文化活动的开展增添人文性、趣味性。

（四）知行结合技能

知行结合技能是指在具体实践活动中教师运用自身专业知识以及实践经验来指导学生更有效地完成任务的技能。陆游曾经说过："纸上得来终觉浅，绝知此事要躬行。"要想深入了解书中的道理，必须亲身实践才行。学生通过亲身参与实践活动，不仅能够活用以前所学的知识，而且能够锻炼沟通交流能力、实际操作能力。但在具体活动中，学生在处理问题上会遇到各式各样的问题，这就需要教师进行耐心细致的指导。具体来说，教师需要做好以下两方面工作：

教师对个别学生的指导。班级里每一个学生在解决问题的过程中会遇到不一样的问题，呈现的心路历程也存在差异。教师对于个别学生的指导，首先需要关注学生的内心学习体验。具体来说，关注学习者内心学习体验可从这些方面入手：透过学习者的话语看出学习者的学习态度；从眼神的交流中看出学习者的积极与消极情况；从动作的熟练情况看出学习者对工作的热情程度；从任务完成的情况来看待学习者的归属感与成就感。教师通过观察学生的话语、眼神、动作以及任务完成情况来给予必要的支持、鼓励与帮助，这样才能调动学生内心深处的积极性。另外，在专业知识上，教师也需要对学生进行正确的指导。对于学生不懂的问题，教师需要发挥"脚手架"的作用。脚手架的实质是教师给予提示与线索来帮助学习者解决问题。在良好的学习环境中，应根据学生的需要逐渐增加、修正或撤去脚手架，直至最终完全拆除脚手架。

教师对学习小组的指导。教师需要充分发挥学习小组学习共同体的作用。所谓学习共同体，指的是为完成真实的学习任务，学习者与其他人相互帮助、探究、交流和协作的一种学习组织形式。教师在指导学习小组的实践时，需要让小组成员采取观摩互助、合作探究、小组实习、反思总结等多种实践方法。教师需要为小组的实践在大的发展路径上提供方向，在细微的问题解决上提供线索，让学生理清思路，明确实践方向，进而成功地完成学习任务。与此同时，教师在进行指导时也需要跳出本专业知识领域的局限，在广阔的社会环境中汲取养分，借助相关社会力量来加深对小组任务的认识。

第三节　班级文化建设技能指导

一、文化建设技能运用的具体形态

语文教师在班级文化建设过程中会使用不同的技能，也因使用不同的文化建设技能而使得班集体的文化呈现出不同的面貌。比如，在班级文化建设技能运用的侧重上，有的教师强调班级的制度文化建设，将班级打造成严谨规范、秩序至上的纪律团体；有的教师注重班级整体精神面貌的建设，将班集体的物质环境与学生的学习热情巧妙地结合，为班级营造出温馨祥和、奋发向上的气象；有的教师注重实干精神的培养，积极培养学生在具体的实践活动中踏踏实实、团结互助、敢作敢为的实际能力……具体来说，班级呈现的精神面貌与教师的人格魅力、做事风格、学识涵养等多种因素密切相关。在这里，我们不界定班级建设方式孰优孰劣，因为班级文化所承载的独特个性是需要从多种角度来进行考量的。我们认为，班级文化建设的初心始终是为了每一位学生的发展，这是衡量班级文化建设状况的唯一标准。

为了进一步说明语文教师在班级文化建设过程中所运用的技能，并且因这些技能的使用而塑造成的不同的班级文化，我们将班级文化形成的过程称为语文教师班级文化建设技能运用的具体形态。所谓具体形态，是指描述某一事物在实际运行过程中所呈现出的实质内涵与具体表现形式。具体形态是相对于笼而统之的抽象标准而提出的，它揭示了事物运行过程中的实际轨迹以及表现形式。比如，对于"语文科"的理解，王荣生借助具体形态的概念来理解，他认为："存在着的，是一种一种具体形态的语文课程，是一种一种具体形态的语文教材，是一种一种具体形态的语文教学。正是这些具体形态的东西汇拢来，构成了语文科。"[①] 同样，语文教师班级文化建设技能运用的具体形态对于班级文化的形成提供了确切的诠释。"疑今者，察之古；不知来者，视之往。"语文教师班级文化技能运用的具体形态对语文教师反思与总结班级文化建设能够起到借鉴作用。

二、建设"一班一特色"文化技能指导

因为存在班级文化建设技能运用的具体形态，所以每个班级的文化是不同的。那么，作为语文教师，如何将自己班上的文化建设得更有特色呢？在建设班级文化过程中有哪些注意事项呢？我们认为，为建设"一班一特色"文化，语文教师应当了解以下几方面内容：

（一）关爱学生是第一要义

古往今来，"关爱学生"始终是教师这一职业的内在要求。我国教育自古就倡导"有教无类""诲人不倦"，现在国家更是进行了"教育强国""立德树人"的顶层设计。一直以来，"关爱学生"的要义始终没有发生改变。在教师职业道德规范中，也更是将"关爱学生"作为其中一项重要内容。可以说，"关爱学生"是教师开展教学实践活动首先需要明确的意识。"关爱学生"对于学生的成长与发展意义非凡。当受到教师足够的关怀与帮助时，学生便会心怀感激，这对于班级文化的建设是有益处的。教育家雅斯贝尔斯在谈起自己的教育经验时讲到："教育意味着一棵树摇动另一棵树，一朵云推动另一朵云，一个灵魂唤醒另一个灵魂。"因此，教师若将自己更多的时间与精力投入学生身上，产生的影响将不可估量。但是，在现实生活中，有不少教师在教学过程中早已产生职业倦怠感，每天的教学也只是机械地重复以前的内容，很少关注学生内心深处的切实感受。这对于教师人生价值的创造，对于国家未来的发展都必将造成伤害。因此，对于教师来说，始终需要树立"关爱学生"的教育理念。

（二）学科知识是重要保障

班级文化建设离不开教师专业知识的指导。对于语文教师来说，不仅需要掌握语文学科专业知识，而且还需具备跨学科意识，运用相关学科专业知识来指导本班级的文化建设。作为班级文化建设的引领者，教师首先应当对本学科的专业知识了如指掌，知道如何活用自己的专业知识去建设本班级的文化。同时，语文教师需要多读一些与中华优秀传统文化相关的经典作品，这对于教师提升文化素养以及影响班级学生阅读也是有帮助的。目前，语文教育越来越注重中小学生平时的阅读量，因此语文教师在阅读上也应当有更高的

---

① 王荣生.语文科课程论基础[M].北京：教育科学出版社，2014.

要求。当班级师生的语文素养都处于一个上升的阶段时，班级整体的精神面貌也会渐渐地发生转变。另外，语文教师也应当具备一些跨学科的知识，尤其是心理学、历史学、地理学等相关学科的一些专业基础知识。语文教师在指导班级文化建设的过程中必然会涉及其他学科知识，比如运用心理学知识来激发学生参与班级文化建设的热情，借助历史背景来分析人物的内心世界，运用地理常识来介绍我国地域文化的分布……尤其是班级综合性实践活动的开展要求语文教师掌握丰富的专业知识。所以说，语文教师掌握更多的学科知识对于班级文化建设有着十分重要的意义。

（三）师生共建是执行关键

班级文化建设需要明确的一点是班级文化的塑造是由班级教师与学生共同完成的。切勿用教师的班级文化建设代替学生的文化建设，从而导致教师大包大揽，包办了一切班级事务。也不要将班级文化建设看成是学生的单方面责任，无论教师还是学生，哪一方完全负责班级文化建设，都不利于班级文化的健康发展。在班级文化建设的责任分工中，教师发挥着主导作用，学生发挥着主体作用。教师在班级文化建设中运用统筹布局技能、价值引领技能、絜距参照技能、知行结合技能，在总的方向上进行布局、设计与完善。同时，班级建设需要学生这一主体的参与才能使班级呈现出生机勃勃的精神面貌。关于班级的文化建设，比较理想的教育理念便是"让每一位学生都是班主任"，其含义是班级全体学生都参与学生事务的指导和管理。针对班级文化建设，学生全方位、多层次地进行相互交流、相互沟通，发挥主体作用。在班级建设过程中，教师应根据学生感兴趣的领域、擅长的项目，结合教师自身的个性专长来进行设计。学生可以自主选择、自主思考，积极主动地参与到班级文化建设中来，构建班级独具特色的文化。因此，"一班一特色"文化的形成需要师生共同创建。

（四）以文化人是最终目的

对于语文教师而言，班级文化建设的最终目的在于"以文化人"。我们建设班级文化是为了促进每一位学生的发展。为了让学生更好地适应未来，教育部在《普通高中语文课程标准（2017年版）》中规定了学生所应具备的语文核心素养，即语言建构与应用、思维发展与提升、审美鉴赏与创造、文化传承与理解。这一统合"语言、思维、审美、文化"为一体的核心素养的提出与班级文化建设的发展目标是一致的。因此，对于班级文化建设，语文教师可以充分发挥语文学科本身所拥有的得天独厚的优势，让学生从优秀的文化中汲取精神营养，进而提升学生的文化修养。其中的关键在于，语文教师需要懂得教育之于学生的化育之道，即教育对学生的转变、转化之道。关于"化人"的意蕴，《中庸》作出了经典的回答："惟天下至诚，为能尽其性；能尽其性，则能尽人之性；能尽人之性，则能尽物之性；能尽物之性，则可以赞天地之化育；可以赞天地之化育，则可以与天地参矣。"意思是说只有最真诚的人，才可以发挥万物天赋的本性，与天地匹配。语文教师应致力于做一个具有高尚情怀且具有化育本领的人。班级文化建设的落脚点与归宿始终是围绕"人"来展开的，其他一切形式的文化建设最终目的也是为培养学生成人而服务的。因此，语文教师需要发挥语文学科的优势，实现"以文化人"的最终目的。

第四节　班级文化建设举例

为了说明语文教师班级文化建设技能在现实教学中的具体运用，同时体现出建设"一班一特色"文化的具体形态，我们选取了一些关于语文教师班级文化建设技能运用的比较有代表性的例子进行介绍，以为广大的语文教师提供一些借鉴。

一、曲径通幽："诗教"模式中的班级诗意文化

余光中曾经说过："一个人可以不当诗人，但生活中一定要有诗意。"江西省瑞昌市第二中学何毓阳老师认为诗意的萌发源于诗心，诗心的培养在于真善美的陶冶。为了给学生营造一个充满诗意的人文环境，何毓阳老师主张将"诗教"与语文教育结合在一起，形成别具一格的"诗教"教学模式，并将"诗教"的实际意蕴运用于班级文化建设上。所谓"诗教"，具体来说，指的是教师在语文教育上注重发挥诗歌的作用，着力于"以诗激趣、以诗统文、以诗导学、以诗传情"，让学生浸润于充满诗意的课堂。在班级文化建设上，"诗教"思想与班级文化建设是共通的。何老师通过自身的教学实践证明，"诗教"之路对于班级文化建设的意义非凡。

在具体的操作实践上，何老师认为，要想做好老师的工作，必须洞察学生的心理，这样才能教学生之所需，解学生之所难。对此，他赋诗一首："闲来问卷探心房，只为书堂翰墨香。实话还须从实说，虚情切莫乱虚张。青春有价唯修理，白璧无瑕好抑扬。敝帚休珍开望眼，阳光雨露洒晴窗。"在平时的教学中，何老师给予了学生很多的人文关怀。同时，何老师也注重对学生学习方法的培养，如"学习语文无诀窍，养成兴趣惜时光。博闻强记开天眼，熟读精思品墨香。处处留心皆学问，天天积累蕴华章。"此外，何老师十分认同学生们通过诗歌写作来表达自己的所思所想，并将学生的佳作张贴出来与大家分享，激发学生的创作热情，让学生真正地爱上语文。在课外，何老师也主张学生们关注社会民生，鼓励学生们多出去参加社会实践，只有这样才能形成良好的语文素养。何老师说："每一次陪着学生早读，每一次批改学生的作业，每一次收到学生节假日的祝福信息，每一次春游时望着学生用诗歌抒发感情的场景……我打心底里感受着教师职业的幸福感！"何毓阳用诗教化学生，三十个寒暑易节，春去秋来，桃李满天下，三十年的曲韵抒情伴教程，创作了几百首诗作，他在诗化学生的同时也诗化了自己，在成就学生的同时也成就了自己。在诗歌的长期浸润与濡染下，学生们对于语文有了更深的热爱，对于创造诗意的人

生有了更坚定的态度。①

二、走近经典：从"小三国班"透视班级主题文化

近年来，国学经典热方兴未艾由王秀菊老师所带领的教育团队立足于时代教育发展背景，致力于班级主题文化的开发，开启了"小三国班"班级主题文化的建设。针对当前班本课程无主题、无程序、无持续、无关联、无发展等弊端，王老师确定了"小三国班"的课程核心内涵：以班本课程打造班级课程的精神文化、环境文化、活动文化、制度文化，培育班级显性文化和隐性文化相融的学生共同遵守的班级共同体文化。它是班级文化建设共性与个性相结合、班级部分文化与学校整体文化相融合的特色文化。"小三国班"文化建设关注于学生的"生活、生长、生成、生命"，力图彰显"文化自信、文化定力、文化自觉"的文化意义。在王老师的带领下，全班学生对于三国中的文化有了更为深刻的认识，由此向三国经典文化的学习迈出了坚实的一步。

在"小三国班"的班级文化建设过程中，王老师围绕文化主题、研究内容、文化活动这三方面来设计班级文化建设的基本框架与基本内容。在确立班级主题文化后，王老师根据其精神内核来设计班级口号、班级寄语、班徽、班训、班歌等隐性文化知识，与班级布置的环境文化相呼应，辅以"小三国班"主题下的一系列的文化活动，让学生们在内外兼修中收获习惯的养成、心灵的成长。在"小三国班"教室外面的走廊上、墙上张贴着三国人物头像、三国人物分析、三国兵器、三国服装、三国英雄，体现出特有的三国文化情韵。"小三国班"教室内为大家呈现了已经做好的班务分工表、违纪勇承担的班级公约、"小三国班"活动课程框架图，后墙上还悬挂着长幅手书的三国诗文竹简、学生亲手绘制的三国脸谱、学生画的三国人物榜、本班表扬栏的"小三国英雄榜"……这些都向人们展示了传统文化与班级文化建设的有效融合。"小三国班"的班级文化建设离不开学生们的主动参与，同时，学生们也在潜移默化中提升了自身的文化修养，形成了对本国优秀文化的认同，"小三国班"的班级文化建设呈现出良好的教育生态。

三、向平凡致敬：聆听一位教师对班级文化建设的言说

"师者，所以传道授业解惑也。"教师对于自己所从事职业的认同感在很大程度上影响着教师教学愿景与教学实践。牛洪国老师是一所私立学校的小学教师。自从进入教育行业以来，牛老师便始终以教书育人为使命，一直坚守在教师岗位上。牛老师深刻地认识到：作为孩子的启蒙老师，应该为每一个孩子将来的成长打下坚实的基础。他发现，班级文化的建设能够有效地促进学生的成长。经过不断地探索、实践与创新，牛老师与本班学生共同演绎了一条建设班级特色文化之路。

---

① 廖肇银，罗贤良．何毓阳：为学生播撒诗性阳光[J]．江西教育，2009（3）．

牛老师的教育理念是：给每一个孩子进步的空间与机会，给每一个孩子展示的机会和舞台。在具体的实施与操作上，牛老师围绕班级制度文化、精神文化、物质文化、行为文化进行设计与管理，在班级文化建设上取得了较大的突破。班级举办了众多大大小小的活动，每学期评选的学生之最达上百人次。在学习共同体的设置上，借鉴和吸收了NBA模式，同时设立"红色阵地""蓝色闪电""绿色希望"三个擂台，让更多的学生参与到班级文化建设中来。在班级运营与管理上，牛老师建立了班级公约、班级表格等一系列制度文件。在平时，牛老师注重将自己的教育心得写成随笔，内容涉及管理、育人、教学、转化、成长等多项内容。另外，牛老师也会在教育日记中记录与学生共同经历的点点滴滴，书写每一个学生在班级文化建设中的所思所想。通过持续不断地探索、反思与总结，牛老师引领班级成为学校里独具文化个性的一个班级，牛老师也成为学生们心中最受欢迎的老师。①

第五节　班级文化建设的误区及实例分析

在《义务教育语文课程标准（2011年版）》中，对于课程目标与内容是这样规定的：在语文学习过程中，培养爱国主义、集体主义、社会主义思想道德和健康的审美教育，发展个性，培养创新精神和合作精神，逐步形成积极的人生态度和正确的世界观、价值观；认识中华文化的丰厚博大，汲取民族文化智慧。关心当代文化生活，尊重多样文化，吸收人类优秀文化营养，提高文化品位。②语文学科与班级文化建设有着共同的目标。语文教师在班级文化建设过程中拥有得天独厚的优势，也容易走进误区。在对语文教师班级文化建设的众多案例进行分析与讨论后，我们认为语文教师在班级文化建设中存在以下误区。

一、教师控制过严，忽视学生声音

有部分语文教师对班级的文化建设十分看重，因而导致对班级控制得很紧。班级一切事物都是教师亲力亲为，削弱了学生参与班级建设的热情，或者说让学生对语文教师产生了依赖感。这样一种"重控制，轻发展"的建设方式对于班级文化建设是不利的。

---

① 牛洪国. 班级文化与管理[M]. 呼和浩特：远方出版社，2005.
② 中华人民共和国教育部. 义务教育语文课程标准（2011年版）[S]. 北京：北京师范大学出版社，2011.

> **案例**
>
> **Z老师的职业倦怠**
>
> Z老师在韶关某一所初中担任语文教师。学校要求教师在完成自身教学任务的同时，还需要承担班级文化建设的重任。作为年轻教师，Z老师希望在教学岗位上大展宏图，更好地为学生服务，教会大家更多的知识。同样，在班级文化建设上，他也愿意花更多的时间与精力。但是，在班级文化建设的实践中，Z老师显得力不从心。这是为什么呢？原因来自多方面。Z老师所在的学校讲究班级民主文化建设，要求每一个班级需要有自己独特的文化。在贯彻学校的任务时，Z老师认为要建设好班级文化，必须对班级加强管理。他认为班上的学生目前七嘴八舌，各抒己见，还不能够提出一套完整的建设方案来。这时，他想到自己的毛笔书法还不错，于是根据自己的特长想到了围绕"毛笔字书法"来构建本班级文化。但是，在实施过程中，Z老师却遇到了许多棘手的问题。比如，让学生集体购买纸和笔，但是有些学生不愿意学书法，还有些家长对此并不支持。于是，在班级文化建设上，Z老师遇到了许多问题。以毛笔书法为中心而设立的班级口号、班级条例难以发挥作用。是继续开展班级书法文化，还是选择其他思路呢？Z老师陷入了两难的境地。

上述Z老师遇到的问题主要在于Z老师始终按照自己的想法来建设本班级文化，而很少去聆听学生的声音，由此在班级文化建设过程中遇到了重重阻力。Z老师对于班级控制得很严，而不考虑班级文化建设内容是否与学生实际相适应，最终必然会走进"死胡同"。在这里，我们需要铭记的是班级文化建设需要教师与学生共同参与。

二、迫于学校应试压力，班级文化建设走形式主义路线

有些语文教师对于班级文化的建设并不是十分上心，将自己的工作重心放在了教学上。他们认为只要能够完成教学任务，能够让学生的学习成绩变得更好，其他一切都无关紧要。于是，在班级文化建设方面往往一带而过，并不特别关注。

> **案例**
>
> **教学压力大的L老师**
>
> L老师是宜春市某一所重点高中的语文教师。每年，L老师所在学校向高校输送了大批人才。因此，这所学校对教师的教学质量有着很高的要求，对于教师的管理也比较严格。于是L老师的工作重点始终放在提高学生的成绩上。在每一次的班级主题班会上，L老师都会抓紧时间给学生讲解一些知识点，让学生熟悉考试试题的类型与解决技巧。而每次到了学校检查班级文化建设情况时，L老师会在班上拍一些照片，以应付上面的检查。在材料的整理上，L老师会将自己的一些关于班级文化建设的想法写在教学计划上，或者参照同事的材料进行修改后再上交。久而久之，主题班会以

及班级文化建设对于学生来说已经变得陌生。L老师所在的班级与其他班级相比，也渐渐地变得沉闷起来……学生们在课堂上似乎更愿意听老师讲课，逐渐"习惯了"安静的课堂。L老师的班级失去了学生应有的欢声笑语，这样的状况一天一天地重复着……

上述案例可以说是目前教育界存在比较多的现象。为了应付关于班级文化建设任务的检查，有许多教师往往采取形式主义路线。L老师为了完成班级文化建设任务，采用了许多敷衍的方法，而这样做造成的影响便是学生不再积极地对教师的提问给予回应。学生们每天都是在沉闷中度过的。教师侧重于应考，无形之中也给学生造成了心理压力。可见，班级文化的建设对班级来说不可或缺，对于班级学生的影响深远。

三、活动化倾向，重形式轻内容

在班级文化建设过程中，适度地开展班级活动对于学生具有吸引力，能够提升学生的交流协作能力、动手实践能力，可班级实践活动过多也同样会让学生感到无所适从，甚至从中学习到的东西少之又少。

案例

爱办活动的M老师

M老师在广州一所小学担任二年级语文教师。M老师认为班级的学生可以参与更多的班级活动，这样才能调动学生学习的积极性。于是，为了丰富学生的学习生活，M老师主张实施"一周一活动"班级行为文化建设。M老师根据学生的个性特征以及专长，给学生们制定每周不一样的活动。比如第一周为运动健康周，第二周为环境保护周，第三周为孝敬父母周，第四周为勤俭节约周……按理来说，M老师这样的安排看上去也比较合理，能够发挥做中学的作用。可是在实施过程中，M老师所在班级的学生并不一定会完全照M老师的想法去做，有的学生喜欢在活动中与其他学生玩闹，有的学生在活动中扮演着旁观者角色，有的学生则主动选择了逃避……M老师发现，上一周举办的活动操作内容学生很快就会忘掉，甚至对活动所要体现的主旨内容也没留下印象。M老师现在正在考虑是否应当继续开展班级活动……

M老师主张以活动的方式来进行班级文化建设，这样做其实是一个很好的方法，但好的方法需要正确地执行。在举办活动前需要有一个较好的计划，同时兼顾学生的实际情况。活动举办过程中应当着力追求活动目标的实现。活动举办后师生应及时地进行反思、总结。开展班级活动不在于数量的多寡，而在于让学生从中学到多少东西。开展班级活动的正确要义应是探中学、做中学、做中思。

四、无为而治，让学生自己实践

有部分语文教师在班级文化建设过程中比较重视学生的想法，主张发挥学生的能动性，教师少参与或不参与班级文化建设。他们认为在班级文化建设过程中，学生会自己解决遇到的一些问题。当教师对于本班文化建设采取"无为而治"的态度时，班级文化的建设重任则落在了学生身上。

案例

无为而治的 Y 老师

Y 老师在绍兴一所初中担任语文教师。Y 老师是一名老教师，即将在教学岗位上完成最后两年的教学任务。对他认为学生应当会做的一些事情，Y 老师会将这些事情安排给学生做。因此，在学生眼中，Y 老师是一名"佛系老师"。这样一来，班级中的许多事情都由学生来决策，由学生来执行。但这样，也容易造成学生之间许多不必要的摩擦。比如，在班级教室的装饰上，学生们都把自己的想法提出来，希望能够为班级作出贡献。但是班级学生干部仍按照他们自己的想法来建设班级，较少顾及其他学生的想法。在班级主题活动的举办上，往往是班上几位同学在默默地为班级出谋划策，其他一部分学生则是以旁观者的态度来对待，他们认为只要班上学生能够将事情做好，自己就不要花更多时间精力了。另外，班上也有学生认为只要学习成绩好，其他事情一切都好说，只要不影响学习就行……长此以往，Y 老师班上的学生都各自做着各自的事情，在班集体事务的处理上只有少数几个人去做。教师与学生之间、学生与学生之间的交集渐渐地减少，情感上的共鸣也大不如前……

上述案例中，Y 老师让学生自己去处理班级事务，这对于培养学生的动手实践能力是有帮助的。可是，这也让班级文化建设成为少数学生的任务。全班同学没有共同的价值愿景，缺乏共同的班级发展目标，由此造成班级一盘散沙的局面。这其中的根源主要还是来自于 Y 老师疏于对班级的管理，没有建立好教师与学生之间、学生与学生之间的有效联接。因此，对于教师来说，在班级文化的建设中始终要发挥引导作用，有效地将整个班级凝聚成一个共同体。

本章小结

班级文化对学生个人的影响不可忽视。在新时代背景下，我们树立了立德树人这一教育任务，旨在促进学生的全面发展，以适应未来的发展需要。据此，我们既需要立足于学生个体去关注学生的心路发展历程，也需要发挥集体对个人的影响，尤其是要发挥集体文化对个人的塑造作用。当前，我们的教育很少关注共同体对个人发展的效用。学生是班集体的一分子，我们理应从班集体的角度去观照学生的成长历程。对于班级文化建设，语文教师能够发挥"以文化人"的重要作用。作为语文教师，我们可以充分发挥语文这一学科的得天独厚的育人功用。针对班级文化建设内容的分类，语文教师相应地需要掌握统筹布局技能、价值引领技能、絜矩参照技能，以及知行结合技能这四项班级文化建设技能。在这些技能的外显形式以及实质内涵上赋予语文学科的内容，彰显语文教育的特色。在具体的操作上，语文教师在进行班级文化建设时会呈现出不同的风格，形成不同的班级文化，我们称之为语文教师班级文化建设的具体形态。但无论怎样，在班级文化建设中始终一以贯之的是以关爱学生、学科知识、师生共建、以文化人这四项内容为重要支撑点。我们讨论与分析语文教师班级文化建设的各类案例，目的在于从中获取有益的班级建设经验，探索与尝试出新的有助于学生全面发展的班级文化建设方法。语文教师可以从多维度多角度展开班级文化建设。正如钱理群先生所言，"想大问题，做小事情"！从一点一滴做起，我们可以在应该做的和能够做的一些事情上做得更好。这也是语文教师进行班级文化建设的理想心态。

思考与练习

1. 语文教师在班级文化建设中有哪些优势？需要掌握哪些技能？
2. 如何理解"以文化人"？
3. 如果给你一个班，你打算如何进行管理？拟写一个班级文化建设的活动方案。

第八章　语文试卷编制技能

本章学习目标

1. 了解语文试卷编制的内涵。
2. 掌握语文试卷编制的技能。
3. 理解语文试卷编制的关键点。
4. 学会分析语文试卷编制案例，借鉴有益经验。

本章要点提示

有人说："考考考，老师的法宝；分分分，学生的命根。"可见，试卷既是对学生学的检测，也是对老师教的反馈。作为一个老师，要运用好手中的"法宝"，必须掌握哪些试卷编制技能呢？

语文试卷是对学生语文学习效果的检测，同时也是对命题者教学理念、教学能力、教材处理能力、试卷编制能力的检测。

第一节　语文试卷编制概述

教师，是一个专业性、技能性强的职业。备课、上课、编制试题，是教师的基本技能。

学生课程成绩的考核与评定，是教学工作的重要环节，而考试则是评定学生成绩的主要手段。然而，语文测试卷编制并非易事，与其他学科相比，在试卷的编制及评分等方面，语文难以做到客观化，表现尤为突出的就是作文试题命制。作文题目窄了，限制学生的思维；题目宽泛了，又缺乏区分度。在评分过程中，同一份作文卷，不同的评卷人所给的分数差异较大。有人做过一次测量，将一份满分60分的作文答卷，分别给不同的语文教师评阅，所得分数竟然相差27分。因此，语文命题编制，特别值得研究。如果在测试过程中有一些"微观、量化、技能化"的处理，上面这种评分差异巨大的情况就有可能会得到控制。

考试命题应以课程标准为依据，在课程标准规定的知识范围和深度要求下编制试题。不宜超出课程标准的要求，也不得随意降低标准。考试试题要覆盖全教材，一般要求以章为单位达到100%，以节为单位达到85%。各章的题量率在60%～70%以内；试题难度不应高于教学目标的要求；题型要多样化，可以从不同层次、角度来考查学生。一份试卷一般要求要有5种以上的题型。题量要合适，这有两层含义，一是试题的绝对数量，一般应有20道小题左右，不然难以达到覆盖面的要求；二是试题的相对题量，按时间计算，中等学生应在额定时间的80%内完成，这样学生才能从容作题，考出应有的水平。

编制试卷需遵循以下原则：

1. 科学性原则

科学性原则是编制试卷需遵循的首要原则。试题的科学性是保证试卷质量的根本，关系到试卷编制的成败。任何一道试题，不能有原理性缺陷，不能与客观实际相矛盾，不能把几种毫不相关的现象、过程等拼凑在一起，不能主观想象和无根据地臆造试题。

2. 简洁性原则

试题的语言表达要清楚、简洁，无冷僻晦涩字眼，学生阅读试题后能够明确知道他们要解答的内容，不能存在理解题意的障碍。

3. 合理性原则

试卷的内容、范围、深度均不得超出课程标准的有关规定；试卷在题型、题量、题分、难度、区分度、认知层次比例方面分配合理；试题既要求有较好的覆盖面，又要突出重点。按照考试目的和学生实际情况确定试题的难、中、易层次的比例，一般来说，单元测试和学业水平测试试题的层次比例依次为7：2：1为宜。70%容易题，主要考虑基础较弱的学生不至于因考试而受到心理上的打击，失去学习自信心；20%稍难题主要激励中等水平的学生，提高学习兴趣；10%较难题主要让较高水平学生的优势得到发挥，激发学生的创新意识和创造能力。编制试卷时要研究课程标准、学生认知特点等因素。试卷的评分标准应合理、科学，对主观题的答案及评分设置要有分步性。

4. 独立性原则

试卷中各个题目必须彼此独立，不宜相互牵连或提示。

5. 开放性原则

试题应具有开放性。试题的结论或条件、试题的情景或过程、试卷的策略或形式等都可以开放。部分试题，答案可以不是唯一的，试题编制过程中应渗透思维开放性原则，允许学生有独到的见解和不同的意见。

6. 时代性原则

知识来源于生活，服务于社会。试题必须注意结合社会热点、焦点问题，联系科技的新进展，联系新技能应用带来的社会进步等问题，引导学生关注国家和社会的发展、人类和世界的命运，特别是关注科技发展的新趋势、新成就等。例如，2017高考新课标卷Ⅰ作文题材料，12个关键词中的"一带一路""广场舞""共享单车""高铁""移动支付"等词语都体现了鲜明的时代性。

7. 理论联系实际原则

试题内容应与学生生活实践和社会实际紧密相联，力避那种从理论到理论的试题，减少人为编造、故意绕弯设障、没有实际意义的试题。以自然、社会、科技、生产和生活中的直接问题作为试题的背景材料，考查学生对自然现象、概念、规律的认识和理解，考查学生运用所学知识和方法去分析解决实际问题的能力。

新课程改革要求充分发挥学生的主动性和创造性，新课程的目标也要求培养学生的独立学习能力和合作精神，激发学生创新的潜能。这样，试卷就需要具有人文关怀性，应该遵循以人为本的原则，它应该成为学生学习生活的一个需要，而不是成为应付家长或老师的一个任务。这点当然是很难做到的，但是随着我们逐步地关注这个问题，并有步骤地推进解决，还是可以慢慢体现出试卷的新特点的。例如，试卷的内容设计应该着眼于学生的未来发展，充满人文关怀，激发学生的学习兴趣，调动学习的积极性，从而让试卷成为促进学生发展的生长点。

第二节 语文试卷编制流程及命制技巧

一、语文试卷的编制流程

命题工作是一项周密而复杂的创造性劳动，命题过程必须全面地考虑各种因素，必须按规范程序进行。只有掌握命题程序的各项要求，才能编制出一份符合考试要求的高质量的试卷。

试卷的编制程序主要分为：确定考试目标、制定命题细目表、编制试题、组配试卷、试卷难度预测、试答试题、制定标准答案及评分标准细则等七个步骤。

（一）确定考试目标

考试目标是试卷编制的出发点和归宿，具有导向和制约功能。它可以根据教学目标，结合不同的测试目的、内容范围、时间限制加以确定。

考试目标包括考试内容、考查目的和各种量化指标。例如，试卷难度系数、考试及格率、优秀率、平均分等。

（二）制定双向细目表

在认真阅读课程标准、教材内容等相关内容的基础上，根据考试目标和课程标准的要求，依据教学内容和教学目标，制定出命题及制卷的具体计划。计划应包括测试内容（知识、能力）、题量、题型、时限、不同知识点所考查的学习水平，以及所占的比例等各个方面的具体内容，并用命题双向细目表的形式反映出来。

制定命题双向细目表的要求如下：依据课程标准规定的考试内容、考试范围和教科书中涉及的各项知识所要求掌握的程度来确定试题的分布范围、难易程度、重点、难点，要全面反映考试内容，保证试卷对考试内容的覆盖率，对试题的数量以及难度比例的确定要适当，既要考虑大部分学生考试成绩达标，又要考虑不同水平学生的成绩能拉开距离。

双向细目表可以使命题工作避免盲目性而具有计划性；使命题者明确测验的目标，把握试题的比例与分量，提高命题的效率和质量。双向细目表是包括两个维度（双向）的表格，细目表也可以是多维的，但习惯上一般用双向细目表。常见的双向细目表有下列4种。

1. 反映测验内容与测验目标关系的双向细目表（见表8-1）

表8-1 反映测验内容与测验目标关系的双向细目表

测验内容	测验目标					合计
	识记	理解	应用	分析与综合	创新	
	一、3/（3）	二、2/（2）				
	一、17/（4）	二、3/（5）				
	一、7/（5）	一、11/（2）		二、1/（10）		
	一、9/（3）		一、10/（3）		二、4/（6）	
	二、5/（5）					
合计						

注：上表仅为细目表的一部分内容，不是一张完整的试卷双向细目表。"一"为选择题，"二"为简答题，斜线左侧的数字为小题号，括号内的数字是分值。

2. 反映测验内容与测验目标、题型之间关系的双向细目表（见表8-2）

表8-2 反映测验内容与测验目标、题型之间关系的双向细目表

测验内容	选择题	简答题	证明题	应用题	分析题	合计
	识记、理解	识记、理解	分析综合	应用	分析综合、创新	
合计						

3. 反映题型与难度、测验目标之间关系的双向细目表（见表8-3）

表8-3 反映题型与难度、测验目标之间关系的双向细目表

题型		填空题	选择题	判断题	简答题	叙述题	合计
题数		5	10	5	4	2	26
分数		每小题3分，共15分					
难易程度	A	8					
	B	7					
	C						
	D						

（续表）

题型		填空题	选择题	判断题	简答题	叙述题	合计
认知度	Ⅰ	8AI 7BI	5AI				
	Ⅱ		1AⅡ 7BⅡ 1CⅡ				
	Ⅲ		4CⅢ				
	Ⅳ		2DⅣ				
合计							

难易度："A"表示较易；"B"表示中等；"C"表示较难；"D"表示难度较大

认知度："Ⅰ"表示识记；"Ⅱ"表示理解；"Ⅲ"表示简单应用；"Ⅳ"表示综合运用

4. 反映题型与难度、测验内容之间关系的双向细目表（见表 8-4）

表 8-4 反映题型与难度、测验内容之间关系的双向细目表

题型		题量	分数分布		难易度			覆盖面				合计
客观题	主观题		每小题分数	每大题总分	易	中	难	第一单元	第二单元	第三单元	……	
选择题												
	简答题											
	作文题											
合计			150 分									

表 8-4 可以体现题型数量、难易度、测验内容的分配问题。优点是试题取样代表性高，试题难易程度也可以作适当控制，表中数据容易分配。局限性是未能反映测验目标。

（三）编制试题

编制试题要依据命题原则，紧扣命题内容，围绕命题双向细目表，严格选择材料，进行编制。同时要在编制试题过程中同步写出每一道试题的答案，以便发现问题并及时纠正。

试题初步确定后，应做进一步的筛选和修订。首先对照细目表，审查所编试题是否与各知识点及学习水平的设计相符，并根据具体情况进行增补或删减；其次，依据测验的时间要求确定题量，并对试题做进一步的调整。在以上工作的基础上，对已确定下来的题目，从科学性、逻辑性、独立性，以及语言表达等方面做最后的审定和修改。

（四）组配试卷

试题拟好后要按选择题、填空题、简答题的顺序排列，每大题按先易后难的顺序编排，形成梯度，组配成卷，并拟好答题指导语。

（五）试卷难度预测

组卷完成后，根据前面预测的试题难度，估算学生各题的得分，从而估出全卷得分，由此估算全卷难度。再结合考试目的，适当调整若干试题的难度、试题类型、试卷结构，使全卷试题的难度系数达到与考试目的的难度系数相符。

（六）试答试题

命题结束后，命题教师必须对试题进行试答，并记录答题时间。一般情况下，用于实际考试的时间，为命题教师试答时间的三倍。根据试答试题的情况和答题的实际时间，对试题内容做最后一次调整。

（七）制定参考答案及评分标准细则

命题和制定参考答案应同步进行，在命题时，同时将试题答案确定下来。答案应具体明确，准确无误，各层次的分值要明确标明。试题的评分标准应该客观明确，评分要进行分项分配。试题赋分根据试题难度和答题时间进行，试题难度较大，需花较长时间解答的，分值应大些。

二、原创试题的命制

教师命题时的试题主要有两个来源：一是采用他人的现成试题；二是自己编写的新试题。自己编写新试题通常又有改编试题和原创试题两种方式。

（一）改编试题

改编试题是对原有试题进行改造，使之在形式上、考查功能上发生改变而成为新题。通常情况下，改编的试题往往难度会相应提高。由于是对现有材料的深度挖掘，所以改编所得的新题一般具有一定的新颖性和创造性。改编试题的方法有很多，例如：改变设问角度（由考思想内容转为考艺术表现手法）、改变已知条件（已知结果找原因或已知原因找结果）、改变考查目标（由筛选信息转而考查信息整合或推断能力）、转换题型（选择题可以转换成文字表达题）、题目重组（几个较为简单的小题可以组合成一个较为综合的大问题，反之亦然）等。

（二）原创试题

原创试题重点体现一个"新"字，即创设新情境，寻找新材料。试题设问要新颖，思维性要强。新编试题，首要的问题是获取命题材料。通常可取材于国内外教材，或国内外招生考试试题，或国内外竞赛试题，或国内外热点时事、热点问题。

对教师来说，教材也是获取命题材料的非常好的渠道，教材中的许多例题、习题的背景非常新颖、非常贴近现实生活，是很好的命题素材。

三、原创试题命制分类指导

有了好的材料，如何选择利用来改编成试题，难度还很大。一方面要求命题者要有较强的专业能力和对教材的深入理解；另一方面命题者还要有熟练的命题技巧。因此，以新材料展开命题，往往带有一定的随机性和不确定性，偶尔获得一个好的材料，灵感突现，说不定就能命制出一道好的试题。

以高中语文命题为例，要原创试题，可以先从小题入手。

（一）小题目命制

1. 成语辨析题

命题人一定要广泛阅读社会时事新闻，从中捕捉有价值的命题材料。有的材料可以命制成语辨析题，有的材料可以命制语病辨析题，一定要依据材料来定。比如，新浪网上有这样一句话：

> 上海"迪士尼"外黄牛降价揽客，原价499元的旺季"迪士尼"成人票，在黄牛手上，标出了200元至470元不等的折扣。

本句在"折扣"一词的后面缺少了宾语的中心词"价"字，这是一则命制"成分残缺"类病句的好材料。

2. 连贯类试题

可以在命制试题时选一些说明性语段或论述性语段。因为说明性语段的文字一般很有条理，有一定的说明顺序；而论述性的语段中有观点句或主旨句，阐述事理时一般分层对比论述，这样的语段很适合用来做语句连贯类试题的命题材料。比如，有这样一段论述性材料：

> 批评精神的建构是李长之文学批评著述的一个重要命题。在《论伟大的批评家和文艺批评史》中，他如此概括自己所理解的批评精神："批评家的批评，在有所摧毁，有所探索，有所肯定，他抗争着，也建立着。"摧毁、抗争是批评活动"破"的一面。而探索、肯定是批评活动"立"的一面。"破"要求批评家具备足够的锐气，"立"要求批评家敢于担当。二者相辅相成，构成批评精神的两翼。

因为这段话论述逻辑很清晰，从"破""立"两方面来阐述文学批评精神的内涵，据此材料，我们可以命制一道考查语句连贯的试题：

> 在下面一段文字中的横线处，补写恰当的语句，使整段文字语意连贯，内容贴切，逻辑严密。每处不得超过15个字。
>
> 在《论伟大的批评家和文艺批评史》中，李长之如此概括自己的批评精神："批评家的批评精神，在有所摧毁，有所探索，有所肯定，他抗争着，也建立着。"摧毁、抗争是①_____，而探索、肯定是批评活动"立"的一面。"破"要求批评家具备足够的锐气，"立"②_____。③_____，构成批评精

神的两翼。

3. 逻辑推断题

此类题型其本质是考查语言表达的准确性,所以选材时必须斟酌语言表达是否合理、是否绝对化、是否符合逻辑。这类试题的材料一般从议论文文本中选取片段,然后适当改写,使之符合命题的需要。比如:

> 面对同一道作文题目,同龄人的观点应该是不相上下的。在这样的背景下,想要拉开差距靠的就是语言了。而语言的锤炼,非一日之功。语言的形成和构建,核心仍然来源于阅读,实际上取决于考生视野的宽度。尽管语言的锤炼比较难,但只要平时用心,多阅读,多积累,提高语言能力也是有路可循的。

这段材料曾挖空设题考查词语运用,如"应该""而""仍然""尽管""但""也"等。我们可以把此材料用来考查"逻辑推断"能力,对材料稍作改编,拟题如下:

> 下面文段有三处推断存在问题,请参照①的方式,说明另外两处问题。
>
> 面对同一道作文题目,同龄人的观点是不相上下的。在这样的背景下,想要拉开差距靠的就是语言了。而语言的锤炼,非一日之功。语言的形成和构建,核心仍然来源于阅读,实际上只取决于考生视野的宽度。尽管语言的锤炼比较难,但只要平时用心,提高语言能力一定是有路可循的。
>
> ①同龄人的观点不一定不相上下。
>
> ②
>
> ③
>
> 【参考答案:②语言的形成和构建不一定取决于考生视野的宽度。③平时用心,提高语言能力也不一定就有路可循。】

要保证小题目的原创性,选定材料之后,一定要到网络或相关文库去搜索、筛查,看所选材料是否已用过。如果他人已用,你最好放弃,否则,就要影响原创试题的质量。如果你觉得这个材料来之不易,弃之可惜,那也要适当地改编材料内容,这样才能达到命制原创试题的目的。

(二)原创文言文阅读理解题的命制

文言文阅读的知识点相对来说易于把握,命题的精准度、难易度相对较好控制。那么,选择文言文阅读文本需注意哪些问题呢?

1. 依据题目要求选定文言材料

若要命制人物传记,建议到"二十四史"中去选材。如果所命制的试题是供全国新课标卷地区使用的,就要充分考虑全国新课标卷文言文选材、命题的特点和趋势。全国新课标卷文言文选材多选自"二十四史"，所选人物传记的传主大都一生成就斐然，积极、正向，有突出的人格和精神，对学生身心健康发展有引导作用；好坏并存、有争议的人物则很少入选。另外，史料对传主生平事迹的叙述也较为丰富，包括传主的主要事迹、主要成就、主要言论等。

如果命制议论类文言文阅读题，可以到先秦诸子散文、历代名家论文中去选材。比如2017年北京卷《秦废封建》一文就取材于苏轼的《东坡志林》。命制游记、书信散文类的文言文试题，就要选择历代名家的山水游记散文、书信散文做材料，比如2017年浙江卷文言文阅读选了杜牧的《樊川文集》中的《上池州李使君书》一文。

2. 严密筛查选文，锁定字数要求

经常出题的人有这样的感受：命制适合全国新课标卷地区使用的试题时，到《史记》《汉书》中寻求文言文材料，真是太困难了，因为这些史料几乎已让命题人开掘殆尽。因此人们将范围扩大，到《北史》《南史》《新唐书》《旧唐书》《三国志》《后汉书》等历史典籍中选材，也有的命题人盯住了《明史》《清史》等来选材命题。但是，一定要谨记，所选文言材料一定要是他人没有命制过试题的，否则就称不上"原创"。文本材料选出之后，第二步要做的就是压缩文本，使文本字数接近于当年高考试题的要求。

（三）原创现代文阅读理解题的命制

命制现代文阅读题，需要命题者有更多的文化积淀和命题经验。纵观2017年的全国新课标卷，我们大致可以看出论述类文本、文学类文本和实用类文本的长度为1000字左右。在确定了选文的长度之后，就可以依据题材来选文。比如，论述类文本，可以从政治、经济、文化、历史、哲学等方面的前沿学术论文中选择材料；文学类文本一般选择见诸报刊的小小说或散文，一般不选择戏剧文本。2017年高考，实用类文本选择的是新闻材料，而且还是把三则或四则的新闻材料组合成非连续性文本，图文并茂。这给选择带来一定的难度，但也是有规律可循的。我们可以围绕某一热点话题选择材料。不是什么文章都适合拿来命题，有的文章不错，但是从中不易找到出题点。选名家名作相对来说好一些，其文章有出题的"料"，比如小说，除了从人物形象、小说情节设题外，环境描写、开篇特点、结尾艺术甚至标题方面也可以拟题。

围绕高考，这类仿真题、原创题多如牛毛，这里不再举例。下面举一道中考阅读理解题，看看命题人的命题思想。

莫扎特的力量

马永恒 译

①今年是莫扎特诞辰250周年，世界各地的人们都在纪念他。而在过去十年中，人们一直在为莫扎特的音乐对多种疾病的神奇疗效而惊叹。

②为什么莫扎特的乐曲成了人们关注的焦点，而不是巴赫、贝多芬或是肖邦的

呢？美国一位研究癫痫症的神经科医师约翰·休斯认为，莫扎特乐曲的治疗效果与众不同。研究表明，80%的癫痫症患者因为病房内播放莫扎特D大调交响曲，其痉挛的强度减弱，频率降低；而用其他作曲家的乐曲进行类似的实验，却总是瞎子点灯——白费蜡。

③约翰·休斯认为，其奥妙在于莫扎特乐曲中旋律重复的独特方式。莫扎特乐曲中的旋律每20—30秒重复一次，这恰好与我们的脑电波及人体其他中枢神经系统的运行有着几乎一致的频率。于是，莫扎特乐曲中的节拍能够对癫痫病人大脑中不规则的电波起到纠正的作用。他接着解释，癫痫病人在病情发作时是完全昏迷的，可见，莫扎特的乐曲对大脑有直接影响。

④莫扎特的乐曲可以提高智障儿童智力的现象，是目前人们关注最多的。研究发现，智障儿童在聆听莫扎特乐曲10分钟后，可以在智力测验中拿到更多的分数。同样，反复并持续听过莫扎特某一段交响曲的老鼠，在一个复杂的容器中找到出口的速度，要比生活在其他环境中的老鼠快得多。

⑤此外，莫扎特的乐曲也能够对孤僻症患者起到很好的治疗作用。麦乐佳顿的女儿是个孤僻症患者，医生对她采用了音乐疗法。她接受治疗时使用的耳机是经过改装的，这种耳机的作用原理是通过震动头部骨骼的方式传导乐曲。莫扎特的乐曲会给患者的听觉以极大的冲击力，这样，借助音乐的力量，改善了患者与别人交流的能力。麦乐佳顿起初对此种疗法抱有怀疑，但是现在她的看法完全改变了。

⑥巴黎艺术家卡迪艾力正在为一幅作品的创作烦恼时，突然失去灵感，完全无法使用蓝绿两色。她也接受了音乐治疗，取得了很大疗效，蓝绿两色又回到了她的画板上。后来她说，莫扎特乐曲的效果实在太惊人了，感觉自己要10年才能完成的心理治疗，仅仅在8个月内就完成了。她感叹："莫扎特就像我的爷爷，在我被噩梦惊醒时，他会第一个过来安抚我。"

（译自美国《时代》，文章有改动）

【相关链接】

莫扎特命运坎坷，但乐天的心情一丝一毫都没有受到损害，只凭着坚定的信仰，像殉道的使徒一般唱着温馨甘美的乐曲安慰自己，安慰别人。他从来不把艺术作为反抗的工具，作为受难的见证人，而只借来表现他的忍耐与天使般的温柔。他自己得不到抚慰，却永远在抚慰别人。

（摘自傅雷《独一无二的莫扎特》）

试题12. 文章第①段说："人们一直在为莫扎特的音乐对多种疾病的神奇疗效而惊叹。"这里的"神奇疗效"具体体现在哪些方面？请联系全文回答。

【参考答案】

可以治疗癫痫病，可以提高智障儿童的智力，可以对孤僻症起到很好的治疗作用，可以使艺术家找回失去的灵感。（4分，每点1分）

命题意图

本题考查学生的信息筛选能力。

解题指导

抓住题目中的"对多种疾病的神奇疗效""联系全文"这两个有效信息进行搜索，找出治疗各种疾病的具体效果作答即可。

试题13.文章第③段中加点的"其"在文中具体指▲。文章第⑤段中加点的"此种疗法"指▲。（2分）

【参考答案】

莫扎特乐曲的治疗效果与众不同（80%的癫痫症患者因为病房内播放莫扎特D大调交响曲，其痉挛的强度减弱，频率降低；而用其他作曲家的乐曲进行类似的实验，却总是瞎子点灯——白费蜡）。 音乐疗法（2分，每空1分）

命题意图

本题考查学生的概括能力。

解题指导

解答此类题只要在靠近这一词语的前后文去寻找答案即可。

试题14.指出下列句子中加点词语分别说明了什么。（4分）

（1）而用其他作曲家的乐曲进行类似的实验，却总是瞎子点灯——白费蜡。

（2）感觉自己要10年才能完成的心理治疗，仅仅在8个月内就完成了。

【参考答案】

（1）生动形象地说明了其他作曲家的乐曲对治疗癫痫症效果不佳。（2）准确地说明了音乐疗法见效快，效果好。（4分，每小题2分，第2小题答出"见效快"或"效果好"均给2分）

命题意图

本题考查学生对重要词语在文中的含义的理解。

解题指导

解答本题应在理解加点词意义的基础上再结合前后文的具体内容，抓住语言表述的生动形象性和准确科学性来组织答案。

试题15.文章第⑥段中,巴黎艺术家卡迪艾力说:"莫扎特就像我的爷爷,在我被噩梦惊醒时,他会第一个过来安抚我。"对这句话你怎样理解?阅读正文和相关链接加以回答。(4分)

【参考答案】

在艺术家失去灵感时,莫扎特温馨甘美的乐曲抚慰了她,让她很快找回了灵感。(4分,"在艺术家失去灵感时"1分,"莫扎特温馨甘美的乐曲抚慰了她"2分,"让她很快找回了灵感"1分,每点意思符合即可。答"取得了很大疗效"或"效果实在太惊人"也给1分)

命题意图

本题是考查学生对重要句子含义的理解能力和信息筛选能力。

解题指导

解答本题应抓住题目中的"阅读正文和相关链接加以回答"这一信息,然后分别从正文和相关链接中去筛选与"莫扎特就像我的爷爷,在我被噩梦惊醒时,他会第一个过来安抚我"中的"安抚"相关的信息进行概括作答。

(四)诗歌鉴赏题的命制

1.通过网络或文献资料筛选,选择诗歌材料

诗歌鉴赏题的选材最耗工夫。我们常见的一些唐诗宋词大都已在题海中浮现过了,想从唐诗宋词中选材比较难。未被用过的诗词未必适合出题。所选诗词是否适合拟题,要看所选诗词中是否有考查点,比如,锤炼字句、抒发感情、表现手法、表达技巧等。

2.命制试题,量材而定

材料选出之后,要精读诗歌内容后才能决定命制什么样的试题,这叫作"依料拟题";而命题人内心先对试题有了初步的设想,再据此寻找有此类考查点的材料,这叫"依题选料"。一般命题时要"依料拟题",这样只需排查此诗词是否有人出过题,是否适合出题,要出什么类型的试题就可以了。

四、作文试题的命制

作文命题和其他试题命制一样,随着时代的发展,一直在变。近几年任务驱动型材料作文成为高考命题的"宠儿",主要是因为这类题型与以往的作文不同。驱动作文最突出的特点就是指令性,也就是作文的写作任务,引导考生就一个具体明确的要求来写作,写作的针对性更强。要求命题人在选材时从大处着眼,从小处落手,结合社会时事材料,拟出新颖、抢眼、能有效考查学生作文水平的作文试题。在选材时要注意以下几点:

(1)关注社会生活中政治、经济、文化、人文、自然等相关方面的热点时事;

(2)注意所选材料的长度,一般限制在300字左右;

（3）材料之后一定要有针对材料的驱动任务要求；
（4）注意所选材料应能有效考查学生的写作能力。

这类试题目前常见的有两类，一是表态说理类，如2017年浙江高考卷：

> 有位作家说，人要读三本书：一本是"有字之书"，一本是"无字之书"，一本是"心灵之书"。
>
> 对此你有什么思考？写一篇文章，对作家的看法加以评说。
>
> 【注意】①题目自拟。②不得少于800字。③不得抄袭、套作。

这是一道典型的任务驱动型作文题，题目中相关的任务有对象任务，即对于以上事情，你怎么思考；还有内容任务，即表明你的态度，阐述你的看法；此外，有文体任务，即加以评说，格式要符合议论文的文体要求。具体写作时，考生一般可以从"书本知识"（读万卷书），"生活或自然与社会"（行万里路），"自己的心灵"（三省吾身）三方面展开。根据个人实际，选取角度，写出令人信服的好文章。

二是权衡选择类，如2016年全国新课标卷Ⅱ：

> 语文学习关系到一个人的终身发展，社会整体的语文素养关系到国家的软实力和文化自信。对于我们中学生来说，语文素养的提升主要有三条途径：课堂有效教学、课外大量阅读、社会生活实践。
>
> 请根据材料，从自己语文学习的体会出发，比较上述三条途径，阐述你的看法和理由。
>
> 要求选好角度，确定立意，明确文体，自拟标题，不要套作，不得抄袭，不得泄露个人信息。

这是一道权衡选择类的驱动型作文题，其关键点在于"比较"二字，这就需要考生在写作时运用对比的方法作文，在对比中阐述自己的看法和理由。考生要在写作时围绕材料中的核心事件就事论事，不要泛泛而谈或一味地拔高，而是要结合自己的语文学习体会，从己入手，由小到大，理论与实践相结合。

五、常用题型编制技能

1. 选择题编制技能

（1）选择题基本要求

①题干与备选项构成的句子应该在逻辑上成立，语法上无错误，语意上无分歧。

②单项选择题要求有四个备选项，只有一个备选项是最符合题目要求的。

③备选项的代码用A、B、C、D等大写字母表示。

④正确选项的代码要随机排列，并且在每份试卷中每个代码作为正确选项出现的概率相近。

（2）选择题题干的编制要求

①题干围绕一个主题展开，叙述准确，简明扼要，题意明确。

②题干要尽量创设新的情境，叙述文字应避免重复教材中的现成实例或措词。

③题干一般是一个不完全的陈述句，与正确选项构成一个完整的句子。

④题干中不要出现空格、括号及其他填空形式。

⑤尽量避免使用否定式的题干（根据原文内容，下列推断与分析正确的一项是），除非为了特定目的必须以否定的形式设计试题，如果出现否定词，要在否定词的下面加上着重号（下列各句中，加点的成语使用不恰当的一项是）。

（3）选择题备选项的编制要求

①备选项的句子长度、结构、语言表达要尽量一致。

②备选项要求同质、互不相关，有较大的似真性。

③涉及数字的备选项，统一按照上升或者下降的顺序排列。

④如果一些词语在所有的备选项中都有，最好将这些共同词语移到题干中去（专用术语除外）。

⑤干扰项要有似真性，应与正确选项在逻辑和语法上跟题干一致，表述科学，不应拼凑明显不合理的选项。

⑥如果题干含有否定式，必须避免出现否定式的备选项。

⑦备选项原则上不要使用"以上都不对、以上都对、从未、绝无、可能、唯一、只有"等含有绝对肯定、绝对否定或模棱两可的词汇。

⑧避免备选项之间出现逻辑上的包含关系。

2.简答题、辨析题、材料分析题等主观性试题的编制技能

（1）主观性试题编制基本要求

①叙述完整，术语规范。

②条件充分，逻辑缜密。

③题意清楚，设问明确。

④素材与考核目标密切相关，对所有考生公平。

⑤考核层次不超出教材中对该类问题的讲解水平。

⑥单题分数较大时，宜划分为几个相对独立、分数相当的小问题设问。

（2）主观性试题答案及评分参考编制基本要求

①简明扼要，表述准确。

②逻辑缜密，论证充分。

③注重整体理解，全面阐述考核内容。

④每个评分点代表典型的思维过程。

⑤评分点不宜过粗，最小的评分是1分，最大的评分点不超过3分，不宜出现0.5分

的评分点。

⑥可视试题的考核目标适当灵活，鼓励创新。

（3）主观性试题具体题型编制技能规范要求

①简答题

第一，只要求考生对所提的问题用简洁的几句话来回答。

第二，考查考生对重要概念的理解和掌握，而不是琐碎知识的简单复述。

第三，一般每小题考核一个知识点，最多不超过两个。

第四，不要按照教材原文抄写试题，避免使考生产生死记硬背、猜题押题的学习倾向。

②辨析题、材料分析题等题型编制技能规范要求

第一，这类试题是用来测量较高层次的教育认知目标，考核内容为本学科中的实质性内容。

第二，试题的表述要明确、完整，既要让考生明白试题的发问指向，又要留有让考生发挥的余地。

第三，试题的考核内容应该有所限定，防止题意过于宽泛或过于笼统，使考生感到无从着手或无法准确作答。

第四，考核课程重点内容，一般要求达到综合应用层次，关联的考核知识点超过两个。

第三节 语文试卷编制技能指导

能命制高质量的试卷，是每位语文教师的必修课。语文试卷的"高质量"主要表现为：覆盖面要广，尽可能覆盖所有考点。有一定的难度和适当的区分度；能导教导学导练等。命制一份高质量的语文试卷，就要有的放矢、讲究策略，需要掌握知识储备技能、科学统筹技能、命制原创技能，以及高效研磨技能。

一、知识储备技能

广泛地储备相关知识是高质量命制语文试卷的基础。

（一）熟悉样卷

既要从宏观上把握样卷的结构、题量、赋分、难易度，又要从微观上熟悉每道题的考查点、题型、设问角度、区分度等。如中考试题一般23—26道题，分为第Ⅰ卷（选择题）和第Ⅱ卷（非选择题）。其中选择题一般有积累与运用、现代文阅读（一）、古诗文阅读等，每道题2分，占24分。非选择题一般有文言翻译、古诗词鉴赏、名句名篇默写、综合性学习、现代文阅读（二）、写作表达等，占96分，全卷满分120分。

高考样卷一般20题左右，也分为第Ⅰ卷（阅读题）和第Ⅱ卷（表达题）。其中阅读题一般有现代文阅读、古代诗文阅读、名句名篇默写、文学常识填空、实用类文本阅读和文学类文本阅读，占70分。表达题一般有语言文字运用、写作等，占80分，全卷满分150分。实用类文本阅读和文学类文本阅读之前属于选做题，2017年之后改成必做题。又如，现代文阅读（一）一般选取说明文或论述文作为背景材料，主要考查说明对象、说明内容、说明方法和说明顺序或主论点与分论点、论点与论据的关系、论证方法的使用等。错误选项的设问角度一般有主客颠倒、因果颠倒、强加因果、本末倒置、未然与已然错位、或然与必然错位、全称判断与特称判断错位、答非所问等。以上这些，都应做到恰当合理。

（二）把握教材

要对考查的教材内容谙熟于心，并能随时灵活地提取与运用。熟悉每册教材的编写体例与内容。熟悉每个知识点的出处或分布。根据命题的需要，能随时提取有关内容组成一道道难易有别的题目。注意选取内容的广度与深度。如命字音题，既要考虑从不同教材中选取，又要考虑它们的难易程度。又如名句名篇和文学常识默写题，既要考虑不同文体，又要考虑各类作家的作品，尽量做到多方面考查。只有对教材内容谙熟于心，才能运用自如。

（三）占有素材

不仅要尽可能广泛地涉猎与收集关于乡土特色、科技前沿知识、现代社会风土人情、中华民族优秀传统文化、社会主义核心价值观、创新精神等背景材料，还要科学地筛选与分类。应根据命题的需要对收集到的材料进行筛选，做到优中选优，并分门别类地对选中的材料进行归类整理。如搜集富于乡土特色的旅游景点、历史人物、手工业品、城市标志等有关素材，并分类整理、相互比较、加工使用，为进一步命制好高质量的试题奠定坚实的基础。

二、科学统筹技能

科学制订命题计划是高质量命制试卷的关键。命题计划也称为双向细目表，它主要包括知识板块、题序、知识点、赋分、能力点、预估难度、预估得分等。知识板块，初中主要包括积累与运用、现代文阅读（一）、古诗文阅读、默写、综合实践、现代文阅读（二）、作文；高中一般包括现代文阅读（一）、古诗文阅读、现代文阅读（二）、语言文字应用和作文。初中能力点包括识记、理解、应用、分析和综合；高中能力点包括识记、理解、分析综合、鉴赏评价、表达应用、探究。无论是初中还是高中，考查的知识点在保持相对稳定的基础上，应有一定的灵活性。

首先，要定好整份试卷的难度。如中考既是毕业性考试，又是选拔性考试，两考合一。一般来说，初中整份试卷的难度是0.7左右。容易题（P≥0.70）、中等题（0.70＞P

≥0.35）、较难题（P≤0.35）的比例为6∶3∶1。又如，高考纯粹是选拔性考试，所以高中整份试卷的难度一般为0.6左右。容易题（P≥0.70）、中等题（0.70＞P＞0.35）、较难题（P≤0.35）的比例为6∶2∶2。在此基础上，应设法把整份试卷的难度分解到各题中去，分解时既要考虑所考查知识点本身以及它在所有考点中的难易情况，也要预估考查对象对知识点的把握情况，据此推测考点的难度。不同考点的难度应有所不同。例如"积累与运用"的6道基础题，其中字音题、字形题和成语题属于容易题，病句辨析题、文学常识题、语句连贯题属于中等题，而且各题的难度有所不同，最后是整份试卷的容易题、中等题和较难题的比例要符合预设的比例，这样才能体现较合理的区分度。

其次，注意难易题的排列顺序。为了使试卷的设置人性化，符合学生的认知特点和规律，一般来说，整份试卷的题目应尽量按照由易到难的顺序进行排列，如初中的积累与运用、现代文阅读（一）、古诗文阅读、默写、综合实践、现代文阅读（二）和作文基本按照由易到难的顺序来排列。每一知识板块的几道题目也应这样排列，如初中阅读与积累的字音、字形、成语、病句辨析、文学常识、语句连贯等题目也基本按照由易到难的顺序排列。

最后，注意各考查能力点的分配比例。对能力点的考查，应覆盖所有能力层级。如初中应覆盖识记、理解、应用、分析、综合等能力，高中应覆盖识记、理解、分析综合、鉴赏评价、表达应用、探究等能力。注意不同能力层级所占的权重。如初中应适当减少识记能力层级的考查，加大理解与综合运用能力层级的考查；高中应突出考查鉴赏评价、表达应用、探究等能力层级，充分发挥考试的导教导学导练功能。

三、命制原创技能

精心地命制原创题是高质量命制试卷的趋势。为了客观、公正、准确地考查学生的知识水平与语文能力，每道题目都应是原创的。原创题除了严格按照命题计划表来命制外，还要注意如下几点：

第一，要有鲜明的导向性。语文是文道统一体，语文试题也不例外，除了突出考查"双基"之外，还应注意考查学生的思想道德水平。试题的选材应优先考虑如下材料：体现社会主义核心价值观，体现中华优秀传统文化的继承与发扬，体现创新精神，体现立德树人理念，体现依法治国精神等。一份高质量的试卷，应从不同角度考查学生的思想道德水平，最大程度地发挥导教、导学、导练作用。要注意体现基础教育课程改革的理念。主要考查学生运用所学知识解决实际问题的能力，考查学生的学科素养和探究能力。减少再现性知识的考查，注重能力的考查。如要考查名句名篇的默写能力，可以这样设计题目："唯有创新，才能引领诗歌创作的潮流，就如赵翼在《论诗》中说的"＿＿＿＿，＿＿＿＿"。其实，这道题要求在充分理解诗意的基础上正确默写"江山代有才人出，各领风骚数百年"，而不是单纯地再现要求默写的句子。

第二，课内知识与课外知识比例要恰当。如，高中语文课内知识的考查一般占20%，主要包括字音、字形、成语、文化文学常识、文言文阅读、名句名篇默写等。考查面要广，考查点要准，注意难易的梯度。课外知识的考查一般占80%，主要包括现代文阅读、语言知识运用、写作等。背景材料的筛选要优化，各小题的赋分要科学。

第三，要科学地设计问题。要注意从不同角度考查学生。如果一个知识板块有几道题，就应考虑从不同角度来设计问题。如现代文阅读（二）有四道题，就可从词义、句意、手法、文意等不同角度来设计问题考查学生。

各题的设问要有明确的指向性。各题的设问最好能用上一些引导词，使之能很好地引导学生思维和作答。如同一个问题，用"联系全文并结合社会现实谈谈主人公的行为给你的一点启发"来设问就比用"谈谈主人公的行为给你的一点启发"要明确有效。因为前者有明确的引导词语"联系全文""结合社会现实"提示学生。这样，学生就知道如何入手思考与作答了。

各题赋分要合理。命题时要根据难易来考虑各题的赋分，一般来说，难题赋分要多点，易题要少点。如整体上"阅读"与"写作"难度较大，赋分较多。其他题目赋分较低。为方便评卷，各题的赋分还要结合答案要点来考虑。一般来说，答案有两个要点的，可赋2分或4分或6分，不宜赋3分或5分。

四、高效研磨技能

高效研磨各道题目是高质量命制试卷的保障。首先，要确保所选材料的准确性。依据课本或所选材料的出处，认真核对有关材料的准确性，及时改正错误的内容。对材料中出现的人名、地名、文学文化常识和有关人物，即使不影响答题，也不能出现错误。其次，注意问题与答案的一致性。设计的问题除了要有明确的指向性，还要做到用语简明。同时，答案应全面完整，没有明显的遗漏。更重要的是问题与答案要高度一致，避免答非所问。要依据问题，回归文本，多角度权衡，准确审视并作出判断，保证问题与答案一致。

> **案例**
>
> 广西某市2016年中考语文现代文阅读22题是这样设计的："结合第④段划线句子，简要写出少明姐"哀愁"和"思念"的缘由。（3分）"从"结合第④段划线句子""哀愁""思念""缘由"等句词来看，问题的指向性是很明确的。另外，该题的参考答案是："哀愁"是因为想到从此要与到海的那一边求学的子女们离别（1分）；还想到子女们这一别或许不再返回孤岛了（1分）。"思念"是因为触景生情，由送别子女的情景想到母亲当年也一样送别自己，对母亲的思念之情油然而生（1分）。参考答案分别从"哀愁"和"思念"来设置，与问题完全吻合。

最后，从整体上查漏补缺。主要把试题、答案与答题卡结合起来考虑，发现问题及时解决。先查看题号是否正确，然后看赋分是否吻合，再看评分标准是否全面合理，最后看答题卡中每道题的答题区域与参考答案所占空间是否相符。

综上所述，命题是有"规"可循，有"法"可依的。可以说，一份高质量的试卷是命题教师智慧的结晶。

第四节　语文试卷编制举例

一、彰显特色的试卷

提倡以学生为本，关注每一个学生的成长过程，就要求我们实现试卷与学生的对话，摈弃那些陈旧的、呆板的、专制的、沉闷的、封闭的内容，增加一些新颖的、开放的、自由灵活的内容。

（一）亲切的试卷

提高试卷的亲和力，多一些人文关怀，少一些生硬的说教，对减轻学生的心理压力，营造宽松的考试氛围十分重要，能使考试成为学生的一种愉悦的、积极的情感体验。比如，可以在试题旁边加上一些鼓励的、提醒的话语，如"愿你读得仔细，答得认真！""相信你自己！"

案例

1.【老师的话】亲爱的同学，七年级的我们开始了崭新的语文学习之旅，学习内容、学习习惯、学习方式都在发生"革命"。对此，你肯定有了真实的感受。完成这张试卷，与其说是考试，不如说是展示。要坚信：真情的体验、深入的思考和独特的创新永远是最有价值的！

2.【老师的话】亲爱的同学，经过新学期两个多月的学习，你一定又学到了不少新的知识，得到了不少新的乐趣吧？现在就请你轻松自信地迎接挑战吧！

开始答题，注意看清楚题目的要求，祝你顺利！

3.考生注意：答题时要冷静思考，仔细检查。预祝你取得好成绩！

4.在七年级的"积累与运用"题目后面，补充了这么一段鼓励学生的文字，做到这里，你也许心里乐开了花，也许懊悔不已。切记不要骄傲，也别气馁，现在成败还是未知数，好戏还在后头。

5.在作文的后面，写道：

祝贺你！你已经顺利完成了答卷。为了取得最佳成绩，在交卷之前请你再仔细检查一下有没有漏做、答错。请记住：老师不喜欢马大哈哟。

> 老师的话：假若你对本次考试不满意，希望你继续努力；假若你对本次考试很满意，希望你再接再厉！

虽然只是短短的几句鼓励性的话语，但相信已经给了学生一个良好的答题心情，能帮助学生调整心态，以轻松愉快的心情来完成考试。

考试不是故意为难学生，如果学生能以一种轻松的心情来完成答题，把考试也当作一次愉快的体验，其间需要命题老师做的只是写上几句鼓励、提醒的语言，让学生感到老师真正关心了他们，何乐而不为呢？

另外，卷内所出的题目也要力求亲切，尽量避免强硬的指令性意味，最好能做到时刻以"请"字开头，"你"字为中心。如"请你用学过的方法，试着概括本文的主要内容"，"请你回忆一下，是否在生活中有相类似的经历，结合阅读语段的感受，写下你最真实的感受"等。这些举措使学生能够在相对和谐、宽松的环境中提高自信，最大限度地开发自己所有的能量。

（二）有趣的试卷

内容决定形式，但形式也反作用于内容。故此，在命题时不妨注意一下提示语言的幽默、风趣，符合学生的阅读兴趣和心理特征。

如果题型变"常式"为"变式"，也能起到意想不到的效果。同样是考查学生的词语积累，"猜写词语"就比"填写词语"更具诱惑力，促使学生产生探求谜底的欲望；"语文的功底来自积累，积少成多，聚沙成塔，确实如此。下面就考考你记住了多少古诗文"比单纯的"古诗文填空"生动多了，提高了学生参与的积极性。

如尝试把"积累与运用"改为"语言训练营"，把"阅读理解"改成"美文欣赏台"，把"写作"命名为"作文竞技场"，也许是多了一些小小的花样，但给学生的感受是新鲜而刺激的。

案例

> 某同学整理了一份三国人物的性格特点，你能判断一下哪个答案是错误的吗？
> A. 刘备是仁德的；爱民是如子的；特长是会哭的；眼泪是充足的。
> B. 诸葛亮是伟大的；治国是有方的；用兵是如神的；放火是专长的。
> C. 赵云是红脸的；胡子是很长的；自负是肯定的；倒霉是迟早的。
> D. 曹操是奸诈的；性格是多疑的；手段是毒辣的；下手是无情的。
> （摘自某地2006年八年级（下）期末卷）

（三）自由的试卷

自由的试卷可以使学生自由、充分地挖掘生活积累，淋漓尽致地表达自己的思想感情。试卷不应以狭隘的、单一的命题限制学生的创造活力，而是要尽量让学生有话可说，有情可抒。这就要求制定灵活、自由、宽泛的答题要求，我们教师尽可能地面向学生的生活实际，充分挖掘其生活积累；设计好试卷提示，使试卷提示成为一个引子，恰到好处地诱发出学生丰富的生活闪回和情感记忆。比如在试卷中提供两组不同的题目供学生自由选择，就把写作的范围大大拓展了。

二、关注学习过程的试卷

考试的重要目的之一，就是检验学生的学习程度和发展水平，这必然涉及对结论的评判。但是如果不经过一系列的质疑、判断、比较、选择，以及相应的分析、综合、概括、逻辑推理等认识活动，即如果没有多样化的思维过程和认知活动，结论就无从获得，也难以真正理解和巩固知识，更谈不上迁移和内化。所以，命题要尽可能使学生能够充分展示学习活动的过程，在"过程"中检验其自身的发展水平和发展历程。

（一）关注文本带来的情感体验

在命题时，要注意到文本是语言和思想、形式与内容的统一体，它不仅是语言的载体，而且体现了人类最基本的价值观、伦理观、人生观、自然观、审美观等。所以考试中的阅读材料不仅是命题的媒介，也是阅读的对象。选取阅读文章时，要选能够引导学生求真、向善、爱美的文章，从而使考试过程成为一种高尚的情感生活和丰富的人生体验。这样，解答试卷的过程也就成为人格的健全与发展过程。

（二）关注文本带来的感悟

学习的过程不仅是一个接受知识的过程，也是一个发现问题、分析问题、解决问题的过程。在这个过程中，一方面暴露学生的疑问、矛盾和困难，另一方面也展示学生的聪明才智与独特个性。

命题的目的应该不在于发现学生获得了什么答案，而在于他们怎样获得这个答案。所以，在命题时就不妨给学生多一点感悟的空间，尽可能体现感悟和思考的过程。在命题中，要多一些"你体会到了什么？""你的理解是什么？""面对这种情况，你该如何去做？"等承认多元价值的存在、尊重学生在学习过程中独特体验的试题。

（三）关注文本积累的思维过程

语文考试必然需要一定的知识识记，课程标准也非常重视学生知识的积累。但是检验知识积累的方法并非只有默写一种途径，完全可以在考核中体现学生的思维过程，即促进积累的迁移。同样一项练习，不同的设计可以检验到不同的结果。真正高明的设计是让学生在完成题目时不需要机械记忆，而着重体会语感和逻辑，教师也可从中发现学生的思考过程和思维质量。

案例

　　课标要求是这样的：诵读古代诗词，有意识地在积累、感悟和运用中，提高自己的欣赏品位和审美情趣。根据这一要求，可以设计以下多种默写题型：

直接默写

（1）潮平两岸阔，＿＿＿＿＿＿＿＿。（王湾《次北固山下》）（2分）

（2）浊酒一杯家万里，＿＿＿＿＿＿＿＿。（范仲淹《渔家傲》）（2分）

（3）＿＿＿＿＿＿＿＿，一览众山小。（杜甫《望岳》）（2分）

（4）＿＿＿＿＿＿＿＿，见不贤而内自省也。（《论语》）（2分）

（5）勿以恶小而为之，＿＿＿＿＿＿＿＿。（格言）（2分）

选择性默写

根据课本，下列古诗文默写正确的两项是（　　　）

A.醉里挑灯看剑，梦回吹角连营。八百里分麾下炙，五十弦翻塞外声，沙场秋点兵。

B.脱我战时袍，著我旧时裳，开我东阁门，坐我西阁床，当窗理云鬓，对镜帖花黄。

C.昔人已乘黄鹤去，白云千载空悠悠。黄鹤一去不复返，此地空余黄鹤楼。

D.宴酣之乐，非丝非竹，射者中，弈者胜，觥筹交错，起坐而喧哗者，众宾欢也。

E.山不在高，有仙则名，水不在深，有龙则灵。斯是陋室，惟吾德馨。

F.生，亦我所欲也；义，亦我所欲也。二者不能兼得，舍生而取义者也。

理解性默写

（1）《白雪歌送武判官归京》一诗中表现作者送别友人后依依不舍和无限怅惘之情的句子是：＿＿＿＿＿＿＿＿，＿＿＿＿＿＿＿＿。

（2）龚自珍《己亥杂诗》中的"落红不是无情物，化作春泥更护花"与李商隐的"＿＿＿＿＿＿＿＿，＿＿＿＿＿＿＿＿"有异曲同工之妙。

情景默写

（1）五月，汶川遭遇八级地震，家园顷刻被毁，生命遭受劫难。危难面前，英雄的中国人民众志成城，抗震救灾。灾区人民在绝望中重见希望之光，这正如陆游在《游山西村》中所说：＿＿＿＿＿＿＿＿。

（2）北京奥运会将至，我们将以满腔的热情喜迎来自世界各地的朋友，正可谓"＿＿＿＿＿＿＿＿，＿＿＿＿＿＿＿＿？"（用《〈论语〉十则》中原句回答）

修辞运用默写

运用修辞，能使诗句灵动、表意隽永。"忽如一夜春风来，＿＿＿＿＿＿＿＿"巧用比喻，为寒冷的边塞增添了无限春意；"烽火连三月，＿＿＿＿＿＿＿＿"，运用夸张，表达了杜甫对家人的强烈思念；"感时花溅泪，＿＿＿＿＿＿＿＿"，运用拟人，将诗人情怀表达出来。（6分）

三、注重整合应用的试卷

考试不仅是知识的检验和巩固过程,而且还是知识的延伸、再丰富的过程。

(一)向课外迁移

一直以来,教材被理解为规范性的教学内容,老师只是阐述和传递这些内容的执行者和实现者。这样,教学就会走向狭窄、僵化。因此,作为教学导向的试题,就要发挥正确的引导作用,把相关的知识向课外迁移、派生。这种有一定价值取向的命题,往往也会有效地指导课堂教学。

案例

"却说女娲炼石补天之时……单单剩下一块未用,弃置青埂峰下";"那座山正当顶上有一块仙石……盖自开辟以来,每受天真地秀,日精月华,感之既久,遂有灵通之意。"上文两块石都幻化成"人"形,前者即《_____》中的_____(填人物形象),后者即《_____》中的_____(填人物形象)。

在语文课本中我们学过《香菱学诗》,在名著导读中学生也知道《西游记》,可是真正去看原著的学生却极少。这道题考的是课文中人物贾宝玉和孙悟空的形象,但课文中这样的知识点却是没有的,这道题涉及了四大名著中的两本书的阅读内容,有一些难度,如果学生没有去看原著,光靠老师在教学时的补充也还是远远不够的。这种由课内向课外知识的自觉补充和延伸,培养学生自觉获取知识的能力,就是"大语文"教学观念的体现,可能也是今后语文教学的发展方向。

(二)促进学科整合

既然学习的目的不只是为了强化对课本既定知识的记忆,而是为了提高学生的创造能力,那么就应该允许让试题成为检验学生综合知识、发展学生综合思维、提高学生综合能力的工具。因此,在试题中,有意识地适当综合其他学科的知识,引导学生运用多种知识和能力解决问题,就将成为学生学习能力自我增生的重要方式。

案例

1. 白居易《大林寺桃花》:"人间四月芳菲尽,山寺桃花始盛开。常恨春归无觅处,不知转入此中来。"请从地理学角度,说明为什么"人间四月芳菲尽",而"山寺桃花始盛开"。

2. 苏轼《题西林壁》:"横看成岭侧成峰,远近高低各不同。不识庐山真面目,只缘身在此山中。"请从认识论的角度立意,阐述诗中所揭示的生活哲理。

（三）重生活应用

语文是我们的母语，在试题中，我们要注重语文知识的生活化运用，实现书本知识、社会生活、学生经验世界和成长需要的沟通。

案例

> 四川绵竹地震灾区一位受伤学生转院来南京治疗，你和小丽打算前去探望。小丽准备送他一本《繁星·春水》，并在书的扉言写下了一段赠言：
>
> 这本书会让你看到冰心奶奶所营造的爱的海洋。真爱的伟大、童真的圣洁、自然的美好，会让你微笑着面对未来，快乐生活。
>
> 你准备赠送一本《钢铁是怎样炼成的》，也在扉页写上一段赠言：_____
> _____
>
> （摘自2008年南京市中考试卷）

第五节 语文试卷编制的误区及案例分析

试卷是考试测量的工具，其质量直接影响考试测量本身，同时影响教学。那么，判断试卷质量的标准是什么？是课程标准。如果试卷符合课程标准的精神，内容与课程标准保持一致，那么，试卷质量就高，考试就对教学产生积极影响，引导教学沿着课程标准规定的方向前进；反之，就对教学产生负面影响，使教学背离课程标准的精神。因此，研究试卷与研究课堂教学同等重要、并行不悖，只有双管齐下，形成合力，才能有效提高教学质量，促进学生健康和谐发展，促进教师专业成长。

本章以调阅的2009年福建省小学一到六年级期末试卷为例，借鉴布鲁姆的认知教育目标分类理论和韦伯研制的学业评价与课程标准一致性分析模式，从内容领域、知识广度和能力深度等三个维度来分析试卷，对语文试卷编制过程中的误区进行举例分析。

一、内容权重较为随意

根据什么来确定考试内容呢？主要根据课程标准和教材。课程标准从识字与写字、阅读、习作（写话）、口语交际和综合性学习五个方面分学段提出内容目标，三个学段90条（第四学段40条，一到九年级一共130条）。这五个方面有的内容适合考试（即纸笔测试），有的内容不适合考试，如口语交际、综合性学习就不适合考试。"学习用普通话正确、流利、有感情地朗读课文"，"愿意将自己的习作读给人听，与他人分享习作的快乐"等，不宜也不能考试，这些目标更多是在平时落实，注重过程评价，所以，考试评价必须过程性评价和终结性考试相结合。

（一）试卷内容及数据分析报告

适宜考试的三个方面内容，怎样"冠名"？各个方面主要包括什么内容？三者比例多少为宜？根据教育部基础教育课程教材发展中心研制的学业质量测试卷，这三个方面分别命名为"积累与运用""阅读"和"习作"。"积累与运用"主要涵盖字词句等语文基础知识（"识字与写字"包括于其中）和课文内容积累、古诗词积累运用等；"阅读"部分主要是通过若干适合学生阅读的以前没有接触过的情境材料来考查学生的阅读能力；"习作"部分主要是考查学生的写作能力。

基于此，我们将收集的一到六年级试卷（各12份），进行列表统计（见表8-5），取平均值，看看有哪些可取之处，哪些地方有待改进，对命题有哪些启示。

表8-5 各年级三大模块平均权重表

年级	积累与运用	阅读	习作
六	35.3（51/14/37）	30（56/15/51）	34（45/30/15）
五	39.8（50/24/26）	28.4（46/14/32）	32.7（40/30/10）
四	44.7（63/31/32）	25.4（39/12/27）	29.9（34/25/9）
三	52（68/25/43）	20.4（45/7/38）	30.3（33/20/13）
二	58.8（69/50/19）	25.9（32/19/13）	14.4（20/4/16）
一	79.7（84/65/19）	10.8（21/6/15）	9.5（15/0/15）

注：括号内数据为12份试卷中的权重。

从统计情况看，试卷基本按"积累与运用""阅读"和"习作"三大模块编写，考试内容领域与课程标准描述的学习内容领域基本保持一致，但各年级的具体情况不同，有明确标识的；有未明确标识的；还有增加其他项的，如听力、口语交际或综合性学习，还有增设书写卷面分的等。如某试卷（一年级）设的听力题：

> 我会听，我会在我听到的词语旁的（ ）里打"√"。
> 梳洗（ ）　　舞蹈（ ）　　找到（ ）　　栽花（ ）
> 苏醒（ ）　　舞刀（ ）　　早到（ ）　　摘花（ ）

这道题考查一年级学生听辨平翘舌音、声调等能力。在低中年级设听力题，对考查学生的听力、引导教师注重培养学生的倾听能力，促使听、说、读、写协调发展是很有意义的。但是，综合所有听力设题，我们发现题型单一，都是填空题；书写量大；非听力题多等。可以从以下两方面加以改进，一是借鉴中学英语考试的听力设计；二是题型丰富些、目的明确些，如低年级还可以考查听辨句子的语气、听写词语等，真正考查学生听的能力水平。

试卷中，有一些设题名不副实，不能考查设题者所期待的知识或能力，如某卷"综合性学习"设题："九、如果用诗歌或名言来做毕业时给同学的赠言，你用的是："_____。"

对照课程标准关于"综合性学习"的目标及评价建议可以看出此题实则考查学生在具体语境中运用"诗歌或名言"的能力。再如某卷"口语交际"设题:"'家事国事天下事,事事关心'。请你用100字左右,向大家介绍最近发生在我们身边的,让你最感兴趣的新闻时事。"对照课程标准关于"口语交际"的目标及评价的建议得出口语交际一定是"在具体的交际情境中"进行评价,看学生在"承担有实际意义的交际任务"中的言语表达、应对机智、情意态度如何。口语交际一定是动态的,一旦没有交际情境,一经笔写,就是习作了。

从表8-5的数据统计看出,各模块赋分(权重)差异大,有随意之嫌。如六年级"积累与运用"部分,12份卷平均约35分,但最高的51分,最低的只有14分,这一高一低相差达到37分;"阅读"部分,平均是30分,但最高的56分,最低的只有15分,这一高一低相差达到41分;同是书写卷面分,有4分,有3分,也有2分;

同是低年级的写话,有不设题的,也有从4分到20分不等的,等等。用的是同一个课程标准,并且同在一个省份,考试内容差异如此之大,是不正常的,不利于改进教学。

(二)对考试命题的启示

如何确定这三大模块的权重比例?我们认为,应该根据学生的年龄特征,比照课程标准,综合国内研究成果,各学段三大模块的权重比例如表8-6所规定是比较合适的(这三大模块能不能冠以其他名称、要不要增加模块,如第一学段、第二学段考查听力,设置书写卷面分等,应在实践中研究、完善)。

表 8-6 各年级三大模块权重表

项目		积累与运用	阅读	习作	总分
比例	一	60%—70%	10%—20%	10%—20%	100
	二	30%—40%	25%—35%	10%—20%	100
	三	20%—30%	30%—40%	30%—40%	100

二、知识广度不够

知识广度是指考试要求学生正确回答试题所需的概念、观点等与课程标准中所涉及的概念、观点相一致。通俗地说,就是试卷的知识覆盖面,确保考查学科的核心知识。判断知识广度的具体标准是,要求对课程标准中的每一个具体目标(适宜纸笔测试的)至少要有一个评价项目(试题)与之相对应。

评价知识广度,一看内容领域;二看各内容领域的知识覆盖率。

（一）模块一：积累与运用

1. 试卷内容及数据分析报告

表 8-7 "积累与运用"知识点分布表（平均数）

年级	字			词			句			文（课文内容）			
	字音	字形	字义	积累	词义	运用	修改	句式	造句	原文填空	相关知识	默写	诗句运用
六	5.6	1.5	0.2	4.8		2.1	1.9	4.3	0.8	6.3	3.2	2	2.5
五	8.8	2.2	1.3	5.4	0.5	2.4	1.5	4.5	1.1	6.6	2.5	0.2	0.4
四	8.3	2.8	0.9	5.7	1.3	3.9	1.3	3.3	0.4	8.3	1.5	2.2	1.5
三	10	5.3	1.4	7.3	0.3	3.9	1.4	3.5	1.3	6.6	2.3	4.5	1.9

年级	字			词			句			文（课文内容）			
	字音	字形	字义	积累	近反义	填字组词	选词	填词	连词	仿句	原文填空	诗词默写	相关知识
二	17	6.7		5.6	1.4	11	3.8	0.7	1.8	1.8	15.1	1.7	1.3
一	24	15		7.7	3.1	4.7	1.5	2.2	1.6	1	11.3	0.6	0.3

从表 8-7 可以看出：首先，知识覆盖面比较广，包括字词句和课文内容以及相关知识等，并且各年级有所不同、各有侧重。如一年级字音字形平均分值达到 39.7 分，而六年级只有 7.3 分；二年级课文内容平均考了 18.1 分，五年级考了 9.7 分。其次，各年级都重视语言的积累，尤其是低年级，并且设题比较灵活多样。最后，大胆尝试"运用"能力的考查，由考查记忆向考查运用能力迈进。

对试卷内容进行进一步分析，可以发现存在以下问题：

第一，考查"字音"比重大，并多以"看拼音写词语"为主，标的不清。如一到六年级在考查字音方面的设题平均在 10 分左右，一年级 12 份卷高达 24 分，多以"看拼音写词语"或"多音字组词"为主，真正以辨别字音设题的不多。以纸笔测试的形式怎样更准确地反映学生能不能准确地认读某个字或词，怎样准确地判断某个字或词是否是这个读音？传统的"看拼音写词语"既涉及读拼音又涉及会不会写这个字或词。比如看拼音写词语"rè qíng"，学生写"热情"，说明学生能读会写，没问题；假如学生写成"热晴"或"乐情"呢？你如何判断？你很难说学生是不知道这个词的读音还是不会写这个词。如果要考查"热情"这个词的读音，你让学生判断"rè qíng"与"lè qíng"哪一个正确，目的就明确了：会，说明知道这个词的读音；不会，说明不知道这个词的读音。

当然，知道这个词的读音，并不等于在口语交际中或朗读中就能够准确说出来——用普通话正确、流利、有感情地朗读或讲普通话可不完全是纸笔测试考出来的。如果要考查"热情"这个词的字形，你让学生判断"热情""乐情"和"热晴"哪一个正确，目的也明确了：会，说明知道这个词的正确写法；不会，说明不知道这个词的写法。当然，这只是"记忆"能力中的"再认"，如何考查"回忆"——考查学生在实际中"会写"、写得对的能力，需要研究，如听写词语，就是一种比较好的形式；再有就是在习作中统计错别字，赋予书写卷面以一定权重等，多管齐下，督促学生不仅把字写正确，还要写规范，并且追求美观，还有一定的速度。标的准确清晰的设题，价值在哪里呢？在于为教学提供准确信息，便于反馈。考试评价的目的不仅在于考查学生达到学习目标的程度，更在于检验和改进教与学。反馈的信息越准确，越便于有针对性地改进。

第二，考查学生理解字（词）义的设题比较少，若有设题，以写近（反）义词居多。另外不少要求学生直接写出词语的解释，这样设题难度大，又未必真的达到目的。一是，如果考的是课文中的词语意思，教师在教学中极有可能要求学生抄写、背诵词语的解释；二是，如果考的是课外陌生词语的意思，可能造成学生能够联系上下文或生活实际，明白这个词在文中的意思，但是写不出来——"可意会不可言传"，而导致失分，失公平，影响效度。如果你出选择题或判断题，让学生在多个备选答案中选择一个正确的，那么，学生选择正确了，说明他明白这个词语在句子中的意思，如果选择错误，说明他还不明白这个词在句子中的意思。

第三，关于句子的考查低中高年级各有侧重，总体看，高年级偏重于句式转换、缩句扩句等，越走越"偏"了。这类练习，在20世纪八九十年代盛行，1992年颁布的教学大纲特别强调"加强语言文字训练"，但是，2000年颁布修订的教学大纲（亦称"过渡大纲"），对此进行了调整，相应地，教材也进行了调整，这种练习基本不再在教材中出现了。2001年颁布的课程标准，进一步明确提出"语法、修辞不作为考试内容"，因此，课标实验教材也没有出现此类练习。那么，这类练习还要不要做？它对学生"语文素养的形成与发展"有没有作用？需要我们认真思考，具体情况具体分析。比如缩句，本来只是为了帮助学生"抓住句子的主干"，提供一种培养概括能力的方式，但一经考试就变了"味"，一是老师经常为"要不要缩到最简"争论不休；二是练习的句子越出越复杂，练习量越来越大，老师苦学生累。比如某实验小学四年级老师反映，他们正为怎么缩"老爷爷笑盈盈地看着他的小白猪变成了小金猪。"（四年级《火烧云》）而争得不可开交。他们说答案有十一种之多：老爷爷看着小白猪。老爷爷看着小金猪。爷爷看着小白猪……这句话本来把"谁做什么"说得清清楚楚，四年级的同学不管是读还是听，都明白意思，可经过这样一折腾，反而糊涂了。做这样的文字游戏没有什么意义。

第四，课文内容的积累权重大，设题繁、偏、旧，答案细碎。如有的试卷课文填空既要按原文填空，又要做简答，一道题近10个空格；2008年北京奥运会已经过去很久了，还考"这届奥运会的三大主题是什么"。我们认为课文内容积累类的考试设题应该考虑以下三个问题：一是尊重教材编者的意图，要求背诵或默写的内容才出题考；二是尽可能简约，把握关键、突出重点，要求学生填空的一定是最重要最经典的语言材料；三是留出足够的空间给过程性评价，即平时的朗读、背诵等，引导学生认真读书，潜心感受，熟读成诵，把优美的语言真正化为自己的语言储备，尤其是诵读经典；引导教师把精力花在如何激发学生的阅读兴趣，实践记忆方法，积极运用语言材料，发挥语言储备的作用等。

2．对考试命题的启示

基于上述分析，我们认为"积累与运用"中所涉及的各知识点，如字、词、句、课文内容、诗词名句、名言警句等，权重比例各学段应有所侧重，第一学段、第二学段应以"积累"为主、以"运用"（这里的"运用"，主要是考查学生在具体语境中运用经典语言材料，包括字、词、经典诗句、名言等的能力，运用语文知识解决生活问题的能力）为辅；第二学段后期和第三学段应以"运用"为主、以"积累"为辅（见表8-8）。

表8-8 各学段"积累与运用"知识点比例

知识点		字词句	课文内容	诗词名言警句的积累与运用	总分
比例	一	40%	40%	20%	60—70
	二	40%	30%	30%	30—40
	三	30%	20%	50%	20—30

（二）模块二：阅读一

1．试卷内容及数据分析报告

阅读能力的考查设题是一份试卷的核心内容，也是最难把握的内容，同时还是对教学影响最大的内容。我们设计了四份统计表对试卷进行统计、分析。

表8-9 阅读设题所涉知识项分布统计表

年级	课内材料						课外材料					
	填空	词语	句子	段落	思想	小计	词语	句子	段落	思想	表达	小计
六	1.9	2.5	0.2	0.5	1.5	6.5	7.6	5.8	1.4	4.8	3	22.6
五	0.6	2.3	1.9	0.9	1.6	7.4	5.8	3.7	2.1	5.3	1.7	18.6
四	3	0.5	1.4	0.9	1.5	6.4	5.5	4.5	2.3	4.9	0.8	22.4
三	1.5	1.3	0.4	1.1	0.6	4.9	5.5	3.8	2.3	1.7	1.5	14.8
年级	填空	词语	句子	段落	思想	小计	词语	句子	段落	填空	感受	小计
							3.8	1.7	2.3	3.7	2.8	14.3
二												
一	13.4		1		0.2	14.6	0.9	2.7	1	2.6	1.1	8.3

表8-9的统计数据显示：课内阅读部分，主要考的是记忆课文的内容，解释词语等。这样设题，一方面并没有真正触及"阅读能力"；另一方面，导致阅读教学偏离课程标准，教师为应付考试而教，因此，我们不赞成在"阅读"模块涉及课文内容。课外阅读部分，表现为"二多二少"：词句积累的多，真正考查阅读能力的少；简答题（题干和答案）含糊其词的多，准确清楚的少。如"读了这篇短文，你想到些什么？""读完本文，你有什么感受？"等，命题者真正想要问什么、要考生答什么不明确，测试的效度和信度

得不到保证（当然，这与语文学科本身模糊性、丰富性、多义性的特点有关）。纸笔考试不能像阅读教学那样，可以让学生放开来谈，在动态中评价学生的阅读能力和思维的深广度（这是纸笔考试的规范性，同时也是它的局限性），相比而言，"短文为了表现阿婆和儿子纯真的友谊，依次写了哪三件事？""制作天气预报的程序能颠倒吗？为什么？"这样的提问就清楚明确多了。

表 8-10 阅读课外材料考查"阅读能力"设题分值分布统计表

年级	不确认	提取信息			做出解释			整体把握				做出评价	
		单一	多个	隐含	词语	句子	原因	段落	篇章	思想	方法	观点	判断
六	4.9	2.2	0.7	0.4	3.6	3.3	1.3	1.1	1.3	1.8	0.1	0.6	0.5
五	3	1.6	0.4	0	3.4	1.1	3.3	0.6	1.5	1.5	0	2.4	0.2
四	2.4	2.3	0.2	0.4	3.8	0.7	1.8	1	1.9	1.2	0.4	1.8	
三	2.6	3.4	0.4		2.1	1.4	1.8	0.3	1.6	0.4		0.7	
二	3.5	2	2.4		1.3		1.6	1.3	0.3	0.2		1.2	
一	2	4.9	0.3			0.4		0.8	0.7				

表8-10的统计数据显示：阅读设题在考查学生的阅读能力方面迈出了可喜的一步，提取信息、做出解释、整体把握和做出评价等阅读能力都有涉及。但是，还有很大的改进空间。表现为：第一，阅读能力赋分总体偏低，各卷参差不齐。如五年级平均19.2分（仅占19.2%），最高达39分，最低只有13分；三年级平均14.7分（仅占14.7%），最高的27分，最低的7分，等等。第二，在各项阅读能力的设题中，低层次认知水平的题目偏多。如考查提取信息的能力，主要是提取单一、明显的信息；考查做出解释的能力，解释词语意思的题占了大多数。有些试卷，甚至一个课外阅读情境材料设5道题，其中有4道题是有关词语或词语解释的，与课程标准第二学段提出的阅读目标大相径庭，而做出解释的其他能力，如对关键句子的理解、对事件原因的解释、举例子印证观点等极少涉及。第三，有不少的设题，很难判断是考查哪方面的阅读能力，这些设题主要分为两类：一类应该归属积累与运用部分，如判断字音、看拼音写词语、古诗名句填空、选词填空（关联词）、改写句子等；另一类应该归属习作部分，如续写、想象人物的心理活动写话等。

表 8-11 阅读课外材料的代表性统计表

年级	一个阅读材料	两个阅读材料		
		均为叙事类	说明与叙事类	小计
六	6	2	4	6
五	8	2	1	3
四	9	2	1	3
三	11		1	1
二	11	1	0	1
一	11	0	0	0

表 8-11 反映的是课外阅读材料的选择情况。选择课外阅读的情境材料，是课外阅读能力考查的重要工作。如果说，阅读能力考查要过两道"关"，那么，选择情境材料就是第一关；这一关过好了，再过第二关，即设题关。从试卷的课外阅读情境材料看，命题者是颇为用心的，体现了以下四个特点：文质兼美、篇幅适宜、有设题点、有代表性。"文质兼美"：这些材料语言优美，思想健康，能够给学生以情感陶冶、思想启迪。"篇幅适宜"：篇幅的长短是一个很重要的指标，直接影响学生的答题质量。太短，没东西考；太长，没时间读。一般地说，要保证学生能够默读三遍，还有思考的时间，答题质量就高。以第三学段为例，学生默读速度为每分钟 300 字左右，那么，情境材料最好在 1000 字以内。从总体看，这两点做得比较到位，应该发扬光大。

"有设题点"和"有代表性"两点比较薄弱。"有设题点"：最关键的指标，文章再好，没办法设题也不行。当然，这里可以做一些技术处理，即允许命题者"改造"，把考点"植入"原文中，然后再润色。当然要注意尊重知识产权，选文要标注作者、出处，如果经过"技术处理"，要标注"有改动"字样。"有代表性"：选文尽可能两篇或两篇以上，一个为叙事类的，一个为说明类的，五六年级还可以尝试选择一个诗歌类的。依据在哪里？在课程标准，如课程标准第三学段阅读目标提示"阅读说明性文章，能抓住要点，了解文章的基本说明方法。阅读叙事性作品，了解事件梗概，简单描述自己印象最深的场景、人物、细节，说出自己的喜欢、憎恶、崇敬、向往、同情等感受。阅读诗歌，大体把握诗意，想象诗歌描述的情境，体会诗人的情感"，所以，五六年级的三个情境材料，说明性文章、叙事性文章和诗歌各一个，是比较理想的。

表 8-12 课外阅读题型设置统计表

年级	客观题						主观题			
	选择	填空	判断	匹配	其他	小计	简答	写作	其他	小计
六	11	19	1	1	10	42	15	12	23	50
五	5	40			5	50	28	2	1	31
四	22	18	5			45	16	1	23	40
三	5	38	3		8	54	13	1		14
二	8	32		1	3	44	8		5	13
一		24	3	1	5	33		4	1	5

表 8-12 显示的是客观题与主观题的设置情况。表格 8-12 中，六年级是主观题占优势，其他年级反之。一般地说，考查高级认知目标层次的题目以主观题为好，但是主观题不宜多，原因有三：一是时间所限。书写的速度慢，再加上习作。如果要求学生书写的文字太多，必然挤占了学生阅读和思考的时间，影响考试成绩。二是设题意图所限。你要考的是什么能力，命题者一定要明确。前面举到的理解词语的意思就能说明问题，你考的是学生是否理解，考查的形式多种，如选择、判断、匹配、表达出来（说或写出来）等，而

表达是最难的。"表达"中"说"容易一些，但不适合考场，所以一些试卷中的题干"请你说一说""请你谈一谈"是不准确的；"写"最难，很多情况是知道而写不出来、写不好——"茶壶里煮饺子"，而影响得分。三是评分信度所限。主观题评分的误差难以避免，主观题一多，整体信度就成问题。

2. 对考试命题的启示

阅读教学是语文教学最重要的内容，其质量决定语文教学的质量；阅读能力是语文素养的核心，其高低决定语文素养的高低。因此，阅读能力的考查是语文纸笔测试最重要的内容，阅读能力试题的命制决定一份试卷的质量，也是检验和改进学生语文学习和教师教学的关键。

那么，阅读考什么？毫无疑问，考阅读能力。阅读能力包括哪些内容？从目前研究成果看：阅读能力主要包括提取信息、做出解释、整体把握、做出评价四大能力。依据在哪里？在课程标准。具体来说，第一是课程基本理念。课程标准提出四大"课程的基本理念"，摆在第一位的是"全面提高学生的语文素养"。语文素养的核心是语文能力（听说读写）以及在生活中运用语文的能力和不断更新知识的能力。第二是阅读目标。课程标准的阶段目标中，阅读目标前三个学段共31条。大家都知道，阅读内涵丰富，外延广泛，是"理解和运用"语言的综合体。阅读目标31条中，至少有17条可以直接进行纸笔测试（第一学段的第5、6、8、9条；第二学段的第3、4、5、6、7、8条；第三学段的第3、4、5、6、7、8、9条），占54.8%。第三是评价建议。如精读的评价"重点评价学生对读物的综合理解能力，要重视评价学生的情感体验和创造性的理解。根据各学段的目标，具体考查学生在词句理解、文意把握、要点概括、内容探究、作品感受等方面的表现"，"评价略读，重在考查能否把握阅读材料的大意；评价浏览能力，重在考查能否从阅读材料中捕捉重要信息"等。

以适合学生阅读的从前没有接触过的情境材料设题考查学生的阅读能力，是试题命制中最难的部分，必须过好两"关"：一是选择情境材料关；二是设置试题关。选择情境材料关，前面已经讲过，这里重点分析设置试题关。以某二年级试卷中一道阅读试题为例。

案例

请认真阅读短文，并按要求回答问题。

小恐龙睡在草地上做日光浴。一朵花飘落在它的肚皮上。小恐龙晒了很久，当他醒来时，太阳都快下山了。小恐龙伸了个懒腰，感到舒服极了。小恐龙晒得黑里透红，真健康好看！

"咦，小恐龙肚皮上有一朵花！"小动物们一齐喊。

小恐龙肚皮上的花真漂亮好看，大家都排着队来参观。大家也想让自己的肚皮有好看奇妙的花儿。但小恐龙自己也搞不清怎么会有花儿的，他只知道在草地上做了一天的日光浴。

小恐龙热情地邀请大家说："小伙伴们，明天我们一起去做日光浴吧！"

第二天，大家都到草地上做日光浴，草地上一片呼噜声。傍晚，大家身上都晒出了各种各样的美丽花斑。最滑稽（jī）的是一个小胖子小猪，她肚皮上长出了一条神奇的"虫子"。最倒霉让人想不到的是一个矮个子男孩小猴子，他捂（wǔ）着脸睡，结果脸上留下一个巴掌印，像是被谁打了一记耳光似的。

现在，大家都爱到草地上做日光浴，既保持健康又能长出神秘花斑。

（1）第5自然段有几句话。（4分）

（2）用直线画出小动物们说的一句话。（4分）

（3）短文中的"斑"字如果不会读，可用部首查字典，先查_____，再查_____画。（4分）

（4）为什么小男孩的脸上会有一个巴掌印？选择正确的一项理由，在括号里打"√"。（请认真审题哟！这是新题型，对照短文多读几遍，相信你能行！）（3分）

①因为小男孩被小红打了一记耳光。（　　）

②因为小男孩捂着脸睡觉，他做完日光浴，脸上就留下一个巴掌的印子。（　　）

③因为小男孩生下来脸上就有一个巴掌的印子。（　　）

（5）大家为什么都爱到草地上做日光浴？从短文中找出答案，并用波浪线画出来。（5分）

这道阅读题，命题者是经过了一番思考的，主要优点有二：一是情境材料选择得好；二是设题颇费了一番心思，从题型来说，主观题与客观题结合。从是否考查阅读能力来说，5道题中共有4道题属于考查阅读能力，而且第4、5两道题还比较典型；从是否符合年级特点来说，尤其是第4、5两道题符合二年级的特点。不足之处也是明显的，主要有三。第一是赋分欠妥，分值偏高。如第1题，判断一个自然段有几句话，就得4分（这一题还有"连锁"之嫌，因为，如果学生对自然段概念认识不清，做出的判断自然就错误）。第2题、第5题，只要在文中画上一句话，属于提取单一、明显的信息，就能得9分，三题共13分，真的很"便宜"。第二是设题考的不一定是阅读能力，也与情境材料关联不大，甚至没有关联，如第3题，属于哪一种阅读能力？没有这个情境材料考生一样能够回答。第三是选择题题干的表述不够规范，备选答案少一个，且"迷惑性"低。备选答案的编写要求更高，是考命题者，因为正确答案一定要准确无争议，其他答案又要"很像真的"，这样才能增强思维的精细度，提高思维水平，提高试卷的效度。同时，为了尽可能避免学生猜题，正确答案项一定要随机排列。如果一看就知道哪个正确、哪个不对，就很难考查学生的阅读能力，比如第4题，备选答案①③就错得太明显，因为故事中根本没有"小红""小男孩生下来"等信息，学生基本不需要思考就能辨别。

本章小结

本章就语文试卷编制基本概念、语文试卷编制流程及编制技巧、语文试卷编制所需要的技能进行了分析指导，对语文试卷编制过程中出现的误区进行了举例分析。大量的案例和数据充分说明了语文试卷的科学性、操作性是建立在对语文教学大纲的深刻理解、对语文教材的熟练掌握，以及对当下语文考试的正确理解上的，其中语文试卷编制所需要的知识储备技能、科学统筹技能、命制原创技能、高效研磨技能应该在实践中不断地总结提升。

思考与练习

1. 语文试卷编制的原则是什么？为什么要遵循这些原则？联系实际谈谈你的看法。
2. 原创试题、阅读理解题、作文试题命制基本方法有哪些？对你有什么启示？
3. 仿照高考试题，运用所学知识试着编制一份语文试卷。

第九章 语文教学反思技能

🔍 本章学习目标

1. 了解语文教学反思的概念和意义。
2. 掌握语文教学反思的类型和内容。
3. 掌握语文教学反思的技能。
4. 学会运用反思技能进行语文教学反思。

✎ 本章学习要点

语文教学反思技能是语文教师必备的专业技能之一,对教师自身的专业成长和发展起着举足轻重的作用。本章主要学习语文教学反思技能的内涵、特征和发展规律,了解语文教学反思技能的意义和作用,掌握语文教学反思的类型和内容,掌握培养语文教学反思技能的方法和策略,通过研习语文教学反思的优秀案例,学习如何正确地进行教学反思,进而提高反思水平,促进语文教师教学教研的专业成长。

第一节 语文教学反思概述

一、教学反思

教学反思是指语文教师在教学实践过程中,批判地考查自我的行为表现,通过回顾、诊断、自我监控等方式,进行自我肯定、强化或者否定、修正,从而不断提高自身教学效果的行为。

考尔德希德说:"成功的有效率的教师倾向于主动地创造性地反思他们事业中的重要事情,包括他们的教育目的、课堂环境以及他们自己的职业能力。"教学反思被广泛地看作教师职业发展的决定性因素,是提高语文教师专业素质、提高语文课堂教学质量的有效途径,是推动语文新课改的重要保障。

二、语文教学反思技能

我国学者熊川武认为:"反思性教学是教学主体借助行动研究,不断探究与解决自身和教学目的以及教学工具等方面的问题,将'学会教学'与'学会学习'结合起来,努力提升教学实践合理性,使自己成为学者型教师的过程。"① 教学反思的本质是学会教学和学

---

① 熊川武.反思性教学[M].上海:华东师范大学出版社,1999.

会学习。

语文教师的教学反思技能是反思性教学成熟的一个重要标志。语文教师立足于自我之外批判地考查自己教学活动的各个环节、各个方面，通过反思及时发现教学过程中的失误和欠缺，进而调节思路、改变策略，解决教学实践中的实际问题，从而提高语文教师专业素质、提高语文课堂教学质量，语文教师的教学反思过程同时也是语文教师的自我学习和发展的过程。

三、语文教学反思的特征

第一，教学反思贯穿于整个教学活动的全过程和各个方面。语文教师教学反思涉及语文教学的方方面面，既有对教学内容、教学方式、技巧、理念的反思，又有对常规课、竞赛课、研究课等不同课型的反思；既有对新的学习方式，如合作探究学习活动的反思，也有对学生的质疑进行的自我反思；既有对自己教学活动的反思，也有对同行的教学观摩后的反思。总之，教学反思贯穿于教学活动全过程的各个方面。

第二，教学反思追求教学实践的合理性。语文教师在教学中不断发现问题，并针对这些问题设计、调整教学方案，使教学更加合理。

第三，教学反思具有较强的教学研究色彩。语文教师教学反思针对教学过程中的问题展开研究，解决教学实际问题。研究文本着重于分析具体案例，讲述教师的教学故事，记录反思与经验，反映教学的心路历程等。

四、语文教学反思的影响因素

语文教师进行教学反思的影响因素可以分为内部因素和外部因素。内部因素主要包括教师的专业信念、专业态度、专业知识、专业能力、自身性格特点、教龄、情绪状态等。专业知识包括语文学科理论基础，对新课标和新评价的熟悉程度等；专业态度包括教师的教学观念、敬业态度、责任心、主观意愿、努力程度和自己的心态等；专业能力包括教师反思过程中思路的广阔性、自身素质和教学水平、记忆程度、教学习惯等。

外部因素包括学校的制度规范、学校文化、人际关系、专家指导、时间安排等。如学校物质环境、学校组织环境、学校场域、领导风格、绩效责任、发展空间、发展策略、交往社群，是否有他人的帮助，是否被动要求，是否有应付心理和功利目的，教师的学历和日常的工作任务量等。

第二节 语文教学反思的类型和内容

一、教学反思的类型

根据不同的分类标准，教学反思可以划分为不同类型。下面从反思发生的时间、反思群体的发展阶段、反思后的行为改变、反思行为主体的观察视角、反思行为主体的人数等角度来分析各种反思类型。

(一) 根据反思发生时间划分

根据反思发生时间的不同，可以把教学反思分为教学后反思、教学中反思和为教学的反思。教学后的反思是指教师在课后回溯、思考课堂教学的全过程，理解自己和学生的教学经历，判断教学效果，从而发现问题并积极寻找解决方案的过程。在教学中反思是教师在教学过程中为确保教学活动顺利地进行，及时地反思突发问题，批判地考查自己的教学行为，并及时加以修正和调整。对教学的反思是养成良好反思习惯后的超前反思，教师根据自己在教学中和教学后进行的反思总结自己教学的长处和不足，对未来的教学进行前瞻性思考、预测，拟定计划，以促进未来教学的进步。

(二) 根据反思群体发展阶段划分

根据反思群体发展阶段的不同，可以把教学反思分为直觉感受型、感性体验型、理性批判型和理论研究型。直觉感受型常见于起步型教师，由于缺少教学经验，不能全面深入思考教学活动中出现的问题和现象，往往凭借个人主观感受，其反思目的是"站稳脚跟"，反思内容主要指向教材内容和教学基本技能。感性体验型反思常见于适应型教师（执教3—10年左右），教师积累了部分教学经验，掌握了基本语文教学技能，其反思的目的在于如何"优化课堂"，反思的内容指向教学内容和教学策略。理性批判型反思常见于成熟型教师（执教10—20年左右），教师有成熟的教学经验和教学实践能力，其反思目的主要指向教学艺术，力求形成个性风格，反思内容的焦点指向教学行为背后的教学理念。理论研究型反思主要是专家型教师（一般是执教20年以上的骨干教师）的反思。专家型教师不仅形成了自己的教学风格，还将个性化教学经验提升到理论的高度，创立的独特的教学理论，其反思目的在于探究教学规律，力求在普遍意义上指导语文教学实践，反思内容主要指向教育教学理论。

(三) 根据反思后行为的改变划分

从反思后行为改变的角度来看，可以把教学反思分为："波纹型反思""浪花型反思""惊涛骇浪型反思"。其中，"波纹型反思"的反思深度较浅，不会引起教师思想上的震动和改变，行为变化也不会太大；"惊涛骇浪型反思"的反思深度最深，能够引起教师思想上的革命，带来教师行为上的根本改变。

(四) 根据反思行为主体的观察视角划分

从反思行为主体的观察视角，可以把教学反思分为亲历型反思和观察型反思。亲历型反思是指反思主体对自己的教学亲身经历进行总结和反思，如个人的课后自我反思；观察型反思是指反思主体通过观察分析他人的教学实践进行反思，如听了他人公开课后的听课反思。

（五）根据反思行为主体人数划分

从反思行为主体人数的角度，可以把教学反思划分为共同反思和自我反思。其中共同反思又包括集体反思和对话反思，如某学校语文备课组就某一阶段出现的教学问题和现象进行集体评议和反思就叫集体反思，而某一节课的授课人与听课人针对该节课发现的问题进行的对话讨论则称为对话反思。

总之，从多方面、多角度对不同类型的教学反思进行全面的分析，有利于培养语文教师教学反思的能力，提高反思水平，促进专业发展。

二、语文教学反思的内容

语文教学反思的内容包括语文教师对教学目标、教学内容、教学策略、教学方法、教学过程、教学评价、教学艺术、教学理念等方面的反思，还包括语文教师关注学生的语文学习方法和规律等，对自己教学行为和行为背后的目的、原因进行有效的评价和深入的思考，探讨多种方案以改变自己的教学行为，对学校教育教学行为背后的更广泛的社会、历史、伦理、道德意义、社会意识形态的思考，对影响教学活动的社会因素的思考。

（一）反思教学目标

对教学目标的反思可以从教学目标的制定、合适度、呈现的时间与方式以及达成度等方面进行思考。首先，教学目标的确定应由教师课前预设与课堂上师生共同生成两部分组成，教师应根据新的教育教学理念，结合自己的语文教学实际，思考自己是否独霸了课堂发言权，是否了解学情，是否让学生参与了教学目标的生成。其次，一篇课文的教学目标要根据文本内容、教材内容、学生实际情况和教学效果来进行思考。比如，教师所预设的教学目标是否抓住了这篇课文的重点？是否符合教材编写者的编写意图？是否准确找到了学生阅读课文的兴趣点和契合点？再次，教学目标是否需要呈现、呈现的时间和方式也需要教师加以思考。明确的课堂目标可以使学生清楚学习任务和重难点，提高学习的针对性，但缺点是易束缚学生的思维；有的教师自己心中有教学目标，但不呈现出来，通过恰当地梳理课文和引导学生，也可以完成教学任务。因此，一节课中教学目标什么时候呈现、如何呈现都需要教师依据教学内容和具体学情来思考。教学结束后，教师还应该对教学目标达成的情况作准确客观的评价反思，吸收可借鉴之处，对产生的失误要明确原因并提出解决办法。

（二）反思教学内容

语文教学的内容是什么？语文教学的内容不是一篇篇的课文，而是要通过课文这个载体，教给学生语文学习的方法和规律，教会学生自主学习的能力，实现教是为了不教的终极目标。因此教学内容的选择的指向性，教学内容是否正确、是否合理适切、是否切实有效，都是语文教师要反思的内容。

如一位教师反思《背影》的教学，他设计的教学内容为引导学生研读文中的几次背影描写,几次流泪描写,重点抓住过铁道买橘子的细节和动词的运用,让学生理解文章的"父爱"主题,但是教学效果并不好,学生也不喜欢。通过反思,他认识到散文是一种表达作者情感变化的文体,散文教学的内容应该是重点关注和解读作者的情感变化以及背后的原因,《背影》的教学应该抓住朱自清的情感变化以及变化原因,这样才能唤起学生的情感共鸣,进而理解文章的主题。

(三)反思教学策略

一位语文教师以《念奴娇·书东流村壁》[①]为内容开设了一节研究课,课后教师们通过集体评课的方式进行教学反思,下面是其中一位教师的发言:

> 我谈两点感受。第一点,司老师的课带领学生品读一首词,在教学过程中能够真正注重词句的揣摩、情感的体验和鉴赏方法的学习,我感觉上的是一堂真正的语文课。第二点是我的一点疑惑:这首词的最后"也应惊问:近来多少华发",其中这个"惊"有惊讶、惊叹之意,是否也有一种蓦然回首、非常吃惊、没想到自己在不知不觉中年华老去的感觉?同学们只关注了"近来多少华发",而忽略了"惊"的含义和用法,这是不是值得注意?

这位教师的反思内容指向了教学策略,她首先总结授课人运用了词句的揣摩、情感的体验和鉴赏方法的学习等古诗词教学的一般策略,同时又指出炼字炼句作为古诗词教学的重点不应被忽略,应该抓住这首词的诗眼"惊"字,引导学生品读感悟。

(四)反思教学方法

教学方法没有好坏,关键取决于教师是否恰当选择和正确运用。这种恰当选择和正确运用教学方法的能力是教师在学习研究教学理论的基础上,在大量的教学实践和反复研究思考中不断提高的。语文教学常用的方法是读、议、讲、练,下面主要谈谈对这四种常用的教学方法的反思。

首先,"读"的方式有多种,比如朗读、默读、集体读、指名读、自由读、分角色读等,每一种都有优缺点、适用范围和时机,因此要注意反思读的时机和方式是否合适,是否与学习内容契合,是否有利于达成学习目标。其次,对"讲"的反思应重点关注讲授时间的长短是否适度、讲的内容是否正确、讲的时机是否契合学生学情。再次,对于"议"的反思主要包括议题是否有讨论的价值,"议"的时间是否充足,解决议题的方式是否有效。第四,"练"的使用非常广泛,既可用于篇章教学的检测阶段、巩固阶段和运用阶段,也可用于单元复习和学期复习。对"练"的反思应注意练习方法不宜单一,时间不宜过长,要多样化,注意激发学生的学习兴趣。

---

① 步进.中学语文教师课堂教学反思的类型[J].中国教育学刊,2009(9).

（五）反思教学过程

一节完整的语文课一般由语文教学活动的实施与排列组合构成。对教学活动过程的反思，包括对单个教学活动实施和对整个教学环节排列两个方面。

单个教学活动实施主要包括活动实施的时机、正误、效度等内容。下面我们介绍一下示范、模仿、引导、发现、涵泳、积累等几种重要的语文课堂教学活动的反思。对"示范"应重点反思示范的内容和方式是否必须、是否正确、是否及时有效。对"模仿"应重点反思如何引导学生把形式上的模仿转化为内在的语文能力。对"引导"应主要反思引导是否及时，是否使用了得当的语言，是否指向明确，难易梯度是否合适等。对"发现"的反思既要关注发现的结果，也要反思发现的过程是否正确。对"涵泳"的反思主要应关注学习内容是否需要涵泳，是否选择了恰当的涵泳时机，涵泳的过程是否有效等问题。对于"积累"的反思应侧重于关注积累的形式以及对于积累的评价等问题。

另一方面，对教学环节排列的反思应重点关注教学活动安排是否合理、教学活动的次序是否合适，如有问题应通过增删教学环节或调整教学活动顺序来解决。

（六）反思教学评价

2001年教育部印发的《基础教育课程改革纲要（试行）》提出，要"建立以教师自评为主，校长、教师、学生、家长共同参与的评价制度，使教师从多渠道获得信息，不断提高教学水平"。基础教育课程改革要求建立多方参与的教学评价制度，因此对课堂教学评价的反思也是教学反思的内容之一。反思的内容主要包括：教学评价是否得当？评价的方法是否合理？评价的主体是否多元化？是否关注到了知识与能力、过程与方法、情感态度和价值观三个维度？

（七）反思学生语文学习的方法和规律

语文教师不仅要反思教学的艺术，还要反思学生语文学习的方法和规律。有的教师喜欢传授学生一些文体知识，一讲记叙文就是时间、地点、人物、事件；一讲议论文就是论点、论据、论证；一讲小说就是人物、情节、环境。须知学生虽记住了一系列的名词术语，却并不能真正读懂文章，究其原因，是教师没有教给学生读文悟道的方法，没有让学生掌握语言运用和读文写文规律。

例如，有一位教师执教鲁迅的《在酒楼上》，教师重点带领学生研究小说中的"我"与吕纬甫的不同，从而得出知识分子在革命前途渺茫时沉沦悲观的结论。该教师反思教学时，将产生问题的原因归结为两个：学生距离小说年代久远，对鲁迅作品不感兴趣。仔细分析一下，我们可以看出，这位教师是在教学生分析人物形象，但是他没有教给学生分析人物形象的方法。如果让学生将吕纬甫前后的做法进行列表，就能比较出吕纬甫的变化，在这个基础上去分析吕纬甫变化的原因，学生就能够掌握分析人物的方法并且还可以在将来的阅读中迁移运用。

(八) 反思教学艺术

在一份"关于新课改下语文课堂教学"的调查问卷中，一位有14年教龄的中学高级教师在反思语文课堂教学中有哪些困惑时这样写道[①]：

> 对语文教学来说，读懂文本、带领学生读懂文本都不是最难的，最难的是如何艺术性地带领学生读懂文本。如果按部就班地上课，可能每个语文老师都有这个能力，只要备课充分一点都能把课顺利地上下来。怎么让课堂充满艺术美？如何寓教于乐？这可能是语文课堂教学最难做到的。每一篇课文都是一个艺术品，从哪一个角度切入，从哪一点去引导，这是我每一次备课花功夫最大，也是困惑最多的地方。

作为成熟型教师，该教师反思的目的和内容都集中在对教学艺术的追求上。教学既是一门科学，又是一门艺术，教师在娴熟地掌握和运用各种教学技能和策略后，就上升到从审美的角度追求教学的独创性，追求课堂教学的艺术，即追求教学的科学性与艺术性的完美统一。

(九) 反思教学理念

教学理念是人们对教学活动持有的基本的态度和观念，是人们从事教学活动的信念，教学理念对教学实践活动有着极其重要的指导意义。

李镇西老师在教学之初践行"浪漫主义教育"，关注学生心灵的净化。但是乐山市一位品学兼优的中学生自杀的事件，使他深刻体会到学生纯洁心灵和社会现实之间的矛盾。他反思在这种理念下培养出来的学生很难适应社会现实生活，难以取得长远的发展。因而尝试通过语文教学引导学生掌握有用的生活知识，培养学生适应社会的能力。针对学生的心理需要，他将青春期心理辅导纳入教育内容，让学生关注社会。为了促进学生的全面发展，还进行了素质教育的反思和探索，逐步确立了"教育理想主义"的理念。[②]

总而言之，虽然课堂教学的方方面面都可以引发我们的思考，但教学反思不必也无法做到面面俱到，抓住其中亟待解决、特别集中或令人有所思考的问题，探索得失，认识利弊，不断反思修正，不断成长，一定可以成为一名优秀的语文教师。我们的语文课堂教学也能日臻完美，我们的语文教育人生将会日渐充实。

第三节　语文教学反思技能指导

教学反思是教师专业发展和自我成长的核心因素。语文教师反思技能是指语文教师顺利完成语文教育教学活动任务所必须具备并在语文教育教学认知活动及其元认知活动中

[①] 步进.中学语文教师课堂教学反思的类型[J].中国教育学刊，2009（9）.
[②] 李镇西.从教育浪漫主义到教育理想主义[J].中学语文教学，2001（1）.

时常显现出来的稳定的个性心理特征。具体表现在教师具有强烈的教学反思意识、自主的教学反思行为、良好的教学反思习惯。为了促进每一个学生的发展，现代教学论要求教师必须转变课程实践的方式，创造性地进行教学，为此，教师应超越常规教学中对课程内容的机械复制，积极对自身的课程与教学行为进行反思。教学反思技能是教师综合能力的体现，涉及面比较广，我们介绍其中主要的几个技能。

一、预设技能

教学预设是教学活动的起点，科学的教学预设有利于增强教学活动的目的性、计划性、导向性、控制性、实效性。"凡事预则立，不预则废"，教学也是这样。语文教师应更新教学预设理念，学习教学预设知识，增强教学预设能力，养成教学预设习惯。

教学理念是教师教学行为的理论支点，对教学有重要的指导作用，教师应该经常反思自己或他人的教学行为，及时更新教学理念。"关注每一个学生的成长"是课程改革的重要理念，作为语文教师，在教学反思中要树立"以学生为中心"的教育理念，树立问题意识和服务意识。

语文教师和学生是鱼与水的亲密关系。教师要抛弃功利思想，从学生的角度定位自己，设身处地为学生着想，要时刻想着"假如我是一个学生，我需要语文为我提供什么"。教师要以此为依据，调整修正自己的教学行为。学生的实际状况是教师思考的重点，不能站在学生世界的外部做旁观者，要走到学生世界中去切身体验。观察学生、了解学生、关心学生是教师的一项基本功，既是进行教育教学工作的出发点，也是教学反思的起点。良好的师生关系可以让学生说出自己对教学过程的真实感受，如果师生之间达到无话不说的程度，教师就可以从学生那里得到最真实、最有价值的教学评价。

教育的理想是促进不同水平的学生共同发展。语文教师在教学反思中要以学生的需要作为教学反思的总方向，端正教学态度，规范教学行为，激励每一个学生成长。怎样看待学生是教师学生观的直接体现。"你的教鞭下有瓦特，你的冷眼中有牛顿，你的讥笑中有爱迪生"，每个学生都有闪光点，教师需要对他们的思想品格、语文基础、学习习惯、学习心理、学习方法等各个方面作研究与分析，弄清楚他们的实际状况，根据学生的学习情况，加强教学反思的针对性，因材施教，促进学生的发展。[①]

案例1

说明文《鲸》的第二课时。教者从复习入手，让学生了解课文从几个方面描写鲸、鲸的生活习性具体表现在哪里。接着教师依次讲授鲸的特点、进化过程、种类和生活习性。整节课，语言训练次数多、分布广。

---

① 申群友，李云鹏.中学语文教师反思能力培养的"一二二三"策略体系研究[J].教师继续教育，2012（9）.

案例2

老舍《母鸡》的第一课时。教师首先启发学生对话，激发学生的学习兴趣；接着以"这是一只怎样的母鸡"为问题引导学生读书、思考、交流、汇报，弄明白作者的写作思路，认识作者笔下那只负责、慈爱、勇敢、辛苦的母鸡；然后与前文《猫》比较异同，让学生总结写作方法；最后进行小练笔，让学生模仿文章第二部分的写法，用喜欢的表达方式改编第一部分。

案例分析[1]

以上两则案例都来自校级公开课。从表面上看，教学设计精心，教学环节清晰，教学重难点突出，语言训练扎实，但实际上都存在课时安排过于随意、简单的问题。在平时的阅读教学中，这种现象具有一定的代表性和普遍性。

在案例1的教学中，老师既想让学生清楚了解鲸的特点，又想让学生明白说明文的写作方法。整节课语言训练扎堆，大有"乱花渐欲迷人眼"之感。而《鲸》的第一课时，教学任务仅仅是初读课文，检查学生生字自学情况，分自然段朗读课文，理清文章脉络。两相比较，问题显而易见，即第二课时的教学任务过于集中，教学安排比重失衡。《鲸》的第一课时，教师应该在学生了解文章内容的基础上，精读课文第一段，即描写鲸的特点这一段，并让学生发现作者使用的说明方法。在第二课时，教师应重点让学生体会说明文表达准确的特点，最后让学生运用文中的说明方法完成"鲸的自述"小练笔。这样安排将极大减轻第二课时的任务量，同时也使第一课时的课堂丰满紧凑。

案例2的教学，问题和案例1如出一辙。教师没有安排更多的时间让学生好好地将课文正确、流利地读一遍，让学生知道文章写了哪些内容，就草率开讲，忙着进行感悟、比较、仿写，学生整节课匆忙完成教师布置的，思考的时间少了，表达的机会没了，教学效果可想而知。如果在第一课时，教师能深化初读环节，检查学生的预习情况，了解作者的写作思路，并引导学生初步感受老舍先生笔下《母鸡》的形象，那么，第二课时，教师就可以引导学生走进文本，品味语言，感悟写法，深入感受这只母鸡的形象，然后比较《母鸡》与《猫》在写作方面的异同，直至改编第一部分。这样，有了第一课时的充分铺垫，学生的对比就会更加鲜明。感悟就会更加深刻，仿写的质量就会进一步提高，教学目标的实现便水到渠成。

---

[1] 杨晓梅.语文教师的反思能力研究[D].东北师范大学，2009.

二、观察自省技能

教学活动观察是教学活动评价、反馈、调控的基础，通过教学活动观察所获得的信息是进行教学活动评价、反馈、调控的客观依据。语文教师自省是认知主体对教学活动的自我监视，即对自己正在实施的教学活动的自我觉察和自我注视。确定教学观察目的、编制教学观察工具、收集并分析有价值的教学信息是教师进行教学反思的重要途径。

课堂观察是指研究者（观察者）带着明确的目的，经过精心的安排与设计，凭借眼、耳等感官，借助观察表、录音录像设备等相关辅助工具，直接从课堂教学情境中洞察现象、收集资料的一种科学研究方法。有些语文教师写教学反思，总是把教学反思写成教学检讨书，其原因就是没有学会观察课堂，不知道从何反思。倘若语文教师能够掌握一些观察课堂的工具，其教学反思就可以透过表面的现象找出问题根源。崔允漷教授在《课堂观察》中提供了许多观察课堂的工具（见表9-1），这些工具为语文教师观察课堂提供了方便，我们可以从中参考借鉴。[1]

表 9-1 课堂观察工具示例

各环节课堂教学反馈质量如何？

环节	老师的指令	学生的表现	老师的反馈	学生的表现

教师提问、理答的有效性如何？

环节	问题	提问方式	候答时间	学生回答	教师理答

这些工具是崔允漷教授团队带领一线教师自主开发的，语文教师运用这些工具可以清晰地观察课堂，搜集到大量真实的材料，教学反思就会有的放矢。

有一位听课教师对课堂教学中普遍存在的耗时低效的讨论现象做出了如下反思：

> **小组合作学习，请别让学困生缺席**[2]
>
> 在新课程如火如荼地开展过程中，合作学习成为新课程主要倡导的学习方式之一，这一观点已经被广大教师接纳并广泛运用。但笔者平时所见到的众多小组合作学习的课堂，却隐藏着一个不容忽视的事实：在小组合作学习中，往往是学习优秀的学生表现积极，异常抢眼。他们时常滔滔不绝，妙语连珠，你方唱罢我登场，学习的兴趣可谓浓厚。但是组里的部分学困生，由于知识上的缺陷，能力上的不足，往往只能静静地坐在位置上，尴尬地聆听其他同学的发言，或者干脆开起小差，在兴味索然中等待合作学习活动结束的指令。转入汇报合作学习成果的环节，教师也大都让一些优秀的学生代表发言。在小组合作学习的整个过程中，学困生从始至终处在"缺席"的状态。

---

[1] 沈毅，崔允漷. 课堂观察Ⅱ：走向专业的听评课[M]. 上海：华东师范大学出版社，2008.
[2] 杨晓梅. 语文教师的反思能力研究[D]. 东北师范大学，2009.

现代教学理论告诉我们："教学过程是师生交往、生生交往、积极互动、共同发展的过程，没有交往，没有互动就不存在或发生教学。"有效的小组合作学习，应该能够激发每一个学生的学习兴趣，提高学生参与的积极性和学习效率；应该能够营造小组成员间开放、包容的学习氛围，使小组成员相互激励、相互促进，培养良好的合作意识和竞争意识。因此，如上所述的学困生"缺席"的小组合作学习方式，已经较为严重地偏离了小组合作学习的美好初衷。小组合作学习的课堂，要让学困生不"缺席"，笔者认为必须注意三点：一是科学组建学习小组，即教师要按班级学生的实际情况进行分组，以保证学生在合作学习进程中可以最大限度地得到互补；二是精心进行任务设计，即教师要帮助小组明确各自的学习目标，各小组长要合理安排组员的角色和任务，做到组内分工明确，责任到位，让每个组员都有事可做。三是实施积极的评价策略，即小组学习活动结束后，教师既要重视小组结果的评价，还要关注对个人结果的评价，满足每个成员内在自我价值实现的需求。只有这样，小组合作学习才能真正走出只有部分学生参与的困境，实现语文课程标准提出的培养现代社会具有合作意识公民的理想目标。

三、反馈调控技能

反馈是控制系统的基本方法和过程。教学活动反馈是将教学预设的适切度、教学目标的达成度、教学过程的合理性、教学方法的有效性、教学效果的优良率、教学中的得与失、生成问题的出现与解决情况等基本信息反馈给认知主体的实践活动。根据教学活动反馈得来的有价值的教学信息，我们可以发现问题、分析原因、完善措施、研究对策，以达到不断地改进教学、优化教学的目的。

案例

李海霞老师在进行议论文教学时，考虑到议论文较为枯燥，为《想和做》和《谈骨气》设计了对比阅读的教学方案，原本以为一定会很顺利，可是学习的过程大出意外，整节课只完成了二分之一的教学内容，学生反应很慢且学习兴趣不高。课后，李老师对自己的教学进行了思考和评价，"为什么教学不能像设想的那样顺利进行呢？从设想的角度看，我觉得自己的课是失败的。"她分析了导致失败的三个原因：一是没恰当评价学情。学生只是很浅地读了一遍课文，对议论文知识的认识还处于朦胧、模糊的状态，初学速度慢些是一定的，自己没有从学情出发。二是内容设计贪多求全，一节课根本无法完成这么多内容。三是学生阅读速度过慢导致延误了学习时间。所以，提高学生阅读速度是当务之急。找出失败原因之后，李海霞老师改变原有的教学方案，将重点转移到培养学生的阅读速度上来。

舒尔曼认为，反思型教师会经常回顾、重建、重现并能够对自己的行为表现和学生的行为表现进行批评性的分析，这些教师总是能够用事实来解释一切。优秀的语文教师在教学实践中勇于对自我进行剖析，不断地对自己的行为表现、行为过程、行为原因进行理性审视，做清醒的自我分析。同时，对前人的劳动成果也时刻保持反思，批判地继承和接受，而不是对他人的经验来者不拒。

四、长期多角度反思技能

教学反思有难度，语文教师要培养反思意识和反思能力。"三天打鱼，两天晒网"的反思毫无意义，反思意识应时时有，处处有。培养语文教师教学反思的良好习惯，就是要促使语文教师的教学反思行为达到自动化、固着化的程度，养成勤于反思的习惯。写作是促进自我反思的有效的途径之一，应该培养勤于笔耕的习惯。

首先，培养勤于反思的习惯。教师进行教学反思是一种态度，不在于有没有时间，而在于有没有决心，更重要的是要把反思培养成一种兴趣、一种习惯，正所谓"播种行为，收获习惯"。语文教师应使教学反思成为自觉行动并长期坚持，最终养成教学反思的良好习惯，促进自身的专业化发展。

其次，培养勤于笔耕的习惯。在语文课堂教学中，教师往往会瞬间产生灵感，若不及时反思，及时记录，灵感便会消失，令人遗憾不已。语文教师不仅要坚持开展教育教学反思行动，而且要勤于动笔，将自己在语文教育教学反思中的真实感悟记录下来，通过写作促使自己更深入地反思，使自己驶入边反思边记录，以写作促反思的良性发展的轨道。

当前，反思性教学理论研究日益成熟，国内众多研究者积极倡导广大一线教师对自己的教学进行反思，提出了很多详细的反思策略。总结起来看，教师可以从个体反思、集体反思、学生的反馈和理论文献的解读等方面，对教学实践进行多视角、多维度的反思。

教学反思可以是教师自己进行，个体反思方式有：观察学习，课后反思，行动研究，建立教学档案袋，利用网络博客进行反思，撰写反思日记、教后记、教育案例、教育叙事、成长史与自传等，在自省的过程中吸取教训，积累经验。

教学反思也可以通过与人交流合作进行，集体反思方式有：同事评价、合作对话、同伴讨论、集体备课、观课评课、课例研究、构建学习共同体等，大家在一起互相学习，互相借鉴。

教学反思还可以请教育专家介入，提出有针对性的建议，促使教师更加全面、深入地反思。有一位教师在北京师范大学专家团队的指导下，坚持三个学期的"反思日记"写作，从"不能发现教学中的问题，只是根据自己的经验对课堂事件进行描述，而不能对事件背后的原因进行分析"的低层次开始，逐步过渡到"能够对教学情境背后的教育理念进行思考"的阶段，最后向"在反思的过程中感受到了乐趣，养成了自主反思的习惯，获得了职业发展的动力"的专家型教师迈进。她在"反思日记"中写道[①]：

> 自主反思是这个学期我的一个变化。我经常会在某个晚上回忆当天或几天之中的某个难忘的片段，并把这些片段串联成文字，流淌在笔尖，落到纸上。在这个过程中，理性思考的火花便会闪现在头脑中，促使我去思考现象背后的深层内涵。如果说"黑夜给了我黑色的眼睛"，那么反思"给了我思考的灵感"。经常的审视、捕捉使我从日常的工作中抓到一些难忘的"镜头"，还会产生一吐为快的欲望。只是我的理论知识缺乏，经常走得不快，还要翻阅一些书籍。而阅读一件多么难得的事，学习变得有目的了。伴随着自己的进步，我开始构想系列的反思、专题的反思。系列和专题的反思离不开科研。在反思和科研的道路上，我的灵感源源不断，思考的空间越来越广阔。"反思日记"写作使自己在教师生涯中取得了更大的发展，也使我的学生们学得更快乐，收获更多。

新课程的实施需要反思型的语文教师，新课程的先进理念为反思教学注入了新的活力。著名教育家叶澜说："一个教师写一辈子教案不一定成为名师，如果一个教师写三年反思可能成为名师。"[②]可见，教学反思能促进语文教师的专业成长。

第四节 语文教学反思技能提升策略

培养反思型教师的关键在付诸实践行动。实施教学反思行动策略主要包括以下十二个方面：坚持开展行动研究、坚持开展自我评价、坚持参加互动研讨、坚持与学生对话、坚持学用认知理论、坚持进行反思总结、坚持记录教学反思、坚持广泛阅读书籍、坚持撰写教学札记、坚持撰写教学论文、坚持教后再次备课、坚持学习反思榜样。

一、坚持开展行动研究

语文教师的行动研究是以教师在教育教学实践中遇到的问题为课题，通过多种研究方法来研究、解决问题，形成教育理论，再将研究成果运用到具体的教育实践中的一种活动。在语文教学实践中，教师会遇到各种预设之外的生成性的问题，需要教师思考自己的教育教学实践，从中总结规律，转化为个人的教育新思想并运用到新的教学实践中去。教师在行动研究中努力学习教育教学的基础知识和基本理论，并自觉地将其运用于发展变化的语文教学实践之中。在研究中实践，在实践中反思，循环往复，实现语文教师教研与科研的双结合。

[①] 申继亮，张彩云，张志祯.专业引领下的教师反思能力发展——以一位小学教师的反思日记为例[J].中国教育学刊，2006（6）.

[②] 叶澜，等.教师角色与教师发展新探[M].北京：教育科学出版社，2001.

行动研究使中学语文教师成为语文教学的实践者和研究者，不仅改进了语文教学实践的方案和措施，也提升了中学语文教师的反思能力。作文三级训练体系的倡导者刘朏朏老师、"大语文教育观"的倡导者张孝纯老师等，都是从各自的教学经验出发，借助于行动研究，逐步成长为学者型教师的。

二、坚持开展自我评价

"自我评价是一种高回报、低成本的评估方法。"语文教师应该善于对自身的教学行为进行分析和评价。反思型教师经常进行自我省察："自己在某一段时间有没有进步？教学过程中最成功的、最失败的分别是什么？自己的转变在哪里？"

唐江澎老师认为"教师的专业发展更需要回望与反思。"执教之初他理解的教学就是"帮助学生考高分"，用的办法是强记多练。虽然成绩不错，但学生的学识浅薄。他开始反思自己，不再满足于学生的高分数。他反复追问自己：教学究竟是教什么？怎样教才是有效的？为了解决内心的困惑，他主动系统地进行教育教学理论的学习，与专家对话交流，向于漪、钱梦龙老师等名师请教。在专家的引导下，他潜心寻找语文教学的发展道路，开始了"体悟教学"的研究，在反思中逐渐成熟起来，专业化水平得到极大提升。[1]

三、坚持参加互动研讨

通过与同行、学生进行互动探讨，如小组合作语文学习和小组探究语文学习等，在互动的过程中发生思维的碰撞，观点的交锋，对照他人的思维和观点反思自己的教学行为，会收到很好的效果。

李卫东在教学中曾经有过一段困惑期，总觉得自己的课堂缺少些什么。一位同仁的一句话让他铭刻在心："无论面对何种学生，我们当教师的都应该努力去适应他们，而不是让学生刻意适应我们。"李老师回忆说："一位电教馆长不经意的一句话恰恰说中了一直困惑我的问题所在：想寻求突破和改革，却又很容易陷入以教师为中心的既有教学思维。"他开始冷静地反思，于是，从追求教育技能的熟练转而注重启发学生的思维，在与学生的互动中寻求发展。[2]

四、坚持与学生对话

"好老师是学生托起来的，没有学生的敦促，就没有教师的成长。"语文教师可以通过与学生交流对话，请学生针对教师的课堂教学提出意见。从学生那里老师可以获得关于语文教师课堂教学效果如何，语文教师应具备怎样的素质等重要信息。教师对学生的意见进行分析，进而对自己的教学观念和教学方法做出调整和改进。

---

[1] 唐江澎.为了前方的航线，回望……[J].中学语文教学，2003（8）.
[2] 李卫东.做根会思考的芦苇[J].中学语文教学，2002（10）.

陈日亮老师每次上完课，总是自我感觉良好，但有一次，几个学生很认真地告诉他："大家都喜欢您的课，就是上完课不知道该学些什么。"学生的意见让他感到吃惊，引发了他的思考：学生为什么上完课后不知道学什么呢？主要是因为学生缺少自主学习的兴趣。课上听得有趣不一定能转化为学得有趣。能让学生自己享受成功读写的喜悦，才是语文教师应该努力追求的。他体味到：兴趣只是一种情感体验，只有在各项语文训练中去培养强化它，才能变成学生持久的学习动力。陈老师以培养学生自学语文的兴趣和习惯为着眼点，开始进行阅读教学改革，努力完善阅读教学效果，培养学生的自主学习意识。①

五、坚持学用认知理论

当代认知心理学全面揭示了人的认知过程和因素，用"元认知"这一术语代替了"反思"这个概念。元认知是人对自身认识过程的自我反省、自我监控、自我调节。简单地说，学习并不仅仅是对所学材料的识别、加工和理解，同时也是对整个认知过程的自我省察、自我评价和自我调节。元认知理论使反思的内涵与步骤更加清晰、更容易把握，使反思由过去单纯的心理现象变成一种实践行为。运用这种理论，语文教师将把自己的教学实践活动本身作为认知对象，对其进行监控和调节。所以，元认知理论对语文教师的反思具有直接的指导意义。

六、坚持进行反思总结

语文教师的反思总结可以从成功和失败两个方面进行。反思成功之举，主要是发现课堂教学中的成功处和闪光点；反思失败，主要是对比课前的设想，分析课堂教学是否有效达成了预设的教学目标，如果没有达到，反思根源是什么。教学是一门遗憾的艺术，即使是成功的课堂教学也难免有疏漏失误之处，教师通过对课堂进行回顾反思，能有效地提高教学艺术。袁卫星老师每次走下讲台的第一个问题就是："今天这堂课学生收获了没有？我收获了没有？课的哪一个环节处理得特棒，哪一个环节还有待提高？"

七、坚持记录教学反思

教学反思不仅是教学设计的重要环节，也是教师专业发展的有效途径。教学反思实际上反映了教师的发展轨迹，记录了教师的点滴进步，提取了教学过程中的机智。通过记录教学反思，可以不断地积累教师专业发展的素材，反思得失，寻找改进的良策，从而有效地提高教学质量，同时，也达到了深化思维、自我完善、自我超越的目的。

李镇西老师在《让"教"与"学"融为一体》一文中，反思自己八年前所上的一节《孔乙己》。他总结自己以往的教学，发现自己一贯遵循的是"教师本位观"，即整个课堂教学设计都着眼于如何"教"，而不是学生如何"学"，所有环节都按自己预设好的思路

---

① 张定远. 中学著名语文特级教师教育思想精粹[M]. 北京：语文出版社，1999.

和问题进行，表面上尊重学生，骨子里是尊重自己。因此，他提出无论备课还是上课，教师都应该从学生的角度来思考、设计和操作，要把教师"教"的过程转变成学生"学"的过程。并且提出教学设计还应给学生留一些空间，和学生平等讨论，将"教"与"学"融为一体。

八、坚持广泛阅读书籍

如果学校培养出不喜欢读书的学生，应该说语文教师有着不可推卸的责任。语文教师自己要树立终身学习的理念，从实践上给学生做出喜欢读书的表率。在读书的过程之中，要求自己边读边做一些批注促使自己认真阅读，养成读思结合的良好习惯。

李卫东在《做一根会思考的芦苇》中说："工作之后，我丝毫不敢懈怠的便是学习、思考和实践。我仔细拜读了上下两册《叶圣陶语文教育论集》，接受了语文教育理论的洗礼。我做读书笔记，做剪报、卡片，读文、史、哲，读教育、心理、科普等各类书籍文章，在阅读中获取了营养和灵感。2001年我自费购置3700元的书籍，系统研读了《论语》《世说新语》、禅宗典籍及八股文研究论著，对传统语文教育做了一次迟来的补课，撰写研究论文五万余字。"①

九、坚持撰写教学札记

教学札记是教师反思的文字表征记忆。当代著名教育家朱永新说："作为老师，每天一反思，十年后必成大器。"优秀的语文教师往往笔耕不辍，坚持每天写教学札记。为了对教学过程做出系统的回顾和研究，王栋生老师到中学工作后，坚持写下近百万字的教学札记和工作随笔；孙春成老师写下了30余种教育教学札记，达2000余万字，体现出坚持不懈的精神。

十、坚持撰写教学论文

教学札记一般是教师一些零碎的反思，而专题教学论文是教师在对某个或某些问题进行了长期、系统而深入地探讨并有所得的基础上写出的具有一定学术水平的文章。语文教师在撰写专题教学论文的过程之中需要反思自己的语文教育教学的理念、实践。因此，坚持撰写专题教学论文是促进有效反思的好形式。

程红兵老师全面研究了国外语文教育和我国传统语文教育的发展情况，在对语文教育进行了深层次的思考之后，明确指出传授语文知识、培养语文能力的终极目的是塑造学生的健康人格。在此基础之上，程红兵老师撰写并发表了系列论文《语文人格教育论纲》《从人格培养看中学教育》《语文教育价值观管窥》等，构建了他的语文人格教育论。

十一、坚持教后再次备课

教后再次备课是指语文教师上完课后根据获得的反馈信息，明确课堂教学改进的方向

---

① 李卫东.做根会思考的芦苇[J].中学语文教学，2002（10）.

和措施，进而修改和完善教案。

我国著名特级教师于漪老师每一节课后都坚持再次备课，备课内容涉及教学的方方面面，尤其善于发现自己的缺点和不足。她常常在不同时间对同一篇课文进行多次教学后再次备课，比如于漪老师对初中课文《春》就前后三次课后再备课。一位青年女教师从1976年开始，随堂听了于漪老师三千多节语文课，她发现于老师在教学上从来不重复，即使是同一篇课文反复地教，也是如此，每节课都是一幕美丽动人的人文景观。

十二、坚持学习榜样

优秀教师成功的教育实践包含了大量的实践智慧，涵容了教师反思内容的所有方面，探索并学习优秀教师身上所具有的反思智慧和反思习惯，能使我们少走弯路。

张定远在《三尺讲台——中国优秀青年教师经验录》前言中指出："优秀语文教师之所以能够取得成功，有一个重要特征就是思考研究，一个教师的进步，离不开结合教育实践，不懈地进行思考和研究。只有及时地发现、思考、分析、总结教育过程中的新情况、新问题，才能不断增进对教育的正确认识，这些优秀语文教师无不充分认识到这一点。"[1]

郑板桥在总结自己画竹的经验时说："三十年来画竹枝，日间挥写夜间思。"如果每位语文教师的教学反思都能达到这样的程度，那么提高教学质量，实现教育理想，便可计日而待。

第五节　语文教学反思的误区及案例分析

教学反思，是改进课堂教学和提高教学质量的关键所在。大多数学校和教师对语文教学反思的重视度日益提高。但是，从目前而言，语文教师自身以及一些学校在引导语文教师进行教学反思时，存在一些误区。

一、注重形式，忽略反思实效

现在有些学校要求语文教师进行教学反思，将教学反思与备课相结合，把教学反思作为备课的最后环节。有的还给语文教师配备专门的教学反思本，甚至对语文教师反思提出相应的考核标准。然而在执行的时候却出现重形式数量，轻实际质量的现象。有的学校硬性规定教师每节课结束后都必须写教学反思体会或日记，甚至要求教师每学期必须写多少篇教学反思。导致教师疲于应付学校检查，即使认识到语文教学反思对自身专业发展非常重要，也做不到深刻反思，只好"闭门造车"，甚至抄抄写写，弄虚作假，反思的质量和价值都不高。

---

[1] 张定远，吴心田，许序修.三尺讲台——中国优秀青年语文教师经验录[M].汕头：汕头大学出版社，2002.

案例

> **初一课文《春》课后记**[①]
>
> 这篇散文以诗的笔调,描绘了花卉争荣,生机勃勃的春天的图画。作者的这种诗情与画意的结合,结构严密,层次井然中见跌宕变化,语言朴实,隽永,在学习时着重讲了这些特点。对文中一些句子还需让学生自主练习仿写等,以培养学生自主学习的精神。以后在文章结构,还有语言方面还需着重加强讲解。此外,在本课的讲解中教师讲得过多,以后要注意。

这位老师先分析了课文诗画结合的特点,对课堂教学仅仅粗略回顾了一下,指出教学重点和练习目的,然后明确不足之处是需加强语言、文章结构的讲解,注意减少教师讲解的时间。至于如何解决这两个问题,没有进行思考和说明,关于今后要怎样做也没有说明。因此,这是一个空洞的缺少操作性的反思。

二、内容零散,评价不全面

语文教学反思的内容是丰富的,教师可以针对课堂教学过程中教学目标的确定、教学内容的选择与安排、教学过程中方法的运用、教学手段的选取、学生的反馈,以及教学效果、教师的心态、突发事件的处理、师生关系的表现、学生行为习惯的养成、学生学习状态、教学理念等,进行各方面的剖析和反思。教学反思还可以涉及语文课堂教学的不同教学阶段、环节,如备课、提问、学生积极性的调动、课堂练习等。

案例

> **初一课文《理想》课后记**[②]
>
> 通过本文的学习让学生感受到理想对人生的重要,有理想的人,生活才能丰富多彩;作者的写作手法也是值得学习的。在讲解过程中,虽有渗透,但不太全面,课后应加强这方面的训练,以提高学生的写作水平。

案例中老师先评价课文学习的意义,再笼统地说虽有渗透但不够全面,应加强训练。既然没有说明讲解不全面的原因,也就无从寻找解决问题的办法。反思内容零散,评价不全面,反思价值不大。

大部分语文教师,在进行教学反思时仅仅关注课堂教学的某一个侧面或一个阶段,对其他内容却涉及较少。重视课后反思,忽视课前、课中反思。极少有备课之后再反思再加工、课中生成的对教学内容的调整、课堂中的"一闪灵光"等。语文教师的教学反思零散、肤浅,制约了语文课堂教学效果的提升。

---

① 张文芳.浅谈初中语文的教学反思[J].教育实践与研究(中学版),2008(5).
② 同上。

三、重视查找不足，忽视经验总结

语文教学反思是对语文教学全过程中的各个环节、各个方面的优劣得失进行冷静的思考分析，以便研究语文教学实践中的问题，或者对成功的经验进行理性化的总结与提升。

有些语文教师，尤其是新教师的教学反思写得好像是检讨书。一味地检讨自己教学中的失误、不足、失败，却看不到自己的成功之处，缺乏对教学工作中的成功做法的提炼总结，导致教师的教学效能感低下，不利于教师成长。

案例

> 初三课文《纪念伏尔泰逝世一百周年的演说》课后记[①]
> 由于时代背景差距，对国情背景的不了解，不清楚启蒙运动在西方历史上的重大意义，所以雨果对伏尔泰的高度评价，对启蒙思想的当代阐发，没能激起学生的感情共鸣。

这则后记不仅指出了教学过程中产生的问题，还从多方面分析了问题的原因，对教学现象具有一定的洞察力，也对今后的语文教学实践有一定的借鉴意义。但是过分集中于检讨自身的缺点，未能发现和总结可取之处，教师的教学效能感低。

四、形式单一，缺乏个性

课后反思的形式是多种多样的，如教学反思日记、教后记、教学案例、教育叙事、教育札记、录音录像反思、教学观摩反馈以及与其他教师交流等。但在实践中，大多数语文教师采用的是个人反思日记这种比较单一的形式。教师写反思日记主要取决于自我观察、自我监控、自我评价，具有一定程度的封闭性，教师个人囿于自身的思维定式难以跳出来，反思无法真正深入。所以，语文教师课堂教学反思形式过于单一、缺少新意，制约了语文教师反思的广度、深度。

五、反思缺乏理论的深度

目前，部分一线语文教师的教学反思内容零散、肤浅，缺乏对课堂教学的深入洞察，常常是凭经验判断、分析，究其根源在于缺乏有效的理论指导。语文教师教学实践中遇到许多的困惑，其根本原因就是语文教师缺乏相关的理论素养，对教育教学理论理解不到位。语文教师只有将实践中反映出来的问题上升到理论层面加以剖析，才能使反思具有深度。

---

① 张文芳.浅谈初中语文的教学反思[J].教育实践与研究（中学版），2008（5）.

案例

> **《用"是"说一句话》教学反思**[①]
>
> 练习用"是"说一句话时,王XX同学站起来说:"我妈妈是当律师的。"我说:"请你去掉两个字,句子更简洁。"他马上说:"我妈妈是律师。"我问大家:"谁还想说?"有的说:"爸爸是工人。"有的说:"奶奶是医生。"我问:"谁有不一样的说法?"沉默了一会儿后,一个学生说:"我是小学生。"大家鼓掌。我再问:"还有关于这些句子的说法吗?"这时,刘XX说:"红领巾是少先队员的标志。"同学们报以热烈的掌声,继而好句不断:"蓝天是小鸟的家""燕子是春天的使者"……经过我不断地引导,学生的感悟一步步走向深入,兴趣提高了,语言也变得更加灵活,思维变得更为开放。我深深感悟到了教育家第斯多惠民的一句话:"教学的艺术不在于传授的本领,而在于激励、唤醒、鼓舞。"

从这篇反思日记里可以看出:给老师留下深刻印象的是教学中成功的环节。在老师描述的教学环节中,教师对学生的引导,仅仅只是鼓励学生进行求异思维,如"谁有不一样的说法"等。学生到底有什么感悟,不得而知。"经过我不断地引导,学生的感悟一步步走向深入"就成为无的放矢,明显带有说套话、空话的痕迹。最后还要引用教育名家的话来结束,好像只有这样才能体现反思的深度。这个反思缺乏个人的理解和见解。学生的几次发言到底有何差异?学生的两次鼓掌是在教师的带领下引发的还是自发的?学生为什么会鼓掌?教师究竟应该如何引导学生思考?这样引导反映了怎样的教育理念和学生观?这位教师还不能进一步分析课堂现象背后的原因。整个反思缺乏高度、广度和深度,缺乏对教学现象的深入思考,教师受自身的教学理论水平和表达能力的局限,没有把握教学反思的精要,想写好却写不好,心有余而力不足。

总之,随着基础教育新课程的推进,语文教师进行课堂教学反思的意识、能力不断提升,有力地促进了新课程理念下课堂教学效果的有效达成。但同时也确实存在一些问题,还需要学校、语文教师以及相关各方共同努力。

[①] 申继亮,张彩云,张志祯.专业引领下的教师反思能力发展——以一位小学教师的反思日记为例[J].中国教育学刊,2006(6).

【附录】优秀教学反思两篇

范例一

花叶并茂两相宜[①]

程翔

转益多师是汝师

孔子曰："三人行，必有我师焉。"杜甫也说："转益多师是汝师。"对此我深有体会。还是从我参加教学比赛说起吧。1984年，刚工作两年的我有机会参加泰安地区青年语文教师课堂教学比赛，我执教的是《在马克思墓前的讲话》。试讲过程中，学校请了几个专家来听课。专家听完后，提了很多意见，而且非常有见地。事后，我对专家的意见认真分析，认识到自己教学中存在的问题，并加以修改、完善，再试讲，效果好多了。记得当时一位专家说："拉法格对马克思的评价很有深度，你应该看一看。"我没有看过《拉法格回忆录》，于是找来看，果然收获很大。另一位专家问："为什么不能把'对于欧美战斗着的无产阶级'换成'对于全世界战斗着的无产阶级'？"还真把我难住了。那位专家说："无产阶级作为独立的政治力量登上历史舞台，那时仅限于欧美地区。亚洲的无产阶级还没有觉醒，更没有成为独立的政治力量。"我豁然开朗，体会到恩格斯用词准确。为了教好这篇课文，我还登门拜访了几位专家，想取得真经。无论是到他们家里，还是到他们单位，专家都很热情，尽其所能，悉心指导，我受益匪浅。印象最深的是我去一位专家的单位求教，那位专家为了不影响别人，把我领到一间没有人的房子，然后畅谈起来。我惊讶他对《在马克思墓前的讲话》有着如此精辟的见解！我听得入迷，同时也被专家的谦虚态度所感染。这些专家的意见虽然不尽相同，甚至相反，但我都能受到很大的启发。我对这些意见进行比较分析，合理取舍，使我的教学又上了一个新的台阶。

青年人要有主见，这是完全应该的。那么如何处理好坚持主见和虚心听取别人意见之间的关系呢？其实二者并不矛盾。但我一开始不懂这个道理，自己辛辛苦苦准备的课被别人七嘴八舌地批评一番，心里接受不了，总想争辩几句。一位老教师对我说："小程啊，别人提意见是对你好，你不接受可以，但总要虚心听。你和他争辩，他以后就不会再给你提意见了。没有人给你提意见，你还能进步吗？更何况你的课的确有毛病。"这番话语重心长，令我深思良久。"自我改造"是一件很痛苦的事情，但能够在痛苦中磨练自己，收获是多方面的。从那时开始，我严格要求自己，不仅要在业务上进步，同时还要在为人处世上成熟起来。

一个人真正的成功，不能单单是专业技术上的成功，还必须在做人上成功。一

[①] 程翔.花叶并茂两相宜[J].中学语文教学，2001（3）.

个教育工作者更应该全面发展。明白了这个道理，我就敞开胸怀了，无论是谁的意见，也无论是什么意见，我都听得进去。后来，我到几个地方去讲课，讲完后我就主动征求别人的意见，只要对方提出了意见，我就表示感谢。有一次，我上完课，一位青年教师找到我，他认为我的一个教学环节处理不当。我便问他："你有什么好的做法？"他便讲了自己的想法，我很受启发，并感谢他对我的帮助。还有一次，一位教师听完我的课，并没有当面指出我的缺点，而是事后给我写了一封信，谈了他自己的看法。我从内心感激他，并给他回信说："我虽然不认识你，但你的指教我很珍视。没有你的指教，我也许会继续错下去，误人子弟，害人不浅。衷心谢谢！"我觉得，我能在语文教学上取得一点成绩，与前辈的教导和同辈人的帮助分不开。我越来越感觉到自己的无知，越来越感觉到学习的迫切，越来越感觉到前人总结的经验是真理。当认识到自己某方面的能力有欠缺的时候，就要特别注意借助外部条件来改造自己，以增强自觉意识。当自己的这种能力达到一定程度后，才能进入人生的自由境界。如果说我在思想认识上有进步的话，那是外部因素对我的良好影响推动我提高了自觉意识。我发现，每一个人都可以做我的老师，我从每一个人身上学习值得我学习的东西。

向每一个人学习，并不是去淹没自己，也不会淹没自己。青年人还是有一点棱角好，关键是自己的棱角如何表现出来。我读《巍巍上庠百年星辰——名人与北大》这部介绍北大著名学者的书，又明白了一个道理。最使我感动的是学术大师汤用彤先生的人格魅力。汤先生的学问令人折服，其人格魅力亦令人倾倒。

20世纪30年代，汤先生到北大任教，常相往来者有熊十力、梁漱溟、蒙文通、钱穆、林宰平等人。当时，熊十力对乃师欧阳竟无之学心存异议，尝撰文驳斥。每聚会，蒙文通必因此与熊氏喋喋相争，并从佛学涉及宋明理学，钱穆适时偶加调和之语。论学问，汤先生是大家，但每次争论中，他总是沉默，一言不发。其人性至和，不傲岸骄世，而是从心所欲不逾矩。他为人和为学始终融凝为一，既不露少许时髦学者风度，亦不留丝毫守旧士大夫积习。与时而化，独立不倚，极高明而道中庸。汤先生为人随和，却绝非无原则之人。在学术与思想的原则问题上，他从来都是不激不随，在默默中坚执。他与胡适交谊深厚，却从未附和胡适的全盘西化论，正如孔子所言："君子和而不同。"

"转益多师是汝师"即无所不师而无定师。这话有好几层意思：无所不师，故能兼取众长；无定师，不囿于一家，虽有所继承、借鉴，但并不妨碍自己的创造性，此其一。只有在"别裁伪体"的前提下，才能确定"师"谁，"师"什么，才能真正做到"转益多师"，此其二。要做到无所不师而无定师，就必须善于从不同的角度学习别人的成就，在吸取的同时，也有所扬弃，此其三。在既批判又继承的基础上，熔古今于一炉而自创伟词，这就是杜甫"转益多师""别裁伪体"的精神所在。

弟子不必不如师

多年的教学工作使我认识到，好老师也是学生托起来的，没有学生的敦促，就没有教师的成长。我在教学上的许多体会、心得，都得益于学生的求学上进。我的好几个错误读音和错误讲解是学生给我纠正过来的；我对教材的理解，有很多是受学生启发的；我对作文教学规律的认识和掌握，是建立在阅读学生作文的基础上的。有一次，我把"敝帚自珍"的"帚"读成了zhū。课后，一个学生很策略地告诉我应该读zhǒu。我当时脸发烧，从心里感谢学生对我的帮助。还有一次，我把"墨守成规"的"墨守"想当然地解释成木匠死守墨线。一个学生告诉我，是指墨子善于防守，我才如梦初醒。我教《吴门桥》一课时，有个学生问我："作者写宝带桥全用金刚石砌成的，这可能吗？"我没有去过宝带桥，无法回答。后来，我有机会去苏州开会，便专程去参观吴门桥和宝带桥。学生的怀疑有道理，宝带桥是用普通的花岗岩砌成的，没有金刚石。回来后，我写了一篇文章《千年沧桑话古桥》，发表在《中学语文教学》杂志上。没有学生的提问，就没有我的那篇文章。我教《阿Q正传》时，先让学生写阅读中遇到的问题。这些问题对我备课有很大帮助。一个学生问："阿Q说'王胡本来还可以留，但也不要了'，对这句话怎么理解？"我一时想不出答案，就让学生们讨论。一个学生说："王胡也有癞疮疤，大家叫他'王癞胡'，阿Q从来没叫过，他们同病相怜，所以，阿Q以此认为他还可以留，但一想到他打过自己，于是报私仇的想法占了上风，也就'不要了'。"（课前我曾把《阿Q正传》全文读给学生听，学生对整个故事情节有印象）这个解释同学们普遍接受，也给我以启发。语文老师经常和学生的作文打交道，看得多了，对学生的思维特点和作文中表现出来的优缺点就比较清楚了。学生的作文就是我教学研究的第一手资料，最宝贵，最有说服力。近20年来，我批改的学生作文究竟有多少篇也数不清了，仅经我推荐发表的学生作文就有50多篇，有的还选入了教材。我写的作文教学方面的文章也有10多篇，无一不是得益于学生作文。还有，我写的"下水文"，都是学生敦促的结果；我能背诵几篇古诗文，也有防备学生"将军"的因素。我得感谢我的学生，没有他们，我可能变得很懒。

学生给我的启发和影响不限于语文学习，在做人上，学生的优秀品质也值得教师学习。我有一个学生，家里很穷，父母身体也不好。他对自己要求很严，从不羡慕别人的穿戴；学习刻苦，成绩突出；关心班集体，热情帮助同学；三年当中，从来没有迟到过一次。在评定助学金的时候，他完全可以享受助学金待遇，但他还是让给了别人。他对学习一丝不苟，做事极为认真。对同学的毛病，他从不计较，即便是同学伤害了他，他也不耿耿于怀，而是与人为善，宽容谅解别人。他的这种优秀品质影响了我，我要求自己只能做得比学生好。一个在品质上连学生都不如的教师还有资格当教师吗？当然，教师向学生学习，并不是不要教师的学科权威性。教师的专业水平必须高于学生，这是天经地义的，也是教师之所以为师的起码资格。问题的关键在于，教师是否具有平等的观念,是否尊重学生的人格,是否具有不耻下问的精神,这是衡量一个教师是否具有正确的教育思想的标志。古今中外的教育家都很注重师生关系在教育过程中发挥的作用。陶行知先生说:"你还要跟你的学生学。你要知道你的学生需要什么才教他什么。这个,你必得虚心请教你的学生,才能知道。你决不可凭着你的主观去教人。……最好的教育是有来有往。老是靠你一方面讲话,你不变成了一个话匣子吗?"① 当代中学生,富有时代的朝气和锐气,思维活跃,视野开阔,求真创新,教师从他们身上可以获得许多有益的东西。俗话说:"名师出高徒",倒过来说"高徒出名师"也讲得通。

总括以上两方面,我的一个体会就是,青年教师的成长应是业务和做人同步发展,二者相辅相成,相得益彰,缺少了任何一方面,或者二者不同步,都会留下缺憾,这正是"一花一叶景不奇,花叶并茂两相宜"。

范例二

做根会思考的芦苇②

李卫东

人只是一根芦苇,是所有生物中最脆弱的生物,但这是会思想的芦苇。(帕斯卡尔)
——题记

我当然不是帕斯卡尔所指意义上的"会思想的芦苇",但我愿做一根"会思考的芦苇"。

我也绝然不是"智者",但我爱水。童年的我,最爱与水打交道。尤其是到了夏天,几乎所有的"业余时间"都泡在村北的那条小河里,我们管那叫作"洗澡"。我"洗澡"经常"洗"到忘记一切,包括回家和吃饭。浸在河里嬉笑打闹直到通身酥软,倍觉惬意。但那河里淹死过一个小孩之后,母亲便千方百计阻挠我去"洗澡"。记得母亲有一次出门,因为怕我再溜到村北小河,便用铁条把我"五花大绑"在家中小院的一棵槐树上。等到母亲做完事回家一看,铁圈依旧在,人却早已"金蝉脱壳"了。童年的我,属"水",而"水"是拴不住的。至今我依然爱水,爱水的空灵、透澈、纯净和清新。

从小我还好读书,未上学前就是附近闻名的"连环画大王"。初中毕业那一年,因为参加全国初中数学联赛获二等奖,城区几所高中做工作要免试录取我,但由于种种原因,我还是上了中师。也许与个人经历有关,工作之后,我丝毫不敢懈怠的便是学习、思考和实践。青灯黄卷伴我度过了紧张而又充实的日日夜夜。至今想起工作之

---

① 陶行知. 陶行知教育文选[M]. 北京:教育科学出版社,1981.
② 李卫东. 做根会思考的芦苇[J]. 中学语文教学,2002(10).

初那个暑期捧读《叶圣陶语文教育论集》的情景,仍然回味不已。偌大一个操场空荡荡的,我拎着一只小板凳,手握一把大蒲扇,每天按时来到那个杂草丛生、杨柳婆娑的角落,在虫鸟蚊蝇的奏鸣声中,认真拜读上下两册《叶圣陶语文教育论集》,接受语文教育理论的洗礼。我做读书笔记,做剪报、卡片,读文、史、哲,读教育、心理、科普等各类书籍文章,皆以育人的眼光用心去感悟和引申,由敬畏膜拜到质疑交流,在阅读角色的来回穿梭中,获取营养和灵感。2001年我全年脱产到曲阜师范大学攻读教育硕士学位,这一年我自费购置3700元的书籍,集中时间系统研读了《论语》《世说新语》、禅宗典籍及八股文研究论著,对传统语文教育做了一次迟来的补课,撰写研究论文五万余字。迄今为止,我已在《中学语文教学》《语文学习》等教学期刊发表论文三十余篇,被《语文教学通讯》《中学语文教学参考》等五家刊物选作"封面人物"予以介绍。"卑之无甚高论",但求思考的小溪长流不止,于写作梳理的过程之中,内化阅读感悟的成果,催生智慧创新的萌芽。

翻检自己以前所有的读书札记、教学随感,我发现一个有意思的现象:"检视""省察""反思""检讨""自我新生"等几个概念出现的频率特别高。说白一点儿,这即是我们平常所说的"爱和自己较劲儿"。回视我走过的教育历程,大体可分三个阶段:熟悉教学技能——锤炼教学技巧——追求教育智慧。每次过程的转换,都必有一段较长时间的自我反思和调整。

1993年以前,我基本上是处于适应并熟悉教学技能的阶段,反复历练、"磨"课不止。有一次为准备一节省级公开课,教研室曾让我在不同的班级多次试讲,评课会开过多少次我难以数清。为让我尽快领悟课题实验的真谛,教研员老师反复听课、评讲,会上评、教学楼走廊里评、公交车上耳提面命地评……那段时间我曾经有些招架不住,我的课哪有你们所说的那么多的毛病啊?要真那样,何必找我来执教观摩课呢?尤其是那么多人七嘴八舌地说,一针见血地评,直评得人耳根发热,眼眶湿润,多让人丢面子啊!算了,不上了,爱找谁找谁!但每每还是理智占了上风,挺了下来。现在想来,在如"挖井"般深挖不止的反复磨课中,我触摸到了语文教育规律,学会了听取不同意见,对于初上教学轨道的我来说是练就了一项不可或缺的基本功。

凭着勤奋和一点悟性,我慢慢搞出了点名堂,渐渐形成了自己的一套教学模式,教学也日趋熟练从容,外地邀请讲课的次数也多了。但时间一长,总觉得课堂上缺少些什么,而到底缺什么,自己又说不清楚。1997年我到淄博执教一节省级公开课。课上完后走进休息室,和负责会议录像的电教馆长闲聊起来。两人谈了很多,只有一句话铭刻在心。他说:"无论面对何种学生,我们当教师的都应该努力地去适应他们,而不是让学生刻意适应我们。"一个电教馆长不经意间吐出的一句话,恰恰说中了一直困惑我的问题所在:想寻求突破和改革,却又很容易陷入以教师为中心的既有教学思维。我开始冷静地反思:我可能是遇到教学研究和改革的"高原现象"了。是"缺氧"所致，还是受既有模式束缚？总之，要变革，要突破，要冲出这平板乏味的"高原带"。

曾有一段时间我喜欢看崔永元主持的《实话实说》节目，甚至乐于拿他和别人的主持风格加以认真的比较。我从崔永元那里感受到了主客不分、和谐融洽的气氛，体验到了话语、思维、智慧的共鸣和撞击。有时，我看着屏幕上崔永元那张俏皮的笑脸，竟不知不觉中幻化出一幅动人的教学场景：一位教师穿梭融入到学生中间，你说我辩，自在交流，不吐不快，其乐融融……我甚至忽发奇想，如果崔永元改行做教师，也许会是一位很不错的教师。有人把教师比作导演，也有人比作教练，比作"110"警察……任何比喻都是蹩脚的，不过我还是想借崔永元做一个比喻，教师更像谈话节目的主持人。他应当以自己的智慧启迪学生的智慧，更多地让学生走向前台，展现他们的思想。感谢崔永元，从他主持的节目里我得到了可贵的启迪；感念那位素不相识的电教馆长，是他猛促一把，催我清醒。

直到现在，我也不能说自己已完全超越了熟悉教学技能、锤炼教学技巧这两个发展阶段，但我的确不时激励自己：要走出一条语文智慧教育之路。最近一两年的语文教学，我注重以教师的智慧启迪学生的智慧，以教师的情感激发学生的情感，以教师的思想交换学生的思想。和以前注重教学的技巧与艺术相比，我现在更注重的是教师本身的人文修养、教学底蕴和教育机智。在我看来，只有建立在后者的基础之上，教师和学生才能展开真正意义上的教学对话和智慧交流。

教育的智慧内蕴着教师的教学底蕴。就教材理解而言，教师应首先对文本进行二度创作，而不应只是教学参考书的传声筒。因为只有教师面对一篇课文有了发现的冲动和快乐，才可能激发起学生的发现欲望，才能与学生进行幸福而愉快的分享和交流。教学就是"即席创作"。教学的精华往往体现在教学的机智上，课堂中最有意味的细节，往往也就在师生之间不可预知的思维、情感的交流和碰撞上。一堂成功的语文课，就是教师与学生和谐共振的精神性劳动的结晶。

有一次，我教柳宗元的《黔之驴》，课上有一同学提问："难道驴子真的没有用处吗？"我当时一愣：是啊，驴子不是可以磨面，驮粮食吗？不少媳妇回娘家不也骑着小毛驴吗？在柳宗元所生活的时代，驴子恐怕是一种很重要的运输工具。继而我意识到这一问题的价值。接下来师生便从"好事者"切入展开和思考讨论。不是驴子没用，而是"好事者"无端把它运到用不着驴的"黔"，才"至则无可用"，发生了不该发生的故事。驴子的悲剧不是它本身的悲剧，而是"好事者"人为制造的悲剧。由此，对本文的主题也可理解为"应人尽其才，把人才安排到适合他发挥能力的地方。而不要故意显其短、致其辱。"甚至也可理解为柳宗元对其生命境遇的自况。与教学参考书上所说的"面对庞然大物，要敢于斗争、善于斗争"相比，如上理解也许有其偏颇之处，但既然学生已提出这一有价值的问题，教师似乎应做出积极的应对，与学生一起进行有意义的探讨。

我曾送给我的学生三句话:"疯狂背诵——做个积累语言的'疯子',尽情体验——做个善待生命的'情种',痴迷阅读——做个高雅智慧的'呆子'。"我愿与学生一起畅游在语文的长河之中,共同分享成长的快乐、生命的美丽。"分享体验、共生智慧"是我追求的教育理想,我清醒地知道,这一切才仅仅是个开始。

不懈的思考和实践也算结出了些许令人欣慰的果实。我先后获得泰安市优秀教师、山东省中学语文教学"十佳"、山东省教学能手、全国优秀语文教师、泰安市专业技术拔尖人才等荣誉称号。1995年代表山东省参加首届"语文报杯"全国中青年语文教师教学大赛获一等奖,2002年又被评为山东省特级教师。我衷心地感谢那些相熟或不相熟的专家同行,正是由于他们的关心、指导和帮助,才使我步入了不断反思自我、超越自我的成长道路。

随着年龄的增长,我又开始"敬畏"水,敬畏水的浩瀚无垠,敬畏水的深不可测。随着思考的深入,我也愈发敬畏语文,愈发觉认识到自己的浅薄和无知。但我依然愿做一根"水中的芦苇",在阵阵疾风中为语文而"思考",为教育而"歌唱"。

本章小结

随着基础教育新课程改革的推进,新一轮语文课程改革取得了许多新成绩,也出现了一些新问题。教学反思是语文教师专业成长的动力源泉和核心因素,教学反思是新课程实施中的重要环节,越来越多的语文教师认识到其重要性,并自觉进行教学反思。语文教学反思是一个艰难的过程,不同层次、类型的语文教师的需求不同,教学反思的内容和方式也会有所不同。不管哪个层次、哪种类型的语文教师,只要坚持进行教学反思,就一定能获得不同程度的提高。课堂教学的各个方面都可能引起我们的思考,但教学反思不必也无法面面俱到,抓住其中集中突出或亟待解决的问题,探索得失,辨析利弊,不断反思修正,不断成长,加快成为成熟语文教师的步伐。我们的语文课堂教学也会因此日臻完美,我们的语文教育人生将会日渐充实。语文教师进行教学反思的意识和能力的不断提升,有力地促进了新课程理念下语文课堂教学效果的提高。同时,也需要学校、语文教师以及相关各方共同努力。

思考与练习

1. 语文教学反思有哪些类型?
2. 语文教学反思的具体内容有哪些?
3. 语文教学反思需要哪些技能?有哪些应对策略?
4. 在语文见习或实习时选上一节语文课,认真听他人的评课,然后写一份教学反思。

第十章　语文教学论文写作技能

本章学习目标

1. 了解语文教学论文写作技能的相关概念与研究范畴。
2. 掌握语文教学论文写作技能的类型与内容。
3. 学会语文教学论文写作技能的检索与后期修改。
4. 学会辨别与分析新课标下语文教学论文写作的误区及案例，借鉴有益经验。

本章要点提示

语文教学论文写作是语文教育教学工作者必须具备的基本功，是未来教师的"必修课"。语文教学论文写作是一门结合了语文教育学、教育学和心理学等众多方面知识的综合性学问，是语文教师总结与借鉴经验的来源之一，也是语文教师检测自己的教育教学工作成效的依据之一。这不仅是一种评价工具，也是一种学习途径。语文教学论文写作技能是一项实用性很强的技能。发挥好这一技能有利于对语文教育教学的方法和经验进行总结，使其系统化、规范化，形成优质的语文教育教学的科研成果，同时，也可以由此探析和研究语文教育教学的现状、问题与不足及创新和发展态势。

第一节　语文教学论文写作概述

一、语文教学论文写作的相关概念

（一）语文教学论文

语文教学论文，是以语文教学作为研究对象的科学论文。就语体学的分类而言，语文教学论文属于科学研究论文的范畴，但是教学论文与一般的科研论文、学术论文又有所不同。学术论文可以是纯理论、纯学术的研究；而教学论文除了具备一定的学术性、理论性之外，还应具有突出的实践性。语文教学论文不能只是理论分析，还应该由具有充分说服力的实践性材料加以证明。[1]语文教学论文大体包括六个方面：语文教学改革和实验，语文教学相关理论介绍，语文教材研究和分析，语文教学设计，语文教学习题分析和研究，语文教学心得、体会和经验。语文教学论文，理应以语文教学实践为前提和基础，是对语文教学实践经验的概括和提炼。

---

[1] 王德胜.中小学教师科研方法与论文写作[M].天津：天津教育出版社，2008.

由此可见，语文教学论文不同于一般意义上的语文科研论文、学术论文之处，在于它所具备的显著的实践性，语文教学论文是在实践基础上所撰写的论文，目的也是为了更好地指导实践。另外，语文教学论文尽管是根源于语文教学实践的，是对语文教学实践经验的概括和提炼，但它也不同于一般的教学总结。

从本质上来说，语文教学论文是一种以语文学科教育教学相关的理论与实践内容作为研究对象的特殊的议论文。由此而言，语文教学论文也应具有议论文所具备的层次和架构，有与主题相应的论点、论据和结论。

（二）语文教学论文写作

语文教学论文写作既是语文教师的一种精神活动，也是一种实践活动，对于教和学都有益处。教而不研则"罔"，研而不教则"殆"。教学和研究有着密不可分的关系，如果一味地重视教学而忽视研究，就会局限于固有的教学理念和模式化的教学内容而无法有效利用语文教育教学理论进行更高效的教学活动；而如果只是沉浸于研究之中，而不进行教学活动的实践操作，教学者就难以沿着语文教育教学向理论知识与教学实践相结合的道路发展。由此可见，教学和研究是相辅相成的，是互为补充的。

特级教师余映潮认为，论文写作是一种通过写作论文来牵动研究、表达成果的方法，论文的写作，既是操作的过程，也是研究的技法。因此，语文教师进行语文教学论文写作是很有必要的，语文教师的语文教学论文写作技能也应进行相应的锻炼和提升。[①]

（三）语文教学论文写作技能

语文教学论文写作技能是语文教师在日常教育教学的活动中，统合运用理论知识和实践经验，对语文教育教学的相关现象和问题进行仔细观察、分析，并经由总结和反思形成相应的教学经验和教学研究成果，采用书面语言进行表述的一种技能。

语文教师将课堂内外的语文教育教学实践研究中的教学经验体会和思维成果借由书面文字反映出来，形成教学论文并公诸于世，因此，语文教学论文写作技能是一种具有社会价值的技能。这种技能要求写作者在调查研究和教学实践的过程中，对问题进行深入的探析，将所得结论进行文字化表述，形成有实践成果或有创造性见解的文章。这种技能的运用，促进了语文教育宽度和广度的延伸，也促进了语文教师专业的长足发展。

语文教学论文写作技能是语文教师教学实践经验、语文理论知识、语文教育教学思考研究、语文教学文字功底的综合体现，是语文教师专业化和个性化发展程度的体现。运用这种技能，语文教师将理论与实践相结合，通过语文教学反思和语言文字表述将知识理念整合化、系统化，使思想条理化、明晰化，从而推动语文教学经验的交流和传播，促进语文教师教学能力的提高和语文教师专业的长远发展。

---

① 余映潮.听余映潮老师讲课[M].上海：华东师范大学出版社，2006.

二、语文教学论文写作的研究范畴

语文教学论文写作的研究对象有一定的范围，研究内容很多，研究题目可大可小，宏观上来说，可以研究语文教育界的教学原理、教学理论；微观上来说，可以研究语文教材中的一篇阅读课文、一首诗、一道习题的解析，甚至是一句话的解读、一个字的多种读音和多种用法等。一篇文章的优劣，并不能只从文章题目的大小来判断，关键在于研究的内容是否具有前瞻性、针对性和可操作性，研究的对象是否具有一定的价值和可研究性。不管是大题目还是小题目，只要能分析深刻入理，具有一定的指导意义，就可促进语文教学的发展。

在当前的语文教育教学研究领域，语文教学论文写作的研究对象多为教材和教法方面的具体呈现，例如某一单元的同种文体的教材文本怎么教，某一篇课文怎么教，某种意象怎么教，某种文体的作文怎么教，识字写字课怎么教，拼音课怎么教等。对同一种类型的课文题材，教师通常采用传统的教学方法，并且是一种业已形成的程序化的教学模式，然而这种可操作化的已形成固定模式的教学方式并不代表不必再进行研究，教学教法是一种可灵活变通使用的艺术，并不是一种呆板的、固定化的操作程式。一个拥有丰富教学经验的优秀语文教师在不同的时间、地点，面临不同的教学对象时，虽然教授的是同一篇课文，但这位教师的教学方法并不一定是完全相同的。语文教学论文写作可以根据教学情境和学习群体的差异，研究不同的教学方式，关注具有前瞻性和可操作性的新颖的教学方法。

语文教学论文写作并不仅仅局限于某一篇课文、某一个知识点的具体教学技能，而应该着手研究具有突破性和创新性价值的研究题目，这样语文教师写出的论文才能"常新"，才能展示新颖独到的见解。语文教师要从传统教学教法的研究领域"跳出来"，寻找新的研究领域，确定新的研究对象和研究题目。比如，可以从以下两个层面展开语文教学论文的研究。

一个是课程层面，语文教师可以对课程性质、课程目的、课程设置和不同学段以及不同学科课程之间的关系展开研究。在基础教育阶段，语文有着突出地位。"语文"一词由"国语""国文"发展而来，但语文到底是什么课，为何要教语文，如何教语文，为何要学语文，如何学语文等一系列问题仍需继续探讨。与此同时，学校教育中的语文教学并不是高效率的，学生学习语文是长期的过程，教学时间用时很长，但效果在短期内并不能即时体现，语文教学普遍存在着为了应试教育而教的现象，这一点在当前的教育大环境中显得尤为突出。从教育环境而言，语文教育的一系列问题，不单单是语文教学过程中产生的问题，还受制于教育体制的变化。因而，语文教学的性质和功能等问题值得深入思考和研究。语文是工具性和人文性的统一，语文课的首要任务是致力于学生语文学习良好习惯的养成。语文教师在课堂上要培养学生使用语文这个工具的技能，因而当前的语文教育中，"如何教""怎样学"应该是语文教学需要研究的问题。面对不同的教学环境、学生的不同学习程度等，语文教法和学法也大有不同，在这方面很多专家学者的研究都有所涉及，但并不是一线教师由实践总结而来的结果。语文教师应该研究小问题，从小处着手，见微知著，从小处联系到大问题，由微观层面思考宏观问题，问题的解决才能更为科学具体。

另一个层面是语文教师用语的研究。语文教师用语是语文教师教学的重要工具，也是一门语文教学艺术。语文教师在教学中需要运用具有一定艺术性的语言，语文教师用语有一定的法则和规律。语文教师用语艺术除了用语的规范外，还应该与语文教师的教法紧密关联，语文教师用语也是语文教师教学方式的体现之一。当前的师范学校都开设了各类课程教学法方面的课程，所教授的内容多为语文教学理论、语文课程性质和目的等基本问题，除此之外，还有重点传授语文教材和教法的研究结果。对语文教材和教学方法的研究和谈论是很有必要的，然而实际教学情况并不能尽如人意。师范院校毕业的一线教师在课本上学到的知识与理论并不能很好地运用到语文课堂上，缺乏运用该知识理论的相关技能，因而，理论与实践无法相应良好地契合，从而制约了语文教师教学技能的发挥效果。缺乏对语文教师用语的研究，是造成这种状况的重要原因之一，因此，必须加强语文教师用语的研究。

三、语文教学论文写作的实践基础

语文教学的研究是语文教学论文写作的实践来源，语文的教与学是语文教学写作的实践基础。对语文教学论文写作的研究是提升语文教学论文写作技能的实践基础。知识与技能是互为前提的，要想提高语文教学论文写作技能，必须要"知识落地"，将语文教学论文写作的研究融入实践当中。"实践是检验真理的唯一标准"，花费一定的时间和精力进行相关的语文教学研究，语文教学论文才有可写之处；对语文教学论文的写作进行必要的研究，语文教学论文写作的技能才能相应地提升。常规的、固定的、呆板的语文教学难以取得好的教学效果，基于此类教学而写出的语文教学论文是不具备鲜活生命力的，语文教学论文写作技能也难有突破性提升。只有新颖、独到的语文教学写作素材才能"唤起"语文教学论文写作技能的"觉醒"。只有对语文教学进行必要的改革和创新，语文教学论文的写作才能有所创造，语文教学论文写作的技能才能突飞猛进。

教育要时时新，日日新。语文教育工作者也要时常反思自己的教学成果和教学效率。语文教师除了具备一定的教育学、心理学知识和语文教育知识，语文教学论文写作技能也是理应具备的。语文教学论文的写作是教学成果的体现和经验的分享与交流，在一定程度上能促进语文教育的发展。教学是语文教师的首要任务和第一天职，此外，语文教师在教学之外，也要注重语文教学研究，反复研讨、反思，总结经验，促进思想常新。语文教学论文的写作过程也是对教学研究进行思考的过程。作为语文教师，要坚持语文教学论文的写作，提高语文教学论文写作技能和水平。

研究性的语文教学论文写作不同于文学创作，不能抛弃语文教学实践，天马行空般进行"即兴创作"。因而，语文教师在平日的语文教学活动中，应主动地积极地进行语文教学论文写作，将思考和实践化为强有力的语言文字。在与学生互动交流后，要有意识地记住相关学生的反应和教学效果，记录在案，这样有利于总结和反思自己的教学方式是否适应学生的实际情况，是否能实现教学计划。

  语文教师的教学论文写作技能不是凭空想想就能提高的，而是要不断地在实际操作中磨炼。因此，语文教师要养成写作语文教学论文的习惯，不仅可以将自己的课堂教学心得记录下来，还可以将阅读相关书籍的体会和感悟记录下来，这些行为都有利于唤起写作灵感和激发新的写作思路，这样，语文教学论文就有应写的、可写的和能写的，语文教学论文写作就显得不再艰难了。语文教师也要勇于"跳出舒适圈"，而不是习惯性地使用一套固定的教学模式，使教学成为了一种应付的行为。基于这种教学行为撰写的语文教学论文毫无新意，语文教师也不知该如何下笔。因此，语文教师应该积极探索，勇于创新，形成自己的思考心得，体悟到不一样的教学体验和教学规律，自然而然就会有不一样的思想蓬勃生长，思考也会更有深度。只有勤思考、勤动笔，语文教师的语文教学论文写作的技能才有提高的可能。这也是语文教师应该具备的治学态度，写前人之未写，促进语文教学新的理论和技能的开发，推动语文教学实践的发展，从而提高语文教学效果和语文学科核心素养。

第二节　语文教学论文写作技能的类型与内容

  语文教学论文写作主要是对语文教师实施某种教育教学活动的目标、意义、方法、经验，以及认识的归纳总结，除此之外，对不同的教学活动产生的不同的教学成果也要进行相应的说明、解释和分析论证。由此，语文教学论文的写作技能可细分为：阐述说明的写作技能、归纳概括的写作技能和分析论证的写作技能。

一、阐述说明的写作技能

（一）阐述说明的写作技能的含义

  阐述说明的写作技能是指语文教师在写作过程中对业已完成的语文教学活动的教学目标、教学流程、教学反思等教学认识和体会进行阐述和说明。这就要求语文教师在日常教学过程中对自身设计的教育教学活动有明晰的规划和操作序列，只有这样，语文教师的阐述说明的写作技能才能得到相应的发挥和提高。

（二）阐述说明的写作技能的特点

  阐述说明的写作技能是在"透过现象看本质"的过程中逐步提高的。对语文教育教学活动进行细致入微的观察是揭示与之相关的本质的重要途径和手段。对稍纵即逝的教学细节进行精细的观察，才能更好地进行阐述说明，阐述说明具有主动性、客观性、直接性和有目的性、有选择性、有针对性等特点。

创作者在论文撰写过程中对阐述说明写作技能有效地运用，即通过把握事物有别于其他事物的标志性特点、作用和意义等内容，仔细阐明被说明事物的核心内容，发挥其针对性和概括性的特点，有助于受众对其被说明的事物或事理有较为详尽的了解，故而与此同时具有目的性的特点，抓住事物的特征进行写作者的主动表达，具有主动性，更多地偏向阐述说明讲解客观事实，具有客观性的特点。

（三）阐述说明的写作技能的内容

语文教师在进行语文教学论文写作的过程中应该将重心放在阐述和说明语文教育教学的具体操作流程和步骤等相关方面，同时，也要详细阐述和说明教学步骤安排的原则、标准等，使其他语文教育工作者能够更好地理解和运用，从而形成语文教育工作者和研究者的语文教学心得和体会。例如，在写作过程中，阐述和说明语文教师的语文课堂中的精彩的环节和片段，解析和说明具体的操作步骤，总结归纳其中的原理和教学规律，得出具有一定意义的结论。这种写作技能适用于语文教育教学工作者实际操作某种具有代表性的有意义的语文教育教学活动，属于"一课一得"或"多课一得"的语文教学经验总结的技能。

但是，总结语文教学经验是一种短时间的即时活动，如果不能及时地进行教学经验的总结，难免会由于时间过长而产生遗忘甚至记忆错乱，从而教学经验和认识不能得到有效和科学的体现。同时，也正因为这种教学经验是即时性产生的结果，难免局限于表面的效果，同时也会受限于教学活动中实施时间、实践环境、实施背景、设备条件等，所以，也存在一定的"短板"和不足。

阐述说明的写作技能在于对观察对象有明确的指向和目标，有利于发现一些语文教学现象。但是阐述说明的写作只能表述"有什么"和"是什么"，而不能回答"为什么"。阐述说明的材料较为零散，不易整合系统化，不具有普适性。因而，语文教师的写作除了需要具备阐述说明的写作技能，还要有归纳概括和分析论述的写作技能。

二、归纳概括的写作技能

（一）归纳概括的写作技能的含义

归纳概括的写作技能是一种语文教师在语文教学实践活动中和活动后的总结、归纳和概括的技能。在教学事实的基础之上，分析教学现状，归纳教学活动的理论依据和事实依据，归纳概括的依据越充分，教学活动的成效越具有说服力。

写作者对相关的教学流程进行主要观点的概括，并对观点进行拓展、延伸，归纳概括出建设性的意见和建议，提出相应的思考和想法。这是语文教育教学工作者多次实践的教学活动的整合、归纳和总结的提炼。语文教学论文写作要对具体的操作序列、操作方法进行补充、说明，使语文教育工作者能够轻松地归纳总结这些成功教学方式和教学手段的适用原则、适用环境、适用范围等方面，并体会其中的教学规律和基础理论。

(二)归纳概括的写作技能的特点

归纳概括的写作技能作为一种语文教师必备的写作技能,具有灵活性、实用性、普遍性、实践性和思辨性的特征。归纳概括的写作技能是对有启发价值的语文教育教学事例、语文教师教学反思日记和语文教师教育教学理论和实践的系统归纳和描述、解析,透过现象思考背后的教学规律和价值引导,由此,教师能改进自身的教育教学活动的呈现方式,以更为生动鲜明的教学方法来丰富语文教育教学理论,进一步提升操作序列的科学性和合理性,促使语文教学策略的设计和实施更为灵活和贴合实际要求。

(三)归纳概括的写作技能的内容

归纳概括的写作技能大多数归属于"多课一得"或"多课多得"的归纳总结,与阐述说明技能大有不同。这种写作技能主要适用于一般的语文教育教学实践活动,对在语文教育教学活动中的有具体实践意义的操作序列和操作步骤以及教学方法进行探析和研究,归纳概括出为实现预先设想的教学目标所要进行的操作流程和运用的教学策略,总结出解决相关问题的方法和原则。

这种语文教学论文写作技能所总结概括出的教学目标、教学途径、教学观点、教学原理、教学原则、教学标准、教学体会等,是具有一定的系统性、规范性和整合性的操作内容,脱离了具体操作实践的限制,将实践上升到理论层面,具有一定的科学价值和实践意义。

三、分析论证的写作技能

(一)分析论证的写作技能的含义

分析论证是语文教育工作者必备的写作技能,这种写作针对论证进行实效性的分析和写作,从批判性思维的角度进行写作。要求语文教师注重批判性思维写作的培训和锻炼,注重培养论证语文教学活动并进行分析的技能。

(二)分析论证的写作技能的特点

写作者通过在语文教育教学实践中所获得的经验和教训,执笔归纳总结出语文教育教学理论上的启示及其发展,整个过程离不开分析论证的写作技能;特点主要表现为主观性、有逻辑性、有条理性等。

教学论文写作者分析论证的写作技能是写作者基于主观意识,根据自身的实践操作和教学活动等经验,结合相关学科知识理论,进行头脑意识中系列内容的综合、分解、重组和再分析等活动,因而具有主观性。而对其系列内容的综合讯息进行整体考量再分解成各个组成部分,并找出各部分之间从属和本质的逻辑关系,故而具有逻辑性的特点,理清脉络,拆解信息,形成结论,在逐步分析的过程中自然显现其条理性。

(三)分析论证的写作技能的内容

分析论证的写作技能是在创作者对事物或事理有一定的认识基础之上进行主观判断和

分析的能力，而这种技能也需要创作者主体意识中对教学过程中使用的方法、原理和手段进行经验的反复的总结和概括，分析推理出较为适宜实际教学的教育教学规律和途径，故而分析论证的写作技能包含主观判断能力、总结归纳能力和分析推理能力。分析论证的写作技能可就教师在课堂遇到的实际问题为出发点，通过系统地收集教学活动素材，分析推论出最佳的教学方式和解决办法，以期产生良好的教学效果，是教学教育工作者必备的一样技能，在分析论证中不断精益求精，改进教学质量。提高分析论证的写作技能的过程不单单是一种知识的挖掘和获取的过程，更是教育教学工作者专业能力和素养提升的过程。

第三节　语文教学论文写作技能指导

一、语文教学资料网站及论文检索技能指导

教师不能凭空编造论文，应在教学实践和拥有教学前沿信息的基础之上进行语文教学论文的撰写，而对教学前沿信息的掌握，则要求语文教师具有运用多媒体信息技术的技能。在当前的时代背景下，互联网发展迅猛，信息浩如烟海。为了获取有信度和效度的语文教学信息资料，教师除了要掌握线下图书馆资料文献的查阅和检索技能，还应该具备较强的互联网信息检索能力。

语文教学资料网站上有很多可供选择的信息资源数据库，搜索渠道有很多，还有各级各类线上图书馆数据库，有助于跟踪教育教学新动态和了解相关前沿资讯。笔者总结归纳后，列举一个可以迅捷检索语文教育教学相关资源的网站——中国知网。

这个网站是当前资料最全面、最具体，资源更新速度较快，检索方式也较为简便的一个学术论文信息检索数据库。数据库拥有八个组成部分，包括期刊摘要数据库、博硕学位论文数据库、专利数据库、报纸数据库、年鉴数据库、标准数据库、会议数据库和成果数据库。

新版中国知网首页显示有"文献检索""知识元检索"和"引文检索"窗口，一般使用较多的是"文献检索"窗口，该检索窗口处可自由选择"主题""关键词""篇名""摘要""单位""全文""被引文献""中图分类号""文献来源"或"DOI"检索项，使用者可选择相应的词条进行快捷检索操作。右侧有较为精细的检索渠道，"高级检索"和"出版物检索"。在这些检索渠道中，除了最便捷的"文献检索"，另外推荐使用较为精确又实用的"高级检索"方式。"高级检索"的检索方式中也有多种检索词条，如"高级检索""专业检索""作者发文检索""句子检索"和"一框式检索"，其中，较常使用的是处于其界面第一位置的"高级检索"。在这种检索方式下，可以自由输入检索条件，第一列选择项可自由选择使用显示量，如"主题""关键词""篇名""摘要""单位""全文""被引文献""中图分类号""文献来源"或"DOI"检索项，输入的词频量可以是一个、两个甚至三个，有"并含""或含"和"不含"的关系选择键可供选择，输入的词语

可选"精确"和"模糊","作者"的输入通道里可以输入作者、第一作者或者通讯作者，并可以输入限制年份进行检索，也可以输入某一特定的年份或者多个年份的时间段检索需要了解的年份的信息资源，也可以按发表时间顺序来检索。此外，还有"文献来源"和"支撑基金"的输入词条，不过这两个一般较少使用。总而言之，通过知网可以实现高效便捷的检索。具体检索方式如下所示：

> 第一步，输入网址 http://www.cnki.net 或者"中国知网"，打开中国知网首页。
>
> 第二步，下载并安装相应的阅读浏览器到进行检索操作活动的计算机上，按照一定的步骤和提示进行安装，可以阅读下载成功的中国知网上的文献资料。
>
> 第三步，点击想要查找的数据库，进行文献资料查找操作。另外还可以通过快捷渠道中"高级检索"进行更为精细、快捷方便的检索，输入具体的词条进行检索。
>
> 第四步，在出现的文章资料中可以点击文章标题进行部分阅读，也可以点击"导出/参考文献"进行相关资料的快速阅读和查找。
>
> 第五步，查找到适合研究使用的文章资料，需要全文阅读时，查阅者可以点击"下载""阅读"或"收藏"选项进行相应的操作。

二、语文教学论文写作修改技能指导

语文教师撰写语文教学论文不是一写就定稿的，而是经过反复修改后形成的具有较高信度和效度的论述语文教学现象、教学原理等的论文。语文教学论文达到一定的字数标准的同时也要保障论文的质量，因而，语文教学论文的修改显得尤为重要。

要想写好一篇文章，就要在修改上下足功夫，曹雪芹"披阅十载，增删五次"，使《红楼梦》成为不朽的经典之作。不断修改是论文写作技能提高的阶梯。写语文教学论文不能急于求成，要循序渐进，在撰写的过程中反复修改，精益求精。列夫·托尔斯泰曾说过：作家最大的本领是善于删改。谁善于和有能力删改自己的东西，他就会写出精品。鲁迅也提过：写完后至少看两遍，竭力将可有可无的字、句、段删去，毫不可惜。艾芜就文章修改谈论道：写作还有一个过程，就是修改过程，修改时，把作品当成不是自己的，从别人的角度去吹毛求疵，冷静地修改。这些都说明了修改在文章撰写过程中起着举足轻重的作用。

语文教学论文的修改不是一件简单的工作，学会一定的修改语文教学论文的技能，不仅能提高语文教学论文的质量，还能在一次次修改中提升自己的学术水平和更新语文教学知识。语文教学论文的后期修改，具体从以下几个方面着手：论点的修改、例证的修改、框架结构的修改和语言文字的修改。

（一）论点的修改

论点是语文教学论文的主旨或主题。语文教学论文的写作过程是"画龙"的过程，确定论点的过程是"点睛"的过程。论点是否正确、鲜明决定了语文教学论文是否科学、

客观，因而，要对语文教学论文的论点进行充分的提炼，让阅读者更容易理解、接受、认同。

要反复考量语文教学论文的论点在前人研究的基础上是否具有新意和创新。例如，"基于翻转课堂理念下的语文教学设计"，该论点没有创新之处，前人在此领域的研究成果已经足够丰富，故不具备较好的研究意义与研究价值，需要进一步考量。语文教学论文的撰写不是一蹴而就的，每次动笔之前都要主动对写好的部分进行重温，思考接续的部分以及文章脉络的铺排，而在这个过程中，写作者可以发现其中的问题，包括论点方面的问题，因此，在写作的行为过程中就对论点进行了反复的斟酌和确认，如此而来，论点就在潜意识中进行了多次修改、提炼、完善。语文教学论文是否具有科学性和前瞻性取决于其论述的主要观点或主题的准确与否，不应该有一些含糊不清的表述，故而，要对论文的论点进行必要的提取、加工和锤炼，使得论点能够准确表达作者的目的和意图，更加精炼、简洁，并能让读者容易理解。

（二）例证的修改

例证是语文教学论文不可忽视的内容，对论文的例证也要进行相应的修改。在众多素材中选择适合主题与适合用来阐述文章的一部分例证，然后对论文例证进行再筛选，并加以评估判断；选择能最好地表达主题的例证，以增强论文的说服力。

语文教学论文需要例证来对论文本身的观点进行说明、论证，是论文必不可少的组成部分。而例证材料往往篇幅过长，受限于语文教学论文的篇幅长度，对例证材料的篇幅要进行相应的择取、删减，用凝练的语言精准阐述论点。

例如，《基于统编本教材的初中语文群文阅读教学研究》论文"基于统编本初中语文群文阅读教学策略"这部分内容中列举了"议题的设置""文本的选择"和"集体建构的有效途径"。其中，"议题的设置"里阐述了"形式议题""内容议题"和"语言议题"，这些部分的结构类似，在此，截取"形式议题"这部分的内容举例说明，如下面例子：

> **形式议题**
> **1. 结构形式**
> 　　结构形式是文本的内部框架构造，就文章而言是指其篇章结构。常见的结构形式有总分式（包括总分总、总分、分总）、并列式、递进式等。教师设置议题可根据议题的结构形式来进行，比如以"不同结构，不同特点"为议题，让学生掌握不同的结构形式。如《论读书》一文是并列结构，通过读书的目的、读书的方法、读书的好处三个并列部分，告诉我们阅读的重要性及方法；如《应有格物致知的精神》一文是总分结构，先对格物致知的重要价值进行总体说明，然后再分写儒家对格物致知意义的曲解及对格物致知精神的埋没，最后从正反两方面总结具有格物致知精神的重要性；如《不求甚解》一文是递进结构，首先讲要好读书，其次讲读书要会意，最后指出读书不求甚解的严重性。教师通过结构形式的议题设置开展群文阅读教学，可以让学生区分

不同的结构形式，并了解其特点。

2. 表达形式

表达形式是为了使文本表述更富有感染力的语言锤炼方式，它包含的内容十分丰富，可以是比喻、拟人、夸张等修辞手法，可以是记叙、描写、抒情、说明、议论五种表达方式，还可以是借景抒情、托物言志、以小见大等表现手法。群文阅读的议题设置可从这些方面入手，加深学生对文本的认识。"以小见大"是一种常用的表现手法，也可作为写作方法使用，它是指用小的题材、材料反映重大或深刻的主题，是初中学生需掌握的一种手法，教师可以把"以小见大"作为议题开展群文阅读教学。例如，以《散步》《母亲的目光》《贝壳》等选文运用的"以小见大"手法为议题开展群文阅读。《散步》以一家三代人一起散步这件小事传达出中华民族尊老爱幼这一传统美德；《母亲的目光》以母亲常把目光投向孩子这一平凡的小细节来表现母亲对子女的爱这一大情感；《贝壳》则以贝壳这一寻常事物揭示了我们应该尽自己的能力把能做事情做好，留下一些令人珍惜惊叹的东西这一大道理。通过上述围绕"以小见大"议题组合的文章，可以让学生接触到从不同题材、材料出发的"以小见大"手法的使用，从而加深学生对这一手法的理解并加以运用。

3. 文体形式

文体形式反映了文本从内容到形式的整体特点，可分为文学类和实用类两种，其中文学类文本包括散文、诗歌、小说、寓言故事等，实用类文本则包括人物传记、新闻、科普文章等。根据文体形式设置议题，可帮助学生更好地理解某种文体，并掌握其构思方法。统编本初中语文教材中文本体裁多样，为教师围绕文体形式这一议题开展群文阅读教学留有很大的选择空间。以寓言这一体裁为例，设置"寓言中的故事与道理"这一议题，选择《愚公移山》《杨布打狗》《渔夫和金鱼》这三篇寓言故事开展群文阅读教学，着重探讨其中发生的故事与蕴含着的哲理的关系。《愚公移山》中的愚公在面对他人反对与嘲笑的情况下仍不放弃挖山，告诉我们做事要有持之以恒的精神，还要认识到人的力量是不可小觑的；《杨布打狗》中杨布因为自己的衣服变了，反而怪狗不认识他，这告诉我们认识事物要抓住事物的本质；《渔夫和金鱼》则通过递进反复的结构向我们揭示了一个道理，只有通过辛勤的劳动才能过上幸福的生活，贪婪往往使人毫无所获。教师通过指导学生对上述文本进行分析对比，从而帮助学生更好地掌握寓言这一文体。

由选文可见，该论文片段只是对列举的概念和内容进行介绍，再举出例子进行分析，最后阐述这些形式议题的意义或价值。然而，对于"基于统编本初中语文群文阅读教学策略"的佐证并不充分，静态化的概念阐述和说明过多，应加以具体化，以对"基于统编本初中语文群文阅读教学策略"更好地进行阐明和论证，从而促进论点和论证的和谐相融。

"基于统编本初中语文群文阅读教学策略"列举的"议题的设置""文本的选择"和"集体建构的有效途径"可修改为"合理设置议题""精当组织选文"和"有效集体建构"。截取修改后的"合理设置议题"这部分中的"明晰议题来源"的内容来举例说明，如下面例子：

明晰议题来源

群文阅读教学作为一种阅读教学，其议题设置要关注到学生和教学的需要。对于初中阶段的学生而言，教师可从以下三方面明晰议题的来源并设置议题：

一是关注学生的认知需要，主要是关注初中生对语文基础知识和基本技能的认知需要，像表现手法、文体特征、朗读技能等，如以初中生需要掌握的"托物言志"这一表现手法为议题，就符合学生学习的需要与教师教学的需要。

二是关注学生审美情感的需要，如健康的审美观、高尚的道德情操、正确的三观等。初中阶段的学生生理和心理都发生着显著的变化，这一阶段是培养他们审美情感的关键期，教师设置议题时需要关注到这一方面。如设置"金钱的诱惑"这一议题，可以帮助学生更好地认识金钱，培养学生正确的金钱观。

三是关注学生生活实际需要，初中阶段的学生开始走向生活自理阶段，他们希望用自己所学的知识、技能解决一些实际问题，教师要关注到学生生活中可能会遇见的问题，根据这些问题设置议题。如以关于"故宫"的实用文本阅读为议题，通过让学生设计故宫游玩方案，教会学生如何规划游玩线路并应用于生活实际。

（三）框架结构的修改

语文教学论文的框架结构是构成论文的支撑骨干，论文进行修改的过程中，要考虑论文的框架结构的设计是否恰当合理，是否符合论文总体阐述和表达主题的需要。在论文修改的过程中，写作者要对文章的脉络结构进行思量，要充分考虑文章的谋篇布局是否合理，层次结构是否井然有序，语言逻辑是否科学严谨，段落与段落之间的衔接是否恰当，各部分的内容详略安排是否得当，各个分论点是否协调统一为论文的主要论点服务。要对这些方面进行权衡、调整和改进，使文章结构严谨，层次清晰。

以《基于统编本教材的初中语文群文阅读教学研究》的修改为例，修改前的框架结构如下：

一、群文阅读理论概述

（一）群文阅读的概念界定

1.群文阅读核心词界定

（1）群文

（2）议题

①可议论性

②开放性

2.群文阅读概念

(1)群文阅读

(2)群文阅读与其他阅读形式的区分

①群文阅读教学与单篇阅读教学

②群文阅读教学与主题阅读教学

(二)群文阅读在初中语文教学中的理论依据

1.建构主义学习理论

2.共识真理论

(三)群文阅读在初中语文教学中的价值

1.实现语文课程标准的阅读要求

2.适应信息化时代的阅读需求

3.锻炼学生思维

4.优化学生阅读策略

二、统编本初中语文教材的特点及开展群文阅读的优势

(一)统编本初中语文教材的特点

1.选文更加严谨科学

2.单元结构更加灵活

3.写作、综合性学习注重效果

4.阅读教学体系的"三位一体"

(二)统编本初中语文教材开展群文阅读的优势

1.选材多样化

2.扩充阅读量

3.聚焦阅读方法

三、基于设计步骤的统编本初中语文群文阅读教学策略

(一)议题的设置

1.议题设置的原则

2.议题类别

(二)文本的选择

1.文本选择的原则

2.文本选择的方法

(三)集体建构的有效途径

1.以学生为主体

2. 加强课堂反馈

3. 任务驱动

上面引述的材料中,"(一)群文阅读的概念界定"中"群文阅读核心词界定"和"群文阅读概念"在论文阐述中内容难免会重合,逻辑关系有包含和被包含关系,故应进行修改。"二、统编本初中语文教材的特点及开展群文阅读的优势"的小标题冗长,并且"统编本初中语文教材的特点"可置于"群文阅读教学概述"中论述,所以,根据文章内容和逻辑结构要求,可更改为"(一)群文阅读教学的概念和特征",并分开阐述"群文阅读教学的概念"和"群文阅读教学的特征",同时,可将"(2)群文阅读与其他阅读形式的区分"这部分内容从其上级标题"2.群文阅读概念"中脱离出来,其二者没有严密的逻辑关系,可单独叙述,凸显地位,强调重点。鉴于"(二)群文阅读在初中语文教学中的理论依据"这部分内容逻辑关系不够紧密,内容不够详尽,篇幅有限,本着文章内容详略得当原则,故可删除。而"基于设计步骤的统编本初中语文群文阅读教学策略"这部分内容仅仅停留在概念的界定和静态化的举例,"议题的设置""文本的选择"和"集体建构的有效途径"可修改为"合理设置议题""精当组织选文"和"有效集体建构",并且,相应的详细内容也应进行同步修改与阐述。为了进一步对论点进行充分论证,使内容更加充盈丰富,可以运用实践案例推动教学的反思与发展,故而,在文章篇幅许可的情况下可增设"统编本初中语文群文阅读教学案例设计及分析"的内容,增强文章的说服力和科学性。

《基于统编本教材的初中语文群文阅读教学研究》修改之后的框架结构如下:

一、群文阅读教学概述

(一)群文阅读教学的概念和特征

1. 群文阅读教学的概念

2. 群文阅读教学的特征

(二)群文阅读教学与其他阅读教学形式的区别

1. 群文阅读教学与单篇阅读教学

2. 群文阅读教学与主题阅读教学

3. 群文阅读教学与"一篇带多篇"阅读教学

(三)群文阅读教学在初中语文教学中的价值

1. 符合语文课程标准的阅读要求

2. 适应信息化时代阅读需求

3. 锻炼学生思维

4. 优化学生阅读策略

（四）统编初中语文教材开展群文阅读教学的优势

1. 选材多样化

2. 扩充阅读量

3. 聚焦阅读方法

二、基于统编教材的初中语文群文阅读教学策略

（一）合理设置议题

1. 明晰议题来源

2. 明确议题类别

（二）精当组织选文

1. 组织选文的要求

2. 组织选文的策略

（三）有效集体建构

1. 以学生为主体

2. 加强课堂反馈

3. 运用任务驱动

三、统编本初中语文群文阅读教学案例设计及分析

（一）设置议题，组织选文

1. 设置议题

2. 组织选文

（二）横向对比文本，分析学生学情

1. 横向对比文本

2. 分析学生学情

（三）明确教学目标及重难点，设计教学环节

1. 明确教学目标及重难点

2. 设计教学环节

（四）语言文字的修改

语言文字是构成语文教学论文的基础元素，语言文字运用得当，则文章的表述会更为妥当，也会增强文章的说服力。过于口语化的语言文字不能很好地体现文章的严谨和科学性，在一定程度上，难以吸引论文审读者的阅读兴趣，也不利于写作者的思想、理念的分享和传递，论文的质量也难以得到保障。语文教学论文语言文字的表述不能含糊，不能敷衍了事，要对语言文字进行认真思考和组织，要"锱铢必较"，字字斟酌。在撰写论文的过程中，语文教师要有意识地注意语句是否通顺，标点符号使用是否准确，还要注意语言文字不能口语化，要使用书面语言进行表达。作者还要对语言进行增删取舍，润色加工，

保留论文中不可或缺的部分，剔除可有可无的部分，对过于冗长的句子进行缩略，对不符合语言规范的文字进行规范表述，对过多的平实语词进行提亮、润色。

如，"如何让学生的阅读达到现代社会的阅读要求，一种新的阅读教学形式——群文阅读教学应运而生"中标点符号使用有误，可修改为"如何让学生的阅读达到现代社会的阅读要求，作为一种新的阅读教学形式，群文阅读教学应运而生"。"正确有效地运用教读课文助读系统有利于学生提高对于语文学习的积极主动性，以及语文习惯素养的良好养成"中省略不恰当，可修改为"正确有效地运用教读课文助读系统有利于学生提高对于语文学习的积极主动性，以及语文习惯和语文素养的良好养成"。

语文教学论文的语言文字表述及其修改是一项"铁杵磨成针"的工作，要求语文教学论文写作者要认真对待，要有耐心、细心、恒心和毅力。语文教学论文的语言文字表述是一个精细的锤炼过程，"百炼成钢"。较高质量的语文教学论文的语言文字表达是顺畅的、规范的、层次清晰的。能熟练地驾驭语言文字，是语文教学论文写作技能的基本功，语文教育工作者和语文教育研究者都应该注重提高自己的语言文字的表达能力，促进语文教学论文写作技能的提高。

第四节　语文教学论文写作技能举例

语文教学论文写作技能是在语文教育教学领域中，将内化的构思理论与言语巧妙地融合在层次结构中，外化为具有一定逻辑递进关系的形式体系和语言的写作技能。论文写作过程包括：发现研究问题，确定研究主题，精确创新论点，构思行义结构，撰写论文摘要，开展分析论证，创建论文正文。通常情况下，语文教学论文写作技能的使用与发挥多在于提出研究的问题、确定创新性观点与开展分析论证等方面，下文进行相关阐述并举例说明。

一、研究问题的确立

语文教学论文写作多是从研究问题的确立开展的。从这个角度而言，拥有问题意识，提出研究问题的技能是语文教学论文写作的基础之一，简单地说，问题即研究来源，主题即论文开端。故而，在语文教学论文写作过程中，语文教育研究者和工作者应该追问自己要提出什么样的问题，要确定什么主题。

问题决定任务，任务驱动研究，研究促进语文教学论文写作，语文教学论文写作技能成就语文教学论文的写作。没有问题意识，主题不明确，语文教学论文的写作就是一堆无用的文字。不论是大问题还是小问题，只要有研究的必要就有研究的可能。止步于旧问题的研究而不用心发现新问题，一味地重复谈论旧问题，这样确定的研究问题都是价值不大的甚至是毫无价值的。同时，只从宏观角度对大问题泛泛空谈，而不是从具体实践的角度来确定的研究问题都是意义不大的。

例如，于漪的论文《语文教育要切实加强语文基础——从语文教材谈起》，语文基础在语文教育中占据重要地位，但作者并非仅仅以此为主题泛泛而论，而是从语文教材的角度进行讨论辅以佐证。以全局意识和宏观角度思考问题，但从小处着手体现大义。倪文锦的《大众化、科学化：语文课程教材现代化的方向——〈中国百年语文课程教材演进〉评介》一文是以《中国百年语文课程教材演进》作为评价对象，从中分析提取语文课程教材现代化的方向，并主要谈大众化和科学化两个方面。角度新颖，研究问题具化。徐林祥的《学生主体与语文知识内容的缺失——谈六十年语文教育的"得"与"失"》一文，从六十年语文教育得失这个限定范围来谈学生主体与语文知识内容的缺失的大问题。顾之川的《人教课标教材（必修）"梳理探究"编辑意图与教学建议》一文，从各个版本的语文教材中选取了人教版课标教材，同时在选修与必修教材中选择探讨必修教材，再从"梳理探究"教学模块的方面分析教材的编辑意图和教学建议。全文在谋篇布局上从教材这一大的研究角度和研究方面入手，细化到具体版本，再具体到课文模块，最后缩小到探讨编辑意图和教学建议这一细化的角度。研究层面逐渐缩小，取得了以小见大的效果。王本华的《守正创新，构建"三位一体"的语文教科书编写体系——部编义务教育语文教科书的主要特色》一文，从编写体系来谈部编义务教育语文教科书的主要特点，立意明确，角度新颖，特点突出，研究问题大小适中。

二、新颖观点的提出

语文教学论文写作并不是想写什么便写什么，有意义的东西才值得写，开拓性和创造性的观点才值得去落笔。撰写语文教学论文，切忌盲目跟风，老生常谈那些老问题、旧问题。在确定研究问题之后，语文教学论文的撰写过程中，要注意发挥创新能力，反复思考自己所撰写的语文教学论文的新颖之处，对该研究问题有什么与众不同的发现或者别出心裁的解决方案。语文教学论文强调创造性的发现与思考，与他人相异的观点才有更多研究的可能和价值，新思路、新理论有助于语文教育和研究的长远发展。

在现实中，很多一线教师在巨大的教学压力下难有空闲时间去深入研究教学问题，对当前语文教育中出现的问题只停留在观察和反思的阶段，未从理论形成一定的文字对相关问题进行总结分析，形成独创性观点，而是跟从他人的思想，人云亦云，致使语文教学论文多为引述和复述的内容。很多教师盲目崇拜专家的研究结果而一味效仿并无自己的见解，放弃了话语主动权。一般表现为两种形式，其一，强牵关联，将教学事例与教育教学理论牵强地联系在一起，按照"教育教学理论＋教学事例"的公式强搬硬套，不能运用自己的见识和累积的经验对教学事例进行批判性解读与分析。这样的语文教学论文不能称之为真正的语文教学论文，只不过是前人文字的复制、转述和应和。例如，《建构主义理论视域下语文的写作教学》这篇论文，首先说明建构主义的概念及特点和运用范围，再将该理论置于语文写作教学中加以运用，结论部分总结阐述两者结合的有效性和实用性。其二，展示惯常都懂的语文内容，主题毫无新意，只是重复多数人已知的结论，没有新颖独特的观点。例如，《浅谈语文教育生活化的教学策略》一文根据学生的语文学习过程和成效，结合生活实践，谈论语文教育的教学策略。作者对理论与实践结合的叙述只是停留于概述，而无深入探讨和解析，无法摆脱关于生活实践与语文教育二者关系的习惯性观点，观点不够亮眼和独特。

语文教学论文的观点是论文的旗帜，在某种程度上，决定了语文教学论文的写作方向和写作质感。提炼新颖独到的观点，需要语文教育工作者与研究者透过课堂教学案例和语文教学事例的现象看到语文教育教学的本质问题。新颖观点是论文的精髓与指引，在全文中占据独特地位，体现作者的认知和格局，是主题的扩展、阐明与证明，应有层次性思考和逻辑性阐述。

三、分析论证的开展

研究问题和新观点提出后，要对观点进行分析和论证。没有分析论证的观点难以被接受和说服。从逻辑上讲，分析和论证至少有两种方法：第一种是演绎推理，即从一般中引出特殊；第二种是归纳推理，即从抽象的具体事例中，归纳出一般的规律。如果演绎推理需要深厚的理论储备和文化基础，那么归纳推理就必须掌握丰富的一手资料。无论采用什么样的分析论证思路，都需要有理论支撑或实证材料来支持观点。

目前，语文教学论文写作的作者的分析论证意识日益增强。他们要么引用理论进行分析，要么收集事实进行实证研究，然而，在引用理论时，存在着粗浅涉猎和粗略总结的弊端。例如，以多媒体信息技术与语文教学相结合为例，大多停留于粗略谈论掌握多媒体信息技术的重要性，对多媒体信息技术的多重价值进行多方位阐述，却很少深入探讨如何处理多媒体信息技术和语文教学之间的合理融合关系。又以"人本主义"为例，对人本主义的理解和概述过多，却很少针对不同学生群体的差异性和适用性进行探讨，这使得语文教学论文写作的分析和论证停留在表面，未能使人本主义与语文教育教学产生深刻的联系。而在运用事实进行分析论证时，往往案例较长而理论分析较少，列举出各种事实，但对这些事实蕴含的理论却分析论证得不够。

作者一旦明确了研究问题，并对研究问题预设了新的观点，下一步就是对观点进行充分的分析和论证。论文应该有主要论点和多个分论点，即全文应该有一个总结性的论点，还有若干个分论点，围绕主要论点进行充分论证。每一段的论述都应以总结或提示性的语言开始，或暗示与前段的联系，或提示下面的内容。在论文创作过程中，应该提醒自己回答这些问题：每一段表达了什么，每个段落之间的关系是怎样的，每个事例之间的关系是否有关联等。一篇好的论文得出的结论不仅要与文本有联系感，还要与文本有展开感。倘若论文只是一个重复内容讨论的文本，它是不值得一提的，好的论文可以让读者在理解的基础上对论文的意思进行扩张与延伸，所以语文教学论文要让读者有所回味，发人深省。然而，从语文教学论文写作来看，有些前言写得含混，让人读了之后弄不清为什么要写和写什么；有些论证过程逻辑混乱，一会儿分析这个问题，一会儿论证另一个问题，思路不清晰。有些结尾通过简单地重复已经说过的话来强化和证明论点，而不是通过分析问题、事实或现象来自然得出结论。

论证的类型丰富，一种是从教学现象中透析问题，然后进行探析和论证，最后得出结论；一种是先说明教学现象的特点，然后展开分析，结尾处给出意见和策略；一种是在开篇点明主旨，对某一语文教学现象提出自己的论点，接着根据原理、规律与实践进行分析与论证。但不管何种写作，皆须紧紧围绕拟研究的问题，在分解、细化拟研究问题的基础上，遵循逻辑规律，理清语文教学论文写作的思路。

第五节 语文教学论文写作的误区及案例分析

广大中小学语文教师在教育教学过程中，通过不同方式和途径进行着语文教学研究活动，通过生动具象的教学实践和探索，不断激发语文教学论文写作的灵感，逐步提高语文教学论文写作的质量。在写作实践中，也难以避免会出现一些写作的误区。本节从选题、前期准备、研究方法等三个方面介绍语文教学论文写作的误区及案例分析。

一、选题的误区及案例分析

（一）选题过大

新课标下的语文教学论文的写作中比较常见的误区就是选择的语文教学论文题目过大，比如《语文教学初探》《语文审美教育评析》《高中语文古诗词教学效果》等的题目就太大。语文教学论文写作中出现这样的误区其原因有两点，一是语文教师对于选题没有明确具体的限定，认为只要自己选择的题目归属于某一个范围即可把该范围确定为教学论文的选题，比如自己所研究的论文属于审美教育的范围，就将选题定为"语文审美教育评析"，而没有特定的层级阶段的教学对象或者教学范畴的具体限定。二是由于语文教育工作者对于自己的研究问题还不够明确，做的准备工作还不够充分，还没形成确定的构思和构写计划，需要进一步缩小范围，确定具体构想。

（二）选题过难

新课标下的语文教学论文的写作中常见的另一个误区就是选题过难。选题过难，不仅使语文教学论文写作者在写作中受到一定局限和"压制"，而且需要克服大量困难。例如《中西方中文教育方式》这个论文的题目不仅过大也过难，在教育测量上无法实施和实现。又如，《江西省高中语文古诗词教育》这个选题，需要论文写作者去搜集江西省全省的相关统计数据，甚至还要搜集全国范围的统计数据，需要经过长期努力才能实现选题。再如，《学生的语文教育十年成长目标》，这个题目的教育测量限定的范围太大，测量有很大难度，也有很多不可控制的变量因素，是一个难以实现的选题。

（三）选题模糊

新课标下的语文教学论文的写作中最忌讳的一个误区是选择的论文题目含糊，过于笼统，教学论文的研究方向和内容没有得到准确定位，研究缺乏必要的科学性和合理性。比如《主动研究在培育中学生语文教学中的重要地位》这篇论文的题目，研究的主题不够明确，较为模糊，关于"主动研究"的对象没有明晰的确定，是指语文教育研究者，还是语文教学中的教师，抑或是作为语文教学中的教学对象的学生，没有一个明确的指向性目标。

二、前期准备的误区及案例分析

语文教师的第一工作是教学，所以一些语文教师对语文教学论文写作并没有投入过多的关注。比如，某教师认为语文教学论文写作只不过是将头脑中的零碎想法集合起来转化为语言文字，只要将思考编成书面用语即可。因而，缺乏必要的准备工作或者准备工作并不充分就开始奋笔疾书，匆忙投入语文教学论文的写作中去。这样的行为通常使得研究成果质量不高，写出来的文章缺乏理论支撑和实验数据的证明。论文写作过程中，前期准备工作是必不可少的。对前人的经验和理论进行阅读、思考和再思考，对教学过程中的教学行为和教学对象进行深入剖析，对自己的思考进行理论分析，这些都应该是新课标下语文教学论文写作的前期准备工作。例如，《多媒体技术运用下的语文教学研究》的选题，与这一题目相同或相近的论文在现有可查找的资料库中数不胜数，很难写出新意，故建议在前期准备中做好资料调研，结合实际，换角度创新选题。并且，不能仅仅只是收集了数据之后简单地罗列，对数据也要先进行统计和分析，在得出结论前，不能仅仅描述简单的教学事件，而是要深入思考教育的本真，透过现象看本质。

三、研究方法的误区及案例分析

新课标下的语文教学论文写作如果孤立地使用一种教育研究方法，将难以达到预期的表达效果。例如，《语文教师思考的力量》这篇文章，仅使用了定性研究方法，停留于简单的理论阐述，一般来说，只使用一种研究方法的教学论文往往效果不佳，没有定性研究与定量研究的结合贯穿教学研究的全过程，理论难以深入人心，不具有较强的说服力，难以引起读者的兴趣和认同感，故而建议将定性和定量的研究方法有机结合使用。比如，《基于SPSS软件的高中语文月考试卷分析》一文进行理论阐述的同时，基于文章内容，增加了一定数量的样本问卷调查和数据分析，运用SPSS软件进行相关因素分析等操作以获取具有时效性、真实性、针对性和可行性的样本分析，具备一定的信度和效度。定性研究方法重在从理论层面进行阐述、说明，而定量研究方法可以从数量和度量方面来使得教育现象更为清晰、客观，能给读者直观的认知和感受。定性研究和定量研究相结合，语文教学论文写作能更科学、具体地呈现内容，提高论文的信度和效度。

【附录】优秀教学论文一篇[①]

语文课程目标：转化与具体化
——基于《义务教育语文课程标准（2011年版）》的语文教学建议

王荣生

摘要：《义务教育语文课程标准（2011年版）》的主体是语文课程目标和课程内容。语文课程目标包括内容目标、能力目标、活动目标。语文教学要关注领域之间目标的互通和学段之间目标的关联，采用分解、揭示、提炼、选择、开发等策略，将课程目标具体化，使其成为课堂教学中易于达到并可检测的教学目标和教学内容。

关键词：课标修订；"义教语文课程标准2011年版"；课程目标；内容目标；能力目标；活动目标

语文是国家课程，语文课程标准体现国家的意志和学生发展的需要，规定语文课程应该培养的素养，包括学科育人价值和学科核心素养，其主体是语文课程目标和课程内容。

2011年颁布的《义务教育语文课程标准（2011年版）》（以下简称《修订稿》），对2001年《全日制义务教育语文课程标准（实验稿）》（以下简称《实验稿》）"修改达200多处"[1]，如对"语文课程"的定位，对"语文素养"内涵的界定[2]，明确"语文课程是一门学习语言文字运用的综合性、实践性课程。义务教育阶段的语文课程，应当使学生初步学会运用祖国语言文字进行交流沟通，吸收古今中外优秀文化，提高思想文化修养，促进自身精神成长"。此次修订，将《实验稿》第三部分"课程目标"，修正为"课程目标与内容"，强化了语文课程目标与课程内容、教学内容的关联性。

基于课程标准进行教学，要求我们在教学中把课程目标转化为教学目标，并形成与教学目标相对应的教学内容。那么，我们如何才能做到这一点呢？笔者以《修订稿》第二学段的阅读为例，对此略加说明。该领域的目标有九条：

1. 用普通话正确、流利、有感情地朗读课文。
2. 初步学会默读，做到不出声，不指读。学习略读，粗知文章大意。
3. 能联系上下文，理解词句的意思，体会课文中关键词句表达情意的作用。能借助字典、词典和生活积累，理解生词的意义。
4. 能初步把握文章的主要内容，体会文章表达的思想感情。能对课文中不理解的地方提出疑问。

[①] 王荣生.语文课程目标：转化与具体化——基于《义务教育语文课程标准（2011年版）》的语文教学建议[J].中小学管理，2012（4）.

5.能复述叙事性作品的大意,初步感受作品中生动的形象和优美的语言,关心作品中人物的命运和喜怒哀乐,与他人交流自己的阅读感受。

6.诵读优秀诗文,注意在诵读过程中体验情感,展开想象,领悟诗文大意。

7.在理解语句的过程中,体会句号与逗号的不同用法,了解冒号、引号的一般用法。

8.积累课文中的优美词语、精彩句段,以及在课外阅读和生活中获得的语言材料。背诵优秀诗文50篇(段)。

9.养成读书看报的习惯,收藏图书资料,乐于与同学交流。课外阅读总量不少于40万字。

一、辨识语文课程目标的三个类型:内容目标、能力目标、活动目标

从目标的表述方式看,我国的语文课程目标大体上可分为三类。[3]

1.内容目标。内容目标又叫"内容标准",它指明学生需要学习什么,即学习内容。比如:"能够区分写实作品和虚构作品,了解诗歌、散文、小说、戏剧等文学样式。""写作时考虑不同的目的和对象。"

2.能力目标。能力目标又叫"表现标准",它指明学生在什么方面应该达到什么水平。比如:"写记叙文,做到内容具体;写简单的说明文,做到明白清楚;写简单的议论文,努力做到有理有据;根据生活需要,写日常应用文。""自信、负责地表达自己的观点,做到清楚、连贯、不偏离话题。"

3.活动目标。活动目标又叫"表现性目标",它指明学生要进行什么样的听说读写活动,并期望在这些活动中进行相应的语文学习。比如:"能主动进行探究性学习,在实践中学习、运用语文。""根据自己的学习目标,选读经典名著和其他优秀读物,与文本展开对话。"

不难看出,在上述第二学段的阅读目标中,第6、8、9是"活动目标",第7是"内容目标",其他几个则偏向于"能力目标",有时也夹杂着一些"内容目标"和"活动目标"。

二、了解语文课程内容与课程目标的关系:"属于""达到""相符"

语文课程内容与课程目标有三种对应关系。[4]

1."属于"关系。课程内容属于课程目标,因而是课程目标的直接构成部分。比如:"能够区分写实作品和虚构作品,了解诗歌、散文、小说、戏剧等文学样式。"在这里,课程内容是"区分写实作品和虚构作品""了解诗歌、散文、小说、戏剧等文学样式",学习好这些内容,也就达成了课程目标。当课程目标是"内容目标"时,"课程内容"与"课程目标""教学内容"与"教学目标"是同义词语。换言之,学习这些内容本身就是目标。

语文课程"阅读""写作""口语交际"等学习领域中的程序性知识,即听说读写

的态度、规则和策略等，一般与课程目标是"属于"关系。一些与听说读写态度、规则和策略直接相关的语言学和文学等相关知识，与课程目标也是"属于"关系。换言之，它们是必须学习的课程内容。

2．"达到"关系。学习课程内容能够有效地达到课程目标。比如："自信、负责地表达自己的观点，做到清楚、连贯、不偏离话题。"要达到这一目标，就可能涉及一些概念，如"观点""话题""连贯"等，但在语文教学中，学习这些内容（陈述性知识）本身并不是目标所在——课程目标是让学生养成合适的话语行为，而不仅仅是知道这些概念。

当课程目标或教学目标是"能力目标"时，课程内容是达成课程目标的途径，教学内容是达成教学目标的途径。"能力目标"往往并不直接、具体地规定课程与教学内容，对期望学生达到结果的描述（即"是什么"），与为达成目标而选择的课程与教学内容（即"教什么"）之间，存在着种种较为复杂的关系。比如："耐心专注地倾听，能根据对方的话语、表情、手势等，理解对方的观点和意图。"达到这条目标该"教什么""学什么"，存在着多种选择的可能性和必要性。语文课程中所涉及的语言学、文学理论、文章学等知识，一般与课程目标是"达到"关系，学习这些内容是为了较好地"达到"课程目标，具有相应的语文能力。

3．"相符"关系。课程内容要与课程目标相符合。比如：独立撰写一份小课题研究报告，就是与"为解决与学习和生活相关的问题，利用图书馆、网络等信息渠道获取资料，尝试写简单的研究报告"这个目标相符合的语文活动。阅读指定的课外读物，就是与"根据自己的学习目标，选读经典名著和其他优秀读物，与文本展开对话"这个目标相符合的语文活动。

当课程目标或教学目标是"活动目标"时，课程内容就是与这一活动指向相符的语文活动。在"语文综合性学习"领域，其学习内容与课程目标大多是"相符"关系。在"写字与识字""阅读""写作""口语交际"等领域，也有一些需要学生完成的有特定指向的学习活动，设计这些活动，必须注意与课程目标的相符性。

课程目标与课程内容的这三种关系，可以用下图来表示。

比如：上述第二学段的阅读目标中，"1.用普通话正确、流利、有感情地朗读课文"是"能力目标"，因此，所教学的内容必须有助于"达到"这一目标。"7.在理解语句的过程中，体会句号与逗号的不同用法，了解冒号、引号的一般用法"是"内容目标"，教学与该条目相对应的内容，就"属于"这一目标。"6.诵读优秀诗文，注意在诵读过程中体验情感，展开想象，领悟诗文大意"主要是"活动目标"，教师应该积极引导学生进行与此"相符"的诵读活动，而不仅仅是背诵、默写。

这三种关系虽不同，但都要求课程目标与课程内容发生良性的交互作用：课程目标要由课程内容支撑，课程内容要指向课程目标。语文课程内容与教学内容必须与课程目标相呼应。

三、寻找将课程目标具体化的策略：分解、揭示、提炼、选择、开发

在一些主要是"内容目标"的学科，课程内容与课程目标多数是"属于"关系，将课程目标转化为教学目标和教学内容，主要用"分解"策略，将课程目标作适当分解，使之具体化，成为课堂教学中易于达到并可检测的教学目标和教学内容，具体办法有"替代""拆解""组合"等。[5]但与主要是"内容目标"的学科不同，语文课程目标主要是"能力目标"，在将其转化为教学目标并落实到教学内容时，除极少量较清晰的"内容目标"可分解外，大部分情况下要采用揭示、提炼、选择、开发等策略。

1.分解。比如："阅读简单的议论文，区分观点与材料（道理、事实、数据、图表等），发现观点与材料之间的联系，并通过自己的思考，作出判断。"这句话就可以分解出："议论文""观点""材料""观点与材料的关系""判断的标准"等教学内容，分别达成"区分""发现联系""思考和判断"等教学目标。

2.揭示。指揭示出课程目标中所蕴含的课程内容，主要适用于其中的"内容目标""活动目标"，以及一些在"能力目标"中内容指向比较明晰的条目。比如："能根据日常生活需要，运用常见的表达方式写作"，就需要揭示"常见的表达方式""表达方式的运用"与"写作语境"的关联等，从而形成相应的教学目标和教学内容。

3.提炼。指从语文教材（课文）或听说读写的实践经验中，提炼出相应的教学内容，形成具体的教学目标。如"体味和推敲重要词句在语言环境中的意义和作用"，"品味作品中富于表现力的语言"，就需要结合不同体式的课文，依据体式，寻找相应的"重要词语""富于表现力的语言"，以及"体味""推敲"和"品味"的种种具体办法。

4.选择。指按课程目标的指引，从相关的研究中选择指向课程目标的教学内容，并制定相应的教学目标。

5.开发。与语文课程目标相应的课程内容，有一些在目前尚无现成的可资依赖的可靠知识，要合适地进行教学，就需要在备课时进行开发。

四、关注领域之间目标的互通、学段之间的目标关联

值得注意的是，语文课程标准因为分领域表述、分条表述，所以把某一目标放在特定学段的特定领域，但这并不等于不同领域的目标互不相通。如："7.在理解语句的过程中，体会句号与逗号的不同用法，了解冒号、引号的一般用法"，这种"体会"

或"了解",不但体现在阅读领域,也表现在写作方面。课程标准中把"语文"定位为"学习语言文字运用的综合性、实践性课程",就是要求领域之间相互贯通。学段之间也是如此。如第二学段的重点是"体会句号与逗号的不同用法",第三学段的重点转移到"体会顿号与逗号、分号与句号的不同用法",这并不是说第二学段就不管顿号与分号,第三阶段就不再理会逗号与句号之间的表意表情差异,而只是在不同学段所关注的重点有别而已。如果学生在上一阶段实际并未达成目标的话,那么下一阶段甚至要作为重点进行相应的教学。

在语文学习中,同一学段、同一领域的条目之间会相互作用,因此需要加以协调,在领会语文课程理念的基础上统筹规划。比如:识字的第一条是"喜欢学习汉字,有主动识字、写字的愿望",第二条是"认识常用汉字1600个左右,其中800个左右会写"。如果在教学中采用强制的、使学生经历挫折甚至痛苦的办法去认字和写字,那么就会与第一条相冲突,导致学习低效甚至走向目标的反面。

参考文献:

[1] 赵小雅.访义务教育语文课程标准修订组召集人温儒敏[N].中国教育报,2012-03-01.

[2] 温儒敏.新的语文课程标准有哪些重要的修订?[J].语文学习,2012,(1).

[3][4] 王荣生.20世纪50年代语文分科课程与教材述评[A].洪宗礼,等.母语教材研究(第二卷)[C].南京:江苏教育出版社,2007.

[5] 崔允漷.有效教学[M].上海:华东师范大学出版社,2009.

本章小结

本科汉语言文学专业、硕士学科教学(语文)专业以及硕士语文课程与教学论专业的学生的毕业论文设计内容多为语文教育教学论文,高校语文教师教育专业领域的教师、一线中小学语文教师及相关研究工作者在教学研究中也须充分利用语文教学论文写作技能。语文教学论文写作要求语文教育教学工作者及研究者必须具备相应的语文教学论文写作技能。在写作过程中,我们要综合使用阐述说明、归纳概括和分析论证的语文教学论文写作技能,并且要检索查阅相关资料形成一定系统的理论基础,按照规定的格式和修改要求完成语文教学论文。同时,在新课标的背景下,注意避免语文教学论文写作的误区,避免出现选题过大、过难和模糊的问题,在前期准备和研究过程中避免出现相关问题。语文教学论文写作要根据特有的规律进行,在充分积累大量语文教学论文写作素材和掌握一定的写作技能的基础上深入研究问题,坚持理论联系实际的原则,促进相关语文教育教学工作者和研究者提高学习和研究能力。同时,也促进相关领域的工作者和研究者借鉴教训和经验,并结合自己的经验和体会充分发挥语文教学论文写作技能进行创造性研究和写作,进而促进语文教育教学在深度和广度上的发展和延伸。

思考与练习

1. 语文教学论文写作需要哪些技能？
2. 语文教学论文写作的结构是怎样的？
3. 请结合自己的思考写一篇语文教学论文。
4. 结合论文的修改经验，写一篇"教学论文写作心得"。

参考文献

1. 钱理群.经典阅读与语文教学[M].桂林：漓江出版社，2012.
2. 李海林.教学设计与教学实施的区别与关联[J].中学语文教学，2008（8）.
3. 王荣生，张孔义.语文教学方法与教学内容[J].语文学习，2004（4）.
4. 卢明，崔允漷.教案的革命：基于课程标准的学历案[M].上海：华东师范大学出版社，2016.
5. 崔允漷.有效教学[M].上海：华东师范大学出版社，2009.
6. 欧阳芬.新课标下中小学教师课堂调控技能指导[M].北京：世界图书出版公司，2008.
7. 叶圣陶.叶圣陶语文教育论集（上册）[M].北京：教育科学出版社，1980.
8. 余映潮.这样教语文：余映潮创新教学设计40篇[M].北京：教育科学出版社，2012.
9. 李兴良，马爱玲.教育智慧的生成与表达：说课原理与方法[M].北京：教育科学出版社，2008.
10. 杨绪明.高师学生语文说课实训研究[J].高等函授学报（哲学社会科学版），2012（3）.
11. 杨泉良.语文说课的价值与局限[J].教学月刊·中学版（教学参考），2012（7）.
12. 沈毅，崔允漷.课堂观察——走向专业的听评课[M].上海：华东师范大学出版社，2008.
13. 张良田.语文教育研究需要一种大气与沉稳——周庆元教授新著《语文教育研究概论》读后[J].中学语文教学，2005（10）.
14. 程红兵.听程红兵老师说课评课[M].武汉：长江文艺出版社，2017.
15. 李美凤，李艺.TPCK：整合技术的教师专业知识新框架[J].黑龙江高教研究，2008（4）.
16. 伍安春，等.国外大学生课外活动对我国开展素质教育的启示[J].重庆理戈大学学报（自然科学），2006（5）.
17. 王粉林.让课堂成为生命拔节的珍贵时空——窦桂梅《牛郎织女》教学片断赏析与感悟.语文教学通讯：小学[J].2013（9）.
18. 宋文献.班级管理技能[M].郑州：郑州大学出版社，2014.
19. 周晓静.中学班主任[M].南京：南京师范大学出版社，2008.
20. 谢翌.关于学校文化的几个基本问题[J].外国教育研究，2005（4）.
21. 中华人民共和国教育部.普通高中语文课程标准（2017年版）[S].北京：人民教育出版社，2017.

22. 何万国. 现代班主任工作研究 [M]. 成都：西南交通大学出版社，2009.

23. 顾敏芳. 中学班级文化建设的实践与改进——以苏南董浜中学为例 [D]. 苏州大学，2011.

24. 赵红慧. 促进学生全面发展的班级文化建设研究 [D]. 辽宁师范大学，2011.

25. 邓翊. 班级文化对中学班级管理的影响研究 [D]. 湖南师范大学，2012.

26. 王荣生. 语文科课程论基础 [M]. 北京：教育科学出版社，2014.

27. 牛洪国. 班级文化与管理 [M]. 呼和浩特：远方出版社，2005.

28. 熊川武. 反思性教学 [M]. 上海：华东师范大学出版社，1999.

29. 步进. 中学语文教师课堂教学反思的类型 [J]. 中国教育学刊，2009（9）.

30. 李镇西. 从教育浪漫主义到教育理想主义 [J]. 中学语文教学，2001（1）.

31. 申群友，李云鹏. 中学语文教师反思能力培养的"一二二三"策略体系研究 [J]. 教师继续教育，2012（9）.

32. 申继亮，张彩云，张志祯. 专业引领下的教师反思能力发展——以一位小学教师的反思日记为例 [J]. 中国教育学刊，2006（6）.

33. 叶澜，等. 教师角色与教师发展新探 [M]. 北京：教育科学出版社，2001.

34. 唐江澎. 为了前方的航线，回望…… [J]. 中学语文教学，2003（8）.

35. 李卫东. 做根会思考的芦苇 [J]. 中学语文教学，2002（10）.

36. 张定远. 中学著名语文特级教师教育思想精粹 [M]. 北京：语文出版社，1999.

37. 张定远，关心田，许序修. 三尺讲台——中国优秀青年语文教师经验录 [M]. 汕头：汕头大学出版社，2002.

38. 张文芳. 浅谈初中语文的教学反思 [J]. 教育实践与研究（中学版），2008（5）.

39. 程翔. 花叶并茂两相宜 [J]. 中学语文教学，2001（3）.

40. 王德胜. 中小学教师科研方法与论文写作 [M]. 天津：天津教育出版社，2008.

41. 余映潮. 听余映潮老师讲课 [M]. 上海：华东师范大学出版社，2006.

42. 王荣生. 语文课程目标：转化与具体化——基于《义务教育语文课程标准（2011年版）》的语文教学建议 [J]. 中小学管理，2012（4）.

43. 郑金洲. 新编教学工作技能训练 [M]. 上海：华东师范大学出版社，2007.

44. 熊大冶. 语文课堂教学艺术 [M]. 南昌：江西人民出版社，2005.

45. 魏书生. 魏书生文选 [M]. 桂林：漓江出版社，1996.

北京大学出版社
教育出版中心 精品图书

21世纪高校广播电视专业系列教材

电视节目策划教程（第二版）	项仲平
电视导播教程（第二版）	程晋
电视文艺创作教程	王建辉
广播剧创作教程	王国臣
电视导论	李欣
电视纪录片教程	卢炜
电视导演教程	袁立本
电视摄像教程	刘荃
电视节目制作教程	张晓锋
视听语言	宋杰
影视剪辑实务教程	李琳
影视摄制导论	朱怡
新媒体短视频创作教程	姜荣文
电影视听语言——视听元素与场面调度案例分析	李骏
影视照明技术	张兴
影视音乐	陈斌
影视剪辑创作与技巧	张拓
纪录片创作教程	潘志琪
影视拍摄实务	翟臣

21世纪信息传播实验系列教材（徐福荫 黄慕雄 主编）

网络新闻实务	罗昕
多媒体软件设计与开发	张新华
播音与主持艺术（第三版）	黄碧云 睢凌
摄影基础（第二版）	张红 钟日辉 王首农

21世纪数字媒体专业系列教材

视听语言	赵慧英
数字影视剪辑艺术	曾祥民
数字摄像与表现	王以宁
数字摄影基础	王朋娇
数字媒体设计与创意	陈卫东
数字视频创意设计与实现（第二版）	王靖
大学摄影实用教程（第二版）	朱小阳
大学摄影实用教程	朱小阳

21世纪教育技术学精品教材（张景中 主编）

教育技术学导论（第二版）	李芒 金林
远程教育原理与技术	王继新 张屹
教学系统设计理论与实践	杨九民 梁林梅
信息技术教学论	雷体南 叶良明
信息技术与课程整合（第二版）	赵呈领 杨琳 刘清堂
教育技术学研究方法（第三版）	张屹 黄磊

21世纪高校网络与新媒体专业系列教材

文化产业概论	尹章池
网络文化教程	李文明
网络与新媒体评论	杨娟
新媒体概论	尹章池
新媒体视听节目制作（第二版）	周建青
融合新闻学导论（第二版）	石长顺
新媒体网页设计与制作（第二版）	惠悲荷
网络新媒体实务	张合斌
突发新闻教程	李军
视听新媒体节目制作	邓秀军
视听评论	何志武
出镜记者案例分析	刘静 邓秀军
视听新媒体导论	郭小平
网络与新媒体广告（第二版）	尚恒志 张合斌
网络与新媒体文学	唐东堰 雷奕
全媒体新闻采访写作教程	李军
网络直播基础	周建青
大数据新闻传媒概论	尹章池

21世纪特殊教育创新教材·理论与基础系列

特殊教育的哲学基础	方俊明
特殊教育的医学基础	张婷
融合教育导论（第二版）	雷江华
特殊教育学（第二版）	雷江华 方俊明
特殊儿童心理学（第二版）	方俊明 雷江华
特殊教育史	朱宗顺
特殊教育研究方法（第二版）	杜晓新 宋永宁等
特殊教育发展模式	任颂羔

21世纪特殊教育创新教材·发展与教育系列

视觉障碍儿童的发展与教育	邓猛
听觉障碍儿童的发展与教育（第二版）	贺荟中
智力障碍儿童的发展与教育（第二版）	刘春玲 马红英
学习困难儿童的发展与教育（第二版）	赵微
自闭症谱系障碍儿童的发展与教育	周念丽
情绪与行为障碍儿童的发展与教育	李闻戈
超常儿童的发展与教育（第二版）	苏雪云 张旭

21世纪特殊教育创新教材·康复与训练系列

特殊儿童应用行为分析（第二版）	李 芳 李 丹
特殊儿童的游戏治疗	周念丽
特殊儿童的美术治疗	孙 霞
特殊儿童的音乐治疗	胡世红
特殊儿童的心理治疗（第三版）	杨广学
特殊教育的辅具与康复	蒋建荣
特殊儿童的感觉统合训练（第二版）	王和平
孤独症儿童课程与教学设计	王 梅

21世纪特殊教育创新教材·融合教育系列

融合教育本土化实践与发展	邓 猛等
融合教育理论反思与本土化探索	邓 猛
融合教育实践指南	邓 猛
融合教育理论指南	邓 猛
融合教育导论（第二版）	雷江华
学前融合教育（第二版）	雷江华 刘慧丽

21世纪特殊教育创新教材（第二辑）

特殊儿童心理与教育（第二版）	杨广学 张巧明 王 芳
教育康复学导论	杜晓新 黄昭明
特殊儿童病理学	王和平 杨长江
特殊学校教师教育技能	昝 飞 马红英

自闭谱系障碍儿童早期干预丛书

如何发展自闭谱系障碍儿童的沟通能力	朱晓晨 苏雪云
如何理解自闭谱系障碍和早期干预	苏雪云
如何发展自闭谱系障碍儿童的社会交往能力	吕 梦 杨广学
如何发展自闭谱系障碍儿童的自我照料能力	倪萍萍 周 波
如何在游戏中干预自闭谱系障碍儿童	朱 瑞 周念丽
如何发展自闭谱系障碍儿童的感知和运动能力	韩文娟 徐 芳 王和平
如何发展自闭谱系障碍儿童的认知能力	潘前前 杨福义
自闭症谱系障碍儿童的发展与教育	周念丽
如何通过音乐干预自闭谱系障碍儿童	张正琴
如何通过画画干预自闭谱系障碍儿童	张正琴
如何运用ACC促进自闭谱系障碍儿童的发展	苏雪云
孤独症儿童的关键性技能训练法	李 丹
自闭症儿童家长辅导手册	雷江华
孤独症儿童课程与教学设计	王 梅
融合教育理论反思与本土化探索	邓 猛
自闭症谱系障碍儿童家庭支持系统	孙玉梅
自闭症谱系障碍儿童团体社交游戏干预	李 芳
孤独症儿童的教育与发展	王 梅 梁松梅

特殊学校教育·康复·职业训练丛书 （黄建行 雷江华 主编）

信息技术在特殊教育中的应用	
智障学生职业教育模式	
特殊教育学校学生康复与训练	
特殊教育学校校本课程开发	
特殊教育学校特奥运动项目建设	

21世纪学前教育专业规划教材

学前教育概论	李生兰
学前教育管理学（第二版）	王 雯
幼儿园课程新论	李生兰
幼儿园歌曲钢琴伴奏教程	果旭伟
幼儿园舞蹈教学活动设计与指导（第二版）	董 丽
实用乐理与视唱（第二版）	代 苗
学前儿童美术教育	冯婉贞
学前儿童科学教育	洪秀敏
学前儿童游戏	范明丽
学前教育研究方法	郑福明
学前教育史	郭法奇
学前教育政策与法规	魏 真
学前心理学	涂艳国 蔡 艳
学前教育理论与实践教程	王 维 王维娅 孙 岩
学前儿童数学教育与活动设计	赵振国
学前融合教育（第二版）	雷江华 刘慧丽
幼儿园教育质量评价导论	吴 钢
幼儿学习与教育心理学	张 莉
学前教育管理	虞永平

大学之道丛书精装版

美国高等教育通史	［美］亚瑟·科恩
知识社会中的大学	［英］杰勒德·德兰迪
大学之用（第五版）	［美］克拉克·克尔
营利性大学的崛起	［美］理查德·鲁克
学术部落与学术领地：知识探索与学科文化	［英］托尼·比彻 保罗·特罗勒尔
美国现代大学的崛起	［美］劳伦斯·维赛
教育的终结——大学何以放弃了对人生意义的追求	［美］安东尼·T.克龙曼
世界一流大学的管理之道——大学管理研究导论	程 星
后现代大学来临？	［英］安东尼·史密斯 弗兰克·韦伯斯特

大学之道丛书

市场化的底限	［美］大卫·科伯
大学的理念	［英］亨利·纽曼
哈佛：谁说了算	［美］理查德·布瑞德利

麻省理工学院如何追求卓越	[美]查尔斯·维斯特
大学与市场的悖论	[美]罗杰·盖格
高等教育公司：营利性大学的崛起	[美]理查德·鲁克
公司文化中的大学：大学如何应对市场化压力	[美]埃里克·古尔德
美国高等教育质量认证与评估	[美]美国中部州高等教育委员会
现代大学及其图新	[美]谢尔顿·罗斯布莱特
美国文理学院的兴衰——凯尼恩学院纪实	[美]P.F.克鲁格
教育的终结：大学何以放弃了对人生意义的追求	[美]安东尼·T.克龙曼
大学的逻辑（第三版）	张维迎
我的科大十年（续集）	孔宪铎
高等教育理念	[英]罗纳德·巴尼特
美国现代大学的崛起	[美]劳伦斯·维塞
美国大学时代的学术自由	[美]沃特·梅兹格
美国高等教育通史	[美]亚瑟·科恩
美国高等教育史	[美]约翰·塞林
哈佛通识教育红皮书	哈佛委员会
高等教育何以为"高"——牛津导师制教学反思	[英]大卫·帕尔菲曼
印度理工学院的精英们	[印度]桑迪潘·德布
知识社会中的大学	[英]杰勒德·德兰迪
高等教育的未来：浮言、现实与市场风险	[美]弗兰克·纽曼等
后现代大学来临？	[英]安东尼·史密斯等
美国大学之魂	[美]乔治·M.马斯登
大学理念重审：与纽曼对话	[美]雅罗斯拉夫·帕利坎
学术部落及其领地——当代学术界生态揭秘（第二版）	[英]托尼·比彻 保罗·特罗勒尔
德国古典大学观及其对中国大学的影响（第二版）	陈洪捷
转变中的大学：传统、议题与前景	郭为藩
学术资本主义：政治、政策和创业型大学	[美]希拉·斯劳特 拉里·莱斯利
21世纪的大学	[美]詹姆斯·杜德斯达
美国公立大学的未来	[美]詹姆斯·杜德斯达 弗瑞斯·沃马克
东西象牙塔	孔宪铎
理性捍卫大学	眭依凡

学术规范与研究方法系列

如何为学术刊物撰稿（第三版）	[英]罗薇娜·莫瑞
如何查找文献（第二版）	[英]萨莉·拉姆齐
给研究生的学术建议（第二版）	[英]玛丽安·彼得 等
社会科学研究的基本规则（第四版）	[英]朱迪斯·贝尔
做好社会研究的10个关键	[英]马丁·丹斯考姆
如何写好科研项目申请书	[美]安德鲁·弗里德兰德等
教育研究方法（第六版）	[美]梅瑞迪斯·高尔等
高等教育研究：进展与方法	[英]马尔科姆·泰特
如何成为学术论文写作高手	[美]华乐丝
参加国际学术会议必须要做的那些事	[美]华乐丝
如何成为优秀的研究生	[美]布卢姆
结构方程模型及其应用	易丹辉 李静萍
学位论文写作与学术规范（第二版）	李 武 毛远逸 肖东发
生命科学论文写作指南	[加]白青云
法律实证研究方法（第二版）	白建军
传播学定性研究方法（第二版）	李琨

21世纪高校教师职业发展读本

如何成为卓越的大学教师	[美]肯·贝恩
给大学新教员的建议	[美]罗伯特·博伊斯
如何提高学生学习质量	[英]迈克尔·普洛瑟等
学术界的生存智慧	[美]约翰·达利等
给研究生导师的建议（第2版）	[英]萨拉·德拉蒙特等

21世纪教师教育系列教材·物理教育系列

中学物理教学设计	王霞
中学物理微格教学教程（第三版）	张军朋 詹伟琴 王恬
中学物理科学探究学习评价与案例	张军朋 许桂清
物理教学论	邢红军
中学物理教学法	邢红军
中学物理教学评价与案例分析	王建中 孟红娟
中学物理课程与教学论	张军朋 许桂清
物理学习心理学	张军朋
中学物理课程与教学设计	王霞

21世纪教育科学系列教材·学科学习心理学系列

数学学习心理学（第三版）	孔凡哲
语文学习心理学	董蓓菲

21世纪教师教育系列教材

教育心理学（第二版）	李晓东
教育学基础	庞守兴
教育学	余文森 王晞
教育研究方法	刘淑杰
教育心理学	王晓明
心理学导论	杨凤云
教育心理学概论	连榕 罗丽芳
课程与教学论	李允
教师专业发展导论	于胜刚
学校教育概论	李清雁
现代教育评价教程（第二版）	吴钢
教师礼仪实务	刘霄

家庭教育新论	闫旭蕾 杨萍
中学班级管理	张宝书
教育职业道德	刘亭亭
教师心理健康	张怀春
现代教育技术	冯玲玉
青少年发展与教育心理学	张清
课程与教学论	李允
课堂与教学艺术（第二版）	孙菊如 陈春荣
教育学原理	靳淑梅 许红花
教育心理学	徐凯

21世纪教师教育系列教材·初等教育系列

小学教育学	田友谊
小学教育学基础	张永明 曾碧
小学班级管理	张永明 宋彩琴
初等教育课程与教学论	罗祖兵
小学教育研究方法	王红艳
新理念小学数学教学论	刘京莉
新理念小学音乐教学论（第二版）	吴跃跃

教师资格认定及师范类毕业生上岗考试辅导教材

教育学	余文森 王晞
教育心理学概论	连榕 罗丽芳

21世纪教师教育系列教材·学科教育心理学系列

语文教育心理学	董蓓菲
生物教育心理学	胡继飞

21世纪教师教育系列教材·学科教学论系列

新理念化学教学论（第二版）	王后雄
新理念科学教学论（第二版）	崔鸿 张海珠
新理念生物教学论（第二版）	崔鸿 郑晓慧
新理念地理教学论（第三版）	李家清
新理念历史教学论（第二版）	杜芳
新理念思想政治（品德）教学论（第三版）	胡田庚
新理念信息技术教学论（第二版）	吴军其
新理念数学教学论	冯虹
新理念小学音乐教学论（第二版）	吴跃跃

21世纪教师教育系列教材·语文教育系列

语文文本解读实用教程	荣维东
语文课程教师专业技能训练	张学凯 刘丽丽
语文课程与教学发展简史	武玉鹏 王从华 黄修志
语文课程学与教的心理学基础	韩雪屏 王朝霞
语文课程名师名课案例分析	武玉鹏 郭治锋等
语用性质的语文课程与教学论	王元华
语文课堂教学技能训练教程（第二版）	周小蓬

中外母语教学策略	周小蓬
中学各类作文评价指引	周小蓬
中学语文名篇新讲	杨朴 杨旸
语文教师职业技能训练教程	韩世姣

21世纪教师教育系列教材·学科教学技能训练系列

新理念生物教学技能训练（第二版）	崔鸿
新理念思想政治（品德）教学技能训练（第三版）	胡田庚 赵海山
新理念地理教学技能训练（第二版）	李家清
新理念化学教学技能训练（第二版）	王后雄
新理念数学教学技能训练	王光明

王后雄教师教育系列教材

教育考试的理论与方法	王后雄
化学教育测量与评价	王后雄
中学化学实验教学研究	王后雄
新理念化学教学诊断学	王后雄

西方心理学名著译丛

儿童的人格形成及其培养	［奥地利］阿德勒
活出生命的意义	［奥地利］阿德勒
生活的科学	［奥地利］阿德勒
理解人生	［奥地利］阿德勒
荣格心理学七讲	［美］卡尔文·霍尔
系统心理学：绪论	［美］爱德华·铁钦纳
社会心理学导论	［美］威廉·麦独孤
思维与语言	［俄］列夫·维果茨基
人类的学习	［美］爱德华·桑代克
基础与应用心理学	［德］雨果·闵斯特伯格
记忆	［德］赫尔曼·艾宾浩斯
实验心理学（上下册）	［美］伍德沃斯 施洛斯贝格
格式塔心理学原理	［美］库尔特·考夫卡

21世纪教师教育系列教材·专业养成系列（赵国栋 主编）

微课与慕课设计初级教程	
微课与慕课设计高级教程	
微课、翻转课堂和慕课设计实操教程	
网络调查研究方法概论（第二版）	
PPT云课堂教学法	
快课教学法	

其他

三笔字楷书书法教程（第二版）	刘慧龙
植物科学绘画——从入门到精通	孙英宝
艺术批评原理与写作（第二版）	王洪义
学习科学导论	尚俊杰